Risiko und Finanzierungsstruktur bei Internationalen Projektfinanzierungen

Forschungsergebnisse der WU Wirtschaftsuniversität Wien

WIRTSCHAFTS
UNIVERSITÄT
WIEN VIENNA
UNIVERSITY OF
ECONOMICS
AND BUSINESS

Band 69

PETER LANG

Christoph Riedler

Risiko und Finanzierungsstruktur bei Internationalen Projektfinanzierungen

PETER LANG

Bibliografische Information der Deutschen Nationalbibliothek
Die Deutsche Nationalbibliothek verzeichnet diese Publikation in der Deutschen Nationalbibliografie; detaillierte bibliografische Daten sind im Internet über http://dnb.d-nb.de abrufbar.

Gefördert durch die WU Wirtschaftsuniversität Wien.

Umschlaggestaltung:
Atelier Platen, nach einem Entwurf
von Werner Weißhappl.

Universitätslogo der WU Wirtschaftsuniversität Wien:
Abdruck mit freundlicher Genehmigung
der WU Wirtschaftsuniversität Wien.

ISSN 1613-3056
ISBN 978-3-631-84393-2 (Print)
E-ISBN 978-3-631-84504-2 (E-PDF)
E-ISBN 978-3-631-84505-9 (EPUB)
E-ISBN 978-3-631-84506-6 (MOBI)
DOI 10.3726/b17953

Peter Lang – Berlin · Bern · Bruxelles · New York ·
Oxford · Warszawa · Wien

Diese Publikation wurde begutachtet.

www.peterlang.com

Abstract

Die vorliegende Arbeit untersucht den Zusammenhang zwischen Risiko und Finanzierungsstruktur – mit den Komponenten Fremdkapitalquote, Kreditmarge und Laufzeit des Fremdkapitals – bei Internationalen Projektfinanzierungen. Dazu wird ein dreistufiger Untersuchungsaufbau gewählt. Ein theoretischer Rahmen in Kombination mit einem systematischen Literature Review von 222 Beiträgen des Feldes bildet die Basis für die Entwicklung der Hypothesen. Diese werden mithilfe einer Stichprobe von rund 4.600 Finanzierungstranchen von weltweiten Projektfinanzierungen der Jahre 1994 bis 2017 überprüft. Die Ergebnisse der Hypothesentests werden in einem weiteren Schritt im Rahmen von neun ExpertInneninterviews mit österreichischen Sponsoren und Banken nochmals diskutiert und ergänzt. Die finalen Ergebnisse erlauben detaillierte Rückschlüsse auf die Wirkungszusammenhänge zwischen verschiedenen Risiken und der Finanzierungsstruktur sowie auf die Wechselwirkungen zwischen den Komponenten der Finanzierungsstruktur. Damit schafft die Arbeit umfangreiche theoretische wie empirische Erkenntnisse für die Weiterentwicklung des Forschungsfeldes, insbesondere in den Bereichen Finanzierung und Risikomanagement. Zudem lassen sich aus den Ergebnissen Handlungsempfehlungen für Sponsoren, Banken, staatliche und supranationale Organisationen bei der Planung, Umsetzung und Förderung von Internationalen Projektfinanzierungen ableiten.

This dissertation presents an analysis of the influence of risk on the financial structure – i.e. the debt to equity ratio, the spread and the maturity of debt – of international project finance deals. The dissertation consists of three main parts. First, a theoretical construct is developed and a systematic literature review of 222 publications is conducted which forms the basis for the development of testable hypothesis. Second, the hypotheses are tested in the quantitative part of the dissertation using a sample of approximately 4.600 worldwide project finance tranches from the years 1994 to 2017. Third, the results of the quantitative section are presented to nine experts in the Austrian project finance market to find further explanations for the observed correlations. The final results allow to draw a detailed conclusion about the effects of different sources of risk on the elements of the financial structure of project finance deals as well as about the interactions between the elements of the financial structure. Furthermore, the conclusion of the dissertation helps to further develop the research area of project finance, finance in general and risk management. Finally, implications regarding the planning, realization and the promotion of project finance can be drawn from the results. These benefit sponsors, banks as well as state and supranational organizations.

Inhaltsverzeichnis

1. Einleitung

Als Einleitung in diese Arbeit wird im folgenden Unterkapitel 1.1 zuerst die Problemstellung dargelegt, aus welcher sich zwei Forschungsfragen ableiten lassen, die im darauffolgenden Unterkapitel 1.2 mitsamt den Zielsetzungen dieser Arbeit präsentiert werden. Unterkapitel 1.3 legt dar, welcher methodische Zugang gewählt wird, um die Forschungsfragen beantworten zu können und der Aufbau der weiteren Arbeit wird in Unterkapitel 1.4 aufgezeigt.

1.1 Problemstellung sowie realwirtschaftliche und wissenschaftliche Relevanz

Die Internationale Projektfinanzierung gewinnt an realwirtschaftlicher Bedeutung. Dies lässt sich auf der **Angebotsseite** mit einem fast stetig steigenden weltweiten Projektfinanzierungsvolumen belegen.[1] Wurden Projektfinanzierungen von privaten Unternehmen historisch gesehen vorrangig zur Erschließung von Rohstoffvorkommen genutzt, greift der private Sektor seit Ende der 1980er Jahre auch vermehrt auf diese Organisations- und Finanzierungsform zur Realisierung von Infrastrukturprojekten zurück.[2] Dies geschieht teilweise als Antwort auf das **nachfrageseitige** Defizit an Infrastrukturinvestitionen vieler Staaten. Während sich Industriestaaten mit hohen Erhaltungskosten für einen umfangreichen Infrastrukturbestand konfrontiert sehen, benötigen Entwicklungs- und Schwellenländer bei stark steigenden Bevölkerungszahlen in vielen Bereichen eine erste Basis an notwendiger Infrastruktur.[3] Unabhängig von ihrem Entwicklungsstand eint viele Länder, dass staatliche Budgets stark eingeschränkt sind und dass die öffentliche Hand in vielen Fällen nicht die Expertise zur Umsetzung von Infrastrukturprojekten besitzt.[4]

---

1 Siehe hierzu Unterkapitel 2.4.

2 Vgl. Esty / Chavic / Sesia (2014), S. 1

3 Vgl. McKinsey Global Institute (2013), S. 1

4 Vgl. Della Croce / Gatti (2014), S. 124; Garcia-Bernabeu / Mayor-Vitoria / Mas-Verdu (2015), S. 173

Die Internationale Projektfinanzierung bietet durch ihre Charakteristika eine **effiziente Methode** zur **Umsetzung von Infrastrukturprojekten** durch private Unternehmen. Die Off-Balance-Sheet-Finanzierung bei gleichzeitigem Cashflow-Related Lending und umfangreichem Risk-Sharing ermöglicht eine Finanzierung mit hohen Fremdkapitalanteilen bei geringen Sicherheiten und ausgeprägtem Risiko. Private Unternehmen können mithilfe der Internationalen Projektfinanzierung Kapital und Expertise einbringen, während staatliche Stellen und Interessen über Betreibermodelle oder Konzessionen ebenfalls gewahrt werden können. Nichtsdestotrotz konnte privates Engagement bisweilen die Infrastrukturlücke nicht schließen. Mehr noch, die Turbulenzen rund um aktuelle Großprojekte wie dem Flughafen Berlin Brandenburg oder dem Krankenhaus Nord in Wien, zeigen die Grenzen des Kosten- und Risikomanagements bei Infrastrukturprojekten auf.

Die **Gründe,** warum Infrastrukturinvestments **scheitern**, sind vielfältig jedoch lassen sie sich zusammenfassen in eine Überschätzung der Vorteile bei einer Unterschätzung der Kosten.[5] Der österreichische Rechnungshof empfiehlt daher bei öffentlichen Bauprojekten: *Für Investitionsprojekte sollten zeitgerecht – schon im Rahmen der Planung, jedenfalls vor Projektstart oder -umsetzung – umfassende Finanzierungskonzepte erstellt und die Projektfinanzierung spätestens vor Baubeginn in vollem Umfang sichergestellt werden, um Mehrkosten zu vermeiden und die Abwicklung durch offene Fragen nicht zu behindern und zu verzögern.*[6]

Um solche *umfassende Finanzierungskonzepte* zu erstellen, unabhängig davon, ob es sich um ein Projekt im öffentlichen oder im privaten Bereich handelt, bedingt es eines soliden Verständnisses rund um die Wirkungszusammenhänge zwischen Risiken unterschiedlicher Art und der Finanzierungsstruktur von Projekten. Sucht man diesbezüglich nach Erkenntnissen in der wissenschaftlichen Literatur stellt sich jedoch schnell eine Ernüchterung ein. Generell zeigt sich, dass die Internationale Projektfinanzierung als Forschungsgebiet sowohl theoretisch wie empirisch kaum untersucht wurde.[7] Im Detail lässt sich ein Mangel an theoretischen sowie empirischen Arbeiten zu den einzelnen Parametern der Finanzierungsstruktur, den Einfluss verschiedener Risiken auf diese Parameter sowie die Wechselwirkungen der Parameter innerhalb die Finanzierungsstruktur erkennen.[8] Ergebnisse zu diese Fragestellungen könnten jedoch nicht nur

5 Vgl. Flyvbjerg / Garbuio / Lovallo (2009), S. 190
6 Rechnungshof Österreich (2018), S. 29
7 Vgl. Gatti (2013), S. 21; Megginson (2010), S. 47
8 Siehe hierzu Kapitel 3.

zur Lösung von Praxisproblemen dienen, sondern bieten einen potentiellen Erkenntnisgewinn für verschiedenste betriebswirtschaftliche Forschungsbereiche wie z.B. Finance oder Internationales Management.[9] Daraus ergibt sich eine hohe **wissenschaftliche Relevanz** dieses Themas.

Aufgrund der dargelegten wissenschaftlichen und realwirtschaftlichen Relevanz widmet sich diese Arbeit der Finanzierungsstruktur von Internationalen Projektfinanzierungen unter dem Einfluss verschiedener Risikoarten. Im folgenden Unterkapitel werden zwei Forschungsfragen formuliert, die die präsentierte Problemstellung umreißen.

1.2 Forschungsfragen und Zielsetzung

Im Vordergrund dieser Arbeit steht die **Untersuchung** zum Einfluss **unterschiedlicher Risiken** auf die **Finanzierungsstruktur** von Internationalen Projektfinanzierungen. Die Finanzierungsstruktur wird hierbei verstanden als der Mix aus Fremdkapitalquote, Fremdkapitalkosten im Sinne einer Kreditmarge und der Laufzeit des Fremdkapitals. Zwar folgt eine stärkere Fokussierung auf die Fremdkapitalseite, da diese bei Projektfinanzierungen die bedeutendere Kapitalquelle darstellt[10], jedoch ermöglicht die Optimierung der Finanzierungsstruktur auch der Eigenkapitalseite die eigene Verzinsung zu erhöhen. Eine möglichst effiziente Finanzierungsstruktur bildet daher das Zentrum jeder Projektfinanzierung oder wie es Blanc-Brude / Strange (2007) ausdrücken: *In project finance, the goal is to come up with the most efficient mix of maturities, spreads, leverage, and other contractual provisions to manage what lenders perceive to be the project's revenue risk and the probability of default on the debt.*[11]

Um der Frage nachgehen zu können, wie sich verschiedenen Risiken sowie risikomindernde Mechanismen auf die Finanzierungsstruktur auswirken, müssen zuerst Risiken identifiziert und kategorisiert werden. Im zweiten Schritt muss die Finanzierungsstruktur aufgebrochen werden, um die **Effekte** auf die einzelnen **Parameter** untersuchen zu können. Drückt man dies in einer Frage aus, so ergibt dies **Forschungsfrage 1**:

---

9 Vgl. Müllner (2017), S. 31

10 Die Fremdkapitalquote im Datensatz, der der qualitativen Erhebung zugrunde liegt, beträgt die durchschnittliche Fremdkapitalquote rund 75 Prozent.

11 Blanc-Brude / Strange (2007), S. 105

Forschungsfrage 1: Wie wirken sich Länder-, Branchen- und Projektrisiken auf die Finanzierungsstruktur, d.h. die Fremdkapitalquote, die Kreditmarge und die Laufzeit des Fremdkapitals bei Internationalen Projektfinanzierungen aus?

Da zwischen den einzelnen Parametern Beziehungen bestehen, müssen im zweiten Schritt die **Wechselwirkungen** zwischen diesen Variablen untersucht werden, um daraus auf den Zusammenhang zwischen Risiko und gesamte Finanzierungsstruktur schließen zu können. **Forschungsfrage 2** zielt auf diese Untersuchung ab:

Forschungsfrage 2: Welche Wechselwirkungen bestehen zwischen Fremdkapitalquote, Kreditmarge und Laufzeit des Fremdkapitals bei Internationalen Projektfinanzierungen?

Über die Beantwortung dieser Forschungsfragen hinaus sollen mit dieser Arbeit mehrere Zielsetzungen erreicht werden. (1) Erstens soll in dieser Arbeit ein in sich geschlossener **theoretischer Rahmen** entwickelt werden. Dies geschieht als Reaktion auf die fehlende theoretische Fundierung vieler Beiträge zu diesem Thema. (2) Weiters soll ein systematischer Literaturüberblick das unübersichtliche Forschungsfeld zu Internationalen Projektfinanzierungen abbilden, mithilfe einer Kategorisierung systematisieren, sowie ordnen und dabei auch offene **Forschungslücken** aufdecken. (3) Darüber hinaus sollen die im Rahmen des Literature Reviews aufgedeckten Erkenntnislücken bestmöglich mit den **Ergebnissen** der quantitativen und qualitativen Untersuchung adressiert werden, um so das Forschungsgebiet der Internationalen Projektfinanzierungen konstruktiv weiterzuentwickeln. (4) Zusätzlich sollen Erkenntnisse generiert werden, die **Sponsoren**, **Banken** und **öffentliche Entscheidungsträger** für einen Vergleich von bisherigen Entscheidungen, für eine effektive und erfolgversprechende Planung zukünftiger Projekte, sowie für die Schaffung eines für Projektfinanzierungen attraktiven Umfelds nutzen können, um dadurch letztendlich das Infrastrukturinvestitionsdefizit verringern zu können. Nicht ausschließlich aber im Besonderen sollen die Erkenntnisse dabei der **österreichischen Wirtschaft** dienlich sein.

1.3 Methodischer Zugang

Um die Forschungsfrage beantworten zu können, wurde ein **mehrstufiger Untersuchungsaufbau** sowie ein methodenpluralistischer Zugang gewählt. Es erfolgt

(1) eine Durchsicht relevanter Theorien zu den Wirkungszusammenhängen zwischen Risiko und Finanzierungsstruktur und darauf aufbauend die Entwicklung eines theoretischen Konstrukts,
(2) ein Abgleich der theoriebasierten Wirkungszusammenhänge mit bisherigen Forschungsergebnissen,
(3) aufbauend darauf eine Ableitung von quantitativ überprüfbaren Hypothesen,
(4) ein quantitativer Hypothesentest mit einer Stichprobe von über 4.600 Finanzierungstranchen von weltweiten Projektfinanzierungen der Jahre 1994 bis 2017,
(5) sowie ein Abgleich und eine Diskussion der Ergebnisse der quantitativen Analyse mit den Erfahrungen und Meinungen von elf ExpertInnen österreichischer Sponsoren und Banken.

Eine detaillierte Beschreibung der methodischen Vorgehensweiser der einzelnen Komponenten findet sich jeweils zu Beginn der einzelnen Kapitel. Insgesamt bietet der Versuchsaufbau durch die quantitativ-konformistische Komponente in Kombinationen mit der explorativen Analyse die bisher detaillierteste Untersuchung der Wirkungszusammenhänge von Risiko und Finanzierungsstruktur Internationaler Projektfinanzierungen.

1.4 Aufbau der Dissertation

Die vorliegende Arbeit besteht aus sieben Kapiteln und der Aufbau dieser ist in Abbildung 1 illustrativ dargestellt. Innerhalb dieser Abbildung wurden die zwei wichtigsten Blöcke zur Beantwortung der Forschungsfrage – der Literaturteil und der empirische Teil – zusätzlich herausgehoben.

Im Anschluss an das Einleitungskapitel (Kapitel 1) dient **Kapitel 2** zur Einführung des Lesers in die Thematik der Internationalen Projektfinanzierung. Es folgt dabei zuerst ein Überblick über die Definitionen und Charakteristika der Internationalen Projektfinanzierung (Unterkapitel 2.1) und danach wird die Logik der Projektfinanzierung (Unterkapitel 2.2) dargelegt, d.h. wie und warum eine Projektfinanzierung einen Mehrwert gegenüber einer konventionellen Unternehmensfinanzierung schaffen kann. Im Anschluss daran werden die Beteiligten bei Internationalen Projektfinanzierungen beschrieben (Unterkapitel 2.3) und abschließend wird die Bedeutung und Verbreitung der Internationalen Projektfinanzierung mit aktuellen Daten illustriert (Unterkapitel 2.4).

In **Kapitel 3** erfolgt der Einstieg in die Untersuchung zum Zusammenhang zwischen Risiko und Finanzierungsstruktur mit der Entwicklung des theoretischen Untersuchungsrahmens. Dazu erfolgt in Unterkapitel 3.1 eine Diskussion der Risiken und Absicherungsmöglichkeiten innerhalb der Projektfinanzierung. Danach werden die Auswirkungen dieser Risiken auf die Finanzierungsstruktur besprochen (Unterkapitel 3.2), wobei dieser Abschnitt nochmals unterteilt wird in Auswirkung auf die Fremdkapitalquote (Unterkapitel 3.2.1) und Auswirkung auf die Kreditmarge und Laufzeit (Unterkapitel 3.2.2).

Die Implikationen des theoretischen Untersuchungsrahmens werden in **Kapitel 4** dem bisherigen Forschungsstand gegenübergestellt. Dazu wird ein systematischer Literature Review erstellt. Zuerst wird dabei die Literatursuche erläutert (Unterkapitel 4.1) und wie die gefundenen Beiträge kategorisiert wurden (Unterkapitel 4.2). Unterkapitel 4.3 und Unterkapitel 4.4 bieten jeweils einen Überblick über die theoretischen, Praktiker- und hybriden Beiträge sowie über die qualitativen Beiträge. Das darauffolgende Unterkapitel 4.5 stellt das Zentrum des gesamten Kapitels dar. Darin wird ein Review der relevanten quantitativen Beiträge erarbeitet und unter Berücksichtigung des theoretischen Rahmens werden die Hypothesen für die quantitative Untersuchung entwickelt. Im Anschluss daran erfolgt ein Resümee des Literature Reviews und eine übersichtliche Zusammenfassung der Hypothesen (Unterkapitel 4.6).

In **Kapitel 5** erfolgt die quantitative Untersuchung zum Zusammenhang zwischen Risiko und Finanzierungsstruktur. In Unterkapitel 5.1 werden die Daten und verwendeten Variablen beschrieben. Im Anschluss daran erfolgt eine deskriptive Analyse der Stichprobe (Unterkapitel 5.2) und danach der Hypothesentest mithilfe der schließenden Statistik (Unterkapitel 5.3). Eine Zusammenfassung der Ergebnisse der quantitativen Untersuchung findet sich in Unterkapitel 5.4.

Kapitel 6 widmet sich der qualitativen Untersuchung des Zusammenhangs zwischen Risiko und Finanzierungsstruktur und baut auf den Ergebnissen der Inferenzstatistik des vorangegangenen Kapitels auf. In Unterkapitel 6.1 wird die Methodik der qualitativen Untersuchung dargelegt und in Unterkapitel 6.2 werden danach die Ergebnisse präsentiert. Bevor die Arbeit in die Conclusio mündet, wird zuvor noch ein Zwischenresümee der qualitativen Untersuchung gezogen (Unterkapitel 6.3).

In der Conclusio in **Kapitel 7** werden die Forschungsfragen (Unterkapitel 7.1) mit den Ergebnissen der Arbeit beantwortet (Unterkapitel 7.2). Die wissenschaftlichen Implikationen werden in Unterkapitel 7.3 im Detail besprochen. Im Anschluss daran werden die Management-Implikationen (Unterkapitel 7.4) und die Policy-Implikationen (Unterkapitel 7.5) aufgezeigt. Abschließend werden die Limitationen der Arbeit in Unterkapitel 7.6 offengelegt.

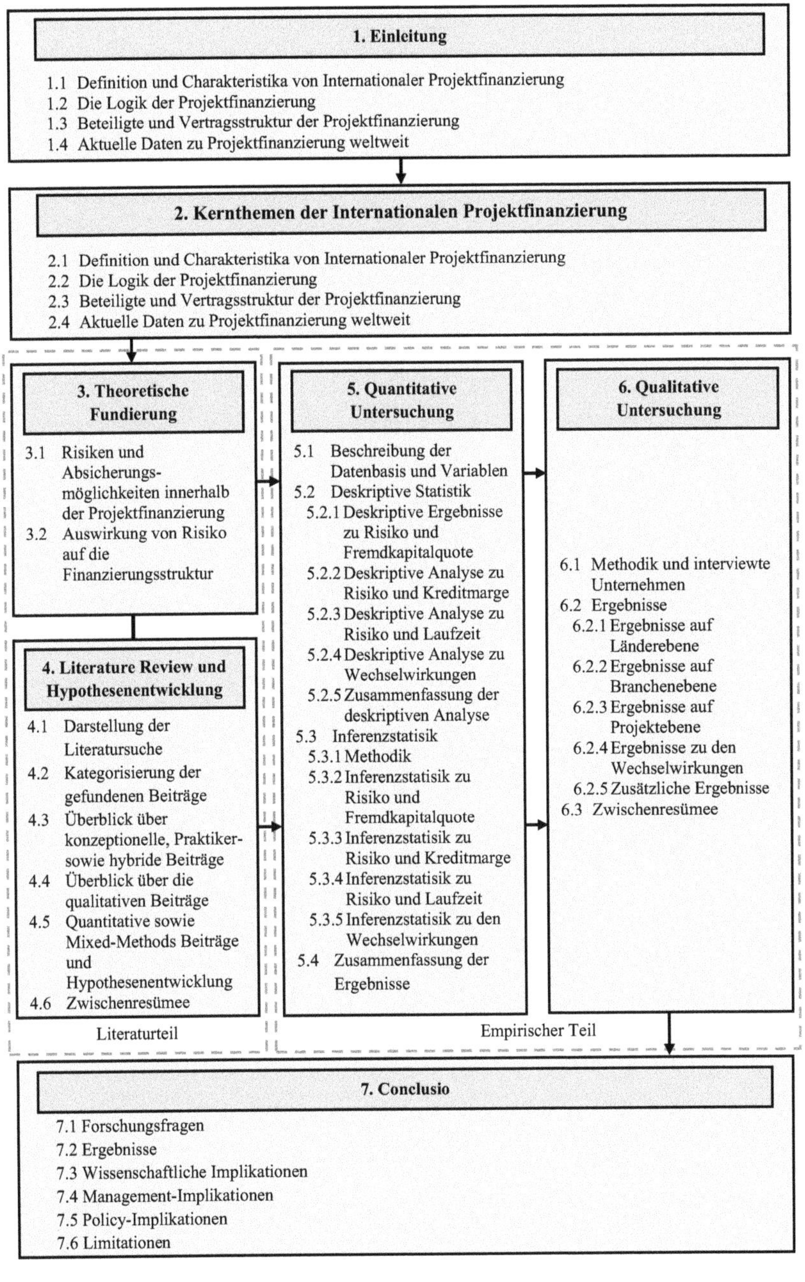

Abbildung 1: Aufbau der Arbeit

2. Kernthemen der Internationalen Projektfinanzierung

Das Konzept der Projektfinanzierung ist bei weitem kein Neues und lässt sich urkundlich das erste Mal im Jahr 1299 belegen.[12] Im Laufe der Geschichte wurden einige spektakuläre Großprojekte wie z.B. der Suez Kanal oder der Eiffelturm, projektfinanziert errichtet; den endgültigen Durchbruch und die gegenwärtige Form erfuhr die Projektfinanzierung aber erst in den 1970er Jahren mit der Erschließung großer Erdölfelder sowie anderer Rohstoffquellen.

2016 wurden weltweit rund 1.200 Projekte mit einem Gesamtwert von rund 400 Milliarden USD[13] über eine Projektfinanzierung errichtet und es kann von einer steigenden Bedeutung ausgegangen werden, da sich viele Industrienationen mit veralteter oder technisch unzeitgemäßer Infrastruktur bei sinkenden öffentlichen Budgets konfrontiert sehen. Demgegenüber verzeichnen aufstrebende Schwellenländer einen Bedarf an einer ersten Grundversorgung mit Infrastruktur.[14] Internationale Projektfinanzierung bietet hier eine effiziente Möglichkeit, privates Kapital für die Planung und Errichtung von solchen Projekten aufzubringen.

Um diese Form der Finanzierung untersuchen zu können, bedarf es einem soliden Wissen rund um das Konzept. Dieses Kapitel setzt daran an und dient als Einführung in den Themenkreis der Internationale Projektfinanzierung. Im Vordergrund stehen dabei die Begrifflichkeiten rund um die Projektfinanzierung, die Charakteristika dieser sowie die aktuelle weltweite Bedeutung. Im Speziellen werden in diesem Kapitel folgende Punkte erörtert:

- Ausgehenden von Definitionen aus der Literatur werden die wesentlichen Charakteristika der Internationalen Projektfinanzierung in Abschnitt 2.1 erarbeitet.
- Die Unterschiede sowie die Vorteile von Projektfinanzierung gegenüber konventioneller Unternehmensfinanzierung werden in Abschnitt 2.2 dargelegt.

---

12 Vgl. Esty / Chavic / Sesia (2014), S. 4; Garcia-Bernabeu / Mayor-Vitoria / Mas-Verdu (2015), S. 173

13 Vgl. Dealogic (2017)

14 Vgl. Esty / Chavic / Sesia (2014), S. 12f; Jacobsson / Jacobsson (2012), S. 49

- In Abschnitt 2.3 wird ausgehend von einer Musterkonstruktion einer Projektfinanzierung ein Überblick über die Beteiligten und deren Beitrag zur Struktur gegeben.
- Um die aktuelle Bedeutung der Internationalen Projektfinanzierung zu zeigen findet sich in Abschnitt 2.4.ein Überblick über die geographische sowie sektorale Verteilung des globalen Projektfinanzierungsvolumens

2.1 Definitionen und Charakteristika der Internationalen Projektfinanzierung

Die Bank für Internationalen Zahlungsausgleich (BIZ) **definiert Projektfinanzierung** als *eine Art der Finanzierung, bei der der Kreditgeber hauptsächlich die aus dem einzelnen Projekt erzielten Einkünfte sowohl als Quelle für die Begleichung der Forderung als auch als Sicherheit für die Forderung betrachtet. Diese Art der Finanzierung wird gewöhnlich für große, komplexe und teure Infrastrukturprojekte verwendet [...].* Die BIZ definiert weiter: *Der Kreditnehmer ist meistens eine Zweckgesellschaft, die nicht berechtigt ist, andere Geschäfte als die Entwicklung, den Besitz und den Betrieb des Projekts zu bestreiten. Daraus folgt, dass die Rückzahlung des Kredits primär von den Cashflows des Projekts und dem Sicherheitenwert der Projektaktiva abhängt.*[15]

Ähnlich lautet die **Definition** von Nevitt und Fabozzi (1980), die sich in der Scientific community zu Projektfinanzierung durchgesetzt hat[16]. Sie beschreiben Projektfinanzierung als *[the] financing of a particular economic unit in which a lender is satisfied to look initially to the cash flow and earnings of that economic unit as the source of funds from which a loan will be repaid and to the assets of the economic unit as collateral for the loan.*[17]

Beide Definitionen basieren stark auf der Perspektive der Fremdkapitalgeber und heben besonders die **Finanzierungsfunktion** der Projektfinanzierung heraus. Damit gemeint ist die Art, wie die Finanzierung zustande kommt, wie die Bonität bemessen wird und welche Sicherheiten zur Verfügung stehen.

Andere Autoren wie z.B. Uekermann (1993) oder Jürgens (1994) thematisieren zusätzlich das Projekt innerhalb der Projektfinanzierung.[18] Sie zeigen welche Charakteristika ein Projekt erfüllen muss um für eine Projektfinanzierung geeignet zu sein und wie eine durchdachte Strukturierung des Projekts eine Risikoverteilung und eine Erweiterung des Haftungskreises ermöglichen kann. Die Autoren betonen somit die **Organisationsfunktion** der Projektfinanzierung.

---

15 Vgl. Bank für Internationalen Zahlungsausgleich (2006), S. 59

16 Vgl. Böttcher / Blattner (2006), S. 9; Esty / Chavic / Sesia (2014), S. 2

17 Nevitt (1980), S. 13

18 Vgl. Jürgens (1994), S. 3; Uekermann (1993), S. 6

Eine zu sehr getrennte semantische Analyse der Begriffe „Projekt" und „Finanzierung" ist aber nicht zielführend, denn bei der Projektfinanzierung gilt: Die Finanzierung eines Projekts basiert auf dessen Organisation, wobei die Organisation des Projekts simultan auf dessen Finanzierung basiert. Beide Funktionen bedingen sich gegenseitig und können daher nicht vollständig getrennt voneinander untersucht werden.[19]

Die Internationale Projektfinanzierung kann auch als eine Art von strukturierter (Außenhandels)finanzierung[20] verstanden werden, jedoch sind es **drei wesentliche Merkmale,** die sie von anderen strukturierten Finanzierungsarten wie z.B. Objektfinanzierung, Leasing oder Leveraged Acquisitions aber vor allem von der konventionellen Unternehmensfinanzierung (*Corporate Finance*) abgrenzen[21]:

1) Wie aus den obigen Definitionen bereits bekannt, geht die Projektfinanzierung mit der Gründung einer Zweckgesellschaft einher. Diese Zweckgesellschaft wird losgelöst von den Büchern ihrer Initiatoren[22] gegründet und ist gesellschafts- und bilanzrechtlich selbständig[23]. Dieser Vorgang wird als **Off-Balance-Sheet-Finanzierung** bezeichnet und für die Zweckgesellschaft haben sich die Begriffe SPV (*Special-Purpose-Vehicle*), SPE (*Special-Purpose-Entity*) oder SPC (*Special-Purpose-Company*) etabliert[24].
2) Zur Befriedigung der Ansprüche der Eigen- und Fremdkapitalgeber bzw. als Sicherheiten für die gewährten Mittel, dienen bei der Projektfinanzierung

19 Vgl. Esty / Chavic / Sesia (2014), S. 3) führen ähnliche Überlegung aus, wobei sie noch eine dritte Ebene „Investment" nennen. Es lässt sich jedoch argumentieren, dass „Investment" auf die beiden anderen Funktionen aufgeteilt werden kann.

20 Wolf / Hill / Pfaue (2003, S. 18) definieren unter strukturierter Finanzierung *(1) maßgeschneiderte, auf die Kundenbedürfnisse zugeschnittene Kombinationen von Standardfinanzinstrumenten (2) die sich nach den zukünftigen, erwarteten Cashflows aus dem zu finanzierenden Geschäft sowie den damit verbundenen Risiken richten, und (3) denen lediglich die die Cashflows generierenden Aktiva als Sicherheiten zur Verfügung stehen.* Diese sehr weite Definition beinhaltet jedoch viele Varianten wie z.B. forderungsbesicherten Wertpapiere oder Anleihekonstruktionen mit exotischen Derivaten. Die Internationale Projektfinanzierung liegt definitorisch näher bei der strukturierten Außenhandelsfinanzierung bei der es sich um eine warenstrombasierte Finanzierung handelt. Grath (2016), S. 179) definiert strukturierten Außenhandelsfinanzierung als *prearranged or tailor made trade financial techniques or structures, designed for individual transactions or projects arranged by, or in cooperation with, specialized financial institutions.*

21 Vgl. Caselli / Gatti (2017), S. 27; Tytko (1999), S. 14

22 Auch Sponsoren genannt; siehe dazu Unterkapitel 2.3

23 Yescombe (2014), S. 7: *Therefore the project must be 'ring-fenced' (i.e. legally and economically self-contained).*

24 Vgl. Wolf / Hill / Pfaue (2003), S. 18

vorrangig die zukünftigen erwirtschafteten Zahlungsströme. Die vergangenheitsorientierte Bonitätsprüfung und starke Berücksichtigung des Vermögens zur Besicherung (*Asset Based Finance*) tritt zugunsten eines zukunftsorientierten **Cashflow-Related-Lendings** in den Hintergrund.[25]

3) Die Begrenzung (*Limited Recourse*) oder der gänzlichen Ausschluss (*Non Recourse*) des Rückgriffrecht auf die Eigenkapitalgeber[26] bei gleichzeitiger Erweiterung des Haftungskreises um etwaige Deckungslücken zu schließen. Dies erfolgt durch die Einbindung aller am Projekt beteiligten Parteien durch eine Netzwerk von Verträgen[27] im Sinne eines umfangreichen **Risk-Sharings.**[28]

An dieser Stelle muss wiederholt werden, dass alle Charakteristika gegeben sein müssen, sodass von einer Projektfinanzierung gesprochen werden kann. Die Gründe dafür liegen aber nicht nur in der Anforderung der Finanzwissenschaften nach einer eindeutigen Klassifizierung verschiedener Finanzierungsarten, sondern darin, dass sich die Charakteristika gegenseitig bedingen.

Dass es zu einem Cashflow-Related Lending kommen kann, müssen die Cashflows von anderen Geschäftsbereichen isoliert werden, was eine Off-Balance-Sheet-Finanzierung bedingt. Dies führt aber dazu, dass die Anzahl der Sicherheiten zurückgeht, was durch eine Einbeziehung mehrere Parteien und einem Risk-Sharing wieder kompensiert werden kann. Das Risk-Sharing stabilisiert die Zahlungsströme was wiederum Cashflow-Related Lending erleichtert.

Auch dieses Gedankenexperiment verdeutlicht wiederum den eingangs diskutieren **Zusammenhang** zwischen **Organisations**- und **Finanzierungsfunktion** der Projektfinanzierung, die stets vereint untersucht werden müssen.

Neben den drei konstitutiven Charakteristika der Projektfinanzierung – Off-Balance-Sheet-Finanzierung, Cashflow-Related-Lending und Risk-Sharing – werden in der Literatur weitere Merkmale genannt, die Projektfinanzierungen auszeichnen: Die zu finanzierenden Projekte entstammen zumeist dem Infrastrukturbereich und sie verfügen über lange aber planungstechnisch endliche Laufzeiten. Projektfinanzierte Unterfangen zeichnen sich darüber hinaus durch hohe Fremdkapitalquoten aus, wobei das Fremdkapital am Ende der Projektlaufzeit getilgt sein muss.[29] Das meiste Eigenkapital kommt

25 Vgl. Backhaus (2003), S. 15

26 Rückgriffrechts bedeutet in diesem Fall über den eingebrachten Eigenkapitalteil hinaus.

27 Engl. *Network of contracts*

28 Vgl. Gatti (2013), S. 71; Tytko (1999), S. 9; Uekermann (1993), S. 14

29 Vgl. Yescombe (2014), S. 8

von Sponsoren, die für die Errichtung bzw. die Leitung des Projekts verantwortlich sind.[30]

Um das Definitionskapitel abzuschließen, ist es ratsam, die Projektfinanzierung nochmals deutliche von der konventionellen Unternehmensfinanzierung (oder auch Kreditfinanzierung) abzugrenzen. Tabelle 1 gibt einen Überblick über die wichtigsten Unterscheidungsmerkmale dieser beiden Finanzierungsarten:

Tabelle 1: Unterscheidung konventionelle Unternehmensfinanzierung und Projektfinanzierung[31]

Unterscheidungskriterium	Konventionelle Unternehmensfinanzierung	Projektfinanzierung
Kreditnehmer	Bereits etablierte Unternehmen, oft mehrere Geschäftsbereiche	Neu gegründete Projektgesellschaft, nur Geschäftsbereich
Verwendung der Finanzmittel	Kann für verschiedene Zwecke verwendet werden	Gebunden an Zweck des Projekts
Buchhalterisches Behandlung	On-balance sheet	Off-balance sheet
Primäre Entscheidungskriterien bei der Kreditprüfung	Bisherige Unternehmensbonität und Sicherheiten, Stabilität der Bilanz, Profitabilität, Kundenbeziehungen	Ergebnisse der Projektanalyse, zukünftige Cashflows
Auswirkung auf Bonität des Kreditnehmers	Reduktion der Kreditlinie des Kreditnehmers	Keine oder geringe Einschränkung der Kreditlinie der Sponsoren
Risikoteilung	Full Recourse, Risikoverteilung über verschieden Geschäftsbereiche des Kreditnehmers	Non- oder Limited Recourse, Risikoverteilung über die Projektbeteiligten
Aufwand bei der Realisierung	Finanzierung kann zumeist schnell und einfach arrangiert werden	Hoher Strukturierungsaufwand da viele Parteien involviert sind und aufgrund umfangreicher Projektanalyse

30 Vgl. Brealey / Cooper / Habib (1996), S. 25

31 Eigene Darstellung in Anlehnung an Finnerty (2013), S. 23; Gatti (2013), S. 3; Tytko (1999), S. 9

2.2 Die Logik der Projektfinanzierung

Im folgenden Abschnitt werden die Vorteile der Projektfinanzierung gegenüber der konventionellen Unternehmensfinanzierung diskutiert. Diese Vorteile entspringen aus den besonderen Charakteristika der Projektfinanzierung[32] und bilden zusammen die Logik der Projektfinanzierung.[33] Zuvor müssen jedoch auch die Nachteile der Projektfinanzierung genannt werden.

Ein wesentlicher **Nachteil** bei Projektfinanzierungen liegt in der **erhöhten Komplexität**. Projektfinanzierungen zeichnen sich durch eine Vielzahl von involvierten Parteien aus, die mitunter unterschiedliche Interessen verfolgen. Um sie dennoch im Einklang mit dem Projektziel an die Projektgesellschaft zu binden, wird ein umfangreiches Vertragsnetz benötigt. Die dazugehörige Ausverhandlung und Strukturierung ist mit einem hohen Aufwand – und damit Kosten – verbunden. Gleiches gilt für die technische, finanzielle, rechtliche und Risikoanalyse, die vor dem Projektbeginn erstellt werden muss. Auch das Monitoring eines langfristigen Projekts erhöht die Komplexität. Alle diese Faktoren zusammen führen zu **erhöhten Transaktionskosten** von Projektfinanzierungen gegenüber konventioneller Unternehmensfinanzierung.[34]

Da Fremdkapitalgeber im Vergleich zur konventionellen Unternehmensfinanzierung mehr Risiken[35] übernehmen und aufgrund der **beschränkt Regressmöglichkeit** (*Non-Recourse* oder *Limited-Recourse* Regelung) werden tendenziell **höhere Zinsmargen** und **Gebühren** verlangt.[36] Auch dies mindert

---

32 Siehe Unterkapitel 2.1.

33 In Anlehnung an Finnerty (2013), S. 13 sowie Shah / Thakor (1987), S. 225: *Rational for Project Finance*

34 Vgl. Garcia-Bernabeu / Mayor-Vitoria / Mas-Verdu (2015), S. 160; Gatti (2013), S. 2; Finnerty (2013), S. 30; Tinsley (2014), S. 18; Subramanian / Tung / Wang (2008), S. 1

35 Vgl. Tinsley (2014), S. 21

36 Dieses Argument muss mit großer Vorsicht behandelt werden. Zwar spricht Yescombe (2014), S. 21 von zwei- bis dreimal so hohen Finanzierungskosten für Projektfinanzierung gegenüber konventioneller Unternehmensfinanzierung, jedoch ohne dies zu belegen. Kleimeier / Megginson (2000), S. 80 finden höhere Zinsmarge von Projektfinanzierungen gegenüber der gesamten Stichprobe von syndizierten Krediten, jedoch nicht im Vergleich mit einzelnen Arten von Krediten. Pinto / Alves (2016), S. 11 können auch keine eindeutig höhen Zinsmarge nachweisen, jedoch finden sie höhere Kreditgebühren bei Projektfinanzierungskrediten. Dies spricht für den aufwändigeren Strukturierungsprozess und die damit höheren Kosten. Auch Böttcher / Blattner (2006), S. 31 unterstreichen die Erzielung von Provisionserträgen durch die Konsortialführer als den Hauptfokus von Banken.

die Attraktivität der Projektfinanzierung gegenüber der konventionellen Unternehmensfinanzierung sowie anderen Finanzierungsarten.

Die steigende Verbreitung der Projektfinanzierung[37] zeigt jedoch auch, dass diese mit **Vorteilen** einhergehen muss. Diese Vorteile schaffen Wert und gleichen dadurch potentielle negative Effekte wieder aus. Im folgenden Abschnitt werden diese Vorteile, die größtenteils aus mathematischen Modellen folgen, besprochen. Im Anschluss daran folgt ein kurzes Zwischenresümee und Tabelle 2 gibt nochmals einen Überblick über die diskutierten Beiträge.

Perille / Saathoff (1978) widmeten sich als eine der ersten dem Thema Projektfinanzierung. Anhand von Beispielen aus der amerikanischen Ölindustrie zeigen die Autoren, dass Projektfinanzierung die **Erschließung neuer Kapitalquellen** ermöglicht, die mit einer On-Balance-Sheet-Finanzierung verwehrt bleiben würden. Dazu zählen u.a. Pensions- und Versicherungsfonds, Exportversicherer sowie Entwicklungsbanken oder staatliche Institutionen. Daneben führt eine Finanzierung primär über Fremdkapital zu keinem **Verwässerungseffekt** für die Aktionäre der Sponsoren sowie zu keiner **Verschlechterung der Kreditlinie** der Sponsoren und darüber hinaus zu einer **höheren Eigenkapitalrentabilität.**[38]

Mao (1982) nennt als Vorteil der Projektfinanzierung ebenfalls die hohe **Fremdfinanzierungskraft**, die durch die *Stand-Alone* Eigenschaft der Projektgesellschaft erreicht werden kann. Während bei einer On-Balance-Sheet-Finanzierung freie Cashflows eines Projekt für andere Geschäftsfelder verwendet werden können, so bleiben die Cashflows bei einer Projektfinanzierung zur Befriedigung der Forderungen der Fremdkapitalgeber erhalten.[39] Mao (1982) bedient sich dabei implizit dem Argument der **Agenturkosten** (Prinzipal-Agent Problem zwischen Eigentümern und Management sowie Eigentürmern und Fremdkapitalgebern) und zusätzlich im speziellen **der Free-Cashflow-Theorie**. Die von Jensen (1986) geprägte Theorie besagt, dass das Management bei freien Cashflows dazu neigt, diese für opportunistische und riskante Investitionen zu verwendet. Dies gilt insbesondere für Unternehmen mit hohen Cashflows und wenig Wachstumsmöglichkeiten – Charakteristika die auf Projektfinanzierungen zutreffen.[40] Fremdkapital bindet die Cashflows an die Rückzahlungsverpflichtung und reduziert dadurch, die potenziell riskanten Handlungen und

37 Siehe Unterkapitel 2.4.
38 Vgl. Perille / Saathoff (1978), S. 13
39 Vgl. Mao (1982), S. 23
40 Vgl. Jensen (1986), S. 323

dadurch die Agenturkosten. Man spricht daher auch von der **Disziplinierungsfunktion des Fremdkapitals.**[41]

Ein hoher Fremdkapital und die dadurch gebunden Cashflows verhindern aber nicht nur **opportunistische Handlungen** durch das Management sondern auch durch das **Gastland** in dem sich Projekte befinden. Verbleibt ein großer Anteil freier Mittel im Gastland, so kann dies zu einem negativen Anreiz führen, diese Mittel über eine schleichende Enteignung – z.B. durch steigende Steuern oder Abgaben – einzubehalten.[42] Die Bindung der Cashflows an Forderungen kann dies verhindern und dadurch das **politische Risiko mindern**. Darüber hinaus bringen nationale und internationale Bankensyndikate weiteres politisches Gewicht in ein Projekt ein.[43] Gleiches gilt für Entwicklungsbanken und internationale Finanzinstitutionen[44], die oftmals Garantien und Finanzierungen nur an Projektgesellschaften, nicht an Unternehmen vergeben.[45]

Über Projektfinanzierung können nicht politischer Risiken im Speziellen gemindert werden, sondern das gesamte **Risikomanagement** kann zusätzlichen Wert gegenüber einer konventionellen Unternehmensfinanzierung schaffen. Beidleman / Fletcher / Veshosky (1990) bezeichnen das Risikomanagement sogar als *The Essence of Project Finance.*[46] Eine mathematische Begründung der wertsteigernden Funktion von Risikomanagement liefert die Finanzierungsliteratur wie z.B. Stulz (1984) oder Smith / Stulz (1985), jedoch sind es hier vor allem **Finanzinstrumente** wie Termingeschäfte oder Optionen, die zum Absichern von Risiken verwendet werden.[47] Bei Projektfinanzierung kommen im Rahmen des Risikomanagement aber zusätzlich langfristigen **Abnahme- und Lieferverträgen** (*Nonfinancial Contracts*[48]) eine besondere Bedeutung zu.[49] Dabei fundiert die Projektgesellschaft als Nexus an Verträgen[50], die die Gesamtheit an Risiko in Einzelrisiken aufspaltet und den Parteien zuweist, die am besten geeignet sind, diese übernehmen.[51] Da manche Risiken aber

41 Vgl. Harris / Raviv (1991), S. 297
42 Vgl. Esty (2004a), S. 55
43 Vgl. Brealey / Cooper / Habib (1996), S. 30; Hainz / Kleimeier (2004), S. 290
44 Siehe dazu auch Unterkapitel 2.4
45 Vgl. Esty (2003), S. 19
46 Beidleman / Fletcher / Veshosky (1990), S. 47
47 Vgl. Smith / Stulz (1985), S. 329; Stulz (1984), S. 127
48 Corielli / Gatti / Steffanoni (2010), S. 1296
49 Siehe dazu auch Kapital 4: Beteiligte und Vertragsstruktur der Projektfinanzierung.
50 Vgl. Alchian / Demsetz (1972), S. 794; Jensen / Meckling (1976), S. 310
51 Vgl. Dailami / Hauswald (2007), S. 251

ex ante nicht durch Verträge vollkommen abgesicherte werden können (z.B. Prinzipal-Agent Probleme) oder kaum Versicherungen dafür vorhanden sind (z.B. politische Risiken) bleibt ein Restrisiko. Projektfinanzierungen bieten hier neben finanziellen und güterwirtschaftlichen Verträgen die **Organisationsstruktur** zum Risikomanagement an. So kann z.B. durch die Beteiligung einer Regierung das politische Risiko gesenkt werden; die Beteiligung eines Anlageerrichters verstärkt dessen Interesse am Projekterfolg und mindert dadurch Agenturkosten. Folglich bildet die Vertragsarchitektur mitsamt der Organisationsstruktur das **Risikomanagement** bei Projektfinanzierungen und dient dazu, die Cashflow-Stabilität zu gewährleisten[52], um die Finanzierung und die Rückzahlung zu sichern. Brealey / Cooper / Habib (1996), Esty (1999a) und Esty (2003) beschreiben dies detailliert.

Auch Shah / Thakor (1987) gründen ihre Überlegungen auf Agenturkosten. Sie liefern den mathematischen Nachweis, dass bei asymmetrischer Information, Projektfinanzierung einen Vorteil bieten kann. Sie legen dabei zugrunde, dass die Fremdkapitalgeber die für die **Beurteilung und das Monitoring nötigen Informationen** leichter und kostengünstiger einholen können, wenn das Projekt losgelöst von Unternehmen finanziert wird. Dadurch sinken die Agenturkosten und der Wert des Projekts steigt. Dies gilt besonders bei großen Unternehmen mit vielen Geschäftsbereichen.[53]

Berkowitch / Kim (1990) bauen ihr Modell ebenfalls auf Agenturkosten auf. Sie zeigen, dass in Abhängigkeit von Volatilität der Cashflows und asymmetrischer Information die Ausgliederung der Unternehmung in eine Projektgesellschaft ein **Under- sowie Overinvestementproblem**[54] lösen kann.[55] Die Gründung einer Zweckgesellschaft kann den Interessensausgleich zwischen „alten" und „neuen" Fremdkapitalgebern[56] sowie Eigenkapitalgebern erleichtern und dadurch die Agenturkosten senken.

---

52 Vgl. Subramanian / Tung / Wang (2008), S. 2

53 Vgl. Shah / Thakor (1987), S. 225

54 Unter Underinvestement wird eine versäumte Investition in Projekte mit positivem Net Present Value (NPV) verstanden, unter Overinvestement die getätigte Investition in Projekte mit negativen NPV. Siehe dazu Myers (1977).

55 Vgl. Berkowitch / Kim (1990), S. 789

56 „Alte Fremdkapitalgebern" meint Gläubiger mit bestehenden Forderungen gegenüber dem Sponsor. „Neue Fremdkapitalgeber" bezeichnet Gläubiger, die in das SPV investieren.

Der Erklärungsansatz von John / John (1991) greift ebenfalls die negativen Agenturkosten des **Underinvestmentproblems** auf und stellt diese den positiven **Steuervorteilen** des Fremdkapital gegenüber (*tax-shield*). Im Modell können die Agenturkosten durch die Gründung der Zweckgesellschaft minimiert und die Steuervorteile maximiert werden. Darüber hinaus können Aussagen über die optimale Kapitalstruktur der neuen Zweckgesellschaft getroffen werden.[57]

Chemmanur / John (1996) modellieren die Wahl der Eigentümer-, Kapital und Organisationsstruktur bei der Umsetzung eines Projektes aus Sicht des Managements eines Unternehmens. Die zentrale Größe in ihrem Modell sind dabei **Kontrollvorteile des Managements**[58], welches dieses versucht zu maximieren. Im Modell bietet Projektfinanzierung die Möglichkeiten, die Eigen- bzw. Fremdkapitalquote für verschiedene Projekte so auszuwählen, dass das Management seine Kontrollvorteile maximieren kann. Im Fall von zwei Projekten wird mehr Fremdkapital in das Projekt investiert, dass weniger Kontrollvorteile auf das eingesetzte Kapital bringt.[59]

An / Cheung (2010) konzentrieren sich ebenfalls auf das Management, verknüpfen in ihrem Modell jedoch die **Managementvergütung** mit der Beeinflussbarkeit der Cashflows eines Projekts und dessen Risiko. Das Modell verdeutlicht, dass sich Projektfinanzierung gut dafür eignet, Ergebnisse mit Vergütungssystemen zu verbinden, da im Gegensatz zur konventionellen Unternehmensfinanzierung nur ein Geschäftsbereich bedient wird und die Ergebnisbeeinflussbarkeit dadurch höher ist.[60]

Das Modell von Chemmanur / John (1996) führt zu einem weiteren wichtigen Vorteil von Projektfinanzierung. Die Kapitalstruktur kann für jedes Projekt nicht nur bezüglich der Kontrollvorteile gewählt werden, sondern auch bezüglich der Höhe und Volatilität der Cashflows sowie der Insolvenzwahrscheinlichkeit. Das **Insolvenzrisiko** kann somit in jedem Projekt **isoliert** werden, d.h. eine Insolvenz des Projekts führt nicht zur Insolvenz des Sponsors (kein *contamination*

57 Vgl. John / John (1991), S. 51

58 Siehe Chemmanur / John (1996): S. 374: *Examples of such control benefits are management perquisites, synergy with other projects run by the same management, returns to firm-specific investments in human capital, reputation effects arising from successfully managing the project, etc.*

59 Vgl. Chemmanur / John (1996), S. 376; Kleimeier / Megginson (2001), S. 4

60 Vgl. An / Cheung (2010), S. 72; Finnerty (2013), S. 22

effect).[61] Sollte es dennoch zu einer Insolvenz kommen, so sind die **Insolvenzkosten** bei Projektfinanzierungen geringer als bei konventioneller Finanzierung. Esty (1999) erklärt dies darüber, dass das Vermögen in einer wirtschaftlich und rechtlich selbständigen Gesellschaft gebunden ist, was das Konkursverfahren im Gegensatz zu einem komplexes Unternehmensverbund vereinfacht. Darüber hinaus handelt es sich vor allem um materielles Vermögen, das bei einer Insolvenz kaum an Wert verliert. Zusätzlich besteht zumeist aufgrund der hohen Spezifizität des Investments keine alternative Nutzungsmöglichkeit für das Vermögen, darum präferieren die Gläubiger eher ein Sanierungs- als ein Konkursverfahren.[62]

Habib / Johnsen (1999) erklären die Vorteilhaftigkeit von Projektfinanzierung über **Investments in spezifische Assets** und die Drittverwendungsfähigkeit (*redeployability*). In ihrem Modell agieren Fremdkapitalgeber als *Redeployer*, die im Falle einer negativen Unternehmensentwicklung die Assets zur weiteren Nutzung erhalten. Der Wert der Assets hängt dabei ab, wieviel die Fremdkapitalgeber ex ante investiert haben. Die *Stand-Alone* Eigenschaft der Projektgesellschaft macht opportunistisches Verhalten – z.B. Verschiebung von Kapital zwischen Assets – ex post unmöglich. Dies bedeutet das der Wert der Assets bei ungünstiger Unternehmensentwicklung ex ante und ex post gleich ist, was wiederum zum **optimalen Investment** durch die Fremdkapitalgeber führt.[63] Wie bereits erwähnt, ist bei Projektfinanzierung die Drittverwendungsfähigkeit aufgrund der hohen Spezifizität des Investments jedoch sehr eingeschränkt. Die Finanzierungsentscheidung der Fremdkapitalgeber fußt daher stärker auf der Bewertung des primären Zwecks der Projektfinanzierung als auf einer möglichen Drittverwendungsfähigkeit (z.B. Verkauf der Assets).[64]

Leland (2007) modelliert welche Parameter bei Unternehmenszusammenschlüsse gegeben sein müssen, sodass diese Synergien erzeugen. Er stellt dabei positive Diversifikationseffekte einer gemeinsamen Unternehmung, den negativen Effekten einer gemeinsamen Haftung, keiner individuellen Kapitalstrukturentscheidung sowie negative steuerliche Effekte gegenüber. Aus dem Modell lassen sich auch Schlüsse darüber ziehen, wann es für Unternehmen sinnvoll

61 Vgl. Brealey / Cooper / Habib (1996), S. 34; Chemmanur / John (1996), S. 393; Gatti (2013), S. 21

62 Vgl. Esty (1999b), S. 33

63 Vgl. Habib / Johnsen (1999), S. 707; Hainz / Kleimeier (2004), S. 5

64 Vgl. Blanc-Brude / Strange (2007), S. 97; Gatti (2013), S. 21

ist, Projekte über neu gegründete Gesellschaften umzusetzen. Projektfinanzierung ist gemäß des Modells dann sinnvoll, wenn der Unterschied zwischen dem **Risiko** und der **Volatilität** der **Cashflows** sowie der **Größe** zwischen Sponsor und Projekt möglich groß sind.[65]

Das **Zwischenresümee** der vorhergegangenen Diskussion lautet wie folgt: Projektfinanzierung kann zusätzlichen Wert gegenüber konventioneller Unternehmensfinanzierung schaffen, weil

- das Insolvenzrisiko und etwaige Insolvenzkosten gemindert werden können,
- mehr Fremdkapitalquellen erschlossen werden können, höhere Fremdkapitalquoten erzielt werden können und die Eigenkapitalverzinsung gesteigert werden kann,
- asymmetrische Information und Konflikte zwischen Eigentümern und Fremdkapitalgeber, Eigentümern und Managern sowie der Projektgesellschaft und Vertragsparteien abgebaut werden können, wodurch die Agenturkosten sinken und
- die besondere Vertragsarchitektur sowie Organisationsstruktur ein umfangreiches Risikomanagement ermöglicht.

Abschließen gibt Tabelle 2 einen finalen Überblick die diskutierten Beiträge.

65 Leland (2007)

Tabelle 2: Beiträge zur Vorteilhaftigkeit der Projektfinanzierung[66]

Vorteilskategorie	Erklärung	Beitrag
Kapitalquellen Fremdfinanzierungskraft Eigenkapitalverzinsung	Kapitalquellen können aufgrund der Zweckgesellschaft erschlossen werden, die über eine On-Balance-Finanzierung nicht möglich wären. Hoher Fremdkapitalanteil bringt höhere Verzinsung auf das eingesetzte Eigenkapital.	Perille / Saathoff (1978)
Asymmetrische Information Agenturkosten Freie Cashflows	Mit Gründung der Zweckgesellschaft können freie Cashflows nicht in andere Geschäftsfelder investiert werden und hohe Verschuldungsgrade binden die Cashflows zusätzlich an Rückzahlungsverpflichtungen.	Mao (1982) Jensen (1986)
Asymmetrische Information Agenturkosten	Die Stand Alone Natur der Projektfinanzierung erleichtert die Kreditprüfung für die Fremdkapitalgeber und minder dadurch Agenturkosten.	Shah / Thakor (1987)
Asymmetrische Information Agenturkosten	In Abhängigkeit der Volatilität der Cashflows kann eine Projektfinanzierung das Under- und Overinvestmentproblem lösen.	Berkowitch / Kim (1990)
Asymmetrische Information Agenturkosten Steuervorteile	Die Neugründung der Zweckgesellschaft kann die Agenturkosten verringern und gleichzeitig die Steuervorteile erhöhen.	John / John (1991)
Kontrollvorteile des Managements	Projektfinanzierungen ermöglicht die Kontrollvorteile zu maximieren und die passende Kapitalstruktur für verschiedene Projekte zu finden.	Chemmanur / John (1996)

(*fortgeführt*)

66 Eigene Darstellung in Anlehnung an Brealey / Cooper / Habib (1996); Finnerty (2013), S. 23; Steffen (2018), S. 285

Tabelle 2: Fortsetzung

Vorteilskategorie	Erklärung	Beitrag
Managementvergütung	Projektfinanzierungen ermöglicht eine leichtere Kontrolle des Managements und eine bessere Verknüpfung mit Vergütungssystemen.	An / Cheung (2010)
Insolvenzrisiko	Insolvenzrisiko wird in jedem Projekt einzeln isoliert. Die Insolvenz eines Projekts führt nicht unmittelbar zur Insolvenz des Sponsors.	Chemmanur / John (1996)
Insolvenzkosten	Das in Projektfinanzierungen vorrangig gebundene materielle Vermögen verliert weniger an Wert. Zahlungsunfähige Projekte werden eher restrukturiert und seltener liquidiert.	Esty (1999)
Asymmetrische Information Agenturkosten Spezifizität des Investments	Stand Alone Natur der Projektfinanzierung mach opportunistisches Verhalten ex post unmöglich und führt zum optimalen Investment ex ante.	Habib / Johnson (1999)
Politisches Risiko	Opportunistische Handlungen durch Regierung kann durch hoher Fremdkapitalanteile und Beteiligte mit politischem Gewicht entgegengewirkt werden	Esty (1999) Esty (2003)
Risikoteilung	Die Vertragsarchitektur mitsamt der Organisationsstruktur ermöglicht ein umfangreiches und wertschaffendes Risikomanagement.	Esty (1999) Esty (2003) Brealey / Cooper / Habib (1996)
Haftung Kapitalstruktur Steuervorteile	Durch die Gründung einer Zweckgesellschaft können positive Effekte hinsichtlich Haftung, Kapitalstruktur und steuerlicher Behandlung erzielt werden.	Leland (2007)

2.3 Beteiligte und Vertragsstruktur der Projektfinanzierung

Abbildung 2 gibt einen Überblick über die wesentlichen Beteiligten einer Projektfinanzierung sowie deren Rolle und die Verträge mit denen sie an das Projekt gebunden sind.[67] Einige Verträge werden auch in der deutschsprachigen Literatur oft mit den englischen Termini genannt, daher finden sich diese in kursiv in der Graphik.

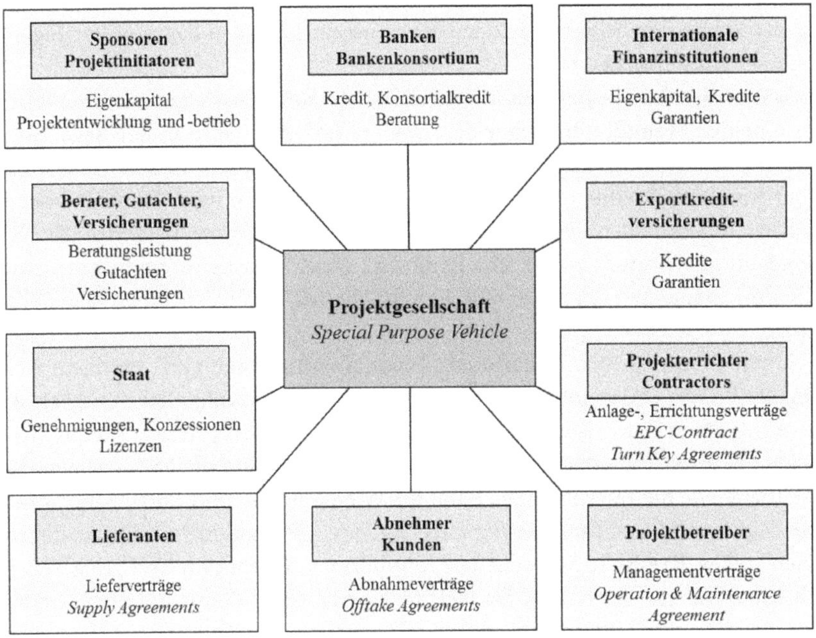

Abbildung 2: Beteiligte, Rollen und Verträge einer Projektfinanzierung[68]

Im folgenden Abschnitt werden die einzelnen Beteiligten, ihre Rollen sowie die dazugehörigen Verträge komprimiert erläutert. Die Ausführungen folgen dem Uhrzeigersinn beginnend mit den Sponsoren.

67 Hierbei handelt es sich um eine Musterkonstruktion. Es müssen nicht sämtliche hier genannten Parteien vertreten sein und es können auch andere, hier nicht angeführte Parteien, bei Projektfinanzierungen beteiligt sein.

68 Eigene Darstellung in Anlehnung an Böttcher / Blattner (2006), S. 19; Wolf / Hill / Pfaue (2003), S. 69.

Die **Sponsoren** werden auch als Projektinitiatoren oder -träger bezeichnet. Sie treffen die Entscheidung zur Umsetzung des Projekts und sind maßgeblich an dessen Entwicklung, Realisierung sowie Betrieb beteiligt. Sponsoren bringen **Eigenkapital** in das Projekt ein sowie **zusätzliche Leistungen**, die je nach Projekt und Sponsor variieren können. Typische Sponsoren sind Anlagenerrichter und -betreiber sowie Lieferanten und Abnehmer des Projekts. Diese Art von Sponsoren werden als *Industrial Sponsors* bezeichnet, da sie zusätzliche Kompetenzen und Knowhow ins Projekt einbringen. *Financial Investors* wie z.B. Private Equity Fonds, Versicherungen oder Pensionsfonds bringen dagegen nur Eigenkapital in das Projekt ein.[69]

Nationale aber insbesondere internationale **Banken** stellen die wichtigste Gruppe der **Fremdkapitalgeber** dar. Das Fremdkapital wird in der Regel über Kredite[70] zur Verfügung gestellt, wobei bei großen Projektvolumen das Kapital über Konsortialkredite (syndizierte Kredite) aufgebracht wird. Darüber hinaus arrangieren Banken gegebenenfalls die Platzierung von Projektanleihen (*Project Bonds*) und erbringen zusätzliche Beratungs- und Dienstleistungsaufgaben wie z.B. Projektanalysen oder steuerliche, rechtliche oder finanzwirtschaftliche Beratung.[71]

Unter dem Begriff **internationale Finanzinstitutionen** (IFI) sammeln sich eine Reihe von Organisationen[72] die Finanzierungen für öffentliche und private Investments in Hochrisikoländer gewähren, die über den privaten Kreditmarkt keine Finanzierung erhalten würden. Beispiele dafür sind die Institutionen der Weltbank wie die Internationale Bank für Wiederaufbau und Entwicklung oder die Multilateral Investment Guarantee Agency. Internationale Finanzinstitutionen stellen **Kredit** zu vorteilhaften Konditionen, **Garantien** und gelegentlich **Eigenkapital** zur Verfügung. Da viele Staaten an diesen Organisationen finanziell beteiligt sind, erhöht sich zusätzlich das politische Gewicht der geförderten Projekte.[73]

69 Vgl. Böttcher / Blattner (2006), S. 20; Gatti (2013), S. 5; Tytko (1999), S. 22; Wolf / Hill / Pfaue (2003), S. 69

70 Das Volumen von Projektanleihe (*Project Bonds*) im Vergleich zu Krediten betrug im Zeitraum 2007 bis 2013 rund 11 Prozent (Della Croce / Gatti (2014).

71 Vgl. Tytko (1999), S. 25

72 Internationale Finanzinstitutionen lassen sich gemäß ihrer Mitgliederzusammensetzung und den Förderländern weiter in Multilaterale, Regionale und Bilaterale Entwicklungsbanken unterteilen. Für eine detaillierten Erklärung sei hier auf Morrison (2012), S. 81 verwiesen.

73 Vgl. Gatti (2013), S. 188; la Cour, Lisbeth F. / Müller (2014), S. 82

Exportkreditversicherungen (*Export Credit Agencies (ECA)*) bieten **Garantien** und teilweise **Finanzierungen** für ausländische Projekte mit einer Beteiligung eines Exporteurs aus dem Heimatland an. Sie handeln dabei im Auftrag der jeweiligen Regierung und die Garantien können je nach Ausgestaltung politische sowie wirtschaftliche Risiken abdecken.[74] Beispiele von Exportkreditversicherungen sind die Oesterreichische Kontrollbank, die französische COFACE oder die deutsche Euler Hermes.

Projekterrichter sind für Planung, Konstruktion und Ingangsetzung der Projektanlagen verantwortlich.[75] Sie werden auch als Anlagenhersteller oder *Contractors* bezeichnet. Letztere Bezeichnung geht auf den Umstand zurück, dass die Projektgesellschaften oftmals **Anlagenverträge** mit den Projekterrichtern eingehen, welche die Rahmenbedingungen der Lieferung und etwaige Konsequenzen bei Nicht- oder Schlechtleistung regeln. Eine Spezialform von Anlagenverträgen sind *Turn Key Agreements*[76]. Hierbei tritt der Errichter als Generalunternehmen auf, der die Anlage schlüsselfertig liefert. Die Projektgesellschaft steht dabei nur mit dem Generalunternehmer und nicht mit dessen Subunternehmen in vertraglicher Beziehung.[77]

Unter **Projektbetreiber** werden Betreiber- und Managementgesellschaften verstanden die sämtliche Aufgaben die in Verbindung mit dem Betrieb des Projekts stehen übernehmen. Darunter fallen neben den **Betriebsführungsaufgaben** auch **Wartungs**- und **Instandsetzungsarbeiten**. Als vertragliche Lösung wird hierzu regelmäßig auf *Operation & Maintenance Agreements (O&M)* zurückgegriffen.[78]

Die Kunden eines Projekts sind die **Abnehmer** des Outputs. Bei Projektfinanzierung besteht ein großes Interesse daran, die Abnahme – und die damit verbunden Cashflows – möglich langfristig zu sichern. Dazu bieten sich **Abnahmeverträge** wie z.B. *Take or Pay Agreements, Take and Pay Agreements, Power Purchase Agreements* oder *Tolling Agreements* an.[79]

Lieferanten übernehmen die Versorgung mit Roh-, Hilfs- und Betriebsstoffen. Eine starke und langfristige Bindung an das Projekt kann über spezielle

---

74 Vgl. Morrison (2012), S. 59

75 Vgl. Böttcher / Blattner (2006), S. 21

76 In der Literatur und Praxis findet sich auch der Begriff *EPC-Contract (Engineering-Procurement-Construction)* für einen umfangreichen Anlagevertrag (Yescombe (2014), S. 164; Dewar (2011), S. 122ff)

77 Vgl. Tytko (1999), S. 82

78 Vgl. Yescombe (2014), S. 174; Dewar (2011)

79 Vgl. Tytko (1999), S. 29; Nevitt / Fabozzi (2000), S. 324; Bonetti / Caselli / Gatti (2010), S. 63

Lieferverträge wie z.B. *Supply or Pay Agreements* oder *Supply and Pay Agreements* erreicht werden.[80] Ziel dieser Verträge ist die Sicherung, der für die Fortführung des Projekts benötigen Betriebsstoffe.[81]

Der **Staat** kann bei Projektfinanzierungen in vielfältiger Weise auftreten. Staatliche Institutionen erteilen **Genehmigungen** sowie **Lizenzen** und **Konzessionen** zum Betrieb von Projekten. Darüber hinaus schaffen sie das rechtliche und steuerliche Umfeld und stellen gegebenenfalls nötige Infrastruktur zur Verfügung. Die öffentliche Hand kann aber auch als Auftraggeber von Projektfinanzierung fungieren und mit privaten Unternehmen bei der Realisierung von Projekten im Rahmen einer *Private-Public-Partnership (PPP)* zusammenarbeiten.[82]

Berater und Gutachter können zu verschiedenen Zeitpunkten im Projektverlauf eintreten. Zu nennen sind hier u.a. unabhängige Ingenieurbüros, die im Zuge von Machbarkeitsstudien Gutachten erstellen aber auch beim Bau und der Abnahme der Anlage beratenen zur Seite stehen[83] oder Juristen, die vertragliche Strukturierung des Projekts (z.B. Beteiligungsstruktur, Abnahmeverträge) ausarbeiten.[84] **Versicherungen** und Versicherungsberater unterstützen bei die Identifikation von Risiken unter der Berücksichtig der Projektstruktur und -beteiligten sowie bei der Auswahl des passenden Versicherungsproduktes.[85]

2.4 Aktuelle Daten zu Projektfinanzierung weltweit

Der folgende Abschnitt verdeutlicht die steigende Bedeutung der Projektfinanzierung anhand von Daten zur geographischen und sektoralen Verteilung von Projektfinanzierung weltweit.

Abbildung 3 gibt einen Überblick über die **geografische Verteilung** von Projektfinanzierungen im Zeitraum 1996 bis 2016 in Milliarden USD. Zu erkennen ist die steigende Bedeutung der asiatischen Regionen *East Asia & Pacific* sowie *South Asia*. Im Zeitraum 2006 bis 2016 haben diese beiden Regionen rund 34 Prozent des weltweiten Projektfinanzierungsvolumens erhalten. Die größten Anteile sind dabei in absteigender Reihenfolge Indien, Australien, China und

---

80 Vgl. Nevitt / Fabozzi (2000), S. 324; Yescombe (2014), S. 178

81 Vgl. Backhaus (2003), S. 29

82 Zu PPP und Projektfinanzierung findet sich eine detaillierte Beschreibung in Weber / Alfen (2009), S. 159.

83 Vgl. Wolf / Hill / Pfaue (2003), S. 73

84 Vgl. Gatti (2013), S. 78

85 Für einen detaillierten Überblick über mögliche Versicherungsprodukte siehe Gatti (2013), S. 108.

Südkorea zuzurechnen. Investitionen in Europa und Zentralasien haben im gleichen 10-Jahres Durchschnitt rund 25 Prozent des Gesamtvolumens ausgemacht, wobei die wichtigsten Zielländer hierbei das Vereinigte Königreich, Spanien, Türkei, Russland und Deutschland waren. Nordamerikas Investitionen bilden rund 15 Prozent des weltweiten Volumens und Mittel- und Südamerika rund 10 Prozent, wobei Brasilien, Mexiko, Peru und Chile über 80 Prozent der Investitionen erhalten haben. Die übrigen 12 Prozent verteilen sich auf Länder des Mittleren Ostens sowie Afrika.

Neben der geographischen Verteilung sind auch **zwei Einbrüche** des Projektfinanzierungsaufkommens zu erkennen. In den Jahren nach dem Platzen der Dotcom-Blase im Jahr 2000 sowie in abgeschwächter Form im Jahr 2009 als Folge der weltweiten Finanzkrise von 2007.[86]

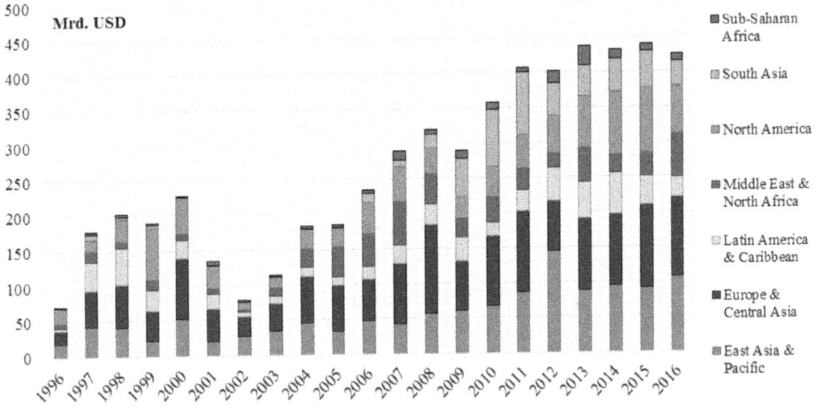

Abbildung 3: Entwicklung und Verteilung des Projektfinanzierungsvolumens 1996 bis 2016[87]

Ein Überblick über die **Finanzierungsvolumina nach Branchenkategorien** findet sich in Abbildung 3. Energiegewinnungsprojekte – konventionelle wie auch erneuerbare Energie – sowie Infrastrukturprojekte – darunter fallen Straßen-, Bahn-, Flughafen, Hafen- sowie Telekommunikationsprojekte – bilden in den allermeisten Jahren die beiden größten Branchengruppen gemessen am Finanzierungsvolumen. Die drittgrößte Gruppe bilden Projekte rund um die Erschließung- und die Förderung von Rohstoffen, voranging Gas und Öl.

86 Vgl. Esty / Chavic / Sesia (2014), S. 7; Siehe dazu auch Pfarl (2014).

87 Eigene Darstellung basierenden auf Dealogic (2017)

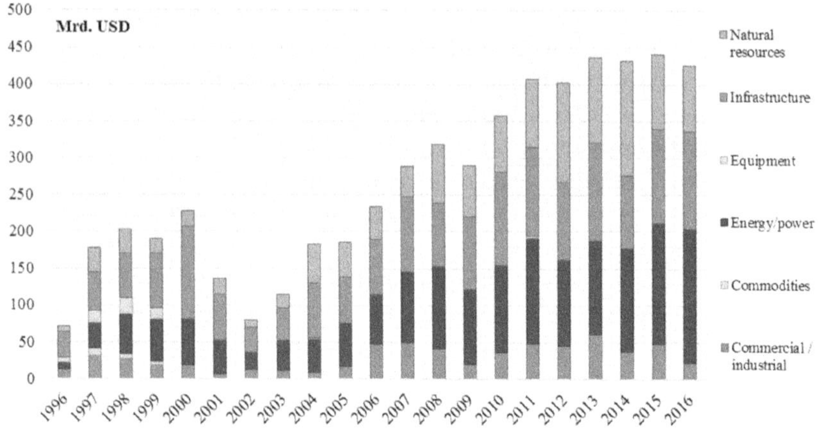

Abbildung 4: Finanzierungsvolumen nach Branchenkategorien

Abbildung 4 gibt detailliert Auskunft über die **sektorale Verteilung** des weltweiten Projektfinanzierungsvolumens. Die angeführten 14 Sektoren haben im Jahr 2016 rund 90 Prozent des globalen Finanzierungsvolumens erhalten. Wie schon aus Abbildung 3 bekannt, sind dies vor allem Projekte aus dem Infrastruktur-, Energie- sowie Rohstoffbereich. Zu den wichtigsten Sektoren zählen die konventionelle Energiegewinnung (*Power*) wie auch erneuerbare Energien (*Wind Farm* und *Renewable Fuel*), Ölraffinerien, Ölexploration und die Petrochemische Industrie (*Oil Refinery/LNG and LPG Plants, Oilfield exploration and development* und *Petrochemical/Chemical Plant*) sowie der Straßenbau (*Road*).

Trends die sich in den Daten erkennen lassen sind zum einen die starke Bedeutung des Telekommunikationssektor bis zum *Telecoms Crash* im Jahr 2001[88] sowie die steigende Bedeutung von erneuerbaren Energieprojekten in den letzten 10 Jahren.[89]

88 Siehe dazu im Detail Kam (2006).

89 Vgl. Pfarl / Moser (2017), S. 35

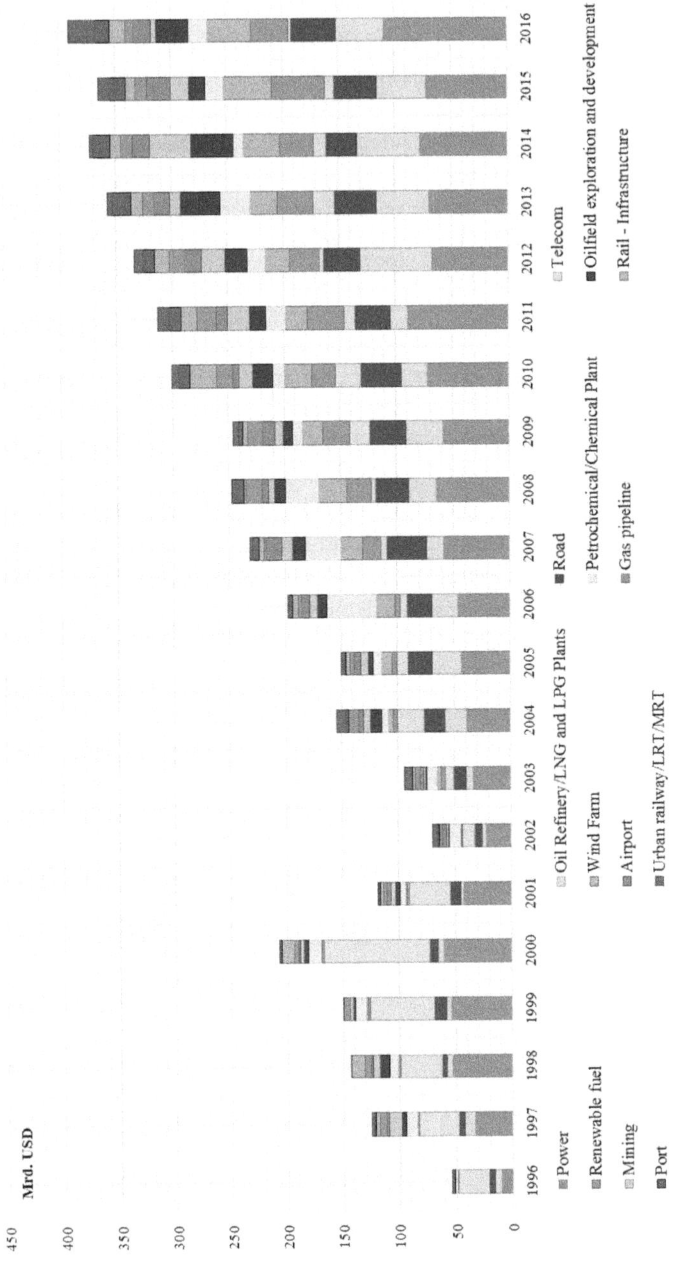

Abbildung 5: Größte Sektoren nach Finanzierungsvolumen (Eigene Darstellung basierenden auf Dealogic (2017))

2.5 Zwischenresümee

Abschließend werden nochmals die wichtigsten Erkenntnisse dieses Kapitels zusammengefasst welche als Grundlage für die weitere Arbeit dienen.

Wenngleich sich die Definitionen unterscheiden, so konnte in Unterkapitel 2.1 gezeigt werden, dass die zentralen Elemente (1) Off-Balance-Sheet-Finanzierung (2), Cashflow-Related-Lending sowie (3) Risk-Sharing gegeben sein müssen, um eine Projektfinanzierung eindeutig als solche zu bestimmen. Neben diesen drei konstitutiven Elementen konnten weitere Charakteristika gezeigt werden, die eine Projektfinanzierung von einer konventionellen Unternehmensfinanzierung abgrenzen.

Im Anschluss daran wurde in Unterkapitel 2.2 gezeigt, wie diese besonderen Charakteristika zu einem Mehrwert gegenüber anderen Finanzierungsarten führen und die eigentlich teurere Projektfinanzierung praktikabel machen. Den Beweis liefern zum Großteil mathematische Beiträge, die zuerst verbal aufgearbeitet und danach in einer Übersicht nochmals dargestellt wurden.

Nach der theoretischen Argumentation für die Vorteilhaftigkeit der Projektfinanzierung wurde in Abschnitt 2.3 anhand einer Musterkonstruktion die Umsetzung einer Projektfinanzierung gezeigt. Dabei wurde ein Überblick über die in der Praxis beteiligten Parteien sowie deren Beitrag gegeben.

In Abschnitt 2.4 konnte anhand aktueller Daten die Bedeutung der Projektfinanzierung dargelegt werden. Das weltweite Volumen stieg in den letzten 15 Jahren fast durchgehend, wobei der Anteil der wichtigsten Sektoren kaum schwankte.

3. Risiko und Finanzierungsstruktur – eine theoretische Fundierung

In Kapitel 2 wurde bereits erläutert, dass das **Risikomanagement** eine Besonderheit der Projektfinanzierung darstellt und Wert gegenüber der konventionellen Unternehmensfinanzierung schafft. Zusätzlich wurden im Rahmen des Unterkapitels zu den Beteiligten der Projektfinanzierung einzelne Mechanismen aufgezeigt, mit denen Risiken auf Projektbeteiligte transferiert werden können. Diese erste beispielhafte Illustration soll in diesem Kapitel vertieft und abgeschlossen werden. Dazu werden in Unterkapitel 3.1 die **gängigsten Risiken,** die bei projektfinanzierten Unternehmungen auftreten erklärt und den entsprechenden risikopolitischen Gegenmaßnahmen gegenübergestellt.

Wie ebenfalls aus Kapitel 2 bekannt, steht das Risikomanagement als Teil der Organisationsfunktion in Wechselwirkung mit der Finanzierungsfunktion der Projektfinanzierung. Dies bedeutet, dass eine Veränderung der Organisation bzw. des Risikomanagements auch zu **Auswirkungen auf die Finanzierungsstruktur** des Projektes führen kann. Blanc-Brude / Strange (2007) formulieren diesen Zusammenhang folgendermaßen: *In project finance, the goal is to come up with the most efficient mix of maturities, spreads, leverage, and other contractual provisions to manage what lenders perceive to be the project's revenue risk and the probability of default on the debt.*[90] Hierbei wird aus Sicht der Fremdkapitalgeber argumentiert, was durchaus berechtigt ist, da das Fremdkapital den zumeist größten Teil der Finanzierung stellt und damit auch den größten Einfluss auf die Gesamtkapitalkosten und die Machbarkeit des Projekts hat.[91] Trotzdem gelten die Überlegungen auch für die Sponsoren.[92] Denn eine Veränderung des Fremdkapitalanteils und der Konditionen des Fremdkapitals aufgrund risikopolitischer Überlegungen führt auch zu Änderungen der Eigenkapitalkosten und der Eigenkapitalverzinsung.[93]

---

90 Blanc-Brude / Strange (2007), S. 105

91 Vgl. Thierie / Moor (2018a), S. 2

92 Vgl. Bonetti / Caselli / Gatti (2010), S. 61; Corelli (2016), S. 1297; Yescombe (2014), S. 341

93 Finnerty (2013), S. 177 dazu: *The required rate of return to the sponsors depends on the degree of leverage in the project's financial structure. The debt holders' required rate of return also depends on the degree of leverage. When default is possible, the required rate of return to the debt holders must increase to reflect the risk that debt holders might not*

Dieser **Zusammenhang** zwischen **Risikomanagement** und **Finanzierungsstruktur** bildet den zweiten Schwerpunkt dieses Kapitels und wird in Unterkapitel 3.2 behandelt. Die wesentlichen Stellschrauben der Finanzierungsstruktur sind wie bereist aus dem obigen Zitat bekannt, die **Kapitalstruktur**, die **Zinsmarge** und die **Laufzeit**. Dies bedeutet, es wird auf theoretischer Ebene der Frage nachgegangen, wie sich das Risikomanagement auf den *most efficient mix of maturities, spreads* [und], *leverage* auswirkt.

Abschließend werden beide Themengebiete im **Zwischenresümee** (Abschnitt 3.3) nochmals gemeinsam betrachtet, um dadurch – dem Titel des Kapitels entsprechend– eine solide Fundierung zwischen Risiko und Finanzierungsstruktur zu schaffen.

3.1 Risiken und Absicherungsmöglichkeiten innerhalb der Projektfinanzierung

Das Risikomanagement spielt aufgrund der besonderen Charakteristika der Internationalen Projektfinanzierung eine wichtige Rolle. Bei Projektfinanzierungen handelt es sich zumeist um komplexe, kapitalintensive Vorhaben mit langen Laufzeiten, die nicht selten in hochriskanten Ländern eingesetzt werden. Zudem kommen aufgrund der *Stand-Alone* Natur des Projektes keine Diversifikationseffekte zum Tragen und zumeist sind die Rückgriffrechte auf die Sponsoren eingeschränkt oder sogar ausgeschlossen.[94]

Dies erklärt die **essentielle Rolle** des **Risikomanagements**, das sich gemäß der risikopolitischen Aufgaben in Risikoidentifikation und -bewertung, Risikovermeidung und -abwälzung sowie Übernahme und Management des verbleibenden Restrisikos unterteilen lässt.[95] Das Ziel dieser Maßnahmen ist es, die Auswirkungen verschiedener Risiken auf die wichtigste Größe der Projektfinanzierung – dem Cashflow – möglichst exakt zu berechnen und auch dessen Volatilität zu verringern,[96] schließlich basiert das Cashflow-Related-Lending wiederum auf diesem.[97]

---

receive full payment. Siehe auch die Ausführungen zu den gewichteten Kapitalkosten (WACC).

94 Vgl. Tinsley (2014), S. 21; Grunert (2008), S. 16

95 Vgl. Yescombe (2014), S. 198; Walter (2017), S. 555

96 Vgl. Tytko (1999), S. 157; Finnerty (2013), S. 271

97 Vgl. Beidleman / Fletcher / Veshosky (1990), S. 47; Dieser Zusammenhang wird später in der Arbeit noch genauer diskutiert.

Aus der ersten Aufgabe des Risikomanagements, der Risikoidentifikation, leitet sich die Notwendigkeit einer **Risikoklassifizierung** ab. In der Literatur zu Projektfinanzierungen findet sich dazu bereits eine große Anzahl an möglichen Systematisierungen. Das folgende Unterkapital gibt einen Überblick über die gängigsten Konzepte und das darauffolgende Unterkapitel erklärt im Detail das Risikorahmenwerk dieser Arbeit aufbauend auf Lessard (1996).

3.1.1 Gängige Risikoklassifizierungen

Die **Risiken**, die bei Projekten auftreten, sind so **vielfältig** wie die Projekte, die auf diese Art und Weise finanziert werden. So treten z.B. bei Minenprojekten andere Risiken auf als beim Betrieb einer Windkraftanlage. Dennoch gibt es einen Katalog an **Risiken**, die einen **universellen Charakter** besitzen. So haben z.B. alle Projekte irgendeine Form von Lieferant und damit ein Lieferrisiko, zumindest einen Abnehmer des Outputs des Projekts und dadurch auch ein Abnahmerisiko und darüber hinaus eint sämtliche Projekte, dass sie sich in einem Staat mit institutionellen Gegebenheiten befinden, von dem ein politisches Risiko ausgehen kann.

Um die Vielzahl möglicher Risiken in eine übersichtliche Form zu bringen, wurden in der Projektfinanzierungsliteratur verschiedene Taxonomien entwickelt.[98] Eine Möglichkeit der Risikoklassifizierung kann anhand des **zeitlichen Auftretens** erfolgen. Ein Beispiel dafür ist die Unterteilung von Risiken in die *Precompletion Phase Risks* und *Postcompletion Phases* oder *Developmental Phase, Construction Phase* und *Operating Phase.*[99] Eine **ursachenbezogene** Klassifizierung versucht die Gründe für Risiken in Kategorien zusammenzufassen wie z.B. in technische, wirtschaftliche und sonstige Risiken oder in *Commercial, Country, Facilities* und *Production/Operations.*[100] Eine weitere Systematisierung kann anhand der **Auswirkungen auf den Cashflow** getroffen werden. So unterscheidet Esty (2002) zwischen *symmetric risks*, die eine positive wie negative Auswirkung auf den Cashflow haben können (z.B. die Preisschwankungen von Öl), asymmetrischen Risiken, die nur einen variablen negativen Effekt haben können (z.B. das Risiko einer schleichenden Enteignung), sowie *binary risks*, die beim Eintreten zum kompletten Scheitern des Projektes führen (z.B. Force majeure).[101] Auch kann eine Taxonomie der Risiken gemäß des **Risikoträgers**

98 Vgl. Tytko (1999), S. 144
99 Vgl. Gatti (2013), S. 45; Beidleman / Fletcher / Veshosky (1990), S. 49
100 Vgl. Tytko (1999), S. 146; Sawant (2010b), S. 162
101 Vgl. Esty (2002), S. 76f

erfolgen, wie z.B. in Risiken, die Sponsoren tragen, Risiken, die Fremdkapitalgeber bereit sind zu übernehmen und Risiken, die versicherbar sind.[102] Hupe (1995) unterteilt diesbezüglich in *equity risk, bankable risk* und *insurable risk.*[103]

3.1.2 Risikorahmenwerk nach Lessard (1996) und Absicherungsmöglichkeiten

Lessard (1996) entwickelt eine Taxonomie der Risiken, die sowohl die ursachenbezogene als auch die Risikoträger-Unterteilung verbindet. Dieses **holistische Modell**, das für die Bewertung von internationalen Offshore Projekten konzipiert ist, unterteilt Risiken gemäß einer Sphärenlogik in *market price risks, country macroeconomic and political risks, country-level price risks, institutional / regulatory risks, industry-level risks,* und *project / commercial risks.* Das Modell, das starke Überschneidung mit dem *integrated risk management framework* von Miller (1992) aufweist[104] – dieser unterteilt Unsicherheit in *General Environmental Uncertainties, Industry Uncertainties* und *Firm Uncertainties* – wurde in späteren Arbeiten für Internationale Projektfinanzierungen weiterentwickelt.[105] Abbildung 6 stellt das weiterentwickelte Modell dar.

Die **Weiterentwicklung** des **Modells** unterteilt Risiken in die drei Sphären: Länder-, Branchen- sowie Projektrisiken. Die Pfeile auf beiden Seiten der Kreise deuten an, dass sowohl die Spezifität als auch die Beeinflussbarkeit der Risiken steigt, je weiter man sich von den äußeren Sphären nach innen bewegt. Bezogen auf das vorherige Beispiel von Minen und Windkraftprojekten bedeutet dies, dass beide Projekte vom gleichen Wechselkursrisiko im Land betroffen sind, nicht aber von der gleichen Branchenregulierung. Das Konstruktionsrisiko ist offensichtlich für beide Projekte unterschiedlich, aber auch für Projekte innerhalb der gleichen Branche (z.B. zwei verschiedene Minen).

---

102 Vgl. Grüll (1996), S. 316
103 Vgl. Hupe (1995), S. 49
104 Vgl. Miller (1992), S. 314
105 Vgl. Vaaler / James / Aguilera (2008), S. 31; Müllner (2016), S. 3

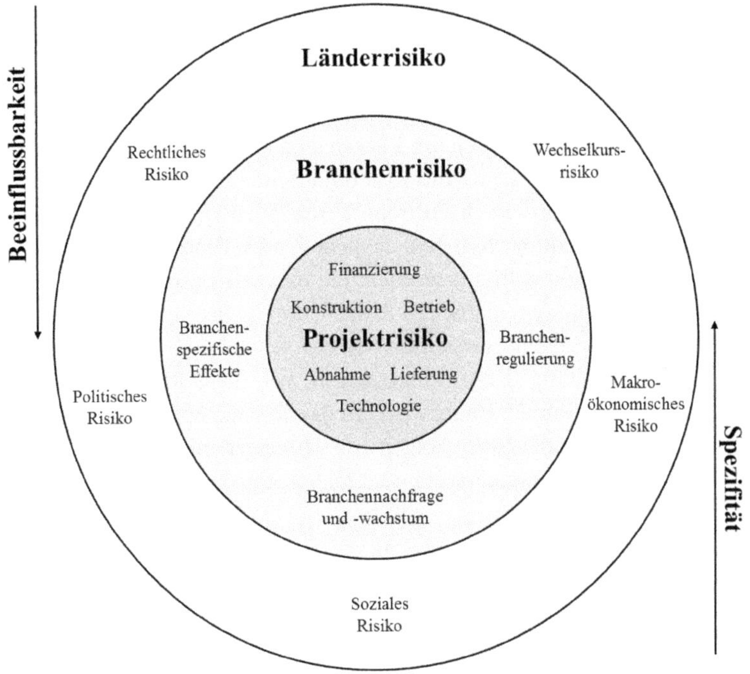

Abbildung 6: Risikorahmenwerk in Anlehnung an Lessard[106]

Das Modell von Lessard (1996) und seine Weiterentwicklungen bieten einige **Vorteile** gegenüber anderen Risikomodellen. So bietet das Modell zusätzlich zu seiner Übersichtlichkeit, die Möglichkeit zu erkennen, wie sich Einzelrisiken aggregieren. Durch die Unterteilung in die drei Sphären lassen sich zudem internationale Projekte leichter vergleichen.[107] Darüber hinaus lässt sich erkennen, wie effektiv Risiken von den Sponsoren beeinflusst werden können. Die sehr spezifischen Projektrisiken können leichter verteilt oder abgesichert werden als höhergradige Risiken wie z.B. das makroökonomische Länderrisiko.

---

106 Lessard (1996), S. 54

107 Doh / Teegen / Mudambi (2004) untersuchen internationale Telekommunikationsprojekte und bedienen sich einem sehr ähnlichen Rahmenwerk. Sie begründen dies damit, dass *(m)any researchers advocate this multi-level approach as a particularly appropriate framework for studies of this type.*

Dies deckt sich mit den Überlegungen zu **systematischen** und **unsystematischen Risiken**. Unter systematischen Risiken werden Risiken verstanden, die zu jeder Zeit auf alle Projekte und Branchen einwirken. Darunter fallen unter anderem die Länderrisiken, wie z.B. das makroökonomische Risiko. Bei den unsystematischen Risiken handelt es sich um Risiken aufgrund von Fehlentscheidung auf Projektebene, wie z.B. ein schlechtes Risikomanagement. Würde man eine große Anzahl von Projekten in einem Portfolio bündeln, so würden die unsystematischen Risiken an Bedeutung verlieren, da nicht in allen Projekten dieselben Fehler des Risikomanagements auftreten würden. Ein Restrisiko würde jedoch stets bleiben, bedingt durch die systematischen Risiken, die alle Projekte betreffen.[108]

Im Folgenden werden die **einzelnen Risiken** des Rahmenwerks genau erklärt und es wird gleichzeitig darauf eingegangen, wie diese Risiken verteilt oder abgesichert werden können. Dabei wird mit der äußeren Sphäre „Länderrisiken" begonnen und die Erklärungen folgen im Uhrzeigersinn. Anschließend fasst Tabelle 3 die verbale Argumentation nochmals kompakt zusammen.

3.1.2.1 Länderebene

Wechselkursrisiko

Das Wechselkursrisiko tritt auf, wenn die Einzahlungen und Auszahlungen[109] des Projektes in unterschiedlichen Währungen fakturiert sind. Eine Fluktuation des Wechselkurses kann dadurch zu positiven wie auch negativen Veränderungen des Projekterfolges führen.[110]

Tendenziell werden Projektgesellschaften versuchen, mögliche Verluste aufgrund von Wechselkursschwankungen zu limitieren[111]. Dies kann zum einen über eine Kreditaufnahme in Landeswährung oder Kurssicherungsklausel in den Kreditverträgen geschehen oder über klassische Instrumente der Wechselkurssicherung im Auslandsgeschäft wie Devisentermin-, Devisenoptions- oder Währungsswapgeschäfte.[112]

---

108 Vgl. Böttcher / Blattner (2013), S. 170

109 Ausgaben, die nicht in Landeswährung getätigt werden, betreffen vor allem den Kapitaldienst.

110 Vgl. Finnerty (2013), S. 82

111 In diesem Kontext steht das Umwechslungsrisikos bei Zahlung (Transaction Risk) im Vordergrund. Für die buchhalterischen Auswirkungen (Translation Risk) von Wechselkursschwankungen sowie die Auswirkungen auf die Wettbewerbsposition des gesamten Projektes (Economic Risk) und die jeweiligen Absicherungsmöglichkeiten siehe Moser (1985), S. 81.

112 Vgl. Tytko (1999), S. 150

Makroökonomisches Risiko

Die makroökonomische Stabilität betrifft die Fähigkeit und Bereitschaft von Staaten, aber in einem weiteren Schritt auch von privatwirtschaftlichen Unternehmen, ihren finanziellen Verpflichtungen nachzukommen. Stabile Staaten zeichnen sich durch ein Mindestmaß an Wohlstand und wirtschaftlichem Wachstum - zumeist gemessen am Bruttoinlandsprodukt - sowie niedriger Inflation und gemäßigter Staatsverschuldung aus. Sinkt die makroökonomische Stabilität im Projektland, so kann dies weitreichende Folgen für die gesamte Unternehmung haben. So führt z.B. ein starker Anstieg der Inflation zu höheren Errichtungskosten oder höheren operativen Kosten. Eine Rezession wiederum kann zu einem Rückgang der Nachfrage für die Projektleistung führen.[113]

Diese umfangreichen Auswirkungen können nur bedingt abgesichert werden. Es bieten sich dazu langfristige - wenn möglich inflationsgeschützte - Liefer- und Abnahmeverträge an.

Soziales Risiko

Der Projekterfolg kann durch das Eintreten von sozialen Unruhen wie z.B. Krieg, Generalstreiks, Terrorismus oder Sabotage negativ beeinflusst werden. Gleiches gilt für eine fehlende Akzeptanz der Bevölkerung für das Projekt.[114]

Eine Absicherung gegen soziale Unruhen kann nur in einem eingeschränkten Umfang erreicht werden. Um Konflikten mit der Bevölkerung entgegenzuwirken, empfehlen sich ein umfangreicher Austausch mit den lokalen Bürgern sowie die geltenden Standards für Umwelt- und Sozialfragen einzuhalten. Eine Prüfung der Umwelt- und Sozialaspekte eines Projektes kann aufgrund der Selbstverpflichtung von vielen Geschäftsbanken, die *Equator Principles* einzuhalten, auch zwingend vorgesehen sein.[115]

Politisches Risiko

Zu den politischen Risiken im engeren Sinn zählen das Risiko einer Gesetzänderung mit negativen Konsequenzen, das Risiko eines Konzessionsentzugs, das Risiko einer schleichenden oder faktischen Enteignung, sowie anderer wirtschaftlichen Maßnahmen als Teil einer politischen Retaliation. Die politischen Risiken im weiteren Sinn bilden Transfer- und Konvertierungsrestriktionen und Moratorien (Zahlungsaufschub), welche oft in Verbindung mit einer

---

113 Vgl. Vaaler / James / Aguilera (2008), S. 33; Gatti (2013), S. 52

114 Vgl. Delmon (2009), S. 190; Yescombe (2014), S. 304

115 Siehe dazu im Detail: Brönner / Lehmann (2016), S. 93

Verschlechterung der heimischen Wirtschaft und daher dem makroökonomischen Risiko stehen.[116]

Eine vertragliche Absicherung von politischen Risiken ist über Garantien und Versicherungen möglich. Darüber hinaus bietet sich eine Beteiligung des Gastlandes am Projekt an, welche über eine Kapitalbeteiligung[117] oder einer Liefer- bzw. Abnahmeverpflichtung geschehen kann. Dadurch steigt auch das Interesse des Gastlandes am Projekterfolg.[118] Zusätzlich kann die Beteiligung einer Entwicklungsbank oder eine IFI als schützender *political umbrella* wirken, da diese Institutionen über eine große Verhandlungsstärke verfügen und selbst starken internationalen Druck ausüben können.[119]

Rechtliche Risiken

Aufgrund unterschiedlicher Rechtssysteme bzw. Rechtstraditionen kann es zu Unsicherheit bei der Durchsetzbarkeit von Verträgen, in der Verfahrensdauer und -sicherheit sowie bezüglich Gläubigerrechte und dem Schutz von Investoren kommen. So kann z.B. ein hoher Gläubigerschutz, wie er Staaten im Rechtskreis des *Common Law* zugeschrieben wird, eine Auswirkung auf die Finanzierungsstruktur bei Projekten haben.[120]

Zur Minimierung der rechtlichen Risiken empfiehlt sich eine sorgfältige Vertragsgestaltung sowie eine umfangreiche juristische Beratung, wenn möglich unter Einbeziehung lokaler Rechtsanwälte. Darüber hinaus können alternative Streitbeilegungsverfahren vereinbart werden.[121] Eine Unterstützung durch die lokale Regierung kann dem Risiko zusätzlich entgegenwirken.[122]

3.1.2.2 Branchenebene

Branchenregulierung

In regulierten Branchen (z.B. Energieversorgung, Telekommunikation, Wasserversorgung) kann sich ein Markteintritt schwierig gestalten oder nur über eine Konzession zum Betrieb des Gastlandes erfolgen. Darüber hinaus müssen staatliche Entscheidungen bezüglich Produktionsmenge und Verkaufspreis berücksichtigt werden. So hat z.B. eine Minderung des Einspeisetarifs für Strom

---

116 Vgl. Wolf / Hill / Pfaue (2003), S. 82; Grüll (1996), S. 317

117 Vgl. James / Vaaler (2018), S. 20

118 Vgl. Beidleman / Fletcher / Veshosky (1990)

119 Vgl. Hainz / Kleimeier (2012), S. 290; Jandhyala (2016), S. 11

120 Vgl. Esty / Megginson (2003), S. 38; Vaaler / James / Aguilera (2008), S. 31; Gatti / Kleimeier / Megginson / Steffanoni (2013), S. 19

121 Vgl. Niehuss (2015), S. 402; Nevitt / Fabozzi (2000), S. 46

122 Vgl. Gatti (2013), S. 57

erhebliche Auswirkung auf die Wirtschaftlichkeit von Kraftwerken. Demgegenüber kann eine starke Deregulierung einer Branche jedoch auch zu einem starken Wettbewerbsanstieg innerhalb dieser führen, was wiederum einen negativen Effekt auf die bestehenden Marktteilnehmer haben kann.[123]

Das Branchenregulierungsrisiko ist vor allem hoch, wenn die Regulierungsabsichten nicht klar sind, bzw. etwaige Änderungen der Regulierung während der Projektlaufzeit nicht antizipiert werden können.[124] Daraus ergeben sich als Absicherungsmöglichkeiten zum einen eine enge Zusammenarbeit mit der Regulierungsbehörde und der Regierung des Gastlandes sowie zum anderen, im Falle des Eintretens des Risikos, der Rückgriff auf Versicherungen oder bilaterale, sofern anwendbar, Investitionsschutzabkommen.[125]

Branchennachfrage und -wachstum

Generell besteht bei Projektfinanzierungen ein wesentliches Interesse darin, die Inputs und Outputs des Projekts hinsichtlich Preis und Menge möglichst genau zu planen bzw. vertraglich zu fixieren (siehe dazu Liefer- und Abnahmerisiko). Eine vertragliche Abnahme ist jedoch nicht in allen Branchen möglich (man denke hier z.B. an Autobahnen), wodurch der Erhebung der Nachfrage auf Branchenebene sowie des Branchenwachstums besondere Bedeutung zukommt.[126] So lässt sich beispielsweise annehmen, dass Entwicklungsländer mit schlechter Wasserversorgung eine höhere Nachfrage nach Wasserversorgungsprojekten zeigen als entwickelte Länder. Dies wiederum sollte sich positiv auf die Erfolgsaussichten des Projektes auswirken.[127]

Die Absicherungsmaßnahmen gegen eine geringe Nachfrage bzw. ein negatives Branchenwachstum variieren ja nach Branche und können ein Mix der Verträge auf Projektebene beinhalten. Eine detaillierte Cashflow-Planung ist unumgänglich.[128]

Branchenspezifische Effekte

Branchen variieren hinsichtlich ihrer Anlagenintensität sowie der Volatilität der Vermögenswerte.[129] Gleiches gilt für die Volatilität der Cashflows.[130] Dies ist

123 Vgl. Finnerty (2013), S. 73; Kleine / Schulz / Krautbauer (2015), S. 24; Doh / Teegen / Mudambi (2004), S. 238; Böttcher (2014), S. 20; Rothballer / Kaserer (2012), S. 102

124 Vgl. Dewar (2011), S. 7; Sawant (2012), S. 196

125 Vgl. Tinsley (2014), S. 339; Böttcher / Blattner (2010), S. 43; Yescombe (2014), S. 300

126 Vgl. Finnerty (2013), S. 397

127 Vgl. James / Vaaler (2018), S. 11

128 Vgl. Tinsley (2014), S. 126

129 Vgl. Vaaler / James / Aguilera (2008), S. 33

130 Vgl. Byoun / Kim / Yoo (2013), S. 551

wiederum auf branchenspezifische Effekte und Risiken zurückzuführen.[131] So variieren die Cashflows bei Projekten in staatlicher Nutzung, bei denen unabhängig von der Auslastung ein Verfügbarkeitsentgelt bezahlt wird (z.B. privat finanzierte Gefängnisse) tendenziell weniger als bei Projekten mit rein privaten Abnehmern.[132] Einzelne Branchen wie Transport verzeichnen häufiger Probleme bei der Absatzplanung[133] wohingegen Projekte im Sektor Bergbau ein besonderes Abbaurisiko besitzen[134].

Die branchenspezifischen Effekte und Risiken resultieren auch in unterschiedlichen durchschnittlichen Ausfallraten sowie Mindest-Schuldendienstdeckungsgraden.[135] Die Absicherungsmaßnahmen gegen branchenspezifische Risiken variieren ja nach Branche und können ebenfalls einen Mix von Verträgen beinhalten.[136]

3.1.2.3 Projektebene

Finanzierungsrisiko

Das Finanzierungsrisiko[137] dient als Obergriff für das Zinsänderungs-, das Syndizierungs- und das Refinanzierungsrisiko. Refinanzierungsprobleme[138] können beim Ende einer Zwischenfinanzierung – z.B. nach Abschluss der Bauphase – auftreten, wenn eine weitere Anschlussfinanzierung nicht sichergestellt werden kann. Dieses Risiko trägt zumeist die Bank.[139] Das Syndizierungsrisiko betrifft ebenfalls eher die Fremdkapitalgeber und beschreibt die fehlende Bereitschaft von anderen Banken, sich an einem Konsortialkredit zu beteiligen.[140] Das

131 Vgl. Esty (2002), S. 77
132 Vgl. Kleine / Schulz / Krautbauer (2015), S. 85
133 Vgl. Harris / Pratap (2009)
134 Vgl. Wolf / Hill / Pfaue (2003), S. 79
135 Vgl. Wolf / Hill / Pfaue (2003); Tinsley (2014), S. 182
136 Vgl. Tinsley (2014), S. 126
137 Der Begriff Finanzierungsrisiko ist nicht eindeutig definiert und vor allem die Übersetzung *financial risk* kann mitunter zu großen Problemen führen. Manche Autoren wie Yescombe (2014, S. 197) verstehen unter *financial risk* das makroökonomische Risiko, wohingegen Finnerty (2013, S. 81f) lediglich das Zinsänderungsrisiko meint. Müllner (2016, S. 6) wiederum sieht *financial risk* als Risiko mit finanziellen Effekten. In dieser Arbeit wird unter dem Finanzierungsrisiko ähnlich der Definition von Tytko (1999), S. 150) die Gesamtheit an Risiken, die mit der Akquirierung und den Kosten des Fremdkapitals auftreten, verstanden.
138 Wird auch als Liquiditätsrisiko bezeichnet Wolf / Hill / Pfaue (2003), S. 81.
139 Vgl. Hupe (1995), S. 55
140 Vgl. Tinsley (2014), S. 369

Zinsänderungsrisiko betrifft vorrangig die Projektgesellschaft. Bei einem variablen Zinssatz und steigendenden Referenzzinssätzen (z.B. dem LIBOR) steigt die Zinsbelastung auf das Fremdkapital. Bei einer fixen Verzinsung steigen die Opportunitätskosten einer späteren Finanzierung.

Um das Refinanzierungsrisiko zu mindern, empfiehlt sich eine Auswahl von geeigneten Kreditinstituten, die eine Folgefinanzierung garantieren können. Das Syndizierungsrisiko kann durch Klauseln, die dem Konsortialführer erlauben, die Kreditbedingungen in einem vorher definierten Rahmen abzuändern (z.B. *Best-Effort*-Klauseln), gemindert werden.[141] Der negative Effekt des Zinsänderungsrisikos aufgrund steigender Zinssätze kann gänzlich ausgeschlossen werden, indem fixe Zinssätze vereinbart werden. Dadurch kann das Projekt jedoch nicht von fallenden Zinssätzen profitieren, was wiederum in einem Nachteil gegenüber Konkurrenzprojekten resultiert. Aufgrund der langen Laufzeiten und meist hohen Projektvolumina sind Banken seltener gewillt, das Zinsänderungsrisiko zu übernehmen und fixe Zinssätze zu vereinbaren.[142] Zinsswaps und -caps bieten hier die Möglichkeit, ein, einem fixierten Zinssatz ähnliches Resultat zu erreichen und damit das Zinsänderungsrisiko zu mindern.[143]

Konstruktionsrisiko

Unter dem Konstruktionsrisiko werden sämtliche Einzelrisiken zusammengefasst, die in einer Nichtfertigstellung bzw. einer mangelhaften, verspäteten oder teureren Fertigstellung der Projektanlage resultieren.

Das Risiko kann gemindert werden, indem eine bereits erprobte Technologie eingesetzt wird sowie indem auf qualifizierte und erfahrene Konstruktionsbüros, Anlagenbauer und Bauerunternehmen zurückgegriffen wird. Außerdem können Errichtungsverträge eingesetzt werden, um das Risiko auf die Errichter des Projekts zu übertragen. *Turnkey-Agreements* oder *EPC-Agreements (Engineering, Procurement, and Construction)* sind dabei die gängigen Vertragsarten. In solchen verpflichtet sich der Errichter die Anlage schlüsselfertig zu einem definierten Zeitpunkt, zu festgelegten Kosten, mängelfrei und unter Umständen mit einer Gewährleistungsperiode zu übergeben.[144]

---

141 Vgl. Tytko (1999), S. 150

142 Vgl. Yescombe (2014), S. 265

143 Vgl. Tytko (1999), S. 150; Für die Funktionsweise von Zinsswaps und -caps siehe Finnerty (2013), S. 271 bzw. Finnerty (2013)

144 Vgl. Gatti (2013), S. 58; Tytko (1999), S. 147

Betriebsrisiko

Unter dem Betriebsrisiko werden sämtliche Einzelrisiken zusammengefasst, die zu einem mangelhaften Betrieb des Projekts führen. Darunter fallen Störungen des Betriebs aufgrund technischer Gebrechen oder menschlicher Fehler, wie z.B. Managementfehler.[145]

Ähnlich dem Konstruktionsrisiko kann auch das Betriebsrisiko durch den Einsatz bereits erprobter Technologie gemindert werden. Zusätzlich kann das Risiko durch Betriebs- und Wartungsverträge (*Operation and Maintenance Contract*) auf den Betreiber übertragen werden. Zu den Pflichten des Betreibers zählen z.B. das Projekt gemäß geltenden Standards zu betreiben, regelmäßige Wartungen und Reparaturen durchzuführen sowie die Budgetierung und laufende Kostenkontrolle.[146] Weiterführende Managementaufgaben wie Buchhaltung, Steuerplanung oder Personalführung können zusätzlich in Managementverträgen geregelt werden[147].

Abnahmerisiko

Das Abnahmerisiko tritt ein, wenn die Verkaufserlöse geringer sind als in der Planungsphase antizipiert. Dies kann auf einen Preis- oder Mengenrückgang zurückzuführen sein (Kosteneffekt siehe „Lieferung").

Um einem Preis- oder Mengenrückgang entgegenzuwirken, werden langfristige Abnahmeverträge (*Offtake-Agreements*) eingesetzt. Bei klassischen Abnahmevertrag (*Take-and-pay*) verpflichtet sich der Käufer eine vorher definierte Menge zu einem vereinbarten Preis abzunehmen. Die Zahlung richtet sich nach der abgenommenen Menge, d.h. der Vertrag ist produktionsabhängig. Dadurch kann das Risiko fallender Preise begrenzt werden.[148]

Abnahmeverträge nach dem Muster *Take-or-pay* bieten zusätzlich die Möglichkeit, das Risiko eines Rückgangs der Abnahmemenge auf den Abnehmer zu übertragen. Bei *Take-or-pay* verpflichtet sich der Abnehmer über einen längeren Zeitraum eine definierte Menge zu einem bestimmten Preis zu übernehmen, wobei die Zahlung auch fällig wird, sollte der Abnehmer die Lieferung nicht entgegennehmen. Folglich sind *Take-or-pay*-Verträge produktionsunabhängig und ermöglichen eine Absicherung des Mengen- und Preiseffektes.[149]

Throughput-Agreements oder *Tolling-Agreement* werden eingesetzt, wenn Rohstoffe weiterverarbeitet oder transportiert werden müssen. Der Abnehmer

145 Vgl. Delmon (2009), S. 176; Tytko (1999), S. 150
146 Vgl. Yescombe (2014), S. 174
147 Vgl. Yescombe (2014), S. 43
148 Vgl. Gatti (2013), S. 316; Yescombe (2014), S. 106
149 Vgl. Gatti (2013), S. 317; Yescombe (2014), S. 106

ist dabei vertraglich dazu verpflichtet gegen eine Gebühr einen Rohstoff bis zu einer Höchstmenge zu transportieren oder zu verarbeiten – unabhängig von der tatsächlich gelieferten Menge. Beispiele für Abnehmer dieser Art sind Pipelines oder Walzwerke.[150] Bei *Power-Purchase-Agreements (PPA)* handelt es sich um Abnahmeverträge bei Energieprojekten. Hierbei verpflichtet sich der Abnehmer (Netzbetreiber), langfristig den gesamten Strom eines Kraftwerks zu einem vorher definierten Preis abzunehmen.

Zulieferrisiko

Das Zulieferrisiko tritt ein, wenn die für die Produktion des Outputs nötigen Roh-, Hilfs- und Betriebsstoffe nicht in ausreichender Menge und Qualität oder zu dem korrekt prognostizierten Preis beschafft werden können.[151]

Um einem Preis- oder Mengenrückgang entgegenzuwirken, werden langfristige Lieferverträge (*Put-* oder *Supply-Agreements*) eingesetzt. Analog zu den Abnahmeverträgen bieten sich hier *Supply-and-pay* sowie *Supply-or-pay*-Lösungen an. Bei ersteren handelt es sich um reguläre Lieferverträge, bei denen sich der Lieferant verpflichtet eine vereinbarte Menge zu einem vereinbarten Preis zu liefern. Bei *Supply-or-pay*-Verträgen ist der Lieferant zusätzlich verpflichtet, bei Nichtlieferung einen Schadensersatz zu leisten. Dieser bemisst sich in der Regel an den Kosten einer alternativen Beschaffung. Durch diese Vertragskonstruktion soll eine stetiger Waren- und damit auch „Cash-Fluss" gewährleistet werden und durch eine langfristige Festsetzung der Beschaffungspreise sollen diese mit den langfristigen Verkaufspreisen synchronisiert werden.[152]

Technologierisiko

Technologierisiko tritt auf, wenn das Projekte auf einer neuen Technologie aufbaut, deren Betriebseigenschaften nicht genau bekannt sind bzw. wenn seitens der Betreiber kein genaues Wissen über die Technologie vorherrscht.[153]

Ähnlich dem Konstruktions- und Betriebsrisiko empfiehlt sich der Einsatz von erprobter Technologie und erfahrenen Errichtern. Erfahrung der Sponsoren mit der Technologie kann dem Risiko ebenfalls entgegenwirken. Wurde ein EPC-Vertrag vereinbart und enthält dieser Gewährleistung oder Leistungsgarantien, so kann das Risiko teilweise auf den Errichter übertragen werden.[154]

150 Vgl. Tytko (1999), S. 66
151 Vgl. Gatti (2013), S. 47
152 Vgl. Tytko (1999), S. 68; Gatti (2013), S. 60
153 Vgl. Sawant (2010b), S. 170
154 Vgl. Yescombe (2014), S. 231

Tabelle 3: Risiken der Internationalen Projektfinanzierung und Absicherungsformen

Risikoebene	Risikoart	Definition	Absicherungsform
Länderrisiko	Wechselkursrisiko	Veränderung des Projekterfolges aufgrund von Wechselkursschwankungen	Kreditaufnahme in Vertragswährung, Kurssicherungsklausel, Devisentermin-, Devisenoptions-, Währungsswapgeschäfte
	Makroökonomisches Risiko	Veränderung des Projekterfolges aufgrund makroökonomischer Veränderungen (z.B. Inflation, Wirtschaftswachstum)	Nur bedingt möglich, Langfristige inflationsgeschützte Verträge
	Soziales Risiko	Veränderung des Projekterfolges aufgrund von sozialen Unruhen oder Ressentiments der Bevölkerung	Aktiver Austausch mit Bevölkerung
	Politisches Risiko	Veränderung des Projekterfolges aufgrund politisch motivierter Handlungen des Gastlandes	Garantien und Versicherungen, Beteiligung des Gastlandes, Beteiligung supranationaler Organisationen
	Rechtliches Risiko	Veränderung des Projekterfolges aufgrund unterschiedlicher Rechtssysteme in Ländern	Sorgfältige Vertragsgestaltung, Juristische Beratung, Unterstützung durch lokale Regierung
Branchenrisiko	Branchenregulierung	Veränderung des Projekterfolges aufgrund der Regulierung einer Branche	Beteiligung des Gastlandes, langfristige Abnahmeverträge
	Branchennachfrage und -wachstum	Veränderung des Projekterfolges aufgrund der Nachfrage nach Projekten innerhalb eines Landes	Variiert je nach Branche
	Branchenspezifische Effekte	Veränderung des Projekterfolges aufgrund spezieller Charakteristika einer Branche	Variiert je nach Branche

Risikoebene	Risikoart	Definition	Absicherungsform
Projektrisiko	Finanzierung	Risiko eines Rückgangs der Projekterlöse aufgrund fehlender oder teurer Finanzierung	Auswahl geeigneter Kreditinstitute, Klauseln für den Syndizierungsprozess, Zins- und Währungsswaps, Zinscaps; teilweise fixierte Zinssätze
	Konstruktion	Risiko einer Nichtfertigstellung bzw. einer mangelhaften, verspäteten oder teureren Fertigstellung der Anlage	Errichtungsverträge (EPC-Verträge, Turn-Key-Verträge), Einsatz erprobter Technologie
	Betrieb	Risiko eines Rückgangs der Projekterlöse aufgrund von Betriebsstörungen.	Versicherungen, Betriebs- und Wartungsverträge, Einsatz erprobter Technologie Managementverträge
	Abnahme	Risiko eines Rückgangs der Verkaufserlöse aufgrund eines Preis- und/oder Mengenrückgangs	Verschiedene Abnahmeverträge
	Lieferung	Risiko eines Rückgangs der Projekterlöse aufgrund verteuerter und/oder mangelhaften Versorgung mit Roh-, Hilfs- und Betriebsstoffen	Verschiedene Lieferverträge
	Technologie	Risiko eines Rückgangs der Projekterlöse aufgrund des Einsatzes unerprobter Technologie	Erprobte Technologie, Erfahrung seitens der Sponsoren

3.1.2.4 Tabellarische Zusammenfassung der Risiken und Absicherungsformen

Tabelle 3 fasst die diskutierten Risiken und die jeweiligen Absicherungsformen nochmals kompakt zusammen.

3.2. Auswirkung von Risiko auf die Finanzierungsstruktur

Wie bereits aus der Einleitung dieser Arbeit bekannt, handelt es sich bei der Fremdkapitalquote, der Kreditmarge und der Laufzeit des Fremdkapitals um die zentralen Stellschrauben der Finanzierungsstruktur. Nachdem im vorigen Unterkapitel die Risikoarten sowie Absicherungsmöglichkeiten präsentiert wurden, werden nun die Auswirkungen von Risiko auf die Elemente der Finanzierungsstruktur thematisiert.

Dazu wird zuerst auf die Fremdkapitalquote und danach auf Kreditmarge und Laufzeit eingegangen. Dies gründet in der Tatsache, dass sich zu den beiden Bereichen – Fremdkapitalquote und Marge mit Laufzeit – ein eigener Literaturstrom mit eigenen Theorien entwickelt hat. Diesem Umstand soll damit Rechnung getragen werde.

Dennoch wird im anschließenden Abschnitt 3.3.3 gezeigt, wie die beiden, für diese Arbeit gewählten Theorien bzw. Modelle, zusammenhängen. Dadurch entsteht wiederum ein in sich geschlossener theoretischer Rahmen.

3.2.1 Auswirkung von Risiko auf die Fremdkapitalquote

Aus Unterkapitel 2.2 ist bereits bekannt, dass Projektfinanzierungen gegenüber konventionellen Unternehmensfinanzierungen den Vorteil bieten, die Kapitalstruktur für jedes Projekt optimal anpassen zu können, unabhängig von der Kapitalstruktur der Sponsoren.[155] Die zentrale Prämisse hinter dieser Überlegung ist, dass es eine optimale Kapitalstruktur gibt, d.h. eine bestmögliche Quote von Eigen- zu Fremdkapital, die den Unternehmenswert maximiert.

Das **Irrelevanztheorem** nach Modigliani und Miller[156], das als Meilenstein der wissenschaftlichen Debatte über die optimale Kapitalstruktur gilt, besagt jedoch, dass die Kapitalstruktur unter gewissen Bedingungen keinen Einfluss auf den Wert eines Unternehmens hat. In ihrem mathematisch-formalistischen Modell zeigen die Autoren, dass die gewichteten Kapitalkosten unabhängig von

155 Vgl. Shah / Thakor (1987); Leland (2007), S. 799f
156 Vgl. Modigliani / Miller (1958), S. 288

der Wahl der Finanzierungsquelle konstant bleiben.[157] Das Modell basiert jedoch auf einer sehr starken Simplifizierung der Realität und gilt nur unter sehr rigiden Annahmen.[158]

Die darauf folgende Forschung zur **optimalen Kapitalstruktur**, die seit über 50 Jahren eine der zentralen Fragen der Unternehmensfinanzierungsforschung ist, öffnete die rigiden Annahmen von Modigliani und Miller schrittweise in verschiedene Richtungen.[159] Daran angelehnt, entstanden verschiedene Theorien, die wiederum verschiedene Determinanten der Kapitalstruktur beinhalten. Im folgenden Unterkapitel werden die wichtigsten Kapitalstrukturtheorien kurz erläutert und Tabelle 4 fasst die Determinanten der verschiedenen Theorien nochmals prägnant zusammen. Es wird dabei chronologisch vorgegangen, mit Ausnahme der Free-Cashflow-Theorie, die als Spezialfall der Agency-Theorie im Anschluss an diese besprochen wird. In Unterkapitel 3.1.2. wird detailliert diskutiert, warum die Trade-Off-Theorie den geeignetsten theoretischen Rahmen für die Analyse von Risiko und Fremdkapitalquote bildet.

3.2.1.1 Überblick über die bedeutendsten Kapitalstrukturtheorien

Die erste Öffnung der rigiden Annahmen des Modigliani-Miller-Theorems war die Berücksichtigung der steuerlichen Abzugsfähigkeit von Fremdkapitalzinsen, die bereits im ursprünglichen Text von Modigliani / Miller (1958) angedacht war.[160] Die Vorteilhaftigkeit des *Tax Shields* alleine würde jedoch bedeuten, dass es für Unternehmen optimal wäre, sich zu 100 Prozent mit Fremdkapital zu finanzieren. Dabei handelt es sich jedoch um ein absurdes Resultat, schließlich steigt mit einer Zunahme des Fremdkapitalanteils auch die Gefahr, die Forderung der Fremdkapitalgeber nicht mehr erfüllen zu können. Dadurch steigt wiederum die Insolvenzgefahr und die potentiellen Insolvenzkosten.[161] Dieser Zusammenhang der Determinanten Steuern und Insolvenzkosten bilden zusammen den Kern der **Trade-Off-Theorie**[162], die im Detail im Unterkapitel 3.1.2 besprochen wird.

Eine weitere Einschränkung des Modigliani-Miller-Modells ist die Annahme von perfekten Märkten mit perfekter Information.[163] In der Realität sehen sich Eigen- wie Fremdkapitalgeber jedoch mit Informationsasymmetrien

157 Vgl. Brealey / Myers / Allen (2011), S. 420
158 Vgl. Modigliani / Miller (1958), S. 296
159 Vgl. Schneider (2010), V; Wolf / Hill / Pfaue (2003), S. 26
160 Vgl. Modigliani / Miller (1958), S. 293
161 Vgl. Wolf / Hill / Pfaue (2003), S. 27; Schneider (2010), S. 11
162 Vgl. Kraus / Litzenberger (1973), S. 918
163 Vgl. Modigliani / Miller (1958), S. 267

sowie Interessenskonflikten konfrontiert. Die **Agency-Theorie** greift diese Umstände auf und das Modell von Jensen / Meckling (1976) verknüpft sie erstmalig mit der Kapitalstruktur von Unternehmen. Das Modell bildet Prinzipal-Agent-Konflikte zwischen Fremd- und Eigenkapitalgebern bzw. Eigenkapitalgeber und Management ab, die auf asymmetrischer Information und unterschiedlichen Zielen der Akteure basieren. Je nach Konfliktpartei entstehen Agenturkosten des Eigen- oder des Fremdkapitals.[164] Bei der optimalen Kapitalstruktur im Modell handelt es sich folglich um die Quote, die diese Agenturkosten minimiert.[165]

Die **Free-Cashflow-Theorie** basiert auf dem Beitrag von Jensen (1986). Im Gegensatz zu den Agenturkosten des Fremdkapitals diskutiert der Autor in diesem Beitrag die Vorteile von Fremdkapital. Ein hoher Anteil von Fremdkapital bindet die freien Cashflows eines Projekts an die Rückzahlungsverpflichtungen eben dieses Fremdkapitals, wodurch der Handlungsspielraum des Managements eingeschränkt und wiederum die Interessenkonflikte zwischen Eigentümern und Management gemindert werden können. Diese Kontrollvorteile des Fremdkapitals von besonderer Bedeutung bei Unternehmen mit hohen freien Cashflows und wenigen Wachstumsmöglichkeiten, da das Management hier besonders verleitet ist, in riskante Projekte zu investieren.[166]

Den Grundstein für **Signalling-Theorie** wurde in den Beiträgen von Leland / Pyle (1977) sowie Ross (1977) unabhängig voneinander gelegt. Im Gegensatz zum Modigliani-Miller-Theorem unterstellt die Theorie asymmetrische Information zwischen unternehmensexternen sowie -internen Eigenkapitalgebern[167] bzw. zwischen dem Management. Im Modell von Leland und Pyle hat der Unternehmenseigentümer einen Informationsvorteil gegenüber den Aktionären. Sein Anteil am Eigenkapital kann daher als Signal über die erwartete Profitabilität und des Wachstums des Unternehmens sein.[168] Ross‘ Modell geht von Managern mit Erfolgs- aber auch Insolvenzbeteiligung und Fremdkapitalgebern aus. Bei Unternehmen mit positiven Zukunftsaussichten würden die Manager mehr Fremdkapital aufnehmen, da der höhere Erwartungswert der Einnahmen

---

164 Eine kompakte Übersicht der Treiber der Eigen- bzw. Fremdkapitalgeber-Agency-Kosten findet sich in Wolf / Hill / Pfaue (2003), S. 41

165 Vgl. Jensen / Meckling (1976), S. 348; Wolf / Hill / Pfaue (2003), S. 40; Schneider (2010), S. 18

166 Vgl. Sawant (2010b), S. 78; Jensen (1986)

167 Vgl. Leland / Pyle (1977)

168 Vgl. Miglo (2016), S. 56

auch eine höhere Verschuldung rechtfertigt.[169] Beide Modelle verdeutlichen das Konzept, dass die Kapitalstruktur bei asymmetrischer Information, als Signal über die erwartete Unternehmensentwicklung eingesetzt und interpretiert werden kann.

Die **Pecking-Order-Theorie** bedient sich ebenfalls des Konzepts der asymmetrischen Information und weist Ähnlichkeiten mit der Signalling-Theorie auf. Das Modell von Myers / Majluf (1984) liefert den mathematischen Nachweis, warum Unternehmen bei der Kapitalbeschaffung für neue Projekte die Reihenfolge (*Order*) Innenfinanzierung – Fremdkapital – Eigenkapital bevorzugen. Innenfinanzierung wird bevorzugt, da dabei keine administrativen Kosten, wie Kreditgebühren und dergleichen sowie keine Kosten aufgrund asymmetrischer Information anfallen. Die Ausgabe neuer Aktien signalisiert, das Management des Unternehmens von einer Überbewertung der bestehenden Aktien ausgeht, da es bei einer Unterbewertung keine Aktien ausgeben würde. Dies wiederum führt dazu, dass die Aktien am Markt keine Käufer finden würden. Folglich bevorzugen Manager eine Fremdkapitalaufnahme gegenüber der Ausgabe neuer Aktien, es sei denn, das Unternehmen ist bereits stark fremdkapitalfinanziert und weitere Kredite würde die Insolvenzgefahr stark erhöhen.[170]

Titman (1984) bedient sich in seinem Kapitalstrukturmodell ebenfalls der Agenturkosten, jedoch nicht zwischen Management, Fremd- und Eigenkapitalgebern, sondern zwischen der Unternehmerseite und der Seite der Lieferanten, Kunden und Arbeitnehmer. Im Modell bestimmt der Verschuldungsgrad die möglichen Insolvenzkosten und dadurch auch die Agenturkosten für diese Gruppe an Stakeholdern[171]. Brandner und Lewis modellieren, wie Kapitalstrukturentscheidungen eine Signalwirkung auf Konkurrenzunternehmen bezüglich Produktionsmengen haben können. Im Modell signalisieren stärker fremdkapitalfinanzierte Unternehmen, dass sie bereit sind, mehr Output zu generieren. Grund dafür ist, dass die Eigentümer bei sinkenden Eigenkapitalquoten weniger Risiko tragen und daher bereit sind, eine aggressivere Produktionspolitik einzuführen.[172] Zusammen bilden diese beiden Modelle die **marktstrategischen Theorien**, da sie die Auswirkungen auf den Produktmarkt – im Gegensatz zum Kapitalmarkt – als treibende Determinante der Kapitalstrukturentscheidung herausstreichen.

---

169 Vgl. Schneider (2010), S. 22
170 Vgl. Myers (1984), S. 584; Sawant (2010b), S. 74
171 Vgl. Titman (1984), S. 149
172 Vgl. Brander / Lewis (1986), S. 968

Die **Market-Timing-Theorie** und die **Inertia-Theorie** gehen vom Aktienkurs des Unternehmens als wichtigste Determinante der Fremdkapitalquote aus und beide Theorien basieren auf empirischen Beobachtungen. Gemäß der Market-Timing-Theorie ist die Kapitalstruktur das Ergebnis von Phasen der Überbewertung bzw. Unterbewertung der Aktien aufgrund derer das Unternehmen neue Aktien emittiert bzw. zurückkauft.[173] Die Intertia-Theorie (Trägheit) besagt ebenfalls, das die historische Renditeentwicklung der Unternehmensaktien dessen Fremdkapitalquote am stärksten beeinflusst. Welch (2004) zeigt, dass bei einer marktbasierten Bewertung des Eigenkapitals, die Schwankungen des Verschuldungsgrades auf Schwankungen der Aktienrendite zurückzuführen sind und dass Anpassungen, wie es die Market-Timing-Theorie vorhersagt, kaum stattfinden. Das Management verhält sich demnach träge.[174]

Bei der **Persistenz-Theorie** handelt es sich ebenfalls um eine Theorie, die ihren Ursprung in empirischen Ergebnissen hat. Lemmon / Roberts / Zender (2008) zeigen in ihrem Beitrag, dass sich die Kapitalstruktur, die Unternehmen zu Beginn ihrer Tätigkeit wählen, im Zeitverlauf nur sehr wenig ändert. Diese erstmalig gewählte Struktur ist dabei vor allem von der Branche und der Sachanlagenintensität (*Asset Tangibility*) abhängig.[175] Der Titel des Beitrags lautet treffend "Back to the Beginning: Persistence and the Cross-Section of Corporate Capital Structure", da er die Erklärungskraft der klassischen Kapitalstrukturtheorien – abgesehen von der erstmaligen Festlegung der Kapitalstruktur – stark schmälert. Dadurch könnte man auch die Erkenntnisse der jahrzehntlangen Forschungsarbeit als unbefriedigend werten oder womöglich sogar zum Schluss kommen, man befände sich wieder am Anfang. Jedoch ist auch die Kritik gegenüber dieser Studie nicht unerheblich und Replikationsstudien kommen teilweise zu anderen Ergebnissen.[176]

Abschließend gibt Tabelle 4 nochmals einen kompakten Überblick über die behandelten Theorien, deren Quellen und in stark reduzierter Form auch die wesentlichen Determinanten der Kapitalstruktur der jeweiligen Theorie.

173 Vgl. Baker / Wurgler (2002), S. 29
174 Vgl. Welch (2004), S. 125; Leary / Roberts (2005), S. 2575
175 Vgl. Lemmon / Roberts / Zender (2008), S. 1589
176 Vgl. Schneider (2010), S. 59

Tabelle 4: Überblick über die bedeutendsten Kapitalstrukturtheorien[177]

Theorie	Quelle	Determinanten der Kapitalstruktur
Trade-Off-Theorie	Kraus / Litzenberger (1973)	Steuern und Insolvenzkosten
Agency-Theorie	Jensen / Meckling (1976)	Agenturkosten des Eigen- und Fremdkapitals
Free-Cashflow-Theorie	Jensen (1986)	Freier Cashflow und Wachstumsmöglichkeiten
Signalling-Theorie	Leland / Pyle (1977) Ross (1977)	Signale an den Kapitalmarkt basierend auf der erwarteten Unternehmensentwicklung
Pecking-Order-Theorie	Myers / Majluf (1984) Myers (1984)	Kosten der Finanzierung
Marktstrategischen Theorien	Titman (1984) Brandner / Lewis /(1986)	Auswirkungen auf Lieferanten, Kunden, Arbeitnehmer sowie Konkurrenten
Market-Timing-Theorie Inertia-Theorie	Brander / Lewis (1986) Welch (2004)	Aktienkurs des Unternehmens
Persistenz-Theorie	Lemmon / Roberts / Zender (2008)	Erstmalige Festlegung des Unternehmens

3.2.1.2 Die Trade-Off-Theorie als Untersuchungsrahmen

Die Argumentation dieser Arbeit fußt auf der klassischen **Trade-Off-Theorie**, die bereits kurz erläutert wurde. Im folgenden Abschnitt wird zuerst die Theorie detaillierter erklärt. Danach wird auf den hypothetischen Zusammenhang zwischen Risiko und Fremdkapitalquote eingegangen und im Anschluss daran wird erklärt, warum diese Theorie das Fundament dieser Arbeit bildet.

Die Trade-Off-Theorie der Kapitalstruktur lockert die rigiden Annahmen eines perfekten Marktes und fehlenden Transaktionskosten des Miller-Modigliani-Theorem, sowie im Speziellen das Fehlen von Unternehmenssteuern und Insolvenzkosten. Ideen dazu wurden bereits von Robichek / Myers (1965) und Hirshleifer (1970) veröffentlicht, jedoch wurde das formale Modell von Kraus / Litzenberger (1973) aufgestellt.[178]

177 Eigene Darstellung

178 Vgl. Robichek / Myers (1965), S. 20; Hirshleifer (1970), S. 264; Kraus / Litzenberger (1973), S. 912

Zinsen, die auf Fremdkapital anfallen, werden in den meisten Ländern als Betriebsausgaben vor der Ermittlung der Unternehmenssteuer abgezogen, wohingegen Dividenden – zur besseren Illustration könnte man hier auch von Zinsen auf das Eigenkapital sprechen – aus dem bereits versteuerten Gewinn ausbezahlt werden. Dieser *Tax Shield* macht Fremdkapital vorteilhafter und erhöht den Unternehmenswert, wobei der Wert des *Tax Shield* von der Höhe des Körperschaftsteuersatzes abhängig ist. Bei einem Körperschaftsteuersatz von 25 Prozent und angenommenen Zinszahlungen von einem Euro entspricht der *Tax Shield* 25 Eurocent.[179] Tabelle 5 verdeutlicht diesen Zusammenhang. Unternehmen A ist komplett eigenkapitalfinanziert und bezahlt am Ende des Jahres einen Euro an Dividende. Unternehmen C ist komplett fremdkapitalfinanziert und bezahlt dafür Zinsen im Wert von einem Euro. Unternehmen B besitzt eine Fremdkapitalquote von 50 Prozent und zahlt im entsprechenden Verhältnis Zinsen und Dividenden. Alle drei Unternehmen erwirtschaften ein Betriebsergebnis von zwei Euro.

Tabelle 5: Berechnung des *Tax Shields*[180]

	Unternehmen A	**Unternehmen B**	**Unternehmen C**
Betriebsergebnis	2,00	2,00	2,00
Zinsen		0,50	1,00
Ergebnis vor Steuern	2,00	1,50	1,00
Körperschaftssteuer (25 Prozent)	0,50	0,375	0,25
Gewinn	1,50	1,125	0,75
Dividende	1,00	0,5	
(Restwert)	*0,50*	*0,625*	*0,75*
Gewinn + Auszahlung an FK-Geber (Zinsen)	**1,50**	**1,675**	**1,75**

Aus dem Beispiel ist ersichtlich, dass mit steigender Fremdkapitalfinanzierung, der Gesamtwert an Auszahlungen, d.h. Gewinn, der an die Aktionäre ausgezahlt werden kann, plus den Zinszahlungen an die Fremdkapitalgeber (z.B. Besitzer von Anleihen), maximiert werden kann. Gleichzeitig wird die Steuerlast minimiert. Zur Berechnung des *Tax Shields* (TS) gilt folglich:

$$TS = Zinszahlung * Steuersatz$$

179 Vgl. Miglo (2016), S. 31

180 Eigene Darstellung in Anlehnung an Brealey / Myers / Allen (2011), S. 441

Aus dem Beispiel erkennt man ebenfalls den Zusammenhang zwischen TS und Unternehmenswert, gemessen an der Höhe der möglichen Auszahlungen. Dieser besteht aus dem Wert eines rein eigenkapitalfinanzierten Unternehmens (UW_{EK}; Unternehmen A im Beispiel) plus dem Barwert (*Present Value*) des TS.

$$UW = UW_{EK} + PV(TS)$$

Aus dem simplen Beispiel ist ebenfalls ersichtlich, dass eine komplette Fremdfinanzierung optimal scheint. Jedoch steigt mit der Fremdkapitalquote gleichzeitig die Wahrscheinlichkeit, den Verpflichtungen dafür nicht mehr nachkommen zu können und im Extremfall in eine Insolvenz zu schlittern. Im Originalbeitrag werden diese Konsequenzen als *bancrupty penalties* bezeichnet[181], doch in der späteren Literatur hat sich der Begriff *Costs of financial distress* durchgesetzt.[182] Dieser Begriff wird in der deutschen Literatur zumeist als „**Insolvenzkosten**" übersetzt[183], eine wortwörtliche Übersetzung als „Kosten finanzieller Anspannung" ist jedoch treffender, da Kosten entstehen, noch bevor ein Unternehmen tatsächlich insolvent wird.

Nichtsdestotrotz wird der leichteren Lesbarkeit halber der Begriff Insolvenzkosten verwendet. Insolvenzkosten können weiter in direkte sowie indirekte Insolvenzkosten unterteilt werden. Unter den direkten Insolvenzkosten (IK_D) werden sämtliche administrativen, rechtlichen sowie Beratungskosten aufsummiert, die rund um ein Insolvenz- oder Sanierungsverfahren anfallen. Die indirekten Insolvenzkosten (IK_I) setzen sich aus den Kosten zusammen, die aus einer finanziellen Notlage und einer drohenden Insolvenz erwachsen. Dazu zählen Kosten aufgrund von Nachfragerückgängen, Forderungsausfällen oder Panikverkäufen sowie höhere Produktionskosten, die z.B. auf Lieferschwierigkeiten oder Verlust von Mitarbeitern zurückzuführen sind. Zusätzliche Kosten entstehen durch einen Mehraufwand für das Management, das möglicherweise aber bereits in seinem Handlungsspielraum eingeschränkt ist.[184] Fasst man beide Arten von Insolvenzkosten zusammen, so gilt

$$IK = PB * (IK_D + IK_I)$$

wobei PB die Wahrscheinlichkeit einer Insolvenz oder finanzieller Anspannung widergibt. Diese steigt mit dem Verschuldungsgrad sowie der Höhe des Schuldendienstes relativ zum operativen Cashflow und der Varianz dieser Cashflows.[185]

181 Vgl. Kraus / Litzenberger (1973)
182 Vgl. Wruck (1990), S. 436
183 Z.B. Wolf / Hill / Pfaue (2003), S. 29; Böttcher / Blattner (2013), S. 179
184 Vgl. Berk / DeMarzo (2016), S. 456; Wruck (1990), S. 436
185 Vgl. Wolf / Hill / Pfaue (2003), S. 31; Fama / French (2002), S. 6

Die Varianz der Cashflows kann auch als Geschäftsrisiko interpretiert werden und erklärt die oft zitierte Aussage von Myers (1984): *Risky firms ought to borrow less, other things equal.*[186]

Setzt man nun den Barwert der Insolvenzkosten in Verbindung mit dem Unternehmenswert und dem Barwert der Steuervorteile erhält man die Formel der klassischen Trade-Off-Theorie.

$$UW = UW_{EK} + PV(TS) - PV(IK)$$

Abbildung 7 zeigt die graphische Interpretation dieser Formel. Wie zu erkennen ist, setzt sich der Unternehmenswert (hier *Market Value*) aus dem Unternehmenswert eines rein mit Eigenkapital finanzierten Unternehmen und dem Steuervorteil des Fremdkapitals zusammen. Bis zu einer gewissen Fremdkapitalquote ist die Wahrscheinlichkeit einer Insolvenz noch vernachlässigbar, steigt jedoch danach exponentiell an. Dies verringert zuerst den Wertzuwachs durch den Steuervorteil und führt dann zu einer Verringerung des Unternehmenswertes aufgrund der exponentiell ansteigenden Insolvenzkosten. Der Scheitelpunkt bildet dabei die **optimale Fremdkapitalquote** (*Optimal debt ratio*).

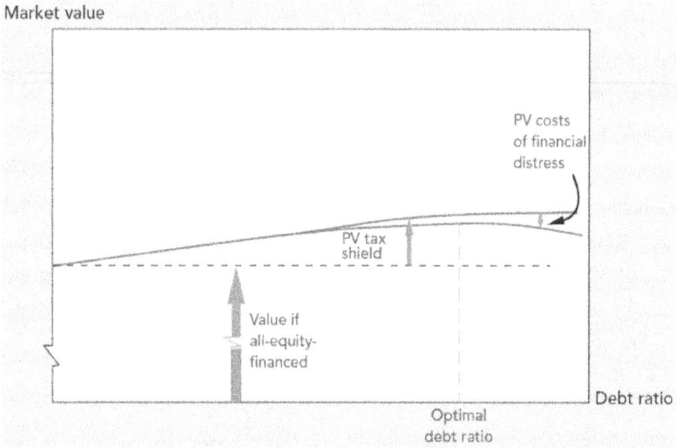

Abbildung 7: Graphische Interpretation der Trade-Off-Theorie[187]

186 Myers (1984, S. 581) erklärt dazu weiter: *Here „risk" would be defined as the variance rate of the market value of the firm's assets. The higher the variance rate, the greater the probability of default on any given package of debt claims. Since costs of financial distress are caused by threatened or actual default, safe firms ought to be able to borrow more before expected costs of financial distress offset the tax advantages of borrowing.*

187 Vgl. Brealey / Myers / Allen (2011), S. 447

Wie lassen sich nun die **Auswirkungen** von **Risiko** im Allgemeinen aus der Trade-Off-Theorie ableiten? Aus Abschnitt 2.1 zu den Risikoklassifizierungen ist bekannt, dass symmetrische, asymmetrische und binäre Risiken existieren. Asymmetrische und binäre Risiken haben einen einseitig negativen Effekt auf den Projekt-Cashflow; symmetrische Risiken erhöhen die Volatilität des Cashflows. Eine Verringerung der Cashflows führt gemäß der Theorie zu einem Rückgang der besteuerbaren Einkünfte und verringert dadurch den positiven Effekt von PV(TS). Jedoch muss dabei beachtet werden, dass der gesetzliche und der tatsächliche (marginale) Steuersatz voneinander abweichen können.[188] Zusätzlich hat die Höhe des Steuersatzes für private Einkünfte (in Einkommensteuer) einen Einfluss auf PV(TS).[189] Die Effekte auf den *Tax Shield* sind daher nicht leicht festzustellen.

Demgegenüber sind die Auswirkungen von Risiken auf die Insolvenzkosten eindeutiger. Eine Verringerung der Cashflows aufgrund asymmetrischer und binärer Risiken erhöht zugleich die Wahrscheinlichkeit, den Fremdkapitalforderungen nicht mehr nachkommen zu können und somit die Wahrscheinlichkeit einer finanziellen Anspannung oder Insolvenz. Gleiches gilt jedoch auch für symmetrische Risiken. Diese erhöhen die Varianz der Cashflows und somit auch die Varianz des Wertes des Projektes. Dies wiederum erhöht die Wahrscheinlichkeit, dass der Projektwert unter den Wert des Fremdkapitals fällt, was zu einer Insolvenz führt.[190]

Abbildung 8 verdeutlicht diesen Zusammenhang für zwei unterschiedlich riskante Projekte. Die blaue Kurve repräsentiert ein Projekt mit geringen Risiken. Die Verteilung zeigt eine hohe Wahrscheinlichkeit für einen positiven Unternehmenswert. Demgegenüber stellt die graue Kurve ein Projekt mit multiplen Risiken (binär, asymmetrisch und symmetrisch) dar. Die Wahrscheinlichkeitsverteilung ist flacher und besitzt größere Extremwerte. Die Wahrscheinlichkeiten für negative Werte sind höher.

188 Vgl. Myers (1984), S. 579
189 Vgl. Fama / French (2002), S. 6
190 Vgl. Stulz (1996), S. 13

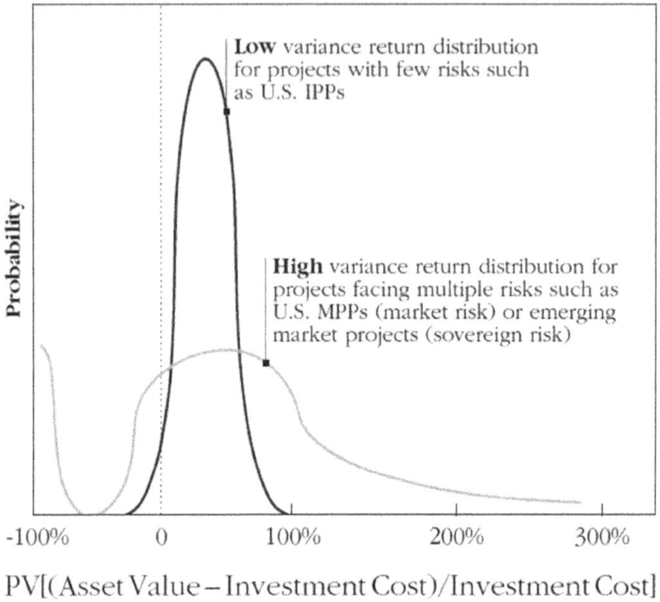

Abbildung 8: Varianz des Wertes unterschiedlich riskanter Projekte[191]

Innerhalb der Trade-Off-Theorie bedeuten Risiken somit, dass sich die optimale Fremdkapitalquote verringert, da die Insolvenzwahrscheinlichkeit und damit -kosten steigen. In Abbildung 7 würde dies einer Verschiebung des Optimums nach links gleich kommen.

Die Kritik gegenüber der klassischen Trade-Off-Theorie ist nicht unerheblich.[192] So zweifeln manche Autoren die Höhe der Steuervorteile des Fremdkapitals an, vor allem da Unternehmen Verlustvorschreibungen und Abschreibungen geltend machen können und damit die Steuerlast verringern können. Außerdem lässt das Modell eine Verbindung mit dem Steuersatz auf persönlicher Ebene,

191 Esty (2002), S. 77; Bei *Independent Power Producers* (IPPs) handelt es sich um private Energieproduzenten mit langfristigen Abnahmeverträgen mit der öffentlichen Hand. *Merchant Power Plants* (MPPs) besitzen keine langfristigen Abnahmeverträge und sind daher mehr Risiken ausgesetzt.

192 Einen guten Überblick über die Kritik an der Trade-Off-Theorie aber auch an anderen Kapitalstrukturmodellen findet sich in Graham / Leary (2011), S. 1.

d.h. der Steuerlast der Eigentümer, vermissen.[193] Ebenso schwierig gestaltet sich eine Messung der tatsächlichen Insolvenzkosten.[194] Es kann aus dem Modell lediglich abgeleitet werden, dass riskantere Unternehmen und Unternehmen mit einer großen Anzahl immaterieller Vermögenswerte höhere Insolvenzkosten verzeichnen als stabile Unternehmen mit einem hohen Anteil an Sachvermögen.[195]

Nichtsdestotrotz eignet sich die klassische Trade-Off-Theorie gut für die vorliegende Untersuchung. Dies lässt sich vorrangig dadurch begründen, dass die Theorie die explizite Berücksichtigung einer Risikokomponente bei der Wahl der Kapitalstruktur beinhaltet. Andere Theorien enthalten keinerlei Integration des Risikoelementes.[196] Weiter erklären manche Kapitalstrukturtheorien zwar die Wahl zwischen Unternehmensfinanzierung und Projektfinanzierung gut oder liefern eine Begründung für die hohen Fremdkapitalquoten, die generell bei Projektfinanzierungen vorzufinden sind, jedoch sind sie nicht geeignet, Unterschiede innerhalb einer Gruppe von Projektfinanzierungen zu erklären. Zusätzliche Vorteile der Trade-Off-Theorie gegenüber anderen Kapitalstrukturtheorien sind:

- Die Theorie fußt auf denselben Überlegungen, die zur Erklärung der Zinsmarge und Laufzeit in dieser Untersuchung verwendet werden. Dies erleichtert die Verknüpfung dieser beiden Konzepte.[197]
- Die vorliegende Arbeit untersucht die Wahl der Kapitalstruktur bei Zeitpunkt des Financial Closings. Daher müssen dynamische Faktoren nicht berücksichtigt werden (z.B. Anpassungskosten der Kapitalstruktur) und die statische – im Gegensatz zur dynamischen – Trade-Off-Theorie ist für die Untersuchung besser geeignet.[198]
- Bei den Projektgesellschaften handelt es sich selten um börsennotierte Unternehmen.[199] Folglich besitzen Theorien, die von externen Eigenkapitalgebern, Kapitalerhöhungen durch Aktienemissionen oder der Bewertung des Unternehmens über Aktienkurse ausgehen, eine geringe Erklärungskraft.

---

193 Vgl. DeAngelo / Masulis (1980), S. 3

194 Vgl. Graham / Leary (2011), S. 13, Ein Versuch findet sich in Andrade / Kaplan (1998)

195 Vgl. Brealey / Myers / Allen (2011), S. 457. Sachanlagevermögen verliert in einem Insolvenzverfahren weniger an Wert als immaterielles Vermögen, wie z.B. Fachwissen der Mitarbeiter oder die Bekanntheit einer Marke.

196 Siehe auch Tabelle 4

197 Siehe dazu Unterkapitel 3.3

198 Vgl. Schneider (2010), S. 45

199 Vgl. Gatti (2013), S. 219

3.2.2 Auswirkung von Risiko auf die Kreditmarge und Laufzeit

Die Auseinandersetzung mit dem Zusammenhang zwischen Risiko und Kreditmarge mag auf den ersten Blick trivial wirken, lautet eine Grundregel der Finanzwirtschaft doch „Mehr Risiko, mehr Rendite“. Dies würde bezogen auf das Fremdkapital bei Projektfinanzierungen – das vorrangig aus Bankkrediten besteht – bedeuten, dass die Bank bei riskanteren Projekten höhere Zinssätze einfordert als bei sicheren Projekten. Warum dies geschieht und wie hoch der höhere Zinssatz dabei ausfällt, ist damit jedoch nicht geklärt. Auch muss sich die Bank die Frage stellen, wie lange sie bereit ist, ein gewisses Maß an Risiko einzugehen, d.h. wie lange die Laufzeit ausfallen wird.

Wenngleich jede Bank die **Kreditentscheidung** für sich alleine trifft, so kann man in einem (stark vereinfachten) Marktmodell mit risikoaversen Teilnehmern davon ausgehen, dass bei einem gegebenen Risiko der dafür bemessene Zinssatz optimal, d.h. möglichst gering ist. Andernfalls würde die Bank aufgrund des Wettbewerbs Kunden an andere Banken verlieren.[200] Diesen Zusammenhang können sich Projektsponsoren zu Nutze machen, indem sie gezielt ein Risikomanagement aufbauen, z.B. durch ein umfangreiches Vertragswerk, um dadurch den Zinssatz für das Fremdkapital zu mindern. Voraussetzung dafür ist jedoch das Wissen, wie dieser Risikozuschlag zustande kommt.

Im folgenden Unterkapitel wird dieser Frage nachgegangen. Zuerst folgen **grundlegende Überlegungen** zum Thema Risiko und Zinssatz sowie Laufzeit. Danach wird erklärt, welche Kosten der Zinssatz den eine Bank einhebt abdeckt, und es wird dabei der **Risikoaufschlag** genauer beschrieben. Darauf folgt ein Überblick über die Methoden, den Risikoaufschlag zu bestimmen sowie über die wichtigsten **Kreditrisikomodelle**. Die Basis vieler Modelle ist das Merton-Modell, welches auch die Basis dieser Arbeit bildet und im Unterkapitel 3.2.2 genauer beschrieben wird. Innerhalb dieses lassen sich auch Aussagen über den Zusammenhang zwischen Marge und Risiko sowie Laufzeit und Risiko treffen. Unterkapitel 3.2.3 widmet sich diesen Zusammenhängen. Im Anschluss daran wird in Unterkapitel 3.2.4 erläutert, ob das Merton-Modell eine Eignung für Projektfinanzierungskredite besitzt.

---

200 Vgl. Spremann / Gantenbein (2009), S. 293; Der genaue Zusammenhang wird in Kapital 3.2.1 detailliert erläutert.

3.2.2.1 Grundlegende Überlegungen zu Kreditmarge und Risiko

Das Fremdkapital setzt sich bei Projektfinanzierungen zum Löwenanteil aus Krediten zusammen, – Projektanleihen stellen mit ca. zehn Prozent im langfristigen Durchschnitt nur einen sehr geringen Teil der Fremdfinanzierung[201] – folglich setzten sich die Kosten für das Fremdkapital vorrangig aus Kreditgebühren und -zinsen zusammen.

Der **Kreditzins** setzt sich wiederum aus den Kosten der Bank für die Refinanzierung, einem Zuschlag für das Halten einer Eigenkapitalreserve, einem Zuschlag für Betriebskosten und Gewinn sowie einen versicherungsmathematischen Zuschlag für den erwarteten Ausfall zusammen. Die Kosten für die Refinanzierung entsprechen den Zinssätzen, zu denen am Kapitalmarkt Geld der gleichen Fristigkeit aufgenommen werden kann. Zumeist handelt es sich hierbei um einen Referenzzinssatz wie den LIBOR. Der Zuschlag für das Halten einer Eigenkapitalreserve bemisst sich zum einen aus Berechnungen der Bank selbst, zum anderen wird dies durch Vorschriften zur Eigenkapitalunterlegung der Bankregulierer vorgegeben.[202]

Der **Zuschlag** für den erwarteten **Ausfall** ist abhängig vom Risiko des zugrundeliegenden Projekts und steht daher im Mittelpunkt dieser Arbeit. Dabei ist zu klären, warum die Bank diesen Zuschlag einfordert und wie hoch dieser ausfällt.

Im frühen Bankenwesen (beginnend mit der Renaissance), handelte es sich bei der **Kreditentscheidung** um eine Ja/Nein-Entscheidung. Dies bedeutet, es wurde seitens der Bank überprüft, ob die Rückzahlung des Kredits gefährdet schien und basierend auf dieser Prüfung wurde der Kredit gewährt oder abgelehnt. Die Konditionen sind dabei für alle gewährten Kredite gleich. Aus Sicht der Bank handelt es sich bei diesem Verfahren um Risikovermeidung, da riskante Kredite gänzlich vermieden werden sollen. In der Praxis besteht jedoch die große Gefahr, einen Fehlers erster oder zweiter Ordnung zu begehen (Alpha und Beta Fehler), d.h. gefährdete Kredite anzunehmen bzw. gute Schuldner abzulehnen.[203]

Als Reaktion auf diese Problematik wurde versucht, Verfahren zur Bonitäts*prüfung* durch Verfahren der Bonitäts*messung* zu ersetzten und das Risiko – anstelle es gänzlich vermeiden zu wollen – bis zu einem gewissen Maß zu tragen.

201 Vgl. Esty / Chavic / Sesia (2014), S. 7

202 Vgl. Spremann / Gantenbein (2009), S. 290; Reichling (2007), S. 176; Einen guten Überblick über die theoretischen Grundlagen zur Kreditmarge findet sich in Gropp / Sørensen / Lichtenberger (2007), S. 8.

203 Vgl. Spremann / Gantenbein (2009), S. 261

Durch eine **risikoadjustierte Bepreisung** von Kreditrisiken soll dabei erreicht werden, dass der Kreditnehmer die Kosten eines potentiellen Ausfalls seines eigenen Kredits selbst trägt.[204] Die dafür zu entrichtende Risikoprämie basiert auf den erwarteten Verlusten, die sich wiederum wie folgt berechnen

*Erwartete Verluste = PD (Probability of default) * EAD (Exposure at default) * LGD (Loss given default)*

wobei es sich bei PD um die Wahrscheinlichkeit des Ausfalls des Schuldners, bei EAD um die Kreditexposition im Insolvenzfall und bei LGD um die Verlustquote, die abhängig von Sicherheiten und Bürgschaften ist, handelt.[205] Für die Verlustquote LGD gilt

LGD = 1 – NE (Nettoerlöse) / EAD

wobei NE die Nettoerlöse bei Ausfall bestimmen. Folglich bestimmt LDG die Quote des Kredits, die trotz Liquidationserlöse uneinbringlich ist.[206] Die Schwierigkeit besteht nun darin, die Ausfallwahrscheinlichkeit (PD) für einzelne Kredite zu bestimmen. Hierzu wurden **verschiedene Verfahren** entwickelt, die sich grob in logisch-deduktive Verfahren (auch heuristische Methoden genannt), empirisch-induktive Verfahren (auch statistische Methoden genannt) sowie direkte Ermittlungsverfahren (auch kausalanalytische Methoden genannt) unterteilen lassen.[207]

Bei **logisch-deduktiven Verfahren** wird das Expertenwissen des Gläubigers oder Kreditanalysten genutzt um Kriterien festzulegen, die für die Einschätzung des Kreditrisikos wesentlich sind. Dazu zählen Checklistenverfahren, Punktebewertungsverfahren und Kennzahlensysteme. Die Datenbasis hierfür bildet zumeist eine Analyse der Jahresabschlüsse, der Wettbewerbs- und Branchensituation sowie der institutionellen Gegebenheiten.[208] Die Ergebnisse der Verfahren können zur Zuteilung des Schuldners zu einer Ratingklasse mit einer definierten Ausfallwahrscheinlichkeit führen.

Bei den **empirisch-induktiven Verfahren** werden alle Charakteristika von in der Vergangenheit in Insolvenz geratenen Schuldnern, sowie der solvent gebliebenen Schuldnern auf signifikante Zusammenhänge untersucht. Bei der

204 Vgl. Schiller / Tytko (2001), S. 211

205 Vgl. Saunders / Allen (2002), S. 32; Spremann / Gantenbein (2009), S. 79; Hierbei handelt es sich um die am stärksten simplifizierte Berechnung.

206 Vgl. Werthschulte (2005), S. 13

207 Vgl. Reichling (2007), S. 47

208 Vgl. Werthschulte (2005), S. 16

Bonitätsprüfung wird der Schuldner gemäß der signifikanten Charakteristika und Zusammenhänge einer Risikoklasse zugeteilt. Zu den Verfahren zählen Diskriminanzanalysen, Regressionsanalysen sowie künstliche neuronale Netze.[209]

Während bei den logisch-deduktiven sowie den empirisch-induktiven Verfahren die Ermittlung der Ausfallwahrscheinlichkeit eines Kredits auf historischen, risikoklassenspezifischen Ausfallraten basieren, kann diese bei den **direkten Ermittlungsverfahren** aus Modellen, den *Default-Modellen* oder *Credit-Risk-Modellen*, errechnet werden. Voraussetzung dafür ist, dass die verwendeten Parameter hinsichtlich ihrer Beziehung mit dem Ausfallereignis korrekt modelliert werden können, sowie dass die Wahrscheinlichkeitsverteilungen dieser Parameter geschätzt werden können.[210]

Zu den **bekanntesten Credit-Risk-Modellen** zählen das Merton-Modell und das darauf basierende kommerzielle KMV-Modell von Moody's, Credit Metrics von JP Morgan, CreditRisk+ von Credit Suisse Financial Products sowie CreditPortfolioView von McKinsey. Die Modelle unterscheiden sich teilweise sehr stark in den getroffenen Vorannahmen, in der Art der verwendeten Daten sowie dem Analysefokus, d.h. ob ein Einzelkredit oder ein Portfolio von Krediten untersucht wird.[211]

Im folgenden Kapital wird das **Default Modell von Merton (1974)**, das als Urvater der optionspreisbasierten Kreditrisikomodelle gesehen werden kann, genauer erklärt. Im darauffolgenden Abschnitt wird der Zusammenhang zwischen Risiko und Zinsmarge im Modell erläutert und darauf folgt in Unterkapitel 3.2.4, warum die Logik dieses Modells auch auf Projektfinanzierungskredite übertragen werden kann und warum dies mit Vorteilen gegenüber den anderen Verfahren einhergeht.

3.2.2.2 Das Merton-Modell

Das **Kreditausfallmodell**[212] von Merton (1974) basiert auf dem Beitrag von Black / Scholes (1973) zur Bewertung von Optionen. Im Modell ist das Unternehmen mit einem Marktwert V mit Eigenkapital E und Fremdkapital D finanziert, wobei sich das Fremdkapital aus einer Nullkuponanleihe mit einem Rückzahlungszeitpunk T zusammensetzt. Es gilt

209 Vgl. Reichling (2007), S. 52; Werthschulte (2005), S. 18

210 Vgl. Werthschulte (2005), S. 21

211 Eine detaillierte Beschreibung zu den Modellen und deren Unterschieden findet sich in Crouhy / Galai / Mark (2000), S. 59; Altman / Saunders (1998), S. 1722; Runge / Trost / Schneider (2004).

212 Das Modell von Merton wird auch als *Structural Model*, Firmenwertmodell bzw. Asset-Modell bezeichnet

V (Marktwert Aktiva) = E (Marktwert Eigenkapital) + D (Marktwert Fremdkapital)

wobei der Marktwert des Unternehmens volatil ist und bei börsennotierten Unternehmen über den Aktienkurs und dessen Volatilität bestimmt wird.

Die Eigenkapitalgeber können nun im Rückzahlungszeitpunkt *T* wählen, ob sie die Anleihe tilgen oder das Unternehmen an die Fremdkapitalgeber übergeben, folglich in Insolvenz geraten. Dies ist abhängig vom Unternehmenswert beim Rückzahlungszeitpunk. Ist dieser höher als der Wert der Verbindlichkeiten *D*, werden die Eigenkapitalgeber die Anleihe begleichen; ist der Wert kleiner, d.h. $V - D < 0$, so wird das Unternehmen an die Fremdkapitalgeber übergeben.[213] Dies führt zu folgendem Auszahlungsdiagramm bei $D = 50$:

Abbildung 9: Auszahlungsschema von Eigen- und Fremdkapitalgeber im Merton-Modell[214]

Wie aus Abbildung 9 erkennbar, handelt es sich hier um das **klassische Auszahlungsschema bei Optionen**. Die Eigenkapitalgeber nehmen die Long-Call-Position ein, d.h. sie besitzen ein Kaufrecht auf den Unternehmenswert, wobei

213 Vgl. Spremann / Gantenbein (2009), S. 360

214 Eigene Darstellung basierend auf Rudolph (2012), S. 150

der *Strike Price* der Wert der Verbindlichkeiten ist. Die Fremdkapitalgeber, die im Insolvenzfall das Unternehmen übernehmen, sind die Halter des Unternehmenswertes und somit in der Short-Put-Position. Die von Merton umformulierte Optionspreisformel nach Black und Scholes[215] kann nun dazu genutzt werden, den **Preis dieser Option** aus Sicht der Fremdkapitalgeber zu berechnen, wobei dieser Wert als Kreditmarge zwischen risikoloser Anlage und risikobehafteter Beteiligung am Unternehmen verstanden werden muss.[216] Es gilt:

$$R - r = -\frac{1}{T} * \ln\left(\frac{V_0}{B * e^{-rt}} * N(-d_1) + N(d_2)\right)$$

wobei es sich bei T um den Verfallszeitpunkt der Option handelt, bei r um den risikolosen Zinssatz und bei B um das Verhältnis vom aktuellen, abgezinsten Wert der Anleihe zum aktuellen Firmenwert, wobei gilt:

$$B = \frac{D * e^{-rT}}{V}$$

Die Terme d_1 und d_2 bezeichnen eine normalverteilte Funktion der Volatilität des Firmenwerts wobei wiederum gilt:

$$d_1 = \frac{\ln\frac{V_0}{B} + \left(r + \frac{\sigma^2}{2}\right) * T}{\sigma * \sqrt{T}}$$

$$d_2 = \frac{\ln\frac{V_0}{B} + \left(r - \frac{\sigma^2}{2}\right) * T}{\sigma * \sqrt{T}}$$

Der Wert der Option und die Höhe des Zinssatzes ist folglich vom Verhältnis des Firmenwertes zum Fremdkapital, d.h. der Kapitalstruktur, sowie der Volatilität des Unternehmenswertes und der Restlaufzeit der Anleihe abhängig. Die

215 Vgl. Black / Scholes (1973), S. 644

216 Vgl. Merton (1974), S. 454; Reichling (2007), S. 144

Volatilität des Unternehmens kann auch als Ausfallwahrscheinlichkeit verstanden werden, denn sie bemisst die Wahrscheinlichkeit, dass der Wert des Unternehmens zum Ende der Laufzeit unter dem Wert des Fremdkapitals liegt.[217]

Sofern nun der Marktwert der Aktiva, dessen Volatilität sowie der Marktwert des Fremdkapitals bekannt sind, lässt sich die **Ausfallwahrscheinlichkeit** als Wert der Verteilungsfunktion der Standardnormalverteilung am Punkt $-d_2$ messen.[218] Es gilt also:

$$Ausfallwahrscheinlichkeit = N\left(-d_2\right)$$

Eine **grafische Interpretation** dieses Zusammenhanges findet sich in Abbildung 10. Zu erkennen ist das reguläre Wachstum des Unternehmenswertes, das im Modell mit der risikolosen Verzinsung angenommen wird, sowie die Volatilität des Unternehmenswertes und dessen Verteilung über die Laufzeit *T*. Zudem ist die Höhe des Fremdkapitals als Schranke erkennbar, die, sofern sie unterschritten wird, zur Übergabe des Unternehmens an die Fremdkapitalgeber führt. Der Bereich der Normalverteilung des Unternehmenswerts, der unter dieser Schranke liegt, ist die Ausfallwahrscheinlichkeit.

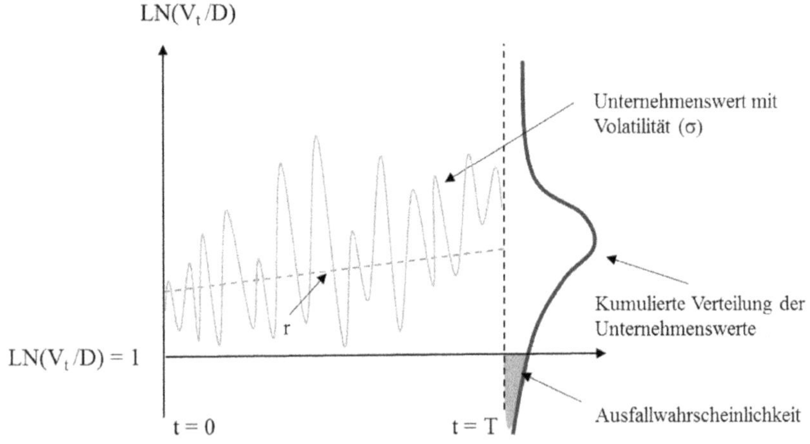

Abbildung 10: Graphische Darstellung des Merton-Modells[219]

217 Vgl. Rudolph (2012), S. 151
218 Vgl. Werthschulte (2005), S. 22
219 Eigene Darstellung basierend auf Knöchlein (2006), S. 13

3.2.2.3 Risiko und Zinsmarge im Merton-Modell

Da das Merton-Modell im Detail besprochen wurde, kann nun der ursprünglichen Frage nach dem Zusammenhang zwischen Risiko und Kreditzins nachgegangen werden.[220] Risiken im Allgemeinen erhöhen die Volatilität[221] und führen dadurch zu einer Erhöhung der Ausfallwahrscheinlichkeit und einer Erhöhung der Risikoprämie. Eine **Verringerung der Verschuldung** kann diesem Effekt entgegenwirken, da sich die „Insolvenzschranke" – siehe hierzu Abbildung 10 – nach unten verschiebt. Eine Verkürzung der Laufzeit führt zu einem Rückgang der Risikoprämie, jedoch ist dies abhängig vom Verschuldungsgrad des Unternehmens. Bei stark verschuldeten Unternehmen kommt es bei langen Laufzeiten zu einem Rückgang der Risikoprämie.[222] Abbildung 11 verdeutlicht diesen Zusammenhang.

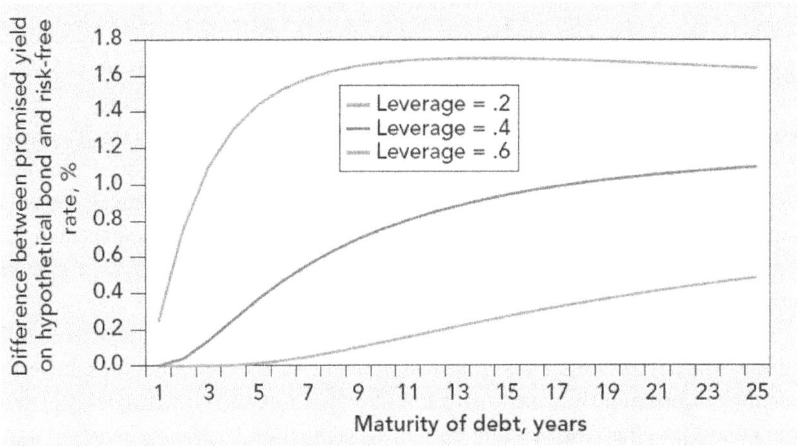

Abbildung 11: Zusammenhang zwischen Laufzeit, Verschuldung und Risikoprämie[223]

Obwohl eine Kalkulation von Ausfallwahrscheinlichkeiten und Risikoprämie durch das Modell von Merton auf den ersten Blick simpel erscheinen mag, besitzt das Model jedoch auch einige **Nachteile**, die die Berechnung in der Realität

220 Siehe zu den folgenden Ausführungen auch die Berechnungen im Anhang.

221 Siehe hierzu Unterkapitel 2.1

222 Vgl. Merton (1974), S. 459; Sorge / Gadanecz (2008), S. 98, (2004)

223 Vgl. Brealey / Myers / Allen (2011), S. 585

erschweren. So gelten zum einen sehr rigide Annahmen, u.a. das Fehlen von Transaktionskosten und Steuern, beliebig teilbare Wertpapiere, ausreichende Anzahl von Investoren mit ausreichendem Vermögen, unbeschränkter Kapitalmarkt bei gleichem Zinssatz für Kreditaufnahme und ein zeitstetiger Handel an Wertpapieren[224]. Zudem gilt die sehr starke Annahme, dass die Eigenkapitalgeber ihre Option zur Übergabe des Unternehmens sofort verfallen lassen, sofern der Unternehmenswert unter dem Wert der Schulden liegt. Weiter vergibt das Unternehmen im Modell nur eine einzige Anleihe, deren gesamte Rückzahlung zum Zeitpunkt T erfolgt, wohingegen in der Realität oft verschiedene Finanzierungsinstrumente mit unterschiedlichen Fristigkeiten und Tilgungsplänen zum Einsatz kommen.[225]

Darüber hinaus besteht im Modell bei hohen Verschuldungsgraden der Effekt, dass eine **Verlängerung der Laufzeit** zu einem **Rückgang der Kreditmarge** führt. Dies ist darauf zurückzuführen, dass im Modell eine konstante Wachstumsrate des Unternehmens angenommen wird, welche im Verlauf zu einem Rückgang der Verschuldung führt. Zwar steigt mit einer längeren Laufzeit die Unsicherheit über den zukünftigen Unternehmenswert und damit auch die Kreditmarge, jedoch wirkt sich die Wachstumsrate im Zeitverlauf negativ auf die Verschuldung und damit auch negativ auf die Kreditmarge aus. Bei Unternehmen mit einer Verschuldung über ca. 50 Prozent überwiegt letzterer Effekt und daher sinkt die Marge.[226] Bedenkt man jedoch, dass die Liquiditätskosten für Banken tendenziell mit der Laufzeit steigen, ist es fraglich, ob die Kreditmarge tatsächlich mit einer Verlängerung der Laufzeit sinkt.[227]

Darüber hinaus gestaltet sich die **Messung** der Kapital- und Unternehmenswerte sowie der Volatilität des Unternehmenswertes in der Realität oft schwierig. Bei börsennotierten Unternehmen kann über den aktuellen Aktienkurs und dessen Volatilität eine Annäherung an den tatsächlichen Unternehmenswert und dessen Schwankung erreicht werden, aber auch hier wird implizit die Annahme getroffen, dass diese Werte im Zeitverlauf konstant bleiben. Bei nicht an der Börse gelisteten Unternehmen, muss die Schätzung der Modellparameter über interne, womöglich sehr detaillierte Planungsdaten erfolgen.[228]

Nichtdestotrotz lassen sich die Zusammenhänge, die dem Merton-Modell zugrunde liegen, gut dazu nutzen, um die Verbindung von Risiko und

224 Vgl. Runge / Trost / Schneider (2004), S. 220; Merton (1974), S. 450
225 Vgl. Werthschulte (2005), S. 23
226 Vgl. Sorge (2004), S. 99
227 Vgl. Sawant (2010b), S. 188
228 Vgl. Schiller / Tytko (2001), S. 236; Werthschulte (2005), S. 23

Kreditmarge bei Projektfinanzierungskrediten zu schätzen. Das folgende Unterkapitel widmet sich diesem Sachverhalt und den **Vorteilen** im Detail.

3.2.2.4 Die Eignung des Merton-Modells für Projektfinanzierungskredite

Das Merton-Modell diente nicht nur als Basis für die Entwicklung anderer, allgemeiner Kreditrisikomodelle wie z.B. den Modellen von Leland (1994), Longstaff / Schwartz (1995), Collin-Dufresne / Goldstein (2001) oder dem kommerziell erfolgreichen KVM-Modell von Moody's[229], sondern auch im Speziellen für die Entwicklung von Kreditrisikomodellen für strukturierte Finanzierungen und Projektfinanzierungen. Dazu zählt das Modell von Freydefont (2001), Winsen (2010), Blanc-Brude / Omneia (2013) sowie Blanc-Brude / Hasan (2016) (Blanc-Brude/HasanÉ. Auch dient es als theoretischer Rahmen in einigen Studien zur Kreditmarge von Projektfinanzierungskrediten.[230]

Generell erscheint es sinnvoll, auf *Default-Modelle* zur Berechnung von Ausfallwahrscheinlichkeiten und Risikoprämien zurückzugreifen, da es sich bei Projektfinanzierungen um Spezialgeschäfte handelt, die einen hohen Individualisierungsgrad aufweisen. Banken halten tendenziell weniger Projektfinanzierungskredite gegenüber konventionellen Unternehmenskrediten in ihren Portfolios, was zu einer **begrenzten Datenbasis** für die Berechnung von **historischen Ausfallwahrscheinlichkeiten** führt. Die großen Unterschiede zwischen verschieden Projektarten und der hohe Individualisierungsgrad führen weiter dazu, dass eine Einteilung in Risikoklassen nur begrenzt möglich ist.[231]

Innerhalb der *Default-Modelle* kann nochmals zwischen Einzelkredit- und Portfoliomodellen unterschieden werden. Auch hier kann argumentiert werden, dass es sich bei Projektfinanzierungskrediten vorrangig um große Einzelposten handelt und daher **Diversifikationseffekte** und die Entwicklung eines gesamten Portfolios eine **untergeordnete Rolle** einnimmt.[232] Einzelkreditmodelle wie das Merton-Modell sind daher zu bevorzugen.

Darüber hinaus fehlen bei Kreditvergabe Daten über die Entwicklung und die Bonität der Projektgesellschaft, da diese erst mit der Finanzierung gegründet wird. Daher muss die **Bonitätsmessung zukunftsorientiert** erfolgen. Wie bereits bekannt, bemessen sich die Bonität und die Verschuldungskraft

229 Vgl. Moody's (2018)

230 Vgl. Dailami / Hauswald (2007), S. 250; Sorge (2004), S. 97; Sorge / Gadanecz (2008)

231 Vgl. Grunert (2008), S. 16; Werthschulte (2005), S. 42; Beale / Chatain / Fox / Bell / Preminger / Prins (2002), S. 5

232 Vgl. Crouhy / Galai / Mark (2000), S. 62

der Projektgesellschaft an den zukünftigen Cashflows, daher kommt der Cashflow-Planung die größte Bedeutung zu.[233] In der Praxis werden hierzu Cashflow-Modelle wie Deckungsgradberechnungen, Sensitivitätsanalysen, Szenarioanalysen, simulative Risikoanalysen, Monte Carlo Simulationen oder Realoptionen eingesetzt.[234]

All diese Verfahren zielen darauf ab zu überprüfen, ob der erwirtschaftete Cashflow für den Schuldendienst ausreicht, respektive, die Wahrscheinlichkeit dafür zu messen. Ersetzt man im Merton-Modell den Unternehmenswert durch den erwirtschafteten Cashflow, und die Volatilität des Unternehmenswertes durch die Volatilität des Cashflows, so ist es möglich, ebenso die Wahrscheinlichkeit für einen Ausfall aufgrund zu geringer Cashflows zu berechnen. Dies führt zu der wichtigen Erkenntnis, dass die Logik der **Optionsbewertung** auch auf Projektfinanzierungskredite und die dabei verwendeten **Cashflow-Modelle** anwendbar ist.[235] Reichling (2007) fasst dies folgendermaßen zusammen: *Cashflowbasierte Modelle können als Variante der Optionspreismodelle angesehen werden, bei der der ökonomische Wert des Unternehmens durch die Analyse der Cashflows ermittelt wird. Damit eignen sich cashflowbasierte Modelle zur Bonitätsbeurteilung von Spezialfinanzierungen. Hier hängt die Bonität (im Wesentlichen) von den zukünftigen Cashflows des zu finanzierenden Objekts ab.*[236]

Blanc-Brude / Omneia (2013) übertragen diese Aussage in **ein konkretes Modell**. Der Wert von Projektfinanzierungen setzt sich zu einem Teil aus materiellem Anlagevermögen, aber vorrangig aus den zukünftigen Einnahmen zusammen. Folglich kann der Wert der freien Einzahlungen sowie deren Volatilität als Werttreiber im Merton-Modell verwendet werden. Hierbei verwenden die Autoren die Einzahlungen, die für die Rückzahlzungen des Fremdkapitals zur Verfügung stehen (*Cashflow Available for Debt Service* (*CFAD*)). Die Insolvenzpunkte des Merton-Modells setzten Blanc-Brude / Omneia (2013) nicht mit der Höhe des gesamten Fremdkapitals an, sondern mit der Höhe der Rückzahlungen. Dies erscheint sinnvoll, da die Rückzahlung des Kredites in mehreren Tilgungsschritten erfolgt. Für die Ausfallwahrscheinlich ergibt sich damit folgende Formel[237]:

---

233 Siehe hierzu Unterkapitel 2.1 Definitionen und Charakteristika der Internationalen Projektfinanzierung.

234 Vgl. Esty (1999a), S. 9; Tytko (1999), S. 157; Gatti (2013), S. 152f

235 Vgl. Gatti (2013); Werthschulte (2005), S. 76; Caselli / Gatti / Marciante (2009), S. 103

236 Reichling (2007), S. 54

237 Siehe hierzu auch Unterkapitel 3.2.2.2.

$$Ausfallwahrscheinlichkeit_t = N\left(-\frac{CFADS_t - Debt\,Service_t}{\sigma_{CFAD_t} CFADS_t}\right)$$

Der freie Cashflow und die Rückzahlungsverpflichtungen sind noch in einer weiteren Kennzahl - der *Debt Service Coverage Ratio (DSCR)* - miteinander in Beziehung gestellt wobei dafür gilt:

$$DSCR_t = \frac{CFADS_t}{Schuldendienst\left(Tilgung + Zinsen\right)_t}$$

Daraus folgt wiederum, dass über die Verteilung der DSCR die Ausfallwahrscheinlichkeit und die Risikoprämie ermittelt werden kann - eine detaillierte Kenntnis über die Wertetreiber dieser Kennzahl vorausgesetzt.

Zur Zusammenfassung diese Abschnitts wird nochmals auf Blanc-Brude / Omneia (2013) zurückgegriffen: *However, it should be clear from the discussion above that the Merton model is rather well-suited to project financing: SPEs borrow once and subsequently de-leverage, default is unambiguously known and actively monitored, and the underlying process driving asset value (CFADS) can be captured by the distribution of the DSCR.*[238]

Im folgenden Unterkapitel werden die Ausführungen zum Merton-Modell den Ausführungen zur Trade-Off-Theorie gegenübergestellt und herausgearbeitet, welche gemeinsame Basis die beiden Modelle aufweisen.

3.2.3 Gemeinsame Betrachtung der Trade-Off-Theorie und des Merton-Modells

Betrachtet man nun die Trade-Off-Theorie und das Merton-Modell gemeinsam, so fällt auf, dass der **Cashflow** eine **zentrale Variable** in beiden Konstrukten darstellt. Den Cashflow und dessen Schwankungen als zentrale Erklärungsvariable zu verwenden, erweist sich für die vorliegende Arbeit und für Projektfinanzierungen im Allgemeinen als besonders geeignet, da die Cashflow-Orientierung eines der drei klassischen Herausstellungsmerkmale dieser Finanzierungsform darstellt.

238 Blanc-Brude / Omneia (2013), S. 13

Weiter fällt auf, dass das Risiko des zugrundeliegenden Unternehmens bzw. des zugrundliegenden Projektes bei beiden Ansätzen zu **volatileren Cashflows** führt. Diese Steigerung der Cashflow-Volatilität bedeutet in der Trade-Off-Theorie eine Erhöhung der Insolvenzkosten, was zu einem Rückgang der Fremdkapitalquote führt. Innerhalb des Merton-Modells bedeutet die Steigerung der Cashflow-Volatilität eine Erhöhung der Insolvenzwahrscheinlichkeit und damit eine Erhöhung der Kreditmarge. Eine Senkung der Laufzeit kann diesem Effekt bis zu einen gewissen Grad entgegenwirken. Auch dieser Zusammenhang trifft bei Projektfinanzierungen zu.

Die **wichtigste Erkenntnis** einer gemeinsamen Betrachtung ist jedoch, dass beide Konstrukte miteinander verbunden sind. Die lässt sich vor allem beim Merton-Modell erkennen. Die Insolvenzschranke wird im Modell mit der Höhe des Fremdkapitals bestimmt; letztere wird schlicht angenommen, ohne darauf näher einzugehen. Hierbei handelt es sich in der Realität aber um eine konkrete Entscheidung – die Kapitalstrukturentscheidung – des Unternehmens (mit seinen Fremdkapitalgebern). Das Ziel dabei ist es, den Wert des Unternehmens oder des Projekts unter Berücksichtig von Kapitalstruktur, Zinsen und Laufzeit zu maximieren.[239]

Diesen Zusammenhang greift Leland (1994) in seiner **Weiterentwicklung** des **Merton-Modells** auf. Er erweitert das Modell um die Erklärungsfaktoren der Trade-Off-Theorie, d.h. Insolvenzkosten und Steuern.[240] Die Ergebnisse zeigen, dass die Kreditmarge (im Modell handelt es sich um den Marge einer Anleihe) mit steigender Volatilität und mit steigenden Insolvenzkosten zunimmt. Abbildung 12 verdeutlicht diesen Zusammenhang, wobei *YS* die Anleihenmarge (*Yield spread*), *Sigma* die Volatilität des zugrundeliegenden Unternehmens und *Alpha* die Insolvenzkosten in Prozent des Gesamtvermögens repräsentiert. Im konkreten Beispiel wird von einem Steuersatz von 35 Prozent ausgegangen.

---

239 Merton (1974), S. 460 nennt als Voraussetzung für die Formulierung seines Modells die Gültigkeit des Modigliani-Miller-Theorems (siehe hierzu Unterkapitel 3.1), lockert diese im gleichen Beitrag und erklärt, dass das Modell auch bei Insolvenzkosten und Steuern seine Gültigkeit besitzen würde.

240 Vgl. Sundaresan (2013), S. 6

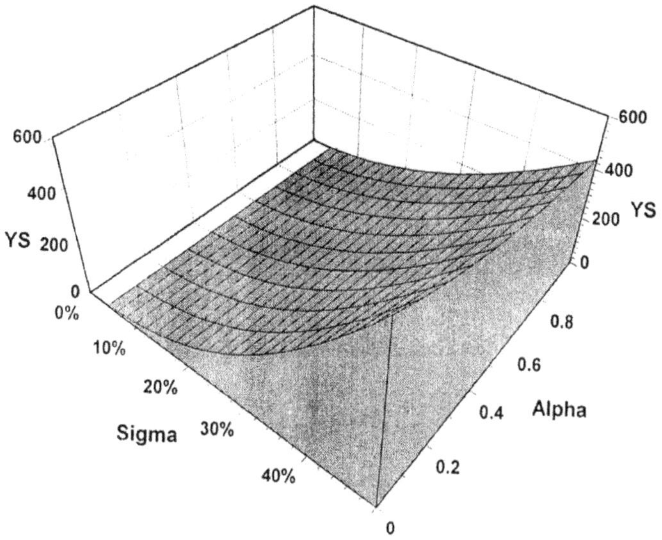

Abbildung 12: Zusammenhang zwischen Yieldspread, Volatilität (Sigma) und Insolvenzkosten (Alpha)[241]

Bei der Optimierung der Kapitalstruktur im Modell, das Zinssätze und Laufzeiten berücksichtig kommt Leland (1994) zum Schluss: *Leverage of about 75 to 95 percent is optimal for firms with low-to-moderate levels of asset value risk and moderate bankruptcy costs. Even firms with high risks and high bankruptcy costs should leverage on the order of 50 to 60 percent, when the effective tax rate is 35 percent.*[242] Ein Ergebnis, das auch aus der klassischen Trade-Off-Theorie folgen würde.

Es lässt sich daher zusammenfassen: Sowohl die Trade-Off-Theorie, als auch das Merton-Modell lassen über Umwege eine Aussage über Kapitalstruktur, Zinssatz und Laufzeit zu. Beide Modelle bzw. die Verbindung von beiden, eignet sich gut die Auswirkung von Risiko zu untersuchen. Abbildung 13 fasst den theoretischen Rahmen dieser Arbeit nochmals grafisch zusammen. In der Mitte der Abbildung ist die Cashflow-Volatilität zu erkennen, die den „Angriffspunkt" von Risiko darstellt. Steigt die Volatilität, so sinkt die Fremdkapitalquote und die Laufzeit und es steigt die Kreditmarge. Dies wird durch die grauen Kreise mit Plus und Minus verdeutlicht. Die kleineren, strichlierten Kreise verdeutlichen die Zusammenhänge zwischen diesen Variablen. So sinkt beispielsweise bei sinkenden Fremdkapitalquote

241 Vgl. Leland (1994), S. 1233
242 Vgl. Leland (1994), S. 1230

auch die Kreditmarge, da das Insolvenzrisiko geringer wird. Erklärt werden die gesamten Zusammenhänge durch die Trade-Off-Theorie und das Merton-Modell.

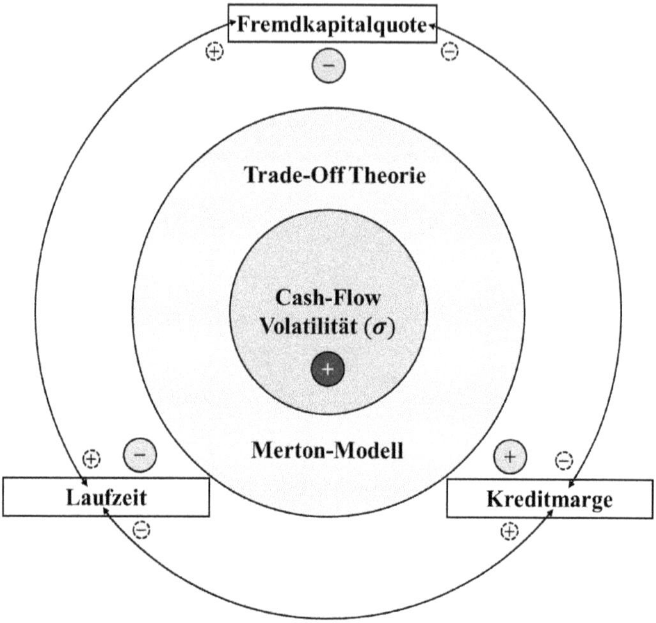

Abbildung 13: Theoretischer Rahmen als Kombination von Trade-Off Theorie und Merton-Modell

3.3 Zwischenresümee

Um die Conclusio dieser Arbeit ziehen zu können, wird nochmals auf die **Zielsetzungen** dieser eingegangen. Die beiden Zielsetzungen lauteten:

1. Diskussion der Risiken und den entsprechenden risikomindernden Mechanismen bei Projektfinanzierungen.
2. Das theoretische Fundament zum Zusammenhang zwischen Risiko und Finanzierungsstruktur zu entwickeln.

Um die Zielsetzung 1 zu erfüllen, wurden zuerst verschiedene Kategorisierungen von Risiken sowie risikomindernden Mechanismen, die bei Internationaler Projektfinanzierung auftreten, diskutiert. Das **Lessard-Rahmenwerk** wurde dabei als das für die vorliegende Arbeit am geeignetsten identifiziert. In Abbildung 14, die den Untersuchungsrahmen der Arbeit illustriert, findet sich das Rahmenwerk im oberen Teil der Abbildung.

Um den theoretischen Rahmen zum Zusammenhang zwischen Risiko und Finanzierungstruktur zu entwickeln, wurden zuerst die Komponenten der Finanzierungstruktur erläutert. Darauffolgend wurde ein Überblick über die wichtigsten Kapitalstrukturtheorien gegeben und die **Trade-Off-Theorie** wurde aufgrund ihrer Eignung für den Untersuchungsschwerpunkt für das theoretische Fundament ausgewählt. Für den Zusammenhang Risiko-Zinssatz bzw. Risiko-Laufzeit wurde ebenfalls zuerst ein Überblick über die Erklärungsansätze gegeben und danach auf das **Merton-Modell** näher eingegangen. Es konnte auch hier gezeigt werden, dass dieses eine sehr gute Eignung für die vorliegende Untersuchung bietet. Abschließend wurden beide Ansätze miteinander verbunden und dadurch der theoretische Rahmen vollendet. In Abbildung 14 findet sich der theoretische Rahmen im unteren Teil der Grafik.

Zuallerletzt wurden das Risikorahmenwerk und der theoretische Rahmen miteinander verknüpft. Es lässt sich gut erkennen, welche Risiken und wie Risiken die Volatilität der Cashflows erhöhen und wie sich dies wiederum auf die Finanzierungsstruktur auswirkt. Dem Titel dieser Arbeit – *Risiko und Finanzierungsstruktur – eine theoretische Fundierung* – konnte damit Rechnung getragen werden.

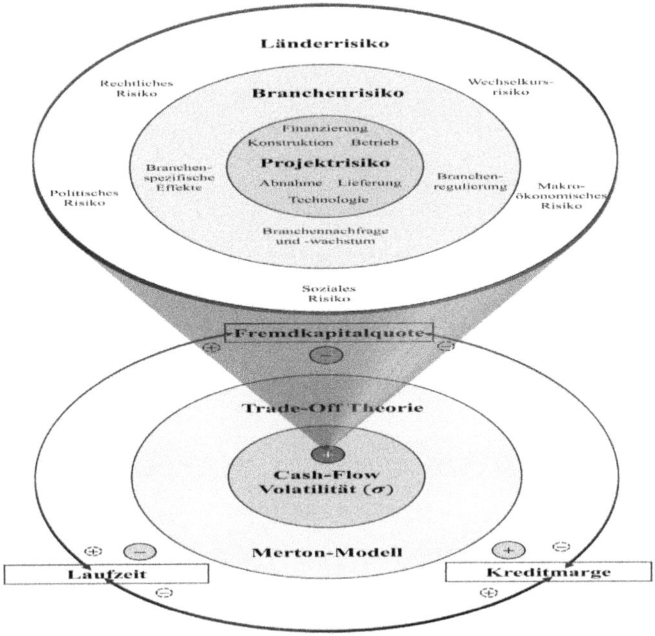

Abbildung 14: Untersuchungsrahmen

4. Risiko und Finanzierungsstruktur – State of the Art und Hypothesenentwicklung

Im folgenden Kapitel werden die Hypothesen zur quantitativen Analyse entwickelt und dabei wird auch auf den Stand der Forschung zu den Hypothesen eingegangen. Zuerst wird in Unterkapitel 4.1 das Vorgehen bei der Literatursuche erklärt und deren Ergebnis wird in Unterkapitel 4.2 einer Kategorisierung unterzogen. In den folgenden Unterkapiteln 4.3 und 4.4 wird ein kurzer Überblick über die für die vorliegende Arbeit weniger relevanten Beiträge gegeben und in Unterkapitel 4.5 erfolgt ein detaillierter Überblick über die relevante Literatur und gleichzeitig die Entwicklung der Hypothesen für den quantitativen Teil dieser Arbeit. Das Unterkapitel wird dabei gemäß den drei abhängigen Variablen – Fremdkapitalquote, Kreditmarge und Laufzeit – unterteilt. Innerhalb des Abschnitts folgt der Aufbau wiederum der Risikoklassifizierung im Lessard-Rahmenwerk.[243] Anschließend wird in Unterkapitel 4.6 aus den diskutierten Inhalten ein Resümee gezogen und es werden die entwickelten Hypothesen nochmals tabellarisch zusammengefasst.

4.1 Darstellung der Literatursuche

Das Ziel der Literatursuche und -analyse ist es – vor dem Hintergrund der Forschungsfrage – einen vollständigen und objektiven Überblick über den aktuellen Stand der relevanten Forschung im Sinne eines *Systematic Literature Review* geben zu können. Um dies zu erreichen wurde auf die Methode von Tranfield / Denyer / Smart (2003) zurückgegriffen. Der Prozess zur Erstellung eines solchen systematischen Reviews baut gemäß den Autoren auf der Vorgehensweise bei Reviews in der Medizinforschung auf, die wie folgt aussehen kann. Auf diese zehn Schritte wird später im Text mit der jeweiligen Nummer Bezug genommen:

1. Identifizierung eines Forschungsbedarfs
2. Vorbereitung eines Proposals für den Review
3. Entwicklung eines Review-Protokolls
4. Identifizierung des Forschungsgebiets
5. Auswahl der Studien

243 Siehe hierzu Unterkapitel 3.1.2

6. Erfassung der Qualität der Studien
7. Extraktion der Daten
8. Datensynthese
9. Verfassen des Reviews
10. Überführung der Forschungsergebnisse in die Praxis[244]

Die Identifizierung eines Forschungsbedarfs **(1)** sowie die Vorbereitung eines Proposals **(2)** ergeben sich aus der Forschungslücke dieser Dissertation. Die Entwicklung eines Review-Protokolls beinhaltet die Entscheidung, welche Studien berücksichtigt werden sowie die Suchstrategie **(3)**. Hier wurde zum einen auf bereits publizierte Literaturreviews[245] und zum anderen auf Gespräche mit Experten zurückgegriffen.

Es wurde entschieden, die Literaturdatenbank *ProQuest* für die Suche zu verwenden, da diese alle ausgewählten Zeitschriften enthält. Als Suchbegriffe wurden „*Project Finance*", „*Structured Finance*", „*Infrastructure Finance*", „*Infrastructure Investment*", „*Infrastructure Project*" sowie „*Investment Project*" eingesetzt.[246] Als Suchfelder wurden der Titel der Publikation sowie der Abstract ausgewählt. Somit wurden sowohl die Suchbegriffe und, mit der Suche innerhalb des Abstracts, auch die Suchfelder sehr breit definiert **(4)**. Damit wurde versucht sicherzustellen, dass auch Artikel, die das Thema Projektfinanzierung nicht als Schlagwort definiert haben, jedoch im Abstract behandeln, in der Ergebnisliste aufscheinen. Zudem wurde bewusst der Suchterminus „*Risk*" ausgeschlossen, da in einer ersten Abfrage bereits erkennbar war, dass relevante Beiträge diesen Begriff teilweise nicht im Abstract oder als Keyword verwenden **(5)**. Um die Qualität der Studien gewährleisten zu können, wurde nur innerhalb wissenschaftlicher Zeitschriften mit Begutachtungsverfahren gesucht, die innerhalb des Ratings des Verbands der Hochschulprofessoren für Betriebswirtschaftslehre (VHB) in seiner aktuellsten Version (VHB-JOURQUAL3)[247] ein Rating von „B" oder besser erreicht haben. Es wurden dabei jedoch nur Zeitschriften berücksichtigt, die in den Teilratings „Allgemeine Betriebswirtschaftslehre", „Bankbetriebslehre / Finanzierung", „Internationales Management" sowie „Strategisches

244 Vgl. Tranfield / Denyer / Smart (2003), S. 214

245 Vgl. Kayser (2013); Garcia-Bernabeu / Mayor-Vitoria / Mas-Verdu (2015); Müllner (2017)

246 Hier sind nur die englischen Begriffe angeführt, da die deutschen Übersetzungen zu keinen Resultaten führten.

247 Vgl. Verband der Hochschullehrer für Betriebswirtschaft (2018); Siehe Anhang 2.1: Liste der Zeitschriften mit Klassifizierung und Rating gemäß VHB-JOURQUAL3.

Management“ geführt werden **(6)**. Die Auswahl dieser Teilratings ergibt sich aus dem fachlichen Fokus dieser Arbeit, der im Überschneidungsbereich von Finanzierung und Risikomanagement liegt.

Zusätzlich wurde die nicht gelistete Zeitschrift *Journal of Structured Finance* (Formals *Journal of Project Finance* bzw. *Journal of Structured and Project Finance*) in die Suchabfrage mitaufgenommen. Es handelt sich bei diesen Zeitschriften zwar gemäß *ProQuest* um ein Journal mit Begutachtungsverfahren, jedoch geben die Herausgeber an, dass das Zielpublikum vorrangig aus Praktikern, wie z.B. Investoren, besteht. Nichtsdestotrotz wurden Beiträge dieser Zeitschriften für eine erste Begutachtung mit in die Suche aufgenommen.

Die Abfrage der Datenbank wurde am 05. Oktober 2018 durchgeführt und es wurde keine zeitliche Beschränkung ausgewählt. Das Ergebnis dieser Abfrage waren exklusive Duplikate 439 Artikel aus den Jahren 1979 bis 2018. Die große Anzahl an Treffern lässt sich zum einen auf die eher breite Abfrage und die große Anzahl an inkludierten Zeitschriften, aber vor allem auf die verwendeten Begriffe *„Investment Project*“* sowie *„Structured Finance“* zurückführen, die zu einer Vielzahl an Beiträgen, die sich nicht mit Projektfinanzierung beschäftigen, führten.

Aus diesem Grund wurden die Artikel zuerst in einer Grob- und in einem weiteren Schritt in einer Feinanalyse dahingehend untersucht, ob sie tatsächlich Projektfinanzierungen gemäß der Definition[248] in dieser Arbeit behandeln. Dies führte dazu, dass sich die Anzahl der Artikel auf 169 Beiträge reduzierte, zusätzlich wurden drei *Editor's Letters* sowie zwei nicht mehr verfügbare Artikel aus der Analyse entfernt.

In einem weiteren Schritt wurden die Referenzlisten dieser Beiträge gesichtet, um – in Anlehnung an Tranfield / Denyer / Smart (2003)[249] – auch auf relevante Beiträge zu stoßen, die nicht in akademischen Journals veröffentlicht wurden. Diesem Gedanken folgend wurde darüber hinaus innerhalb der Datenbanken *WISO*[250], *ScienceDirect (ELSEVIER), SpringerLink* sowie *Google Scholar*[251] mit dem Begriff *„Projektfinanzierung“* gesucht, um explizit auch deutschsprachige Literatur zu berücksichtigen.

248 Siehe hierzu Unterkapitel 2.1

249 Vgl. Tranfield / Denyer / Smart (2003), S. 215

250 Innerhalb den Kategorie „Fachzeitschriften“ und in den Suchfeldern „Abstract“ und „Titel

251 Innerhalb der Kategorie „Titel“

Zusätzlich wurden bereits im Jahr 2015 zwei Google-Scholar-Alerts[252] mit den Suchbegriffen *„Projektfinanzierung“* und *„Project Finance“* eingerichtet, die über Neuerscheinungen informieren. Zentrale Beiträge wurden ebenfalls im Rahmen von Expertendiskussionen genannt und es wurden auch die Publikationslisten sehr aktiver Forscherinnen und Forscher im Feld gesichtet. Über die Bibliotheksseite der WU Wien wurde zusätzlich nach relevanten Büchern und Hochschulschriften gesucht.

Dies führte dazu, dass 58 Journalartikel, Arbeitspapiere, Dissertationen sowie Bücher zur Literaturliste hinzugefügt wurden, wodurch diese auf insgesamt 222 Publikationen anwuchs. Eine tabellarische Übersicht zur Verteilung der begutachteten Beiträge auf die Publikationsmedien sowie ein Diagramm zur zeitlichen Verteilung der Publikationen nach Publikationsart findet sich im Anhang. Darüber hinaus sind die 50 meistzitierten Beiträge, die 18 aktivsten Forscherinnen und Forscher gemessen an der Publikationsmenge sowie die 30 meistverwendeten Schlagwörter angeführt **(7)**.[253]

Im folgenden Unterkapitel wird die Kategorisierung der Beiträge beschrieben **(8)**, die für die Strukturierung und das Verfassen des eigentlichen Reviews **(9)** notwendig war. Auf Basis des Reviews und zusammen mit den Ergebnissen der Untersuchungen im späteren Teil der Arbeit, können wertvolle Empfehlungen für zukünftige (Internationale) Projektfinanzierungen, wirtschaftspolitische Handlungen sowie künftige Forschung zu diesem Thema gegeben werden **(10)**.[254]

4.2 Kategorisierung der gefundenen Beiträge

Um die für die Beantwortung der Forschungsfrage relevanten Beiträge herauszufiltern, wurden diese in einem weiteren Schritt genauer gesichtet. Da sich die vorliegende Arbeit auf die Auswirkungen von Risiko auf die Finanzierungsstruktur und im Speziellen auf die Auswirkungen auf die Fremdkapitalquote, die Kreditmarge und die Laufzeit konzentriert, war es wichtig, im Literature Review vorrangig solche Artikel zu analysieren, die sich mit eben diesen Variablen beschäftigen. Da es sich bei der Risiko-Finanzierungstruktur-Thematik um eine Fragestellung mit messbaren Parametern handelt, setzten die relevanten Beiträge auch größtenteils quantitative Forschungsmethoden ein.

---

252 Vgl. Google Scholar (2017)

253 Auf diese Diagramme und Tabellen wird in Unterkapitel 4.6 nochmals näher eingegangen.

254 Siehe hierzu Kapitel 7

Dieser Idee folgend wurde versucht, ein Kategorisierungssystem für die Grundgesamtheit von 222 Beiträgen zu finden. In Anlehnung an die Klassifizierung von Balzert / Schröder / Schäfer (2011) wurden die Artikel in konzeptionelle, empirische und praktische Beiträge unterteilt.[255] Da in der Literaturliste auch Beiträge - vorrangig Bücher - vertreten sind, die sich nicht exklusiv einer Kategorie zuordnen lassen, wurde zusätzlich die Kategorie „Hybrid" geschaffen. Die Kategorie „Konzeptionell" enthält auch konzeptionelle Beiträge im weiteren Sinn wie Literaturarbeiten bzw. Literature Reviews und die Kategorie „Praktiker" enthält Artikel, die sich, im Sinne von angewandter Forschung, mit sehr kontextspezifischen Problemen beschäftigen (Z.B: die rechtliche und wirtschaftliche Situation des brasilianischen Energiemarktes). Hierbei wurde im Zweifelsfall darauf geachtet, ob der Beitrag eine wissenschaftliche Vorgehensweise, d.h. Diskussion des Forschungsstandes, Methoden- und Stichprobenbeschreibung, Theoriebeitrag, etc., aufweist.

Empirische Beiträge wurden gemäß der verwendeten Forschungsmethode nochmals in qualitative, quantitative und Mixed-Methods Beiträge unterteilt und die quantitative Beiträge wurden wiederum in Artikel mit der Fremdkapitalquote, der Kreditmarge, der Laufzeit oder einer anderen Variable als abhängige Variable unterteilt. Abbildung 15 stellt das Ergebnis der Kategorisierung der Beiträge der Literatursuche dar und enthält zudem einen Hinweis auf die Unterkapitel, in denen diese diskutiert werden. Die Summe auf den oberen drei Ebenen ergeben jeweils 222 Beiträge; da mehrere Beiträge mehr als eine Variable untersuchen und da sich ein hybrider Beitrag und ein Mixed-Methods Beitrag unter anderem mit der Kreditmarge beschäftigen, ergibt sich auf der letzten Ebene der Abbildung eine höhere Summe. Die dunklen Kästchen sowie die dickeren Verbindungen symbolisieren die Suche nach den relevanten, quantitativen Beiträgen.

255 Balzert / Schröder / Schäfer (2011), S. 72

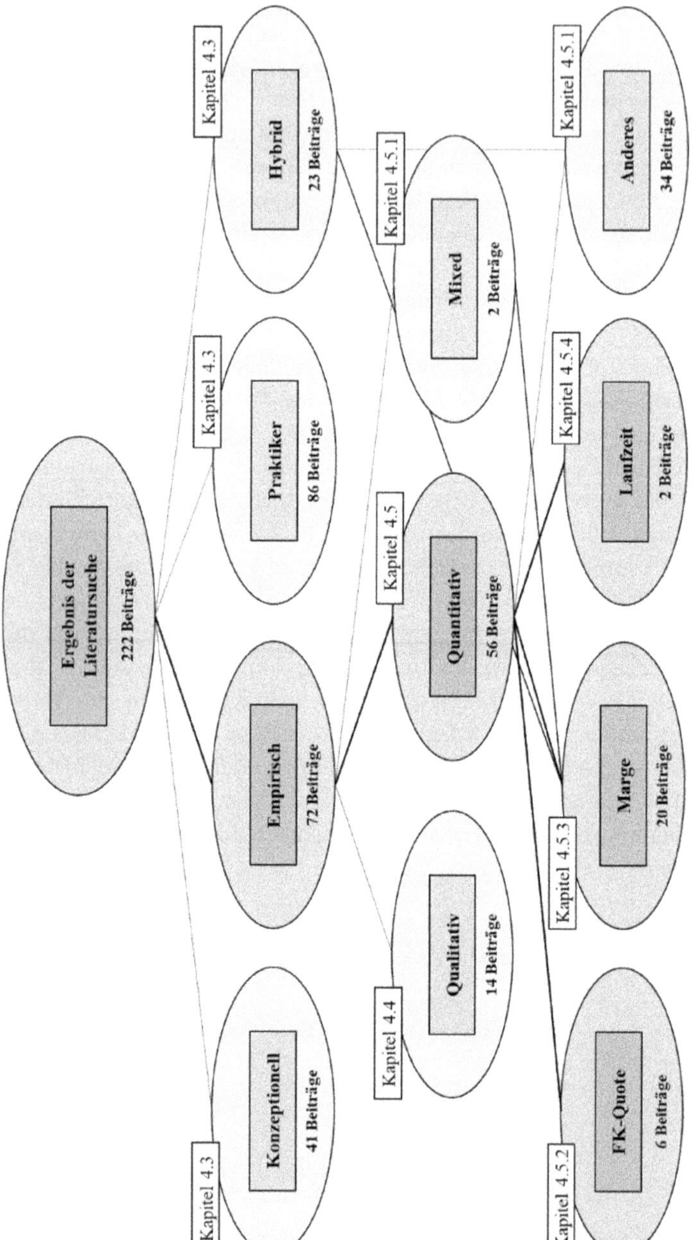

Abbildung 15: Kategorisierung der Beiträge der Literatursuche

Wie aus Abbildung 15 ersichtlich, handelt es sich mit 72 bzw. 86 Beiträgen bei einem Großteil der 222 Publikationen um empirische bzw. Praktiker-Beiträge. Letztere wurde vor allem im *Journal of Structured Finance* (Formals *Journal of Project Finance* bzw. *Journal of Structured and Project Finance*) veröffentlicht, das, wie bereits erläutert, vorrangig diese Zielgruppe ansprechen will. Innerhalb der Gruppe der empirischen Arbeiten wird in 56 von 72 Beiträgen auf quantitative Methoden zurückgegriffen. 20 Mal steht dabei die Kreditmarge im Mittelpunkt, 6 Mal die Fremdkapitalquote und zwei Beiträge untersuchen die Treiber der Laufzeit.

Da die quantitativen Beiträge für die vorliegende Arbeit von besonderer Bedeutung sind, werden diese detailliert im Unterkapitel 4.5 diskutiert. Aufbauend darauf werden an dieser Stelle auch die Hypothesen für die weitere Untersuchung formuliert. Zuvor wird jedoch noch ein Überblick über die gefundenen konzeptionellen, Praktiker- sowie hybriden Beiträge gegeben. Die sehr große Anzahl der Beiträge zwingt zu einer gesammelten, stark deskriptiven Beschreibung dieser.

4.3 Überblick über die konzeptionellen, Praktiker- sowie hybriden Beiträge

Ein großer Teil der konzeptionellen **Beiträge** entwickelt Modelle zur Bewertung von Projektfinanzierungsvorhaben[256] sowie zur Bewertung des Kreditrisikos[257] bei solchen. Die Diskussion von Risiken bei Megaprojekten sowie bei Projekten in Entwicklungsländern stellt ebenfalls einen großen Bereich dar.[258] Beidleman / Fletcher / Veshosky (1990) zeigen dabei, wie verschiedene Risiken während der unterschiedlichen Projektphasen den Beteiligten zugeteilt werden können. Mehrere Beiträge beschäftigen sich zudem mit Realoptionen[259] sowie *Public-Private-Partnerships*[260] auf konzeptiver Ebene. Literaturreviews finden sich in Esty (2004b),

256 Vgl. Backhaus / Werthschulte (2006); Cooper / Nyborg (2018); Dong / Chiara / Vecer (2010); Esty (1999a); Merna / Fook Long (2003); Orgeldinger (2006); Sachs / Tiong / Wagner (2008)

257 Vgl. Blanc-Brude / Hasan (2016); Blanc-Brude / Omneia (2013); Freydefont (2001); Gatti / Rigamonti / Saita / Senati (2007); Gendron / van Lai / Soumaré (2007); Grunert (2008); Schöning / Weber (2005); Winsen (2010)

258 Vgl. Doh / Ramamurti (2003); Flyvbjerg / Garbuio / Lovallo (2009); Kardes / Ozturk / Cavusgil / Cavusgil (2013); Kumar / Rangan / Rufin (2005); Mukherjee / Chatterjee (2015); Rondinelli (1979); Wolfs / Woodroffe (2002)

259 Vgl. Alonso-Conde / Brown / Rojo-Suarez (2007); Cortazar / Casassus (1998); Power / Tandja M. / Bastien / Grégoire (2015); Rose (1998)

260 Vgl. Alonso-Conde / Brown / Rojo-Suarez (2007); Kwak / Chih / Ibbs (2009); Roll / Verbeke (1998)

Garcia-Bernabeu / Mayor-Vitoria / Mas-Verdu (2015), Kayser (2013) sowie Müllner (2017). Leland (2007) zeigt den mathematischen Nachweis für Vorteilhaftigkeit von Projektfinanzierung gegenüber konventioneller Unternehmensfinanzierung und Jürgens (1994) sowie Laux (1997) beschäftigen sich mit dieser Thematik auf theoretischer Ebene, auf Basis der Institutionenlehre bzw. der Prinzipal-Agent-Theorie. Die Spezialthemen Leasing, *Islamic Project Finance* sowie Pensionsfonds als Kapitalgeber bei Projektfinanzierungen finden sich in Deo (2014), Ebrahim / Khan (2002) bzw. Vives (1999) und Richter / Horsch (2016) beschreiben wie Projektanleihen zur Kapitalaufbringung eingesetzt werden können.

Die **Praktikerbeiträge** widmen sich einem sehr breiten Spektrum an Themen, jedoch weist rund die Hälfte der 86 Praktikerbeiträge einen Länder- und/oder Branchenfokus auf. Die Themen reichen dabei von Solaranlagen auf Hausdächern in Indien über den kasachischen Kapitalmarkt bis hin zu Projektfinanzierung von Flughäfen in den USA.[261] Einige Beiträge widmen sich den Chancen und Risiken von Projektfinanzierungen in Entwicklungsländern[262] sowie der generellen Entwicklung der Projektfinanzierungsbranche[263]. Projektfinanzierung im Lichte des amerikanischen Steuerrechts sowie des Welthandelsrechts behandeln Martin (1997) bzw. Rezaee (2016). Zudem widmen sich 13 Beiträge dem Bereich Garantien und Versicherungen und die übrigen 18 Beiträge behandeln verschiedenste Risiko-, Finanzierungs- und Planungstechniken, die aber für diese Arbeit keine Relevanz besitzen.

Unter die Kategorie **hybride Beiträge** fallen, wie eingangs erläutert, vorrangig Bücher. Diese unterscheiden sich deutlich in ihrem Aufbau und dem Adressatenkreis, den die Autoren ansprechen wollen. So weisen einige Werke eine starke Praxisorientierung im Sinne einer „Strukturierungsanleitung" auf[264], mehrere Bücher behandeln Projektfinanzierung aus Bankensicht[265] und wiederum andere Werke führen auch eine konzeptionelle Auseinandersetzung mit dem Thema Projektfinanzierung[266]. Dies lässt sich auch darauf zurückführen, ob die Autoren dem angewandten oder dem akademischen Bereich entstammen. Darüber

261 Vgl. Farooquee (2017); Dzhankobaev / Piedra (2005); Hu / Whiteman / Francoeur (1998)

262 Vgl. Beato / Vives (2000); Cerenzia (1999); Kargman (2003); Leigland (2003); Spillers (1999); Yanosek / Keever / Orr (2007)

263 Vgl. Beale / Chatain / Fox / Bell / Preminger / Prins (2002); Davis (1999), (2002), (2005)

264 Vgl. Morrison (2012); Tinsley (2014); Weber / Alfen (2009); Yescombe (2014)

265 Frank / Haiss / Handrich (2004); Randa (1998); Sutz (1989)

266 Vgl. Backhaus (2003); Böttcher / Blattner (2013); Finnerty (2013); Gatti (2013); Tytko (1999); Wolf / Hill / Pfaue (2003)

hinaus finden sich in der Literaturliste auch einige Fallstudienbücher, die neben einer konzeptiven Einführung, auf Fallstudien zur Illustration der Chancen und Risiken bei der Umsetzung von Projektfinanzierung zurückgreifen.[267] Zu den Hochschulschriften zählt Pfarl (2014), die literaturgestützt, quantitativ und qualitativ die Auswirkungen der Finanzkrise 2008 auf Projektfinanzierungen im Energiesektor untersucht, Sawant (2008), der modellbasiert und quantitativ die Wahrscheinlichkeit für Projektfinanzierung gegenüber konventioneller Unternehmensfinanzierung untersucht sowie Werthschulte (2005), der konzeptionell und empirisch die simulative Risikoanalyse zur Messung des Kreditrisikos bei Projektfinanzierungen behandelt. Spezialthemen finden sich mit Projektanleihen in (Rossi / Stepic 2015), Sawant (2010b) behandelt Infrastrukturinvestitionen und Projektfinanzierungen als Anlageklasse für Versicherungen sowie Pensionsfonds, und Caselli / Gatti (2017) diskutieren Projektfinanzierung als Teil von strukturierten Finanzierungen im Allgemeinen. Izzi / Oricchio / Vitale (2012) behandeln in ihrem Leitfaden zu den Basel III Kreditrisikobeurteilungsrichtlinien auch diese zu Projektfinanzierung.[268]

4.4 Überblick über die qualitativen Beiträge

Ähnlich der Fallstudienbücher finden sich in der Kategorie der **qualitativen Beiträge** mehrere Publikationen, die sich mit der Finanzierung und Strukturierung und im Speziellen mit dem **Risikomanagement** auseinandersetzten. So zeigt Arndt (1998), welche Risiken bei einem australischen Autobahnprojekt auftraten und wie diese auf die privaten Sponsoren sowie die öffentliche Hand aufgeteilt wurden. Ein ähnliches Vorgehen wählt Stannard (1990), der anhand des problembehafteten Eurotunnel-Projekt versucht, Lehren für die Umsetzung zukünftiger Megaprojekte abzuleiten. El-Diraby / Gill (2006) entwickeln anhand von zehn Fallstudien in Kanada eine Taxonomie der Prozesse, Teilnehmer und Risiken bei privatisierten Infrastrukturprojekten, um das Informationsmanagement bei der Umsetzung solcher zu erleichtern.

Eine weitere Gruppe von Beiträgen greift ebenfalls die Thematik von **privater Beteiligung** bei Infrastrukturprojekten auf, die historisch betrachtet ausschließlich von Staaten finanziert und gebaut bzw. beauftragt worden sind. Thillai (2004) greift hierbei die verschiedenen Betreibermodelle, die bei einer Zusammenarbeit zwischen staatlicher und privater Seite zum Einsatz kommen, auf und beschreibt, welche Charakteristika eines Projekts die Wahl des Betreibermodells

---

267 Vgl. Davis (2003); Esty (2004a); Nahlik / Jackson (2014)
268 Izzi / Oricchio / Vitale (2012), S. 209ff

beeinflussen. Für das Betreibermodell BOT (*Built Operate Transfer*) in China, zeigen Lin / Wang / Tiong / Tsang-Sing (2002) welche Faktoren für eine erfolgreiche Angebotslegung bei Ausschreibungen beachtet werden müssen. Akbiyikli / Eaton / Turner (2006) fokussieren stärker auf den Finanzierungsaspekt bei privater Beteiligung in öffentlichen Infrastrukturprojekten und zeigen für die englische *Private Finance Initiative* die möglichen Finanzierungs- und Vergütungsmöglichkeiten. Was unter der *Private Finance Initiative* verstanden werden kann und wie sich diese entwickelt hat zeigen Lemos / Betts / Eaton / Tadeu de Almeida (2000) im Detail. Mit welchen Problemen eine Finanzierung von Infrastrukturprojekten durch private Sponsoren in Indien einhergeht bzw. wie diese gelingen kann, verdeutlichen Chen / Kubik anhand mehrerer Fallstudien und Bennon / Monk / Nowacki (2015) zeigen im Lichte eines niederländischen Straßenprojekts, dass Pensionsfonds eine wichtige Kapitalquelle sein können.

Auch eine Scharia-konforme Finanzierung kann eine wichtige Kapitalquelle sein und wird unter dem Begriff **Islamische Projektfinanzierung** (*Islamic Project Finance*) von Esty (2000) und Ahmed (2015) erklärt und anhand mehrerer Fallbeispiele illustriert. Unternehmerische Verantwortung im Sinne von **Corporate Social Responsibility** bei kontroversen Großprojekten behandeln demgegenüber Joutsenvirta / Vaara (2015). Sie entwickeln auf Basis der Erfahrungen aus einem konfliktreichen Papiermühlenprojekt in Uruguay ein Rahmenwerk, das helfen soll, zu verstehen, wie politisches unternehmerisches Handeln und unternehmerische Verantwortung in internationalen Beziehungen auftreten.

Abschließend zeigt sich, dass zwei Beiträge den Themenkreis der **Realoptionen** auch qualitativ untersuchen. Caselli / Gatti / Marciante (2009) bedienen sich einer Fallstudie einer italienischen Autobahn und messen anhand des zu erwartenden Verkehrsaufkommens den Wert der Option, die Autobahn unter bestimmten Voraussetzungen an den Staat zurück zu verkaufen. Ebenfalls an einem Fallbeispiel einer Autobahn errechnen Wooldridge / Garvin / Yuen / Miller (2002) den Wert der Option eine Autobahn zu bauen oder abzuwarten, wiederum auf Basis des zu erwartenden Verkehrsaufkommens.

4.5 Quantitative sowie Mixed-Methods Beiträge und Hypothesenentwicklung

Der folgende Abschnitt widmet sich dem zentralen Thema des Kapitels 4 und damit der Hypothesenentwicklung für den quantitativ-empirischen Teil der vorliegenden Arbeit. Die Entwicklung der Hypothesen für den Zusammenhang zwischen Risiko und Fremdkapitalquote (Unterkapitel 4.5.2), Kreditmarge (Unterkapitel 4.5.3) sowie Laufzeit (Unterkapitel 4.5.4) baut dabei auf einer

Diskussion des gegenwärtigen Stands der Forschung auf. Die gefundenen quantitativen Studien, die anderweitige Zusammenhänge untersuchen, werden zuvor kurz im Unterkapitel 4.5.1 diskutiert. Dadurch soll sichergestellt werden, dass auch diese in der späteren quantitativen Studie berücksichtigt werden, z.B. in der Form von Messmöglichkeiten von Variablen sowie möglichen Kontrollvariablen.

Im Anhang dieser Arbeit finden sich zwei Tabellen zu den quantitativen Studien, die im Zuge des Literature Reviews gesichtet wurden und die die abhängigen Variablen dieser Arbeit untersuchen, d.h. Fremdkapitalquote, Kreditmarge oder Laufzeit. Die erste Tabelle gibt einen groben Überblick über die Artikel mitsamt einer Kurzbeschreibung der Stichprobenquelle und -größe sowie dem Untersuchungszeitraum und das zugrundeliegende theoretische Konzept.[269] Die zweite Tabelle zeigt die abhängigen sowie unabhängigen Variablen mitsamt einer Unterteilung der unabhängigen Variablen, die sich an dem Risikorahmenwerk dieser Arbeit orientiert.[270] Die Effekte und Signifikanzen wurden ebenfalls eingezeichnet, wobei die Plus- und Minuszeichen für einen positiven bzw. negativen Effekt und deren Anzahl aufsteigend für eine Signifikanz auf dem zehn, fünf oder ein Prozent Niveau stehen. Eine Null verdeutlicht keinen signifikanten Effekt und – sofern Studien mehrere Modellspezifikationen testen – werden die Effekte der relevanten Modelle mit Schrägstrich getrennt.

4.5.1 Überblick über die quantitativen und Mixed-Methods Studien

In diesem Abschnitt werden die quantitativen und Mixed-Methods Studien diskutiert, die sich nicht mit Fremdkapitalquote, Kreditmarge oder Laufzeit beschäftigen. Es wurde hierbei versucht, die Beiträge in die Themenblöcke

- Deskriptive quantitative Beiträge (Abschnitt 4.5.1.1)
- Gegenüberstellung von Projektfinanzierung und Unternehmensfinanzierung (Abschnitt 4.5.1.2)
- Risiko-Rendite-Verhältnis und Ausfallraten von Projektfinanzierungen (Abschnitt 4.5.1.3)
- Charakteristika der Gastländer von Projektfinanzierungen und Infrastrukturinvestments (Abschnitt 4.5.1.4)

---

269 Vgl. Anhang 2: Überblick über die quantitativen und Mixed-Methods Beiträge mit Fokus auf Fremdkapitalquote, Kreditmarge oder Laufzeit

270 Vgl. Anhang 3.2: Detaillierte Variablen- und Effektbeschreibung für die quantitativen und Mixed-Methods Beiträge mit Fokus auf Fremdkapitalquote, Kreditmarge oder Laufzeit.

- Auswirkungen von Projektfinanzierungen auf das Gastland (Abschnitt 4.5.1.5)
- Syndikatstruktur (Abschnitt 4.5.1.6)
- Risikotransfer (Abschnitt 4.5.1.7)

zu unterteilen. Im Anschluss an den letzten Punkt wird in der Zusammenfassung versucht, die wichtigsten Ergebnis nochmals kompakt zu präsentieren.

4.5.1.1 Deskriptive quantitative Beiträge

Rein deskriptive Statistiken zur geografischen und sektoralen Verteilung und Entwicklung von Projektfinanzierung sowie Projektanleihen und Syndizierungsbanken finden sich in Della Croce / Gatti (2014), Esty / Chavic / Sesia (2014) sowie Bae / Damnjanovic (2018). Della Croce / Gatti (2014) beschreiben hierbei im Detail, aus welchen Quellen das Kapital für Infrastrukturinvestments stammt, Esty / Chavic / Sesia (2014) zeigen zusätzlich die Ausfallraten von Projektfinanzierungskrediten und Bae / Damnjanovic (2018) beschreiben den Markt und das Risiko einer Spezialart von Projektanleihen in den USA, den *Tax-increment financing-bonds.*

Zusammenfassend lässt sich erkennen, dass das Volumen von Projektfinanzierung weltweit in den letzten Jahren fast kontinuierlich gestiegen ist. Dies zeigt auch die deskriptive Analyse der dieser Arbeit zugrundeliegenden Daten in Unterkapitel 2.5. Das Fremdkapital wird dabei vorrangig über Bank- bzw. Konsortialkredite zugeführt, Projektanleihen nehmen mit rund 10 Prozent des Finanzierungsvolumens eine untergeordnete Rolle ein. Beim Eigenkapital bilden die industriellen Sponsoren wie Projekterichter, Abnehmer oder Lieferanten noch immer die dominante Gruppe, jedoch beteiligen sich seit Mitte der 2000-Jahre auch zunehmend private Beteiligungsgesellschaften.[271]

4.5.1.2 Gegenüberstellung von Projektfinanzierung und Unternehmensfinanzierung

Eine weitere Kategorie bilden Beiträge, die sich mit der Wahl von Projektfinanzierung gegenüber konventioneller Unternehmensfinanzierung bzw. den Unterschieden zwischen diesen beiden Finanzierungsarten beschäftigen. Dazu zählen die Beiträge von Kleimeier / Megginson (2000), Kleimeier / Megginson (2001), Pinto / Alves (2016), Sawant (2008), Sawant (2009), Steffen (2018), Subramanian / Tung / Wang (2008) sowie Subramanian / Tung (2016).

271 Vgl. Della Croce / Gatti (2014), S. 132; Esty / Chavic / Sesia (2014), S. 19f

Kleimeier / Megginson (2000) sowie Kleimeier / Megginson (2001) haben sich als eine der ersten der Inferenzstatistik bedient, um die Unterschiede zwischen Projektfinanzierungskrediten und anderen syndizierten Krediten zu beschreiben. Nachdem sie auf die geographische und sektorale Verteilung der verschiedenen Finanzierungsformen eingehen, können sie darlegen, dass Projektfinanzierungskredite zwar eine etwas geringere durchschnittliche Kreditsumme als syndizierte Kredite im Gesamten aufweisen, dabei aber fast doppelt so lange Laufzeiten besitzen. Projektfinanzierungskredite werden häufiger an Schuldner in risikoreichen Ländern vergeben, beinhalten mehr Garantien und sind im Durchschnitt günstiger bepreist als die meisten anderen syndizierten Kreditarten.[272]

Pinto / Alves (2016) untersuchen mit einer umfangreichen Stichprobe von über 200.000 verschiedenen Krediten die Charakteristika der Unternehmen, die auf Projektfinanzierung zurückgreifen, sowie Variable, die diese Wahl beeinflussen. Gemäß ihren Ergebnissen sind börsennotierte Unternehmen, die auf Projektfinanzierung zurückgreifen, größer, weniger profitabel und zeichnen sich durch eine höhere Anlagetangibilität als ihre Vergleichsgruppe. Unternehmen, die nicht an der Börse notiert sind und auf Projektfinanzierung zurückgreifen, sind kleiner und weniger profitabel als Unternehmen, die mithilfe anderer Kredite investieren.[273] Projektfinanzierung wird im Kontext kapitalintensiverer Projekte, vergleichsweise höheren Länderrisiken und bei längeren Laufzeiten eingesetzt.[274]

Sawant (2008) kann für eine Stichprobe von 200 Öl-, Gas- und Petrochemie-Investitionen ebenfalls nachweisen, dass die Größe des Investments die Wahl für Projektfinanzierung positiv beeinflusst. Darüber hinaus wird gezeigt, dass ein positiver Zusammenhang zwischen Länderrisiko und dem Einsatz von Projektfinanzierungen besteht, folglich in riskanteren Ländern öfters auf diese Organisationsform zurückgegriffen wird. Dieselben Ergebnisse finden sich auch in Sawant (2009) mit Ausnahme des Zusammenhangs zwischen Länderrisiko und Wahl der Finanzierungsform, bei dem über die Modellspezifikationen kein durchgehend signifikanter Effekt nachgewiesen werden konnte.[275]

Das politische Risiko als Komponente des Länderrisikos sehen Hainz / Kleimeier (2004) als Grund für die Verwendung von Projektfinanzierung gegenüber anderen syndizierten Finanzierungsarten. In ihrem Beitrag entwickeln sie

---

272 Vgl. Kleimeier / Megginson (2000), S. 80f, (2001), S. 31f
273 Vgl. Pinto / Alves (2016), S. 2
274 Vgl. Pinto / Alves (2016), S. 13
275 Vgl. Sawant (2008), S. 106, (2009), S. 1050

ein Modell, das auf einem doppelten *Moral-Hazard* Problem der Bank und der Sponsoren basiert. Das Charakteristika der ausgeschlossenen oder beschränkten Haftung macht im Modell eine Projektfinanzierung mit steigendem politischen Risiko attraktiver gegenüber einem regulären syndizierten Kredit. Mithilfe einer umfassenden Stichprobe von syndizierten sowie Projektfinanzierungskrediten der Jahre 1980 bis 2003 gelingt der Nachweis dieses Zusammenhangs.[276]

Subramanian / Tung / Wang (2008) sowie Subramanian / Tung (2016) greifen in ihren Studien eine Komponente des Länderrisikos auf, nämlich den rechtlichen Investoren- und Gläubigerschutz. Basierend auf einer Stichprobe von rund 18.000 Projektfinanzierungs- und Unternehmenskrediten der LPC Dealscan Datenbank wird ein signifikanter Effekt des Ausmaßes der Schutzrechte auf die Wahl der Finanzierungsform gefunden. Je weniger Schutzrechte vorhanden sind, d.h. desto höher diese Art des Länderrisikos, desto eher wird eine Projektfinanzierung anstatt einer konventionellen Unternehmensfinanzierung eingesetzt.[277]

Die Ergebnisse von Steffen (2018) stehen in einem gewissen Widerspruch zu den bis hier präsentierten Resultaten, die das Bild von Projektfinanzierungen als eine Finanzierungsform bei hohem Risiko zeichnen. Er kommt zu dem Ergebnis, das Projektfinanzierung häufiger bei kleinen, wenig riskanten Projekten eingesetzt wird. Jedoch basieren diese Ergebnisse auf einem Sample von nur 468 ausschließlich deutschen Energieprojekten aus den Jahren 2010 bis 2015, was die Generalisierbarkeit dieser Resultate einschränkt.

4.5.1.3 Risiko-Rendite-Verhältnis und Ausfallraten von Projektfinanzierungen

Einige Beiträge der Literaturliste untersuchen die Charakteristika von Infrastrukturunternehmen als bzw. Infrastrukturfonds als Anlageklasse. Dabei steht die Volatilität im Vordergrund sowie der Risikoaufschlag und die Rendite der Aktien bzw. Fonds und deren Korrelation mit anderen Anlageklassen.[278] Ein Wissen über diese Eigenschaften kann vor allem zur Zusammenstellung eines Anlageportfolios genutzt werden.

Für 34 Konzessionsprojekte in Lateinamerika errechnen Sirtaine / Pinglo / Guasch / Foster (2005) die Eigenkapital- bzw. Gesamtkapitalrendite und stellen sie den Eigenkapitalkosten bzw. gewichteten Gesamtkapitalkosten für vergleichbar riskante Projekte in einem Land gegenüber. Es zeigt sich, dass die Rendite bei

276 Vgl. Hainz / Kleimeier (2004), S. 37f
277 Vgl. Subramanian / Tung (2016), S. 176
278 Vgl. Bird / Liem / Thorp (2014), S. 802ff; Rothballer / Kaserer (2012); Srivastava (2015)

diesen Projekten nicht sonderlich hoch ausfielen und in mehreren Fällen auch unter der Mindestverzinsung, d.h. unter den geforderten Kapitalkosten, lagen.

Sawant (2010a) kommt für 60 Projektanleihen in Schwellenländern in den Jahren 1993 bis 2000 zu einem ähnlichen Ergebnis. Der Wert von Projektanleihen weist eine geringe Volatilität, jedoch auch eine geringe Rendite für die Risikoklasse auf.[279] Erklärt kann dies möglicherweise durch die geringeren Ausfallwahrscheinlichkeiten sowie -verluste von Projektfinanzierungskrediten im Vergleich mit Unternehmenskrediten derselben Risikoklasse werden. Dies zeigt Iyer / Purkayastha (2017) mit einer umfangreichen Stichprobe von 3.368 Projektfinanzierungskrediten der Jahre 1983 bis 2013.[280]

Welche Faktoren einen Kreditausfall bei Projektfinanzierungen begünstigen, untersucht Klompjan / Wouters (2002) mit einem Datensatz von 187 Projektfinanzierungskrediten gewährt durch die ING Bank zwischen den Jahren 1995 und 1997. Das Ergebnis der Regression ist, dass sich eine bereits bewährte Technologie, ein hoher Schuldendienstdeckungsgrad sowie die Erfahrung des Sponsors negativ auf die Ausfallwahrscheinlichkeit des Kredits auswirkt. Das Vorhandensein einer Exportgarantie zur Absicherung wirtschaftlicher Risiken hat einen signifikant positiven Effekt auf die Ausfallwahrscheinlichkeit, wobei hier eher von einer umgekehrten Kausalität ausgegangen werden muss, d.h. riskantere Projekte eher über Garantien verfügen.[281] Wenngleich diese Ergebnisse durchaus spannend sind, muss die geringe Stichprobengröße aber vor allem der empirische Zugang von Klompjan / Wouters (2002) kritisiert werden.

Auch Srivastava (2014) beschäftigt sich mit den Kreditausfallraten von Projektfinanzierungskrediten. Aufbauend auf Sekundärdaten kann gezeigt werden, dass die Ausfallraten von Projektfinanzierungskrediten in den ersten drei Jahren einen ähnlichen Wert, verglichen mit Unternehmenskrediten dergleichen Risikokategorie, aufweisen. Danach verkleinert sich die marginale Ausfallrate aber sehr stark, was einer Verbesserung des Ratings von BBB auf A gleichkommt. Folglich sind Projekte zu Beginn riskanter und scheitern eher. Um diesen Ergebnissen zusätzliches Gewicht zu verleihen, wurden interne Dokumente von Projektprüfungen der State Bank of India sowie der indischen Axis Bank gesichtet. Es stellt sich heraus, dass bei einer Projektprüfung das Finanzierungsrisiko, Force Majeur und politische Risiko sowie das Marktrisiko als ein sehr hohes bzw. hohes Risiko bei indischen Infrastrukturprojekten gesehen wird. Dies kann

279 Vgl. Sawant (2010a), S. 82
280 Vgl. Iyer / Purkayastha (2017), S. 22f
281 Vgl. Klompjan / Wouters (2002) (2002), S. 19

darauf zurückzuführen sein, dass diese Risiken aus Bankensicht wenig beinflussbar sind.[282]

4.5.1.4 *Charakteristika der Gastländer von Projektfinanzierungen und Infrastrukturinvestments*

Eine Reihe von Beiträgen beschäftigen sich mit den Ländercharakteristika, die Infrastrukturinvestments sowie Projektfinanzierungen begünstigen. Zu den bekannteren zählen dabei die Beiträge von Withold Henisz und anderen, die das institutionelle Umfeld eines Landes als Treiber von Infrastrukturinvestments thematisieren.[283] In zwei Beiträgen können Henisz et al. zeigen, dass eine hohe politische Stabilität eines Landes, wobei diese hier als ein eingeschränkter Handlungsspielraum der verantwortlichen Akteure verstanden werden kann, einen positiven Effekt auf Investitionen des Energie- und Telekommunikationsbereiches hat.[284] Dazu wurde auch der *Political Constraint Index (POLCON)* entwickelt, welcher die institutionellen sowie demokratischen Grenzen von legislativen Prozessen messen soll.[285] Die zugrundeliegende These dabei ist, dass die größte Gefahr für Investoren von einer schnellen, unvorhersehbaren Änderung der Gesetzgebung ausgeht. Wird Handlungsspielraum eingeschränkt, steigt die Sicherheit für die Investoren.

Auch Vaaler (2008) beschäftigt sich mit dem politischen Umfeld und dessen Auswirkungen auf die Anzahl von Investments in einem Land. Im Detail wird dabei untersucht, ob das erwartete Ergebnis einer Präsidentschaftswahl in einem Land und der damit einhergehende Wechsel eines politisch rechten zu einem politisch linken Staatsoberhaupt oder umgekehrt einen Effekt auf die Anzahl von Projektfinanzierungen durch ausländische Sponsoren im gegebenen Land besitzt. Für eine Stichprobe von 18 Entwicklungsländern und 35 Präsidentschaftswahlen kann gezeigt werden, dass ein möglicher Wechsel von politisch Rechts zu politisch Links die Anzahl von angekündigten Projekten durch internationale Sponsoren mindert. Erklärt wird dies damit, dass Kandidaten der politischen Rechten eher eine investitionsfreundliche und weniger eine arbeitnehmerfreundliche Agenda verfolgen.[286]

Doh / Teegen / Mudambi (2004) untersuchen ebenfalls den Einfluss des Investitionsklimas in Ländern auf die Anzahl der privaten Investitionen mit

---

282 Vgl. Srivastava (2014), S. 85ff
283 Vgl. Anhang 1: Die 20 meistzitierten Beiträge.
284 Vgl. Bergara / Henisz / Spiller (1998), 26f; Henisz (2002), 374f
285 Vgl. Henisz (2002), S. 380ff
286 Vgl. Vaaler (2008), S. 38

besonderer Berücksichtigung des Status der Öffnung und Liberalisierung der Märkte sowie der Branchenregulierung. Sie verwenden dazu die *Private Participation in Infrastructure* Datenbank der Weltbank und ein Sample von mehr als 500 Telekommunikationsprojekten in mehr als 100 Entwicklungsländern der Jahre 1990 bis 1998. Eine der wichtigsten Erkenntnisse ihrer Studie ist, dass der Anteil privater Investments mit einer Öffnung der Märkte – gemessen an staatlichen Eingriffen, dem Ausmaß der Regulierung sowie der Niederlassungs- und Kapitalflussfreiheit – bis zu einem gewissen Grad ansteigt, danach jedoch wieder abfällt. Folglich kann ein zu großes Maß an Liberalisierung zu Unsicherheit bei den investierenden Unternehmen führen.[287]

Ebenfalls auf Daten der Weltbank und zusätzlich der Afrikanischen Entwicklungsbank greifen Öhler / Nunnenkamp (2014) zurück, um der Frage nachzugehen, welche Charakteristika Länder besitzen müssen, um eher eine finanzielle Unterstützung für Projekte zu erhalten. Es zeigt sich, dass Projekte in konfliktarmen Ländern und Projekte des Infrastrukturbereichs eher gefördert werden. Darüber hinaus werden innerhalb der Länder eher die Regionen gefördert, aus denen der Präsident oder Premierminister entstammt.[288]

4.5.1.5 Auswirkungen von Projektfinanzierungen auf das Gastland

Nicht nur die Ländercharakteristika, die zu mehr Projektfinanzierungen führen, erfahren eine wissenschaftliche Beachtung, sondern auch die Folgen einer vermehrten Projektfinanzierungstätigkeit in einem Land. Zwei Studien können hierzu positive Effekte auf die wirtschaftliche Entwicklung eines Landes nachweisen, die mit steigenden Projektfinanzierungsvolumina einhergehen. Entwicklungsländer profitieren hierbei am stärksten von einer Erhöhung der Volumina.[289]

Um negative Auswirkungen auf die Bevölkerung und Umwelt einer Region oder eines Landes zu verhindern, wurde 2003 mit der Einführung der *Equator Principles* ein freiwilliges Regelwerk für Banken geschaffen, das teilnehmende Banken verpflichtet, die Einhaltung von Sozial- und Umweltstandards bei Projektfinanzierungen zu berücksichtigen und zu überwachen. Aus Bankensicht kann es aber auch wirtschaftlich ratsam sein, sich diesem freiwilligen Verhaltenskodex zu unterstellen. Trillig / Flotow / Eisenbach / Schiereck (2014) können für ihre Stichprobe von 85 Banken, die im Zeitraum 2004 bis 2012 die Äquatorprinzipien unterzeichnet haben, positive abnormale Renditen hinsichtlich ihres

287 Vgl. Doh / Teegen / Mudambi (2004), S. 244f
288 Vgl. Öhler / Nunnenkamp (2014), S. 441
289 Vgl. la Cour, Lisbeth F. / Müller (2014), S. 98; Kleimeier / Versteeg (2010), S. 58

Aktienkurses nachweisen. Folglich scheint die freiwillige Selbstverpflichtung für ein verantwortungsvolles und nachhaltiges Handeln bei Projektfinanzierungen einen Mehrwert aus Investorensicht zu schaffen.[290]

4.5.1.6 Syndikatstruktur

Ein weiterer Strom an Beiträgen widmet sich der Zusammensetzung des Bankensyndikats bei Konsortialkrediten für Projektfinanzierungen. Vorherrschend dabei ist die These, dass sich das Länderrisiko auf die Zusammensetzung des Bankenkonsortiums auswirkt.

So zeigen Esty / Megginson (2003), dass in Ländern mit schwach ausgeprägten Gläubigerrechten Banksyndikate tendenziell größer sind. Die Autoren argumentieren, dass Banken größere Syndikate nicht nur bilden, um das Risiko auf eine größere Anzahl von Beteiligten aufzuteilen, sondern auch, um die mangelnde Rechtssicherheit durch eine stärkere Verhandlungsmacht auszugleichen. Sollte es ex post zu einem Insolvenzverfahren kommen, so steigen die Verhandlungskosten mit der Größe des Syndikats, was zu einer Verhaltenssteuerung des Schuldners ex ante führt.[291]

Einen ähnlichen Argumentationsgang verfolgen auch Müllner / Dorobantu (2017). Anhand einer Stichprobe von 5.928 Infrastrukturprojekten aus 160 Ländern zeigen sie, dass die geografische Verteilung des Syndikats mit der Höhe des politischen Risikos im Gastland steigt. Erklärt wird dies ebenfalls über eine gestärkte Verhandlungsposition, da ein geografisch breit aufgestelltes Konsortium zusätzliches politisches, soziales und wirtschaftliches Gewicht in das Projekt einbringt, was die Gefährdung durch opportunistische Handlungen des Gastlandes verringern soll.[292]

Auch die Teilnahme von Entwicklungsbanken und anderen internationalen Finanzinstitutionen kann das politische Gewicht erhöhen und als *political umbrella* vor feindseligen Handlungen durch die lokale Regierung schützen. Dies lässt sich auf die internationale Zusammensetzung und Finanzierung dieser Institutionen zurückführen. Hainz / Kleimeier (2012) können zum einen zeigen, dass bei hohem politischen Risiko eher Projektfinanzierungen als anders syndizierte Finanzierungsformen eingesetzt werden und zum anderen, dass bei Projektfinanzierungen in politisch riskanten Ländern eher eine Beteiligung von Entwicklungsbanken und anderen internationalen Finanzinstitutionen vorzufinden ist.[293]

---

290 Vgl. Trillig / Flotow / Eisenbach / Schiereck (2014), S. 390f
291 Vgl. Esty / Megginson (2003), S. 58f
292 Vgl. Müllner / Dorobantu (2017), S. 14f
293 Vgl. Hainz / Kleimeier (2012), S. 310f

Jandhyala (2016) untersucht aufbauend darauf, ob sich die Beteiligung einer internationalen Finanzinstitution tatsächlich positiv auf den Projekterfolg auswirkt. Mithilfe eines Datensatzes der Weltbank kann dargelegt werden, dass Projekte die eine Beteiligung einer multilateralen Entwicklungsbank erhalten haben, weniger wahrscheinlich in die Situation einer finanziellen Anspannung oder einer Insolvenz geraten. Dies lässt sich zum einen mit der höheren politischen Sicherheit begründen und zum anderen mit der operativen Hilfe, die Entwicklungsbanken bei der Projektentwicklung und -prüfung aber auch während der Laufzeit bereitstellen. Dieser positive Effekt einer Beteiligung ist wiederum besonders stark in Ländern, die eine niedrige institutionelle Qualität aufweisen.[294]

Ein Beitrag in der Literaturliste beschäftigt sich mit Syndikaten auf Seiten des Eigenkapitals, nämlich von Private-Equity-Gesellschaften, die sich an Infrastrukturprojekten beteiligen. Gemson / Rajan (2017) untersuchen die Variablen, die die Entscheidung zwischen einem Pivate-Equity Syndikat oder einem Investment durch eine Private-Equity-Gesellschaft in mehreren Schritten beeinflussen. Die Resultate zeigen, dass Syndikate vor allem mit lokalen Partnern entstehen; zudem wählen Gesellschaften, die länger bestehen, eher eine Syndikatstruktur und Gesellschaften, die noch keine Erfahrung im Infrastrukturbereich haben, investieren ebenfalls eher im Syndikat.[295]

4.5.1.7 Risikotransfer

Drei Beiträge der Literaturliste befassen sich mit Risikotransfer im weiteren Sinn. Byoun / Xu (2014) sowie Müllner (2016) beschäftigen sich dabei mit der Frage, welche Risikomechanismen in Abhängigkeit des Risikos in einem Land zum Einsatz kommen.

Byoun / Xu (2014) untersuchen den Zusammenhang zwischen Länderrisiken (politische und finanzielle Länderrisiken) und Vertrags- bzw. Governance-Strukturen. Anhand einer Stichprobe von 5.908 Projekten kann ein negativer Effekt der Höhe des Risikos auf das Vorhandensein von staatlichen Konzessionen und Abnahmeverträgen nachgewiesen werden. Dies bedeutet, dass bei Projekten in riskanteren Ländern seltener auf staatliche Konzessionen und Abnahmeverträge zurückgegriffen wird. Die Autoren argumentieren, dass dadurch vermieden wird, dass „riskanten Staaten“ ein großes Einflusspotential eingeräumt wird.[296]

---

294 Vgl. Jandhyala (2016), S. 21f

295 Vgl. Gemson / Rajan (2017), S. 43

296 Vgl. Byoun / Xu (2014), S. 142

Müllner (2016) kann zeigen, dass in politisch riskanteren Ländern Projekte seltener auf Abnahmeverträge zurückgreifen. Auch hier wird argumentiert, dass der Staat oft der Abnehmer der Leistung ist, was einen Abnahmevertrag mit steigendem politischen Risiko unattraktiver macht. Demgegenüber steigt mit dem politischen Risiko jedoch der Einsatz von Liefer- und Errichtungsverträgen sowie von Exportkreditgarantien. Zudem wird in riskanteren Ländern öfter eine Bank mit lokalem Wissen, eine multinationale Organisation oder eine Staatsbank mit in das Projekt einbezogen.[297]

Blanc-Brude / Goldsmith / Välilä (2009) untersuchen, welche Auswirkung die Übertragung des Konstruktionsrisikos von staatlicher Seite auf private Unternehmen bei PPP-Projekten auf die Errichtungskosten hat. Anhand einer Stichprobe von 157 Straßenprojekten, bei denen 57 als PPP umgesetzt wurden, kann gezeigt werden, dass die Errichtungskosten bei PPP höher ausfallen als bei konventionellen Beschaffungsverfahren. Die Autoren argumentieren, dass die Übertragung des Konstruktionsrisikos zwar der Vermeidung von Kostenerhöhungen sowie verlängerten Bauzeiten, wie sie oft bei konventionellen Beschaffungsverfahren auftreten, dient, jedoch private Unternehmen für die Übernahme dieser Funktion auch ein Entgelt verlangen. Die privaten Unternehmen verrechnen potentielle, höhere Kosten ex post folglich bereits im Konstruktionspreis ex ante.[298]

4.5.1.8 Zusammenfassung der Erkenntnisse

Folgende Aussagen versuchen die Erkenntnisse der quantitativen und Mixed-Methods Beiträge zusammenzufassen:

- Projektfinanzierungen finden sich im Vergleich mit konventioneller Unternehmensfinanzierung öfter in riskanteren Ländern, jedoch steigt das Ausmaß von Projektfinanzierungen und Infrastrukturinvestments mit einem Rückgang des Risikos in einem Land.
- Die Ausfallraten von Projektfinanzierungskrediten und -anleihen liegen auf demselben oder teilweise unter dem Niveau von konventioneller Unternehmensfinanzierung derselben Risikoklasse. Volatilitäten, aber auch Renditen von Projektfinanzierungskrediten und -anleihen liegen unter denen konventioneller Unternehmensfinanzierungen derselben Risikoklasse.

297 Vgl. Müllner (2016), S. 8

298 Vgl. Blanc-Brude / Goldsmith / Välilä (2009), S. 36f

- Projektfinanzierungen können sich positiv auf die Entwicklung eines Landes auswirken.
- Das Risiko in einem Land beeinflusst die Zusammensetzung des Bankensyndikats sowie den Umfang an Beteiligungen von internationalen Finanzinstitutionen und multilateralen Organisationen.
- Das Risiko in einem Land beeinflusst den Umfang der vertraglichen Beziehungen, wie z.B. Abnahmeverträgen oder Konzessionen.

4.5.2 State of the Art und Hypothesenentwicklung zu Risiko und Fremdkapitalquote

Der folgende Abschnitt widmet sich der Diskussion der Beiträge, die sich mit den Auswirkungen von Risiko auf die Fremdkapitalquote beschäftigen. Daraus erfolgt zugleich die Hypothesenentwicklung. Der Aufbau folgt dabei dem Risikorahmenwerk und damit werden zuerst die Risiken auf Länderebene (Abschnitt 4.5.2.1), danach auf Branchenebene (Abschnitt 4.5.2.2) und zuletzt auf Projektebene (Abschnitt 4.5.2.3) besprochen.

4.5.2.1 Risiken auf Länderebene

Das **makroökonomische Risiko** beschreibt die Fähigkeit von Staaten ihren Forderungen nachzukommen, was sich in einem weiteren Schritt auch auf die Verschuldungskraft der Unternehmen im Staat auswirkt. Die makroökonomische Stabilität wird in den begutachteten Beiträgen zumeist über Länderratings, z.B. von Moody's oder Standard & Poor's, oder über makroökonomische Indikatoren wie Bruttoinlandsprodukt, Inflation sowie Auslands-verschuldung gemessen. Hinsichtlich der Ratings zeigt sich ein gemischtes Ergebnis. Corielli / Gatti / Steffanoni (2010) lassen Ratings in ihre Regressionsgleichung über Dummies einfließen und zeigen, dass Projekte in Ländern mit bestem Rating am höchsten, und in Ländern mit keinem Rating am niedrigsten verschuldet sind. Über die anderen Ratingklassen hinweg ist jedoch kein linearer Effekt zu erkennen. James / Vaaler (2018) verwenden einen numerischen Index aus mehreren Ratings und finden einen signifikanten positiven Effekt der Ratingkategorie auf den Verschuldungsgrad von Projektfinanzierungen im Land. Dies stimmt stärker mit der Idee überein, dass ein Projekt in einem Land selten ein höheres Rating als das Land selbst erhält.[299]

299 Vgl. Vaaler / James / Aguilera (2008), S. 34

Die makroökonomischen Indikatoren sollten ähnliche Auswirkungen auf den Verschuldungsgrad aufweisen, schließlich fließen sie auch in die Ratings mit ein. Vaaler / James / Aguilera (2008) finden diesbezüglich für Inflation einen negativen, aber nicht signifikanten Effekt, jedoch einen positiven signifikanten Effekt des Bruttoinlandprodukts.[300] Für ein hohes Maß an Auslandsverschuldung finden sie sowie auch James / Vaaler (2017) einen signifikanten negativen Effekt auf die Fremdkapitalquote.[301]

Zusammengefasst deuten diese Ergebnisse darauf hin, dass sich eine hohe makroökonomische Stabilität in einem Land auch positiv auf die Fremdkapitalquote von Projekten in diesem Land auswirkt. Dies deckt sich auch mit dem theoretischen Rahmen dieser Arbeit, welcher besagt, dass eine hohe makroökonomische Stabilität potentielle Insolvenzkosten verringert und die optimale Fremdkapitalquote erhöht. Dies führt zu der ersten Hypothese:

Hypothese 1_{FK}: Ein geringes makroökonomisches Risiko führt zu einer höheren Fremdkapitalquote.

Bezüglich des **politischen Risikos** kommt es in den relevanten Beiträgen bei der Messung oft zu Überschneidungen mit dem makroökonomischen Risiko. So verwenden z.B. Byoun / Kim / Yoo (2013) einen Länderrisikoscore, der sowohl das politische als auch das makroökonomische Risiko abbildet. Gleiches gilt für Rajan Annamalai / Jain (2013). Beide Studien finden einen signifikanten negativen Effekt des so gemessenen Länderrisikos auf die Fremdkapitalquote, was wiederum bedeutet, dass Projekte in riskanteren Ländern weniger Fremdkapital einsetzten.[302]

James / Vaaler (2017) sowie James / Vaaler (2018) verwenden den *Checks and Balances Score* der Weltbank, der anhand einiger Charakteristika eines politischen Systems mitsamt seiner aktuellen Ausprägung, d.h. der aktuellen Machtverteilung, politische Stabilität misst. Sie kommen zum Ergebnis, dass die Fremdkapitalquote signifikant positiv durch das Ausmaß an Stabilität beeinflusst wird.[303] Vaaler / James / Aguilera (2008) greifen auf Gläubigerschutz, Rechtsdurchsetzung[304] und Integrität des Gerichtssystems zurück, um die institutionelle Qualität und damit zum Teil auch das politische Risiko abzubilden.[305]

300 Vgl. Vaaler / James / Aguilera (2008), S. 42
301 Vgl. James / Vaaler (2017), S. 234
302 Vgl. Byoun / Kim / Yoo (2013), S. 565; Rajan Annamalai / Jain (2013), S. 263
303 Vgl. James / Vaaler (2017), S. 25, (2018), S. 15
304 Siehe hierzu Djankov / McLiesh / Shleifer (2007)
305 Siehe hierzu Djankov / La Porta / Lopez-de-Silanes / Shleifer (2003)

Mit Ausnahme der Integrität des Gerichtssystems steigt mit der institutionellen Qualität auch die Verschuldungsfähigkeit von Projekten.[306]

Dies deckt sich wiederum auch mit den Erkenntnissen aus Abschnitt 4.5.1 zu den *Charakteristika der Gastländer* sowie der *Wahl zwischen Projektfinanzierung und konventioneller Unternehmensfinanzierung* und darüber hinaus auch mit dem theoretischen Rahmen. Politische Unsicherheit führt zu unsichereren und damit volatileren Cashflows, was wiederum in höheren Insolvenzkosten und einer geringeren Fremdkapitalquote resultiert. Folglich lautet Hypothese 2_{FK}:

> Hypothese 2_{FK}: Ein geringes politisches Risiko führt zu einer höheren Fremdkapitalquote.

Ein Mechanismus, der dem **politischen Risiko** entgegen wirkt, ist die Beteiligung von internationalen Finanzinstitutionen wie z.B. der Weltbank.[307] Diese Organisationen bringen aufgrund ihrer internationalen Zusammensetzung wichtige politische Ressourcen in Projekte mit ein. Gemäß dem theoretischen Rahmen führt eine solche Beteiligung zu einer Sicherung der Cashflows aufgrund einer Reduzierung der potentiellen politischen Retaliationen und daher zu einer Erhöhung der Fremdkapitalquote. Hypothese 2_{FK} beschreibt diesen Sachverhalt.

Zudem verfügen internationale Finanzinstitutionen über wertvolle Kompetenzen in der Entwicklung und Prüfung von Projekten, was wiederum das Risiko für andere Beteiligte senken kann. Darüber hinaus können Projekte vom Status internationaler Finanzinstitutionen als *privileged lenders* bzw. *preferred creditors* profitieren. Dies bedeutet, dass bei einer Ko-finanzierung mit privaten Geschäftsbanken (*A/B Loan*) auch die Tranchen der beteiligten Geschäftsbanken das ausgezeichnete Rating der IFI erhalten. Dies wiederum kann sich positiv auf die Bonität des gesamten Projekts auswirken.[308]

An dieser Stelle muss jedoch erwähnt werden, dass die bisherigen empirischen Ergebnisse diesen Zusammenhang nicht stützen.[309] Rajan Annamalai / Jain (2013) argumentieren, dass es sich bei Projekten, die multilaterale Unterstützung erhalten, vorrangig um Entwicklungsprojekte handelt, die wirtschaftlich nicht rentabel sind und sonst keine andere Finanzierung erhalten würden.

---

306 Vaaler / James / Aguilera (2008), S. 42

307 Siehe dazu auch Unterkapitel 3.1.2.1

308 Delmon (2009), S. 108; Morrison (2012), 81ff; Reuter (2010), S. 137

309 Vgl. Byoun / Kim / Yoo (2013), S. 565; Rajan Annamalai / Jain (2013), S. 262

Folglich sind solche Projekte – gemäß den Autoren – besonders riskant. Dies könnte den negativen Effekt auf die Fremdkapitalquote erklären.

Hypothese 3_{FK}: Die Beteiligung einer internationalen Finanzinstitution führt zu einer höheren Fremdkapitalquote.

Ebenfalls nahe den politischen Risiken stehen die **rechtlichen Risiken**, welche aus Unterschieden in der Rechtstradition, der Rechtsdurchsetzbarkeit sowie dem Ausmaß an Gläubigerschutz entstehen können. Obwohl die rechtlichen Risiken auch die Projektgesellschaft betreffen – man denke hier z.B. an die Durchsetzbarkeit von Lieferverträgen – sind es vor allem die Fremdkapitalgeber, die darauf bedacht sind, im Insolvenzfall auf einen rechtlichen Rahmen im Gastland zurück greifen zu können.

Die rechtlichen Risiken greifen Vaaler / James / Aguilera (2008) auf, indem sie untersuchen, ob Projekte in Ländern mit *Common Law* höhere Fremdkapitalquoten aufweisen als Projekte in Ländern mit einer anderen Rechtstradition. Die Ergebnisse zeigen, dass sich Projekte in Ländern mit *Common Law* mit circa 10 Prozent mehr Fremdkapital finanzieren können als Vergleichsprojekte. Die Autoren argumentieren, dass das anglo-sächsische Rechtssystem bei finanziellen Streitigkeiten, wie z.B. bei Insolvenzen, auf richterliche Entscheidung zurückgreift, wohingegen andere Systeme stärker auf formalisiertem Recht basieren. Richterliche Entscheidungen kommen – so die Autoren – schneller zu Stande und sind weniger von politischen Entscheidungen abhängig. Zudem biete das *Common Law* laut den Autoren einen höheren Gläubigerschutz. Dies kann die Cashflows sicherer machen und etwaige Insolvenzkosten durch ein schnelleres Verfahren verringern. Dementsprechend sollte die Verschuldungskraft von Projekten in solchen Ländern steigen.

Die Autoren differenzieren jedoch nur zwischen *Common Law* und Nicht-*Common Law*. Die klassische Literatur zu diesem Thema unterscheidet jedoch noch weiter zwischen französischem, deutschem, nordischem und sozialistischem Recht.[310] Byoun / Kim / Yoo (2013) folgen dieser Unterteilung und können keine signifikanten Auswirkungen der Rechtstradition auf den Verschuldungsgrad nachweisen.[311] Dies lässt sich womöglich darauf zurückführen, dass nicht die Rechtstradition, sondern der tatsächlich vorherrschende Gläubigerschutz einen Einfluss auf die Fremdkapitalquote hat. So hat das Ausmaß an Schutz in

310 Vgl. La Porta / Lopez-de-Silanes / Shleifer / Vishny (1998), S. 1115

311 Vgl. Byoun / Kim / Yoo (2013), S. 552;

einem Land auch – wie bereits in Unterkapitel 4.5.1 gezeigt wurde – einen Einfluss auf die Wahl zwischen Projektfinanzierung und konventionelle Unternehmensfinanzierung.[312] Der Gedanke, dass das Ausmaß an Gläubigerschutz auch die Finanzierungsstruktur beeinflusst, liegt daher nicht fern.[313]

Wie eingangs erwähnt, betreffen die rechtlichen Risiken sowohl die Projektgesellschaft als auch die Fremdkapitalgeber. Eine geringe Rechtsdurchsetzbarkeit von Verträgen führt zu unsicheren Cashflows und damit zu einer Erhöhung der Insolvenzkosten. Aus Sicht der Fremdkapitalgeber erhöhen sich die Insolvenzkosten, da ein geringerer Gläubigerschutz bedeutet, das Forderungen schwerer einzuholen sind. Beide Effekte führen somit zu einem Rückgang der Fremdkapitalquote. Hypothese 4_{FK} drückt dies aus:

Hypothese 4_{FK}: Ein hohes Maß an Gläubigerschutz führt zu höheren Fremdkapitalquoten.

Die Auswirkungen des **Wechselkursrisikos** auf die Fremdkapitalquote untersuchen innerhalb der Literaturliste nur Corielli / Gatti / Steffanoni (2010). Gemäß ihren Ergebnissen beeinflusst die Fremdkapitalaufnahme in Fremdwährung im Gegensatz zu Projektland-Währung die Höhe des Fremdkapitalanteiles nicht.[314] Dieses Resultat kann durchaus nachvollziehbar sein, schließlich handelt es sich beim Wechselkursrisiko um ein symmetrisches Risiko, d.h. die Projektgesellschaft kann von einer positiven Wechselkursentwicklung auch profitieren.

Aus dem theoretischen Modell ist jedoch bekannt, dass die Volatilität der Cashflows einer der zentralen Treiber der Kapitalstrukturwahl ist und diese wird durch ein Wechselkursrisiko erhöht. Zusätzlich kann argumentiert werden, dass bei einer Kapitalaufnahme in Fremdwährung auch ein Wechselkursmanagement eingeführt werden muss, was zusätzliche Kosten verursacht. Außerdem bestehen neben dem Währungsumwechslungsrisiko zusätzliche Risiken, wie z.B. das ökonomische Wechselkursrisiko oder das Konvertierungs- und Transferrisiko, die die Profitabilität des Projekts bedrohen können. Daher lautet die fünfte Hypothese:

Hypothese 5_{FK}: Das Vorhandensein eines Wechselkursrisikos führt zu einer verringerten Fremdkapitalquote.

312 Vgl. Subramanian / Tung (2016), S. 175; Siehe hierzu auch Djankov / McLiesh / Shleifer (2007).

313 Siehe hierzu auch Esty / Megginson (2003)

314 Vgl. Corielli / Gatti / Steffanoni (2010), S. 1314

Innerhalb der betrachteten Beiträge untersucht keiner von diesen den Zusammenhang zwischen **sozialen Risiken** und der Kapitalstruktur. Dies lässt sich darauf zurückführen, dass es sich dabei um ein höchst spezifisches Risiko bezogen auf das Projekt, die Region und die betroffene Bevölkerung und Umwelt handelt. Dies wiederum macht eine quantitative Untersuchung nahezu unmöglich. Aus diesem Grund wird von der Formulierung einer Hypothese abgesehen. An dieser Stelle sei jedoch auf die Liste der Praktikerbeiträge verwiesen, in denen sich für verschiedene Länder und Branchen Beiträge zum Umgang mit sozialen Risiken finden.

4.5.2.2 Risiken auf Branchenebene

Einige Studien berücksichtigen **branchenspezifische Effekte** über Dummy-Variablen in den Regressionsgleichungen oder durch Fixed-Effect-Modelle.[315] Dies ist zwar statistisch sinnvoll, jedoch sind die Ergebnisse wenig interpretierbar und werden in den Beiträgen deshalb auch selten angeführt oder diskutiert.

Byoun / Kim / Yoo (2013) nähern sich diesem Problem über einen anderen Zugang. Sie argumentieren, dass sich branchenspezifische Risiken und andere Effekte auf die erwartete Cashflow-Höhe sowie die Volatilität der Cashflows der Projekte auswirken. Zudem stellen sie die Hypothese auf, dass mit sinkenden erwarteten Cashflows und mit steigender Volatilität der Cashflows die Fremdkapitalquote steigt, da Sponsoren aufgrund der *Stand-Alone* Natur von Projektfinanzierungen im Insolvenzfall eine Option haben, die Gesellschaft an die Gläubiger zu übergeben. Der Wert dieser Option steigt aus Sicht der Sponsoren mit der Volatilität der Cashflows und der Fremdkapitalquote.[316] Dies mag durchaus zutreffen, jedoch wird ein renditemaximierender Sponsor stets versuchen, seinen Anteil am Projekt zu minimieren. Die Autoren erklären zudem unzureichend, welche Kompensation Fremdkapitalgeber für das zusätzliche Risiko erhalten.

Nichtsdestotrotz finden Byoun / Kim / Yoo (2013) in ihrer Studie und für ihre Stichprobe Belege für die Hypothese, dass mit steigender Cashflow-Volatilität einer Branche auch die Fremdkapitalquoten bei Projekten selbiger Branche steigen. Diese Ergebnisse sind höchst kontraintuitiv und decken sich überdies nicht

---

315 Vgl. Corielli / Gatti / Steffanoni (2010), S. 1306; James / Vaaler (2017), S. 223; Rajan Annamalai / Jain (2013), S. 256

316 Vgl. Byoun / Kim / Yoo (2013), S. 554

mit dem theoretischen Rahmen, der in dieser Arbeit entwickelt wurde. Dieser besagt, dass bei steigender Cashflow-Volatilität das Risiko zunimmt und folglich die Fremdkapitalquote sinkt. Da es sich zudem bei den Resultaten von Byoun / Kim / Yoo (2013) um Einzelergebnisse handelt, wird Hypothese 6_{FK} aus dem theoretischen Rahmen abgeleitet und lautet folglich:

> Hypothese 6_{FK}: Projekte in Branchen mit hoher Cashflow-Volatilität verfügen über geringere Fremdkapitalquoten.

James / Vaaler (2018) führen branchenspezifische Effekte auf die **Nachfrage nach Projekten bestimmter Branchen** zurück. Sie argumentieren, dass es zu Unterschieden in der Nachfrage nach bestimmten Projekten in verschiedenen Ländern kommen kann, je nach der Situation dieser Branche im entsprechenden Land. So kann z.B. in Ländern, die geringe Stromgenerierungskapazitäten aufweisen, eine hohe Nachfrage nach Kraftwerken bestehen. Unabhängig von einem konkreten Abnahmevertrag sollte diese Nachfrage auch zu einer erhöhten Sicherheit der Cashflows eines solchen Projekts führen.[317]

Diese Hypothese wird mit den Ergebnissen von James / Vaaler (2018) teilweise gestützt und deckt sich auch mit dem theoretischen Rahmen. Folglich lautet Hypothese 7_{FK}:

> Hypothese 7_{FK}: Projekte in Branchen mit einer hohen Nachfrage verfügen über höhere Fremdkapitalquoten.

Keiner der Beiträge untersucht, ob sich die **Regulierung einer Branche** auf die Fremdkapitalquote auswirkt. Aus Unterkapitel 3.1.2.2 ist bereits bekannt, dass die Effekte von Regulierungen schwer abschätzbar sind. So kann eine starke Branchenregulierung dazu führen, dass neue Teilnehmer schwer in einen Markt eintreten können, wodurch bestehende Teilnehmer eher geschützt werden. Dies führt zu gegensätzlichen Auswirkungen auf die Cashflow-Volatilität. Aus diesem Grund wird die Branchenregulierung hier nicht mit einer Hypothese, aber in der späteren Arbeit als Kontrollvariable berücksichtigt.

4.5.2.3 Risiken auf Projektebene

Das **Finanzierungrisiko** meint das Risiko eines Rückgangs der Projekterlöse aufgrund fehlender oder teurer Finanzierung. Während das

---

317 Vgl. James / Vaaler (2018), S. 11

Refinanzierungsrisiko vor allem den Konsortialführer bei syndizierten Krediten betrifft, wirkt sich das Zinsänderungsrisiko direkt auf den Projekterfolg aus. Das Zinsänderungsrisiko kann durch einen fixierten Zinssatz auf den Gläubiger übertragen werden, jedoch wird dafür zum einen eine höhere Marge verrechnet und zum anderen, sind Fremdkapitalgeber bei Projektfinanzierungen mit langen Laufzeiten selten bereit, dieses Risiko zu tragen.[318] Nichtsdestotrotz verringert die Übertragung des Risikos durch einen fixierten Zinssatz ähnlich dem Wechselkursrisiko ebenfalls die Volatilität der Cashflows und folglich erhöht sich die Fremdkapitalquote. Dementsprechend lautet Hypothese 8_{FK}:

Hypothese 8_{FK}: Projekte mit fixierten Zinssätzen verfügen über höhere Fremdkapitalquoten.

Eine fehlerhafte Konstruktion oder verzögerte Fertigstellung des Projekts kann zu einem verspäteten Start sowie zu einem fehlerhaften Betrieb des Projekts führen. Um das **Konstruktionsrisiko** abzumildern, kann dieses durch Konstruktionsverträge[319] auf den Anlangenerrichter übertragen werden. Dies verringert Unsicherheiten bezüglich der Konstruktionskosten und des Konstruktionszeitraumes und stabilisiert dadurch wieder die Cashflows des Projekts. Dies testen Corielli / Gatti / Steffanoni (2010) für eine Stichprobe von 9.000 Projektfinanzierungskrediten, finden jedoch keinen signifikanten Zusammenhang. Nichtdestotrotz leitet sich Hypothese 9_{FK} aus dem theoretischen Rahmen und dessen Implikationen ab und lautet wie folgt:

Hypothese 9_{FK}: Projekte mit Konstruktionsverträgen verfügen über höhere Fremdkapitalquoten.

Auch das **Betriebsrisiko** kann über eine vertragliche Lösung abgemindert werden. Die Projektgesellschaft kann über *Operation & Maintenance*-Verträge die Betriebsführung und Wartung auf einen Drittanbieter übertragen. Dies wiederum wirkt sich positiv auf die Einhaltung der geplanten Einzahlungen und Auszahlungen aus, womit die Cashflows stabilisiert werden und die Verschuldungskraft steigt. Hypothese 10_{FK} drückt diesen Zusammenhang aus.

318 In der Stichprobe dieser Arbeit weisen nur rund 3 Prozent der Tranchen einen fixierten Zinssatz auf.

319 In der Praxis finden sich dafür auch die Begriffe *Turn-key* oder *EPC* (*Engineering-Procurement-Construction*).

Die bisherige Forschung zu diesem Effekt konnte keinen Zusammenhang zwischen dem Einsatz von Betriebsverträgen und der Fremdkapitalquote finden, jedoch handelt es sich dabei um ein einzelnes Ergebnis.[320] Daher orientiert sich Hypothese 10_{FK} stärker am theoretischen Rahmen und wurde wie folgt formuliert:

> Hypothese 10_{FK}: Projekte mit Betriebsverträgen verfügen über höhere Fremdkapitalquoten.

Mit dem **Abnahmerisiko** beschäftigen sich Corielli / Gatti / Steffanoni (2010) sowie Byoun / Kim / Yoo (2013) und James / Vaaler (2018). Sie alle untersuchen, ob der Einsatz von Abnahmeverträgen, die das Abnahmerisiko auf den Käufer übertragen, die Fremdkapitalquote beeinflusst. Byoun / Kim / Yoo (2013) finden einen signifikanten negativen Effekt in ihrer Stichprobe, was bedeutet, dass Projekte mit Abnahmeverträgen weniger Fremdkapital einsetzten.[321] Innerhalb der anderen Studien kann kein signifikanter Effekt nachgewiesen werden.[322]

Gemäß dem theoretischen Rahmen führt ein Abnahmevertrag nicht zu einer Verringerung, sondern einer Erhöhung der Fremdkapitalquote, da ein solcher Mechanismus die Cashflow-Volatilität senkt und damit auch die potentiellen Insolvenzkosten, was sich wiederum positiv auf den Verschuldungsgrad auswirkt. Hypothese 11_{FK} beschreibt diesen Sachverhalt:

> Hypothese 11_{FK}: Projekte mit Abnahmeverträgen verfügen über höhere Fremdkapitalquoten.

Ähnlich dem Effekt von Abnahmeverträgen beim Abnahmerisiko führt auch ein Liefervertrag zur Übertragung des Lieferrisikos auf die Vertragspartei. Dadurch werden Preis- oder Mengenschwankungen ausgeglichen und die Cashflows stabilisiert. Folglich steigt der Fremdkapitalanteil im Projekt. Untersucht wurde dieser Zusammenhang bislang ausschließlich von Corielli / Gatti / Steffanoni (2010), jedoch ohne einen signifikanten Effekt nachweisen zu können.[323] Hypothese 11_{FK} und die damit einhergehende Untersuchung sollen diesbezüglich zusätzliche Erkenntnisse schaffen.

> Hypothese 12_{FK}: Projekte mit Lieferverträgen verfügen über höhere Fremdkapitalquoten.

---

320 Vgl. Corielli / Gatti / Steffanoni (2010), S. 1315
321 Vgl. Byoun / Kim / Yoo (2013), S. 565
322 Vgl. Corielli / Gatti / Steffanoni (2010), S. 1315; James / Vaaler (2018), S. 15
323 Vgl. Corielli / Gatti / Steffanoni (2010), S. 1315

Ein **technologisches Risiko** besteht, wenn eine unerprobte Technologie zum Einsatz kommt, wobei bei Projektfinanzierungen selten komplett neue Technologien, sondern eher neue Verfahren oder Komponenten eingesetzt werden. Dieses Risiko kann zum Teil über Konstruktions- und Betriebsverträge auf die entsprechenden Beteiligten übertragen werden, jedoch wird auch von den Sponsoren erwartet, dass diese mit der Branche und auch der Situation im Gastland vertraut sind, um auf technische oder operative Probleme eingehen zu können. Diese Fähigkeit steigt mit der Erfahrung der Sponsoren mit der Branche sowie mit dem Gastland.

Die Erfahrung der Sponsoren aus vorherigen Projekten kann zum einen den Produktionsprozesses verbessern und damit Kosten senken, zum anderen die Planungssicherheit erhöhen sowie die Reaktion auf ungeplante Situationen verbessern.[324] Dies erklärt vermutlich auch den negativen Effekt der Erfahrung von Sponsoren auf die Ausfallwahrscheinlichkeit von Projekten und in einem weiteren Schritt auch den Umstand, dass Referenzprojekte bei der Beurteilung des Kreditrisikos berücksichtigt werden.[325]

Den Effekt der Erfahrung der Sponsoren auf die Fremdkapitalquote untersuchen Vaaler / James / Aguilera (2008) und James / Vaaler (2018). Erstere können einen signifikant positiven Effekte der Erfahrung des Sponsors mit der Branche oder dem Land auf die Fremdkapitalquote nachweisen; zweitere können einen signifikant positiven Effekt der Land-Erfahrung auf die Fremdkapitalquote nachweisen[326]. Dies deckt sich beides mit dem theoretischen Rahmen und fließt damit in die Formulierung der Hypothese 12_{FK} ein.

Hypothese 13_{FK}: Projekte mit erfahrenen Sponsoren verfügen über höhere Fremdkapitalquoten.

4.5.2.4 *Zwischenresümee zu Risiko und Fremdkapitalquote*

Bevor nun im Unterkapitel 4.5.3 die Hypothesen zu Risiko und Kreditmarge entwickelt werden, finden sich in Tabelle 6 nochmals alles Hypothesen zur Kapitalstruktur bei Projektfinanzierung zusammengefasst:

324 Vgl. Vaaler / James / Aguilera (2008), S. 35; James / Vaaler (2017), S. 217

325 Vgl. Klompjan / Wouters (2002), S. 19; Izzi / Oricchio / Vitale (2012), S. 210

326 Vgl. Vaaler / James / Aguilera (2008), S. 42; James / Vaaler (2017), S. 234

Tabelle 6: Hypothesen zu Risiko und Fremdkapitalquote

Länderebene	
Hypothese 1_{FK}:	Ein geringes makroökonomisches Risiko führt zu einer höheren Fremdkapitalquote.
Hypothese 2_{FK}:	Ein geringes politisches Risiko führt zu einer höheren Fremdkapitalquote.
Hypothese 3_{FK}:	Die Beteiligung einer internationalen Finanzinstitution führt zu einer höheren Fremdkapitalquote.
Hypothese 4_{FK}:	Ein hohes Maß an Gläubigerschutz führt zu einer höheren Fremdkapitalquote.
Hypothese 5_{FK}:	Das Vorhandensein eines Wechselkursrisikos führt zu einer verringerten Fremdkapitalquote.
Branchenebene	
Hypothese 6_{FK}:	Projekte in Branchen mit hoher Cashflow-Volatilität verfügen über geringere Fremdkapitalquoten.
Hypothese 7_{FK}:	Projekte in Branchen mit einer hohen Nachfrage verfügen über höhere Fremdkapitalquoten.
Projektebene	
Hypothese 8_{FK}:	Projekte mit fixierten Zinssätzen verfügen über höhere Fremdkapitalquoten.
Hypothese 9_{FK}:	Projekte mit Konstruktionsverträgen verfügen über höhere Fremdkapitalquoten.
Hypothese 10_{FK}:	Projekte mit Betriebsverträgen verfügen über höhere Fremdkapitalquoten.
Hypothese 11_{FK}:	Projekte mit Abnahmeverträgen verfügen über höhere Fremdkapitalquoten.
Hypothese 12_{FK}:	Projekte mit Lieferverträgen verfügen über höhere Fremdkapitalquoten.
Hypothese 13_{FK}:	Projekte mit erfahrenen Sponsoren verfügen über höhere Fremdkapitalquoten.

4.5.3 State of the Art und Hypothesenentwicklung zu Risiko und Kreditmarge

Im Gegensatz zum Effekt von Risiko auf die Fremdkapitalquote und die Laufzeit[327], hat sich zum Zusammenhang zwischen Risiko und der Kreditmarge ein größerer Literaturbestand gebildet. Im folgenden Unterkapitel wird dieser

327 Siehe dazu das folgende Unterkapitel 4.5.4

aufgearbeitet und darauf aufbauend werden die Hypothesen entwickelt. Das Risikorahmenwerk gibt wieder den logischen Aufbau vor. In Abschnitt 4.5.3.1 werden die Risiken auf Länder-, in Abschnitt 4.5.3.2 auf Branchen- und in Abschnitt 4.5.3.3 auf Projektebene diskutiert und die Hypothesen dazu aufgestellt. Abschnitt 4.5.3.4 widmet sich der Entwicklung von Hypothesen zu den Wechselwirkungen der Variablen Kreditmarge mit anderen Variablen und Abschnitt 4.5.3.5 zeigt nochmals eine Zusammenschau aller Hypothesen.

4.5.3.1 Risiken auf Länderebene

Der Messung des makroökonomischen Risikos und dessen Auswirkung auf die Kreditmarge nähern sich die betrachteten Beiträge auf verschiedene Weise. Mehrere Artikel greifen auf Länderratings sowie Länderrisikoindizes zurück. Die Ergebnisse zeigen dabei deutlich, dass mit steigendem Risiko auch die Kreditmarge steigt.[328] Wird das makroökomische Risiko als aggregierte Größe in einzelne Parameter – z.B. Inflation oder BIP Wachstum – aufgespalten, um dadurch einzelne Effekte zu messen, so lässt sich die gleiche Aussage nicht so einfach treffen.

In der Literatur findet sich eine Vielzahl von makroökonomischen Indikatoren; diese reichen von der Staatsverschuldung über Inlandskredite an den privaten Sektor bis hin zu Währungsreserven des Landes. Eine detaillierte Diskussion der einzelnen Effekte scheint hierbei nicht zielführend, jedoch sei an dieser Stelle nochmals auf die zweite Tabelle des Anhang 2.2 verwiesen, in welcher alle Effekte aus den Beiträgen zu finden sind.

Es ist jedoch herauszuheben, dass die klassischen Stabilitäts- bzw. Wachstumsindikatoren – das sind u.a. Inflation bzw. Wirtschaftswachstum gemessen am BIP sowie Inlandskredite an den privaten Sektor – einen durchwegs signifikant positiven bzw. negativen Effekt aufweisen, d.h. mit steigender Stabilität (d.h. sinkender Inflation) und steigendem Wachstum sinkt die Kreditmarge.[329] Zudem zeigen einzelne Studien, dass die Kreditmarge in Krisenzeiten bzw. im Anschluss danach steigt.[330]

328 Vgl. Gatti / Kleimeier / Megginson / Steffanoni (2013), S. 20; Kleimeier / Megginson (2000), S. 65; Pinto / Alves (2016), S. 40

329 Vgl. Ahiabor / James (2018), S. 11; Altunbaş / Gadanecz (2003), S. 15, (2004), S. 161; Dailami / Leipziger (1998), S. 1291; Girardone / Snaith (2011), S. 6; Sorge / Gadanecz (2004), S. 34, (2008), S. 74

330 Vgl. Pfarl (2014), S. 70; Pinto / Alves (2016)

Diese Ergebnisse sind wenig überraschend, schließlich sind die Finanzierungskosten für Banken, die Projektfinanzierungskredite vergeben, abhängig von der Risikoeinstufung des Projektlandes.[331] Darüber hinaus kann eine wirtschaftliche Instabilität auch zu einer politischen Instabilität führen.[332] Zudem steigt mit dem makroökonomischen Risiko in einem Land auch das Risiko für ein Projekt in diesem Land, denn steigt z.B. die Inflation stark an und geht das allgemeine Wirtschaftswachstum zurück, so kann dies die Cashflows schmälern oder ihre Volatilität erhöhen. Dies wiederum deckt sich mit dem theoretischen Rahmen und führt zu der ersten Hypothese zu Risiko und Kreditmarge:

> Hypothese 1_{KM}: Ein hohes makroökonomisches Risiko führt zu einer höheren Kreditmarge.

Zwischen dem makroökonomischen und dem **politischen Risiko** kommt es in einigen Beiträgen bei der Messung zu Überschneidungen. Mehrere Beiträge verwenden Länderrisikoindizes, die sowohl makroökonomische wie auch politische Risikokomponenten beinhalten. Bei allen Studien führt ein Rückgang des Risikos zu sinkenden Margen.[333]

Girardone / Snaith (2011) untersuchen den Einfluss des politischen Risikos auf die Höhe der Kreditmarge, indem sie politisches Risiko über den aggregierten ICRG (*International Country Risk Guide*) Index sowie über mehrere verschiedene Kategorien, u.a. Stabilität der Regierung, sozio-ökonomischer Zustand, interne und externe Konflikte und Korruption in die Berechnung einfließen lassen. Der aggregierte Index zeigt einen positiven Effekt auf die Kreditmarge, folglich steigen mit dem politischen Risiko auch die Kosten für das Fremdkapital. Die Autoren unterteilen ihre Stichprobe in einem weiten Schritt in entwickelte, Schwellen- und Entwicklungsländer. Für die weniger entwickelten Länder zeigt sich, dass einzelne politische Risikofaktoren wie externe Konflikte, *Law and Order*, ethnische Spannungen sowie Qualität der Bürokratie die Kreditmarge beeinflussen, während diese Faktoren innerhalb der entwickelten Länder keinen Einfluss besitzen. Folglich ist politische Risiko vor allem in Schwellen- und Entwicklungsländern ein Treiber der Kreditmarge.[334]

---

331 Hier ist z.B. an die Basler Eigenkapitalvorschriften zu denken, die auch die Berücksichtigung des wirtschaftlichen Länderrisikos vorsieht, vgl. Gatti (2013), S. 331.

332 Vgl. Altunbaş / Gadanecz (2004), S. 152

333 Vgl. Gatti / Kleimeier / Megginson / Steffanoni (2013), S. 20; Kleimeier / Megginson (2000), S. 65; Pinto / Alves (2016), S. 40

334 Vgl. Girardone / Snaith (2011), S. 1729f

Sorge / Gadanecz (2004) und Sorge / Gadanecz (2008) greifen mit Korruption einen Aspekt des politischen Risikos auf. Sie zeigen, dass Gläubiger in Ländern mit einem höheren Maß an Korruption auch eine höhere Kreditmarge einfordern.[335]

Diese Ergebnisse stützen die Hypothese, die sich auch aus dem theoretischen Rahmen ableitet. Projekte in politisch riskanten Ländern sind eher mit Eingriffen des Gastlandes konfrontiert, die den Projekterfolg bedrohen – beispielsweise direkt durch Enteignungen oder indirekt über Gesetzesänderungen. Diese Handlungen können zu einer Verringerung der Cashflows oder zu einer Erhöhung ihrer Volatilität führen. Damit steigt die Ausfallwahrscheinlichkeit und auch der Risikoaufschlag, den Fremdkapitalgeber einfordern. Hypothese 2_{KM} drückt diesen Zusammenhang aus:

Hypothese 2_{KM}: Ein hohes politisches Risiko führt zu einer höheren Kreditmarge.

Die Beteiligung einer internationalen Finanzinstitution kann ein wirksames Mittel gegen **politische Risiken** sein[336], was bereits in einigen Arbeiten gezeigt werden konnte.[337] Ob sich eine solche Beteiligung auch positiv auf die Finanzierungskosten auswirkt, wurde bis jetzt jedoch nur in zwei Studien getestet. Sorge / Gadanecz (2008) zeigen, dass sich Garantien von multilateralen Organisationen wie z.B. der Weltbank signifikant negativ auf die Kreditmarge auswirken[338], und für einen Teil ihres Samples können Ahiabor / James (2018) nachweisen, dass Finanzierungen von *Export credit agency* günstiger bepreist sind.[339]

Daraus lassen sich bereits die beiden zentralen Effekte auf die Höhe der Kreditmarge einer Beteiligung solcher Organisationen ableiten. Zum einen bringt eine Beteiligung Schutz gegen politische Retaliation seitens des Gastlandes, was wiederum Cashflows sichert bzw. stabilisiert und es wird damit – vor dem Hintergrund des theoretischen Rahmens dieser Arbeit – die Kreditmarge verringert. Zum anderen bieten diese Organisationen neben Garantien teilweise auch Kredite an, deren Zinssätze unter den marktüblichen Zinssätzen liegen können.[340]

335 Vgl. Sorge / Gadanecz (2004), S. 30, (2008), S. 74
336 Vgl. Finnerty (2013)
337 Vgl. Müllner / Dorobantu (2017), S. 10; Jandhyala (2016), S. 28; Müllner (2016), S. 9
338 Vgl. Sorge / Gadanecz (2008), S. 73f
339 Vgl. Ahiabor / James (2018), S. 13
340 Vgl. Yescombe (2014), S. 443ff

Dies führt im Vergleich mit Projekten ohne Beteiligung ebenfalls zu niedrigeren Margen.

Dennoch macht der geringe Stand der Forschung zu diesem Bereich weitere Untersuchungen nötig und bedingt die Formulierung folgender Hypothese:

> Hypothese 3_{KM}: Die Beteiligung einer internationalen Finanzinstitution führt zu einer verringerten Kreditmarge.

Rechtliche Risiken aufgrund unterschiedlicher Rechtstraditionen, einer geringen Rechtsdurchsetzbarkeit sowie eines geringen Ausmaßes an Gläubigerschutz berücksichtigen Gatti / Kleimeier / Megginson / Steffanoni (2013) in ihrer Studie, indem sie die Marge von Projektfinanzierungskrediten gegen den von La Porta / Lopez-de-Silanes / Shleifer / Vishny (1998) entwickelten Gläubigerschutzindex regressieren. Sie können einen signifikant negativen Effekt des Index auf die Marge feststellen, folglich sinkt die Kreditmarge mit einer Steigerung des Gläubigerschutzes.[341] Mit Ausnahme dieses Beitrages wurden die Auswirkungen von rechtlichen Risiken auf die Kreditmarge bisher nicht untersucht. Aus diesem Grund wird Hypothese 4_{FK} formuliert.

Die Argumentation leitet sich hierbei wieder aus dem theoretischen Rahmen ab. Sinkt die Rechtsdurchsetzbarkeit, so verringert sich die Sicherheit und Stabilität der Cashflows. Folglich steigen die Ausfallwahrscheinlichkeit und damit auch die Kreditmarge. Anekdotische Evidenz dafür findet sich in Marshella (2001): *Project finance is typically a pyramid of contracts. In many countries, investors simply do not know whether these contracts will be upheld as legal, binding, or enforceable or whether they or other parties will be allowed to behave in accordance with the contracts' terms.*[342]

> Hypothese 4_{KM}: Ein hohes Maß an Gläubigerschutz führt zu niedrigeren Kreditmargen.

Aus dem theoretischen Rahmen folgt, dass das **Wechselkursrisiko** zu einer Erhöhung der Volatilität der Cashflows und damit zu einer Erhöhung der Ausfallwahrscheinlichkeit führt. Folglich steigt wiederum die Kreditmarge. Hypothese 5_{KM} lautet diesem Zusammenhang entsprechend.

341 Vgl. Gatti / Kleimeier / Megginson / Steffanoni (2013), S. 19
342 Marshella (2001), S. 33

Die empirischen Ergebnisse zeichnen diesbezüglich ein anderes Bild. Mehrere Studien finden einen signifikant negativen Effekt des Wechselkursrisikos auf die Kreditmarge, d.h. wird ein Kredit in einer anderen als der Landeswährung aufgenommen, reduziert sich der Zinssatz.[343] Dies ist ein kontraintuitives Ergebnis, da Fremdwährungskredite vor allem in USD aufgenommen werden und Pfarl (2014) zeigen kann, das Kredite in USD teurer sind als Kredite in anderen Währungen.[344] Die Gründe, warum Projekte mit Wechselkursrisiko niedrigere Kreditmargen erhalten, sind gemäß der Literatur zum einen, weil nur sehr kreditwürdige Projekte einen Kredit in Fremdwährung erhalten, und zum anderen, dass US-amerikanische Projekte einen höheren Aufschlag bezahlen müssen.[345] Beide Argumente lassen sich durchaus hinterfragen, was weitere Forschung zu diesem Thema rechtfertigt.

Hypothese 5_{KM}: Das Vorhandensein eines Wechselkursrisikos führt zu einer höheren Kreditmarge.

Dem **sozialen Risiko** wurde in der bisherigen Literatur zu den Determinanten der Kreditmarge kaum Aufmerksamkeit geschenkt. Dem liegt wahrscheinlich, wie bereits erläutert, die hohe Spezifität dieser Risikokategorie zugrunde, die eine quantitative Untersuchung kaum zulässt. Einzig Girardone / Snaith (2011) berücksichtigen mit einer Dummy-Variable, ob sich das Projekt in einer für die Umwelt riskanten Branche befindet oder nicht. Diesbezüglich können jedoch keine signifikanten Effekte festgestellt werden. Auch in der vorliegenden Arbeit wird das soziale Risiko nicht mit einer Hypothese berücksichtigt.

4.5.3.2 Risiken auf Branchenebene

Mehr als die Hälfte der Studien, die die Determinanten der Kreditmarge untersuchen, verwenden eine Dummy-Variable, um Brancheneffekte abzubilden. Wiewohl dies statistisch durchaus vertretbar ist, bleibt die Aussagekraft dabei aber eingeschränkt.

Kleimeier / Megginson (2000) und Kleimeier / Megginson (2001) greifen mit der Tangibilität des Vermögens einen **branchenspezifischen Effekt** auf. Sie argumentieren, dass Projekte in Branchen mit einer hohen Tangibilität des

343 Vgl. Gatti / Kleimeier / Megginson / Steffanoni (2013), S. 19; Kleimeier / Megginson (2000), S. 21, (2001), S. 86

344 Vgl. Pfarl (2014), S. 69

345 Vgl. Gatti / Kleimeier / Megginson / Steffanoni (2013), S. 19; Kleimeier / Megginson (2001), S. 22

Vermögens – dabei handelt es sich zumeist um unspezifisches Anlagevermögen – niedrige Kreditmargen aufzubringen haben, da dieses Vermögen eine bessere Sicherheit für Kredite darstellt. Unspezifisches und tangibles Vermögen kann bei einem Kreditausfall leichter durch den Gläubiger verwertet werden als intangibles Vermögen wie z.B. Patente. Die Ergebnisse der Beiträge zeigen, dass Projektfinanzierungskredite mit einer höheren Vermögenstangibilität als konventionelle Unternehmensfinanzierungen einhergehen, aber überraschenderweise, dass innerhalb der Projektfinanzierungskredite ein mehr an tangiblen Vermögen zu höheren Kreditmargen führt. Dieses Ergebnis ist eher kontraintuitiv, da mit zusätzlichen Sicherheiten die Marge sinken sollte; bei konventionellen Unternehmenskrediten trifft dies auch zu.[346]

Die Autoren erklären dies eher unbefriedigend über das generell höhere Risiko von Projektfinanzierungskrediten, das offensichtlich den „Tangibiliäts-Effekt" umkehrt. Dabei beachten die Autoren jedoch nicht, dass eines der wesentlichen Charakteristika der Projektfinanzierung das Cashflow-Related-Lending ist. Die Bonitätsbewertung und Bestimmung der Risikoprämie basiert daher auf den Cashflows, welche auch als Sicherheit gegenüber klassischem Vermögen dienen.

Folglich kommt nicht dem Vermögen als solchem, sondern den Cashflows, die dieses Vermögen produziert, die wesentliche Bedeutung zu. Da sich verschiedene Branchen durch unterschiedliche Vermögenscharakteristika und -zusammensetzungen (z.B. aufgrund von Unterschieden im Anlagevermögen) auszeichnen, die wiederum unterschiedlich schwankende Cashflows produzieren, erscheint es sinnvoll, diese Volatilität auf Branchenebene zu untersuchen. Hypothese 6_{FK} basiert auf diesen Überlegungen.

Hypothese 6_{KM}: Projekte in Branchen mit hoher Cashflow-Volatilität verfügen über höhere Kreditmargen.

Die Unterschiede der **Cashflow-Volatilität** sind nicht nur auf Unterschiede in der Vermögens- und damit Produktionsseite zurückzuführen, sondern auch auf eine unterschiedliche Nachfrage nach bestimmten Projekten einer Branche.

Ist der Energiesektor eines Landes unterentwickelt, der Bahnverkehr jedoch gut ausgebaut, sollte die Erfolgswahrscheinlichkeit für ein Energieprojekt höher sein als für ein Bahnprojekt – alleine basierend auf dem Nachfrageeffekt. Dies wiederum sollte das Risiko für die Kapitalgeber und damit auch die Kreditmarge verringern.[347] Hypothese 7_{FK} beschreibt diesen Nachfrageeffekt.

346 Vgl. Kleimeier / Megginson (2000), S. 23, (2001), S. 85f

347 Vgl. James / Vaaler (2018), S. 11

Empirisch wird dies in Blanc-Brude / Strange (2007) berücksichtigt. Ein Teil der Studie untersucht die Einflussfaktoren der Kreditmarge von europäischen PPP-Projekten im Autobahnsektor und kann dabei zeigen, dass mit steigendem Verkehrsaufkommen – gemessen über drei Jahre vor Projektbeginn – die Kreditmarge sinkt.[348] Dies wiederum deutet darauf hin, dass die steigende Nachfrage nach solchen Projekten zu einer Reduktion des Gesamtrisikos führt.

Hypothese 7_{KM}: Projekte in Branchen mit einer hohen Nachfrage verfügen über niedrigere Kreditmargen.

Keiner der gesichteten Beiträge untersucht den Effekt der **Branchenregulierung** auf die Kreditmarge, jedoch auf andere abhängige Variablen. Doh / Teegen / Mudambi (2004) können zeigen, dass zwischen der Regulierung einer Branche und der Höhe der privaten Infrastrukturinvestitionen – in der Studie handelt es sich dabei um Investitionen im Telekommunikationsbereich – ein signifikant positiver Zusammenhang besteht, d.h. bei einem starken Maß an Regulierung werden mehr private Investitionen in einem Land getätigt. Sie messen Regulierung dabei über die Öffnung des Marktes, d.h. ob ein Monopol auf Telekommunikation oder freier Wettbewerb besteht. Folglich präferieren Unternehmen in ihrer Stichprobe einen Monopolmarkt.[349]

Sirtaine / Pinglo / Guasch / Foster (2005) untersuchen mit einer lateinamerikanischen Stichprobe von Konzessionsprojekten verschiedener Branchen, wie sich die Qualität der Regulierung auf die interne Verzinsung des Projekts auswirkt. Die Hypothese dabei ist, dass eine qualitativ „gute“ Regulierung eine Verzinsung erzeugt, die genau auf dem Niveau der gewichteten Kapitalkosten liegt. Folglich erhalten die Sponsoren genau die risikoadäquate Verzinsung und keine zusätzlichen Returns. Die Verzinsung ist auch nicht zu niedrig, was negative Investitionsanreize schaffen könnte.[350]

Beide Beiträge verdeutlichen ein Problem, nämlich die Definition von Regulierung sowie deren Messung, d.h. was unter viel oder wenig Regulierung bzw. was unter guter oder schlechter Regulierung verstanden werden kann. Während Doh / Teegen / Mudambi (2004) unter Regulierung nur die Öffnung der Märkte verstehen, sehen Sirtaine / Pinglo / Guasch / Foster (2005) Regulierung eher als ein Mittel zur Verteilung von Konsumenten- und Produzentenrenten.

348 Vgl. Blanc-Brude / Strange (2007), S. 103
349 Vgl. Ramamurti / Doh (2004), S. 241ff
350 Vgl. Sirtaine / Pinglo / Guasch / Foster (2005), S. 397

Die OECD wiederum bildet in ihrem *Product Market Regulation* Index eine Vielzahl von Faktoren ab, die Regulierung ausmacht. Darunter fallen Punkte wie Preis- oder Mengenregulierungen aber auch Markteintrittsbedingungen und Regelungen zu staatlicher Beteiligung.[351]

Wenngleich diese Faktoren einen Einfluss auf Projekte in regulierten Branchen haben, ist ihr Einfluss auf das Risiko und die Kreditmarge schwierig zu schätzen. Zudem lassen sich auch aus dem theoretischen Rahmen für die Branchenregulierung keine eindeutigen Implikationen ableiten, deswegen wird von der Formulierung einer Hypothese abgesehen. Abschließend sei aber auf Kaviani / Kryzanowski / Maleki / Savor (2017) verwiesen, die den Einfluss von Regulierung auf die Marge von Unternehmensanleihen untersucht haben. Ihre Ergebnisse deuten auf höhere Margen von Unternehmen in stark regulierten Branchen hin.[352]

4.5.3.3 Risiken auf Projektebene

Rund um das **Finanzierungsrisiko** findet sich eine umfangreiche Diskussion in den gesichteten Beiträgen. Das Finanzierungsrisiko beschreibt die Gefahr einer fehlenden oder teurer werdenden Finanzierung. Dieses ist zum Teil auf die Syndikatstruktur bei Krediten mit mehreren Banken zurückzuführen. Einige Beiträge untersuchen daher, ob die Anzahl der Banken einen Einfluss auf die Finanzierungskosten hat. Zum einen lässt sich über ein größeres Syndikat eine bessere Verteilung des Kreditrisikos erreichen, was wiederum zu einer Senkung der Marge führen kann, zum anderen steigt mit der Größe des Syndikates aber auch der Koordinierungsaufwand und damit Kosten und Marge.[353] Die Ergebnisse der relevanten Beiträge zeichnen dazu aber kein schlüssiges Bild. In manchen Stichproben steigt, in anderen wiederum fällt die Marge mit der Syndikatgröße.[354]

Des Weiteren kann das Finanzierungsrisiko auch durch die Größe der Kredittranchen beeinflusst werden. Hierzu gibt es keine eindeutigen Forschungsergebnisse, jedoch deutet die Mehrzahl der Studien darauf hin, dass mit steigender

351 Vgl. Koske / Wanner / Bitetti / Barbiero (2015), S. 14

352 Vgl. Kaviani / Kryzanowski / Maleki / Savor (2017), S. 54

353 Vgl. Alexandre / Bouaiss / Refait-Alexandre (2014), S. 102; Thierie / Moor (2018a), S. 12

354 Vgl. Altunbaş / Gadanecz (2003), S. 15, (2004), S. 166; Blanc-Brude / Strange (2007), S. 103; Girardone / Snaith (2011), S. 1729; Alexandre / Bouaiss / Refait-Alexandre (2014), S. 108; Sorge / Gadanecz (2004), S. 30, (2008), S. 73; Pfarl (2014), S. 67; Pinto / Alves (2016), S. 42ff; Thierie / Moor (2018a), S. 18

Größe der Tranche die dazugehörige Kreditmarge sinkt. Wiewohl man argumentieren kann, dass mit der Größe der Tranche der Aufwand sowie das Risiko und damit auch die Marge steigt, sprechen die Forschungsergebnisse für Skaleneffekte bei den Kosten der Banken, welche größere Kredite relativ günstiger werden lassen. Auch wird argumentiert, dass nur sehr solvente Schuldner große Kredittranchen erhalten, welche aufgrund der guten Bonität wiederum bessere Konditionen erhalten.[355]

Neben der Größe hat auch die Anzahl der Tranchen bei einem Projekt einen Einfluss auf die Finanzierungskosten. So zeigt Pfarl (2014), dass mit der Anzahl der Tranchen die Kreditmarge steigt, vermutlich aufgrund eines höheren Aufwands für die Fremdkapitalgeber bei mehreren Finanzierungsschritten.[356]

Ebenso mit dem Finanzierungsrisiko geht einher, ob es sich um eine Refinanzierung eines bestehenden Projekts oder um eine erste Finanzierung handelt. Da sich bei einer Refinanzierung das Projekt in den meisten Fällen bereits in Betrieb befindet und Cashflows erwirtschaftet, kann eine Finanzierung leichter und günstiger arrangiert werden. Demgegenüber kann eine Refinanzierung aber auch auf gestiegene Baukosten und unter Umständen eine längere Bauphase hinweisen, was diesen Effekt umkehrt. Dieser Umstand erklärt vermutlich die nicht eindeutigen Forschungsergebnisse in diesem Bereich.[357]

Weitere Einflussfaktoren, die dem Finanzierungsrisiko zugerechnet werden können, sind der Referenzzinssatz, auf den die Kreditmarge aufgeschlagen wird, sowie mögliche Covenants im Kreditvertrag und allfällige Garantien.[358] Diesbezüglich zeigt sich, dass der Referenzzinssatz keinen Einfluss auf die Margenhöhe hat[359]; Covenants führen bei syndizierten Krediten zu sinkenden Margen[360] und Garantien zeigen zumeist ebenfalls einen margensenkenden Effekt.[361]

Einem Aspekt des Finanzierungsrisikos – dem Zinsänderungsrisiko – kommt eine besondere Bedeutung zu, da dieses im Gegensatz zum Refinanzierungsrisiko nur die Projektgesellschaft betrifft und da bei den großen

355 Vgl. Blanc-Brude / Strange (2007), S. 102; Thierie / Moor (2018a), S. 8

356 Vgl. Pfarl (2014), S. 51

357 Vgl. Ahiabor / James (2018), S. 12f; Blanc-Brude / Strange (2007), S. 102; Corielli / Gatti / Steffanoni (2010), S. 1310

358 Vgl. Frank / Haiss / Handrich (2004), S. 1108

359 Vgl. Dailami / Leipziger (1998), S. 1291

360 Vgl. Alexandre / Bouaiss / Refait-Alexandre (2014), S. 108

361 Vgl. Altunbaş / Gadanecz (2004), S. 164; Kleimeier / Megginson (2000), S. 85; Gatti / Kleimeier / Megginson / Steffanoni (2013), S. 20; Girardone / Snaith (2011), S. 1729; Sorge / Gadanecz (2008), S. 74

Finanzierungsvolumina, die bei Projektfinanzierungen vorherrschen, bereits eine geringe prozentuelle Veränderung des Referenzzinssatzes zu einem hohen absoluten Mehr- oder Minderaufwand an Zinszahlungen führen kann.[362] Fixierte Zinssätze können vereinbart werden, um das Risiko eines Mehraufwands auf die Fremdkapitalgeber zu übertragen. Solche fixierten Zinssätze sollten per Definition höher ausfallen als Kreditmargen, die auf einen Basiszinssatz aufgeschlagen werden, da bei fixierten Zinssätzen die Margen bereits enthalten sind.[363] Darüber hinaus übernimmt der Fremdkapitalgeber das Risiko der Zinserhöhung, welcher unter Umständen versucht, die Kosten dafür wieder auf den Gläubiger durch höhere Zinssätze zu übertragen. Zudem decken sich langfristig fixierte Zinssätze nicht mit der kurzfristigen variablen Einlagenseite von Banken, wodurch diese in vielen Märkten nicht bereit sind, fixierte Zinssätze für lange Laufzeiten zu vergeben.[364]

Pinto / Alves (2016) kann diesbezüglich mit einer Stichprobe von amerikanischen und europäischen Projektfinanzierungskrediten zeigen, dass fixierte Zinssätze tatsächlich zu höheren Kreditmargen führen.[365] Sorge / Gadanecz (2004) können für eine Stichprobe von Projektanleihen denselben Effekt nachweisen.[366]

Diese Erkenntnisse führen zur Formulierung von Hypothese 8_{KM}, die als einzige vom theoretischen Rahmen abweicht. Zwar führt ein fixierter Zinssatz zu einer Reduktion der Cashflow-Volatilität und sollte daher zu niedrigeren Kreditmargen führen, jedoch sind Banken nur zu höheren Kosten bereit, das Zinsrisiko zu übernehmen. Daher lautet die Hypothese wie folgt:

Hypothese 8_{KM}: Projekte mit fixierten Zinssätzen verfügen über höhere Kreditmargen.

Das **Konstruktionsrisiko** beschreibt die Gefahr, dass das Projekt verspätet oder nicht fertiggestellt wird. Bei neuen Projekten (*Greenfield*) ist dieses Risiko tendenziell höher als bei einem Aus- oder Umbau eines bestehenden Projekts (*Brownfield*). Thierie / Moor (2018a) untersuchen diesbezüglich, ob sich dies

362 Vgl. Tytko (1999), S. 151

363 Vgl. Yescombe (2014), S. 338; Bei Projektanleihen setzt sich die variable Verzinsung oft aus einer Marge über einer Staatsanleihe mit vergleichbarer Laufzeit zusammen.

364 Vgl. Yescombe (2014), S. 265

365 Vgl. Pinto / Alves (2016), S. 40; Im Artikel wird von *Spreads* gesprochen, deswegen wird hier auch der Begriff Kreditmargen verwendet. Besser wäre jedoch der Begriff Kreditkosten, da ein fixierter Zinssatz eine Mischung aus fixer Basis und Kreditmarge ist.

366 Vgl. Sorge / Gadanecz (2004), S. 42

auch auf die Fremdkapitalkosten auswirkt, können jedoch keinen signifikanten Effekt nachweisen.[367] Demgegenüber können Buscaino / Caselli / Corielli / Gatti (2012) zeigen, dass bei *Project Finance Collateralized Debt Obligations*[368] der Ausgabepreis unter anderem vom Anteil der Projekte, die sich im Bau befinden, abhängt. Steigt dieser Anteil, so wirkt sich dies positiv auf den Ausgabepreis aus. Dies wiederum unterstreicht die Bedeutung des Konstruktionsrisikos, da die Investoren dafür eine höhere Rendite einfordern.[369]

Blanc-Brude / Strange (2007) argumentieren, dass das Konstruktionsrisiko auch von der Höhe der Baukosten abhängt, da bei größeren Projekten auch die Komplexität steigt. Anhand eines Samples europäischer und britischer PPP-Projekte können sie einen signifikant positiven Effekt der Gesamtkosten auf die Kreditmarge feststellen und damit diese Hypothese stützen.[370]

Ein probates Mittel zur Übertragung des Konstruktionsrisikos auf die Gegenpartei stellt ein Konstruktionsvertrag, der unterschiedlich umfangreich gestaltet werden kann, dar.[371] Innerhalb eines solchen werden zumeist die Errichtungskosten sowie der Fertigstellungszeitpunkt durch den Errichter vertraglich garantiert, was sich negativ auf die Cashflow-Volatilität auswirkt und damit die Kreditmarge verringern sollte. Empirisch wurde dies von Corielli / Gatti / Steffanoni (2010) untersucht, wobei diese zwischen Konstruktionsverträgen und *EPC*-Verträgen unterscheiden. Für erstere Verträge finden die Autoren einen signifikant negativen Effekt auf die Marge. Dies bedeutet, dass Projekte mit Konstruktionsverträgen tendenziell günstigere Kredite erhalten, was wiederum für die risikomindernde Funktion dieser Kontrakte spricht. Überraschenderweise tritt dieser Effekt für *EPC*-Verträge innerhalb der Stichprobe in umgekehrter Form auf, d.h. Projekte mit *EPC*-Verträgen bezahlen höhere Kreditmargen. Nichtsdestotrotz argumentieren die Autoren, dass, wenn beide Effekte zusammen betrachtet werden, die Kreditmargen bei Projekten ohne Verträge um rund 18 Basispunkte höher als innerhalb der Vergleichsgruppe ausfallen.[372] Dies deckt sich auch mit dem theoretischen Rahmen dieser Arbeit und spiegelt sich in Hypothese 9_{KM} wider:

367 Vgl. Thierie / Moor (2018a), S. 19

368 Für eine Definition siehe Buscaino / Caselli / Corielli / Gatti (2012), S. 951

369 Vgl. Buscaino / Caselli / Corielli / Gatti (2012), S. 967

370 Vgl. Blanc-Brude / Strange (2007), S. 104

371 Vgl. Böttcher / Blattner (2013), S. 82ff

372 Vgl. Corielli / Gatti / Steffanoni (2010), S. 1312f

Hypothese 9_{KM}: Projekte mit Konstruktionsverträgen verfügen über niedrigere Kreditmargen.

Corielli / Gatti / Steffanoni (2010) untersuchen ebenfalls, ob sich Betriebsverträge bzw. *Operation & Maintenance*-Verträge negativ auf die Kreditmarge auswirken. Die Hypothese dazu baut ebenfalls auf der Idee auf, dass ein solcher Vertrag die Cashflow-Volatilität reduziert, da aufgrund von Betriebs- und Wartungsverträgen eine effizientere sowie effektivere Betriebsführung gewährleistet werden kann. Wenngleich dieser Effekte für die Stichprobe nicht nachgewiesen werden kann[373], wird Hypothese 10_{KM} analog formuliert, da auch gemäß des theoretischen Rahmens dieser Arbeit ein solcher Effekt eintreten sollte.

Hypothese 10_{KM}: Projekte mit Betriebsverträgen verfügen über niedrigere Kreditmargen.

Das **Abnahmerisiko** besteht, sofern eine mengen- sowie preismäßige Abnahme des Outputs des Projekts nicht sichergestellt werden kann. Gemäß dem theoretischen Rahmen führt dies zu einer Erhöhung der Cashflow-Volatilität und damit der Ausfallwahrscheinlichkeit sowie der Kreditmarge, die die Fremdkapitalgeber einfordern. Kann eine Abnahme über eine vertragliche Konstruktion gewährleistet werden, so tritt der umgekehrte Effekt ein. Hypothese 11_{KM} beschreibt diesen Sachverhalt.

Empirische Ergebnisse unterstreichen den Einfluss des Abnahmerisikos auf die Fremdkapitalkosten nur teilweise. So können Buscaino / Caselli / Corielli / Gatti (2012) nachweisen, dass der Ausgabepreis von *Project Finance Collateralized Debt Obligations* mit dem Anteil an Projekten ohne Abnahmeverträge steigt. Folglich fordern Investoren für ein Portfolio von Projekten mit einem hohen Anteil an Abnahmerisiko höhere Renditen.[374] Für Projektfinanzierungskredite und die entsprechenden Kreditmargen können Corielli / Gatti / Steffanoni (2010) diesen Effekt nicht finden.[375]

Einen Spezialfall von Abnahmeverträgen, nämlich fixe Zahlungen im Rahmen von Konzessionen, untersuchen Thierie / Moor (2018a). Bei Konzessionsprojekten, wie z.B. Autobahnen, kann der Staat den privaten Betreiber über fixe Zahlungen kompensieren (Verfügbarkeitsmodelle) oder ein Entgelt in Abhängigkeit von der tatsächlichen Auslastung (Maut oder Schattenmaut bei

373 Vgl. Corielli / Gatti / Steffanoni (2010), S. 1312
374 Vgl. Buscaino / Caselli / Corielli / Gatti (2012), S. 964
375 Vgl. Corielli / Gatti / Steffanoni (2010), S. 1310

Autobahnen) einheben bzw. einheben lassen. Kommt ein Verfügbarkeitsmodell zum Tragen und bleibt das Abnahmerisiko damit beim Staat, so sinkt – gemäß der Studie von Thierie / Moor (2018a) – die Marge der entsprechenden Projektfinanzierungskredite.[376] Auch dies verdeutlicht die Bedeutung des Abnahmerisikos für die Finanzierungskosten.

In Zusammenhang mit dem Abnahmerisiko steht auch das Risiko, dass die Gegenpartei eines Abnahmevertrages diesen nicht erfüllen kann, z.B. aufgrund von Insolvenz. Dies wird auch als *Counterparty Risk* bezeichnet[377]. Bonetti / Caselli / Gatti (2010) untersuchen dessen Einfluss auf die Finanzierungskosten eines Projekts. Im konkreten Fall dient die Marge der Projektanleihe eines Kohlekraftwerks als abhängige Variable, die Kreditwürdigkeit des Stromabnehmers als unabhängige Variable. Die Resultate zeigen eine negative Beziehung zwischen Kreditwürdigkeit und Marge, d.h. mit steigender Kreditwürdigkeit des Abnehmers sinken die Fremdkapitalkosten.[378] Dailami / Hauswald (2007) wählen einen ähnlichen Zugang und können die These des *Counterparty Risks* mit den Ergebnissen ihrer Studie einer Gasförderanlage in Katar und deren Abnehmer stützen. Die Autoren legen dabei wie in dieser Arbeit das Merton-Modell zugrunde, um die Ausfallwahrscheinlichkeit des Projekts mit der Ausfallwahrscheinlichkeit des wichtigsten Abnehmers zu vergleichen. Sie können dabei zeigen, dass diese sehr nahe beieinander liegen, was wiederum die These des *Counterparty Risks* stützt.[379]

Hypothese 11_{KM}: Projekte mit Abnahmeverträgen verfügen über niedrigere Kreditmargen.

Das **Lieferrisiko** sowie Lieferverträge stellen das Pedant zu Abnahmerisiko und -vertrag auf der Beschaffungsseite des Projekts dar. Lieferverträge stabilisieren die Cashflows indem Schwankungen bei Menge und Preis der Rohstoffe ausgeschlossen oder gemindert werden. Ein Einsatz eines Liefervertrags sollte somit die Ausfallwahrscheinlich des Kredits und somit auch die dafür zu zahlende Marge reduzieren. Hypothese 12_{KM} beschreibt diesen Zusammenhang.

Empirisch untersucht wurde dies von Corielli / Gatti / Steffanoni (2010), die einen signifikant negativen Effekt des Vorhandenseins eines Liefervertrages auf

376 Vgl. Thierie / Moor (2018a), S. 20
377 Vgl. Gatti (2013), S. 57
378 Vgl. Bonetti / Caselli / Gatti (2010), S. 71
379 Vgl. Dailami / Hauswald (2007), S. 273f

die Kreditmarge finden können, jedoch nur, wenn der Liefervertrag mit einer anderen Partei als einem Sponsor geschlossen wurde.[380]

Hypothese 12_{KM}: Projekte mit Lieferverträgen verfügen über niedrigere Kreditmargen.

Das **technologische Risiko** tritt auf, wenn eine neue, unter Umständen unerprobte Technologie eingesetzt wird, wodurch Gefahr besteht, die Produktionsmenge und -qualität nicht wie geplant erreichen zu können, was wiederum zu Cashflow-Fluktuationen führen kann.[381] Hierbei kann es zu Überschneidungen mit dem Konstruktions- sowie Betriebsrisiko und den jeweiligen risikomindernden Maßnahmen kommen.

Um das Technologierisiko mindern zu können, empfiehlt sich der Einsatz von erprobter Technologie und auch ein gewisses Maß an Erfahrung damit seitens der Sponsoren. Dies kann gemäß dem theoretischen Rahmen die Cashflows stabilisieren und sich damit in verringerten Kreditmargen manifestieren. Dies erklärt auch die Berücksichtigung der Erfahrung der Sponsoren mit Land und Branche in Kreditratingverfahren.[382]

Böttcher / Blattner (2013) schreiben dazu: *Würde eine neue Technologie finanziert werden, müssten sich die Kapitalgeber auf einen instabilen Cashflow einlassen, […]. Fremdkapitalgeber legen Wert auf vergleichbare und belastbare Referenzprojekte.*[383] Hypothese 13_{KM} fasst die getroffenen Annahmen zu Referenzprojekten bzw. zur Erfahrung zusammen:

Hypothese 13_{KM}: Projekte mit erfahrenen Sponsoren verfügen über niedrigere Kreditmargen.

4.5.3.4 Wechselwirkungen mit der Kreditmarge

Hypothese 14_{KM} sowie **Hypothese 15_{KM}** ergeben sich aus dem theoretischen Rahmen und beziehen sich auf die Verbindungen zwischen den Variablen der Finanzierungsstruktur, also Fremdkapitalquote, Kreditmarge und Laufzeit.

Aus dem Kapitel zum theoretischen Rahmen ist bekannt, dass die Ausfallwahrscheinlichkeit von der **Fremdkapitalquote** abhängig ist, da eine Insolvenz eintritt, wenn der Wert des Projekts unter den Wert des Fremdkapitals fällt.

380 Vgl. Corielli / Gatti / Steffanoni (2010), S. 1312
381 Vgl. Böttcher / Blattner (2013), S. 86f
382 Vgl. Izzi / Oricchio / Vitale (2012), S. 211
383 Böttcher / Blattner (2013), S. 86

Erhöht sich der Anteil des Fremdkapitals bei gleichbleibendem Projektwert, steigt folglich auch die Ausfallwahrscheinlichkeit und damit die erforderliche Kreditmarge. Im Umkehrschluss gilt aber auch, dass bei steigender Kreditmarge die Ausfallwahrscheinlichkeit steigt, da die Ertragskraft durch die hohen Zinszahlungen gemindert wird, wodurch die potentiellen Insolvenzkosten steigen und die Fremdkapitalquote sinkt. Folglich besteht zwischen Kreditmarge und Fremdkapitalquote ein negativer Zusammenhang, jedoch kein einseitiger Effekt. Hypothese 14_{KM} drückt dies aus.

Einzig Kleimeier / Megginson (2001) sowie Corielli / Gatti / Steffanoni (2010) können diesen Zusammenhang empirisch nachweisen.[384] Andere Autoren, die die Fremdkapitalquote berücksichtigen, können keinen signifikanten Effekt finden.[385]

Hypothese 14_{KM}: Zwischen Kreditmargen und Fremdkapitalquote besteht ein negativer Zusammenhang

Beinahe sämtliche Studien zu den Determinanten der Kreditmarge von Projektfinanzierungskrediten berücksichtigen die **Laufzeit der Kredite** als Kontrollvariable. Dabei findet eine knappe Mehrheit der Beiträge einen signifikant positiven Effekt der Laufzeit auf die Kreditmarge, jedoch sind die Effektgrößen teilweise sehr gering.[386]

Corielli / Gatti / Steffanoni (2010), Girardone / Snaith (2011) sowie Gatti / Kleimeier / Megginson / Steffanoni (2013) können keinen signifikanten Effekt nachweisen[387] und bei Altunbaş / Gadanecz (2003) Pinto / Alves (2016) sowie Ahiabor / James (2018) ändert sich die Effektstärke und -richtung für unterschiedliche Teile der Stichprobe.[388] Kleimeier / Megginson (2000), Kleimeier / Megginson (2001) und Altunbaş / Gadanecz (2004) finden einen signifikant negativen Effekt der Laufzeit auf die Kreditmarge, jedoch sind auch hier die Koeffizienten sehr gering. So verringert sich die Kreditmarge bei Kleimeier /

384 Vgl. Corielli / Gatti / Steffanoni (2010), S. 1310; Kleimeier / Megginson (2001), S. xlvii

385 Vgl. Blanc-Brude / Strange (2007), S. 103; Dailami / Leipziger (1998), S. 1291; Thierie / Moor (2018a), S. 17

386 Vgl. Alexandre / Bouaiss / Refait-Alexandre (2014), S. 108; Blanc-Brude / Strange (2007), S. 103; Kleimeier / Megginson (2001), S. 46; Pfarl (2014), S. 67; Thierie / Moor (2018a), S. 18; Bei Buscaino / Caselli / Corielli / Gatti (2012) gilt dies für CDO-Margen

387 Vgl. Corielli / Gatti / Steffanoni (2010), S. 1310; Gatti / Kleimeier / Megginson / Steffanoni (2013), S. 20; Girardone / Snaith (2011), S. 1729

388 Vgl. Altunbaş / Gadanecz (2003)

Megginson (2001) um lediglich acht Basispunkte bei einer Zunahme der Laufzeit um zehn Jahre. Gesammelt betrachtet, kann aus den bisherigen Forschungsergebnissen kein eindeutiger Schluss gezogen werden.

Sorge / Gadanecz (2004) und Sorge / Gadanecz (2008) untersuchen als einzige explizit die Verbindung zwischen Laufzeit und Kreditmarge. Dies wird auch als *Term Structure* bzw. Zinsstruktur oder Laufzeitstruktur bezeichnet. Die Autoren finden dabei keinen linearen Zusammenhang zwischen Laufzeit und Marge, sondern eine konkave Beziehung (*Humped-shaped*), folglich steigt die Kreditmarge bis zu einer gewissen Laufzeit und fällt danach wieder leicht ab. Dies lässt sich zum einen theoretisch begründen, da das Merton-Modell, das die Autoren zugrunde legen, bei sehr hohen Verschuldungsgraden einen solche konvexe Kurve prognostiziert.[389]

Darüber hinaus lässt sich argumentieren, dass zwar mit der Laufzeit auch die Unsicherheit über die Entwicklung des Projekts steigt, aber bei längeren Laufzeiten die relative jährliche Rückzahlungsbelastung sinkt, ceteris paribus.[390] Bei kurzen Laufzeiten kann überdies ein Refinanzierungsrisiko entstehen, wenn eine benötigte Folgefinanzierung nicht sichergestellt werden kann. Zudem sind Projekte vor allem in der Anfangsphase riskanter, da erst nach erfolgreichem Bau und etwaigem Testbetrieb substantielle Cashflows erwirtschaftet werden können.[391]

Die Gefahr, dass das Projekt zum Rückzahlungszeitpunkt nicht genügend Cashflows erwirtschaftet, um die Fremdkapitalgeber zu bedienen, steigt mit der Höhe des Fremdkapitalanteils. Bei hoch verschuldeten Unternehmen führt eine Verlängerung der Laufzeit des Fremdkapitals zu einer Verringerung der finanziellen Belastung durch Rückzahlungen und senkt dadurch die Ausfallwahrscheinlich und auch die Kreditmarge etwas. Dies erklärt die leicht abfallende Zinskurve bei hoch verschuldeten Projekten, die das Merton-Modell produziert.

Folglich kann die Fremdkapitalquote auch als Moderatorvariable verstanden werden, die den ansonsten linearen Zusammenhang zwischen Kreditmarge und Laufzeit in eine konvexe Form „biegt“. Dies beschreiben auch Sorge / Gadanecz (2004) und Sorge / Gadanecz (2008) im Detail, testen dies jedoch nicht empirisch. Die Formulierung der Hypothese 15_{KM} und die dazugehörigen Analysen versuchen diesem Umstand Rechnung zu tragen.

---

389 Siehe hierzu Abbildung 11 in Unterkapitel 3.2.2.3

390 Vgl. Dailami / Leipziger (1998), S. 1287

391 Vgl. Altunbaş / Gadanecz (2004), S. 157; Blanc-Brude / Strange (2007), S. 96

Hypothese 15_{KM}: Zwischen der Laufzeit von Projektfinanzierungskrediten und der Kreditmarge besteht ein positiver Zusammenhang, wobei dieser von der Fremdkapitalquote moderiert wird.

4.5.3.5 Zwischenresümee zu Risiko und Kreditmarge

Dieser Abschnitt dient nochmals als Zusammenfassung der Hypothesen, die aufbauend auf einer Diskussion des gegenwärtigen Stands der Forschung zum Thema Risiko und Kreditmarge entwickelt wurden. Tabelle 7 stellt die Hypothesen nochmals gesammelt dar:

Tabelle 7: Hypothesen zu Risiko und Kreditmarge

Länderebene	
Hypothese 1_{KM}:	Ein hohes makroökonomisches Risiko führt zu einer höheren Kreditmarge.
Hypothese 2_{KM}:	Ein hohes politisches Risiko führt zu einer höheren Kreditmarge.
Hypothese 3_{KM}:	Die Beteiligung einer internationalen Finanzinstitution führt zu einer niedrigeren Kreditmarge.
Hypothese 4_{KM}:	Ein hohes Maß an Gläubigerschutz führt zu einer niedrigeren Kreditmarge.
Hypothese 5_{KM}:	Das Vorhandensein eines Wechselkursrisikos führt zu einer höheren Kreditmarge.
Branchenebene	
Hypothese 6_{KM}:	Projekte in Branchen mit hoher Cashflow-Volatilität verfügen über erhöhte Kreditmargen.
Hypothese 7_{KM}:	Projekte in Branchen mit einer hohen Nachfrage verfügen über geringere Kreditmarge.
Projektebene	
Hypothese 8_{KM}:	Projekte mit fixierten Zinssätzen verfügen über höhere Kreditmargen.
Hypothese 9_{KM}:	Projekte mit Konstruktionsverträgen verfügen über niedrigere Kreditmargen.
Hypothese 10_{KM}:	Projekte mit Betriebsverträgen verfügen über niedrigere Kreditmargen.
Hypothese 11_{KM}:	Projekte mit Abnahmeverträgen verfügen über niedrigere Kreditmargen.
Hypothese 12_{KM}:	Projekte mit Lieferverträgen verfügen über niedrigere Kreditmargen.
Hypothese 13_{KM}:	Projekte mit erfahrenen Sponsoren verfügen über niedrigere Kreditmargen.
Wechselwirkungen	
Hypothese 14_{KM}:	Zwischen Kreditmargen und Fremdkapitalquote besteht ein negativer Zusammenhang
Hypothese 15_{KM}:	Zwischen der Kreditmarge und der Laufzeit von Projektfinanzierungskrediten besteht ein positiver Zusammenhang, wobei dieser von der Fremdkapitalquote moderiert wird.

4.5.4 State of the Art und Hypothesenentwicklung zu Risiko und Laufzeit

In den folgenden Unterkapiteln werden die Hypothesen zum Zusammenhang zwischen Risiko und Laufzeit des Fremdkapitals entwickelt. Vorab sei jedoch erwähnt, dass mit nur zwei Beiträgen sehr wenig Literatur rund um das Thema Laufzeit von Projektfinanzierungskrediten besteht. Bei Thierie / Moor (2018b) handelt es sich um den einzigen Beitrag, der explizit die Determinanten der Laufzeit von Projektfinanzierungskrediten untersucht. Dabei wird eine Stichprobe von 1.801 Finanzierungstranchen aus den Jahren 1997 bis 2016 eingesetzt.[392] Daneben untersuchen auch Alexandre / Bouaiss / Refait-Alexandre (2014) die Determinanten der Laufzeit, jedoch von syndizierten Krediten im Allgemeinen. Im Sample, das aus 4.044 syndizierten Kredittranchen aus dem Jahr 2008 besteht, befinden sich rund 3,5 Prozent Projektfinanzierungskredite.[393]

Da empirische Ergebnisse zum Zusammenhang zwischen Risiko und Laufzeit fehlen, basiert die Hypothesenentwicklung stark auf dem theoretischen Rahmen. Der Aufbau des Abschnitts folgt der bereits bekannten Unterteilung in Länder- (Abschnitt 4.5.4.1), Branchen- (Abschnitt 4.5.4.2) sowie Projektebene (4.5.4.3). Unterkapitel 4.5.4.4 betrifft die Entwicklung einer Hypothese zur Wechselwirkung zwischen Laufzeit und Fremdkapitalquote. Im Anschluss daran folgt in Abschnitt 4.5.4.5 nochmals ein kompakter Überblick über die entwickelten Hypothesen.

4.5.4.1 Risiken auf Länderebene

Das **makroökonomische Risiko** beschreibt eine Gefahr für den Projekterfolg aufgrund einer schlechten wirtschaftlichen Entwicklung im Gastland. Dass dies einen Effekt auf die Laufzeit von syndizierten Krediten haben kann, zeigen Alexandre / Bouaiss / Refait-Alexandre (2014). Die Kreditmargen stiegen nach der Weltfinanzkrise 2008 erheblich, während die Laufzeiten der Kredite zurückgingen.[394]

Thierie / Moor (2018b) berücksichtigen das makroökonomische Risiko mit dem wirtschaftlichen Wachstum gemessen am BIP, der Inflation sowie der Staatsschuldenquote im Gastland, können aber keinen signifikanten Effekt dieser Variablen auf die Laufzeit feststellen. Zusätzlich überprüfen die Autoren, ob

392 Vgl. Thierie / Moor (2018b), S. 9f
393 Vgl. Alexandre / Bouaiss / Refait-Alexandre (2014), S. 103
394 Vgl. Alexandre / Bouaiss / Refait-Alexandre (2014), S. 100

sich die Eigenkapitalrentabilität des Bankensektors im Land auf die Laufzeit der gewährten Kredite auswirkt. Hier kann ein negativer Effekt gefunden werden, was bedeutet, dass die wirtschaftliche Situation im Land keinen Einfluss auf die Laufzeit hat, wohl aber die wirtschaftliche Situation der Banken, die das Fremdkapital zur Verfügung stellen.[395]

Aus dem theoretischen Rahmenwerk lässt sich ableiten, dass bei gegebener Fremdkapitalquote und einer Erhöhung der Volatilität der Cashflows aufgrund makroökonomischer Instabilität eine Erhöhung der Kreditmarge durch eine Reduktion der Laufzeit begrenzt werden kann. Folglich sollte die Laufzeit in makroökonomisch instabilen Ländern sinken. Hypothese 1_{LZ} lautet demgemäß:

Hypothese 1_{LZ}: Ein hohes makroökonomisches Risiko führt zu einer kürzeren Laufzeit.

Dass das **politische Risiko** einen negativen Einfluss auf die Laufzeit des Fremdkapitals hat, wird von Thierie / Moor (2018b) hypothetisiert. Die Autoren argumentieren, dass Investoren politische Risiken nebst der makroökonomischen Situation im Gastland am stärksten bei Investitionsentscheidungen berücksichtigen. Sie führen dies auf die speziellen Charakteristika von Infrastrukturinvestitionen zurück, wie z.B. die Lebenszyklen, die zumeist viel länger ausfallen als die politischen Zyklen in den Gastländern. Zudem erläutern sie, dass politische Risiken Investitionen vor allem in Entwicklungsländern einschränken können.[396]

Empirisch verwenden die Autoren den PRS-Risikoindex sowie seine einzelnen Kategorien (Korruption, politische Stabilität, Mitspracherecht und politische Freiheit sowie Effektivität der Regierung bzw. des Staates). Die Ergebnisse zeigen, dass steigende Werte des Index, d.h. sinkendes politisches Risiko, einen positiven Einfluss auf die Laufzeit der Projektfinanzierungskredite besitzt. Die Ergebnisse deuten darauf hin, dass dies besonders auf Entwicklungsländer zutrifft.[397] Analog zu diesen Ergebnissen wird auch Hypothese 2_{LZ} formuliert:

Hypothese 2_{LZ}: Ein hohes politisches Risiko führt zu einer kürzeren Laufzeit.

395 Vgl. Thierie / Moor (2018b), S. 11
396 Vgl. Thierie / Moor (2018b), S. 3f
397 Vgl. Thierie / Moor (2018b), S. 11f

Die **Beteiligung einer internationalen Finanzinstitution** sollte sich positiv auf die Laufzeit des Fremdkapitals auswirken. Zum einen ist dies auf die Reduktion des politischen Risikos – explizit über Garantien oder implizit durch den *Political Umbrella* – zurückzuführen, die mit solch einer Beteiligung einhergeht. Darüber hinaus bestehen Programme dieser Organisationen, die darauf ausgelegt sind, die Laufzeiten von Krediten über Garantien zu verlängern[398] Zuletzt werden potentielle Projekte einer strengen Prüfung unterzogen, was wiederum das Risiko für andere, private Investoren verringert.[399] Hypothese 3_{LZ} drückt diesen Zusammenhang aus.

Sorge / Gadanecz (2008) sowie Thierie / Moor (2018b) können diesen Zusammenhang auch empirisch belegen. Die Verlängerung der Laufzeit durch eine Beteiligung einer internationalen Finanzinstitution liegt je nach Studie zwischen eineinhalb und viereinhalb Jahren.[400]

Hypothese 3_{LZ}: Die Beteiligung einer internationalen Finanzinstitution führt zu längeren Laufzeiten.

Rechtliche Risiken ergeben sich aus einer fehlenden Rechtsstaatlichkeit, geringer Regulierungsqualität oder einer fehlenden Rechtsdurchsetzbarkeit und können teilweise auf unterschiedliche Rechtstraditionen zurückgeführt werden.[401] Für Gläubiger kann dies bedeuten, dass ihre Forderungen im Insolvenzfall vom Ausfall bedroht sind. Dies wiederum führt zu höhere Kreditmargen und kürzeren Laufzeiten für Kredite in Ländern mit niedrigerem Schutz.

Thierie / Moor (2018b) überprüfen, ob sich das Ausmaß an Rechtsstaatlichkeit (*Rule of Law*) sowie die Regulierungsqualität (*Regulation Quality*) auf die Laufzeit von Projektfinanzierungskrediten auswirkt. Die Ergebnisse zeigen, dass sich ein hohes Maß an Rechtsstaatlichkeit und Regulierungsqualität positiv auf die Laufzeit auswirkt.[402]

Hypothese 4_{LZ} greift den Gläubigerschutz als explizite Form der rechtlichen Risiken auf. Aus Bankensicht erscheint es sinnvoll, Kredite mit langen Laufzeiten nur an Projekte in Länder zu vergeben, die die entsprechenden Forderungen auch im Insolvenzfall schützen. Jedoch profitieren auch Eigenkapitalgeber sowie

398 Siehe dazu im Detail Tinsley (2014), S. 341
399 Vgl. Thierie / Moor (2018b), S. 5f
400 Vgl. Sorge / Gadanecz (2008), S. 74; Thierie / Moor (2018b), S. 11f
401 Vgl. Djankov / McLiesh / Shleifer (2007), S. 301
402 Vgl. Thierie / Moor (2018b), S. 12

die Projektgesellschaft, die selbst in vertraglichen Beziehungen mit anderen Beteiligten steht, von einem hohen Gläubigerschutz. Dies erhöht die Sicherheit des Projekts als Ganzes und folglich lautet Hypothese 4_{LZ}:

> Hypothese 4_{LZ}: Ein hohes Maß an Gläubigerschutz führt zu einer längeren Laufzeit.

Das **Wechselkursrisiko** tritt bei Projektfinanzierungen vorrangig auf, wenn die Einnahmen des Projekts und die Rückzahlungsverpflichtungen in unterschiedlichen Währungen denominiert sind.[403] Der Effekt des Wechselkursrisikos auf die Laufzeit des Fremdkapitals wird in keinem der Beiträge untersucht.

Das Wechselkursrisiko kann zu Schwankungen der Einnahmen durch Schwankungen der Wechselkurse oder zu einer Verringerung der Einnahmen aufgrund eines mit Kosten verbundenen Wechselkursmanagements führen. Folglich erhöht sich die Cashflow-Volatilität oder die Cashflows sinken. Fremdkapitalgeber setzten sich diesen Schwankungen bei kürzeren Laufzeiten weniger aus. Hypothese 5_{LZ} beschreibt diesen Zusammenhang.

> Hypothese 5_{LZ}: Das Vorhandensein eines Wechselkursrisikos führt zu einer kürzeren Laufzeit.

4.5.4.2 Risiken auf Branchenebene

Branchenspezifische Effekte können sich ebenfalls auf die gewährten Laufzeiten des Fremdkapitals auswirken. Dies ist auf die unterschiedlichen Cashflow-Profile zurückzuführen, die unterschiedliche Branchen erzeugen. Finnerty (2013) dazu: *The project's expected pattern of cash generation constrains the amounts and types of securities utilized in the financing plan. In particular, the expected pattern of project cash flow will determine what debt repayment schedules are feasible.*[404]

Hierbei gilt wieder, dass eine hohe Volatilität der Cashflows die Wahrscheinlichkeit eines Kreditausfalls erhöht. Eine Verkürzung der Laufzeit kann dabei genutzt werden, um die Kreditmarge konstant zu halten. Hypothese 6_{LZ} lautet demgemäß wie folgt:

403 Vgl. Finnerty (2013), S. 82
404 Finnerty (2013), S. 154

> Hypothese 6_{LZ}: Projekte in Branchen mit hoher Cashflow-Volatilität verfügen über kürzere Laufzeiten.

Die Unterschiede in der Cashflow-Volatilität verschiedener Branchen ist zum Teil auch auf die unterschiedliche Nachfragesituation innerhalb dieser Branchen zurückzuführen. Besteht innerhalb eines Landes eine hohe Nachfrage nach Projekten bestimmter Branchen, sollten diese weniger riskant sein und auch längere Laufzeiten auf das Fremdkapital erhalten.

Dieser Zusammenhang wird in keinem der Beiträge untersucht. Thierie / Moor (2018b) können lediglich zeigen, dass PPP-Projekte über längere Laufzeiten verfügen als konventionelle Projekte, wobei die Autoren argumentieren, dass bei PPP-Projekten eine bessere Risikoverteilung zwischen privater und öffentlicher Seite besteht als bei konventionellen Projekten. Dies macht PPP-Projekte weniger riskant und erlaubt dadurch längere Laufzeiten.[405]

Nichtsdestotrotz fokussiert Hypothese 7_{LZ} nur auf den Nachfrageeffekt und lautet deshalb wie folgt:

> Hypothese 7_{LZ}: Projekte in Branchen mit einer hohen Nachfrage verfügen über längere Laufzeiten.

Daneben stellt sich wiederum die Frage, ob sich auch die Regulierung der Branche auf die Laufzeit des Fremdkapitals auswirkt. Wie bereits in Abschnitt 4.5.2 und 4.5.3 dargelegt wurde, kann die Regulierung einer Branche Auswirkungen auf den Cashflow haben, wobei wiederum schwierig abzuschätzen ist, ob sich ein hohes oder ein niedriges Maß an Regulierung bzw. eine Veränderung des Ausmaßes positiv oder negativ auf die Cashflow-Volatilität auswirkt.

Thierie / Moor (2018b) dazu: *The economic performance of an infrastructure asset depends directly on (changes in) the regulatory framework and/or on money from the public purse […] The regulations in question might be sector specific, as in the case of power grids (which involve a natural monopoly) or public transportation (when assets rely on subsidies).*[406]

Da die Effektrichtung nicht abschätzbar ist und auch eine Messung des Ausmaßes an Regulierung in verschiedenen Ländern und Branchen schwierig bis unmöglich ist, wird dieser Zusammenhang nicht mit einer Hypothese bedacht.

---

405 Vgl. Thierie / Moor (2018b), S. 11
406 Thierie / Moor (2018b), S. 5

4.5.4.3 Risiken auf Projektebene

Das **Finanzierungsrisiko** beschreibt die Gefahr einer fehlenden oder teurer werdenden Finanzierung und ist auf die Charakteristika des Kredits sowie der Kreditgeber zurückzuführen. Alexandre / Bouaiss / Refait-Alexandre (2014) untersuchen diesbezüglich, ob sich Vereinbarungen in Kreditverträgen zur Einhaltung bestimmter Finanzkennzahlen (*Covenants*) positiv auf die Laufzeit auswirken. Sie können diesen Effekt nachweisen und können überdies zeigen, dass mit der Größe des Kreditvolumens auch die Laufzeit steigt. Ein eher kontraintuitives Ergebnis ist, dass die Laufzeit mit der Anzahl der Banken und der Anzahl der Konsortialführer sinkt.[407]

Wenngleich kontraintuitiv, kommen auch Thierie / Moor (2018b) zu dem Ergebnis, dass mit steigender Syndikatsgröße die Laufzeit sinkt. Die Autoren führen dies auf höhere Transaktionskosten großer Konsortien zurück, die sich negativ auf die Laufzeit auswirken. Zudem kann gezeigt werden, dass die neuen Basel III Richtlinien einen negativen Effekt auf die Laufzeit haben. Dies wird auf gestiegene Kosten der Banken aufgrund von erweiterten Eigenkapital- und Liquiditätsvorschriften zurückgeführt. Pfarl (2014) kann im qualitativen Teil ihrer Studie überdies zeigen, dass in Krisenzeiten, die von einem verstärkten Refinanzierungsrisiko gekennzeichnet sind, *Miniperm-Loans* als Finanzierungsform mit kürzeren Laufzeiten besonders häufig eingesetzt wurden.[408]

Die vorliegenden Beiträge greifen somit das Refinanzierungsrisiko als Teil des Finanzierungsrisikos auf, welches vorrangig die Fremdkapitalgeber betrifft. Nicht untersucht wird dabei das Zinsänderungsrisiko, dass vor allem von der Projektgesellschaft getragen wird.[409] Das Zinsänderungsrisiko kann mithilfe von fixierten Zinssätzen auf den Fremdkapitalgeber übertragen werden. Dies würde zu einer Reduktion des Gesamtrisikos führen und damit längere Laufzeiten des Fremdkapitals ermöglichen. Banken sind in vielen Fällen jedoch nicht bereit, dieses Risiko über einen langen Zeitraum zu übernehmen, da ihre Gegenpositionen (d.h. die Einlagenseite) mit kürzeren Laufzeiten ausgestattet sind.[410] Folglich sollte bei fixierten Zinssätzen der umgekehrte Effekt – beschrieben in Hypothese 8_{LZ} – eintreten.

---

407 Vgl. Alexandre / Bouaiss / Refait-Alexandre (2014), S. 108

408 Vgl. Pfarl (2014), S. 211; Bei *Miniperm-Loans* handelt es sich um kurzfristige Kredite, die zur Überbrückung der Bauzeit gewährt werden und zumeist am Ende der Bauzeit durch eine langfristige Refinanzierung getilgt werde.

409 Vgl. Tytko (1999), S. 151f

410 Vgl. Finnerty (2013), S. 265

Hypothese 8_{LZ}: Projekte mit fixierten Zinssätzen verfügen über kürzere Laufzeiten.

Das **Konstruktionsrisiko** beschreibt die Gefahr eines Misserfolges des Projekts aufgrund einer verlängerten Bauzeit, fehlerhaften Konstruktion und/oder erhöhten Baukosten. Dieses Risiko tritt verstärkt bei Neu- im Gegensatz zu Ausbauten auf. Thierie / Moor (2018b) können nachweisen, dass das Charakteristikum Neubauten (*Greenfield*) bei den entsprechenden Krediten zu kürzeren Laufzeiten führt. Folglich kann davon ausgegangen werden, dass diese Projekte als riskanter eingestuft werden.[411]

Die Möglichkeit, das Konstruktionsrisiko mittels Konstruktionsvertrag auf den Errichter zu übertragen, wird jedoch in keinem Beitrag untersucht. Entsprechend der Logik der Neubauprojekte sollten Projekte mit Konstruktionsvertrag als weniger riskant eingestuft werden und damit über längere Laufzeiten verfügen. Hypothese 9_{LZ} fasst dies zusammen:

Hypothese 9_{LZ}: Projekte mit Konstruktionsverträgen verfügen über längere Laufzeiten.

Im Anschluss an die Konstruktionsphase besteht das **Betriebsrisiko**, welches die Gefahr eines Scheiterns des Projekts bzw. einer Erhöhung der Cashflow-Volatilität aufgrund von Wartungs- und Betriebsfehlern beschreibt. Mithilfe von Betriebsverträgen kann dieses Risiko auf einen qualifizierten Betreiber übertragen werden.[412] Dadurch erhöht sich die Cashflow-Stabilität und wiederum die Laufzeit des Fremdkapitals. Hypothese 10_{LZ} lautet dementsprechend:

Hypothese 10_{LZ}: Projekte mit Betriebsverträgen verfügen über längere Laufzeiten.

Das **Abnahmerisiko** tritt ein, wenn nicht sichergestellt werden kann, dass der Output des Projekts zum geplanten Preis und in geplanter Menge abgenommen wird. Thierie / Moor (2018b) stellen die Hypothese auf, dass Projekte, die keinem Abnahmerisiko ausgesetzt sind, über längere Laufzeiten ihres Fremdkapitals verfügen, da Investoren diese Projekte als weniger riskant einstufen. Die entsprechenden Ergebnisse stützen diese Hypothese; Projekte, deren Einnahmen auf einer Verfügbarkeitsgrundlage basieren, verfügen je nach Modellspezifikation

411 Vgl. Thierie / Moor (2018b), S. 12
412 Vgl. Gatti (2013), S. 44ff

über 1,23 bis 2,67 Jahre längere Laufzeiten gegenüber Projekten, deren Einnahmen auf der tatsächlichen Abnahme basieren.[413]

Eine andere Möglichkeit, das Risiko auf den Abnehmer zu übertragen, kann über Abnahmeverträge erfolgen. Diese sollten ebenfalls die Cashflows stabilisieren und gemäß dem theoretischen Rahmen zu einer längeren Laufzeit des Fremdkapitals führen. Hypothese 11_{LZ} drückt dies aus:

Hypothese 11_{LZ}: Projekte mit Abnahmeverträgen verfügen über längere Laufzeiten.

An der anderen Seite der Wertschöpfungskette kann beim Rohstoffeinkauf das **Lieferrisiko** eintreten, welches die Gefahr einer negativen Cashflow-Entwicklung aufgrund von Preissteigerungen, Ausfällen und / oder qualitativen Mängeln der Rohstofflieferungen beschreibt. Wenngleich es keine empirischen Ergebnisse zum Einfluss dieses Risikos gibt, lässt sich zum einen aus den Ergebnissen zum Abnahmerisiko und zum anderen aus dem theoretischen Rahmen ableiten, dass die Übertragung des Lieferrisikos durch einen Liefervertrag zu einer Verlängerung der Laufzeit des Fremdkapitals führen sollte. Hypothese 12_{LZ} fasst dies zusammen:

Hypothese 12_{LZ}: Projekte mit Lieferverträgen verfügen über längere Laufzeiten.

Eine Möglichkeit, das **Technologierisiko** zu mindern, ist die Erfahrung des Sponsors mit der eingesetzten Technologie. Dies wird auch von den Fremdkapitalgebern positiv bewertet. Yescombe (2014) dazu: *Lenders wish to have Sponsors with: experience in the industry concerned and, hence, the ability to provide any technical or operating support required by the project.*[414] Daraus, sowie aufgrund des theoretischen Rahmens, lässt sich vermuten, dass sich die Erfahrung des Sponsors positiv auf die Laufzeit des Fremdkapitals auswirkt. Folglich lautet Hypothese 13_{LZ}:

Hypothese 13_{LZ}: Projekte mit erfahrenen Sponsoren verfügen über längere Laufzeiten.

4.5.4.4 Wechselwirkungen mit der Laufzeit

Mit Hypothese 14_{LZ} wird eine Hypothese formuliert, die auf die **Wechselwirkungen** im theoretischen Modell abzielt. Hierzu gibt es bisher keine empirischen Untersuchungen.

413 Vgl. Thierie / Moor (2018b), S. 10f

414 Yescombe (2014), S. 30

Aus dem Modell ist bekannt, dass mit steigender Verschuldung auch die Insolvenzwahrscheinlichkeit steigt, da sich mit steigendem Wert des Fremdkapitals auch die Wahrscheinlichkeit, dass der Unternehmenswert unter diesen fällt, steigt. Dies wiederum sollte bei gleichbleibender Kreditmarge zu einem Rückgang der Laufzeit führen. Umgekehrt gilt wiederum:

> Hypothese 14_{LZ}: Zwischen der Fremdkapitalquoten und Laufzeiten besteht ein negativer Zusammenhang.

4.5.4.5 Zwischenresümee zu Risiko und Laufzeit

Zum Abschluss des Unterkapitels 4.5.4 gibt Tabelle 8 nochmals einen Überblick über die Hypothesen, die zuvor aufgestellt wurden. Im Anschluss an diesen Abschnitt folgt ein Resümee des Literature Reviews sowie eine Zusammenfassung sämtlicher Hypothesen.

Tabelle 8: Hypothesen zu Risiko und Laufzeit

Länderebene	
Hypothese 1_{LZ}:	Ein hohes makroökonomisches Risiko führt zu einer kürzeren Laufzeit.
Hypothese 2_{LZ}:	Ein hohes politisches Risiko führt zu einer kürzeren Laufzeit.
Hypothese 3_{LZ}:	Die Beteiligung einer internationalen Finanzinstitution führt zu längeren Laufzeiten.
Hypothese 4_{LZ}:	Ein hohes Maß an Gläubigerschutz führt zu einer längeren Laufzeit.
Hypothese 5LZ:	Das Vorhandensein eines Wechselkursrisikos führt zu einer kürzeren Laufzeit.
Branchenebene	
Hypothese 6_{LZ}:	Projekte in Branchen mit hoher Cashflow-Volatilität verfügen über kürzere Laufzeiten.
Hypothese 7_{LZ}:	Projekte in Branchen mit einer hohen Nachfrage verfügen über längere Laufzeiten.
Projektebene	
Hypothese 8_{LZ}:	Projekte mit fixierten Zinssätzen verfügen über kürzere Laufzeiten.
Hypothese 9_{LZ}:	Projekte mit Konstruktionsverträgen verfügen über längere Laufzeiten.
Hypothese 10_{LZ}:	Projekte mit Betriebsverträgen verfügen über längere Laufzeiten.
Hypothese 11_{LZ}:	Projekte mit Abnahmeverträgen verfügen über längere Laufzeiten.
Hypothese 12_{LZ}:	Projekte mit Lieferverträgen verfügen über längere Laufzeiten.
Hypothese 13_{LZ}:	Projekte mit erfahrenen Sponsoren verfügen über längere Laufzeiten.
Wechselwirkungen	
Hypothese 14_{LZ}:	Zwischen der Laufzeit und der Fremdkapitalquote besteht ein negativer Zusammenhang.

4.6 Resümee des Literature Reviews und Zusammenfassung der Hypothesen

Die sehr breit angelegte Literatursuche brachte 222 Beiträge in Form von Journalartikeln, Buchbeiträgen, Hochschulschriften und Arbeitspapieren in deutscher und englischer Sprache hervor. Diese verteilen sich auf 70 Zeitschriften und Verlage, wobei rund die Hälfte der Beiträge dem *Journal of Structured Finance* und dessen Vorgängerzeitschriften entstammen. Die übrigen Beiträge finden sich in Zeitschriften und Verlagen mit einer Vielzahl an unterschiedlichen Themenschwerpunkten wie z.B. Finanzierung, Management, Internationale Geschäftstätigkeit, Organisations- oder Entwicklungsforschung.[415] Dies lässt ein Interesse für diesen Forschungsgegenstand von Bereichen, die über die klassische Finanzierung hinausgehen, vermuten.

Seit dem Jahr 1997 kann – gemessen an der jährlichen Publikationsanzahl – ein reger Diskurs beobachtet werden.[416] Führend mit der Anzahl der Beiträge sind dabei Stefano Gatti von der Universität Boconni, Benjamin C. Esty von der Harvard Business School sowie Stefanie Kleimeier von der Universität Maastricht.[417] Zur Kennzeichnung der Beiträge wurden über 450 verschiedene Schlagwörter verwendet, wobei sich eine Vielzahl dieser Beiträge um die Themen Infrastruktur, Kapitalmanagement, Risikomanagement und Investitionsanalysen drehen.[418]

Um den Stand der Forschung zu den Fragestellungen dieser Arbeit erfassen zu können, wurde die große Anzahl der Beiträge zuerst einer Grob- und danach einer Feinanalyse unterzogen. Dabei wurden die Beiträge gemäß Publikationsart, Forschungsmethode und Fokus kategorisiert. Das Ziel dabei war es, die Publikationen, die sich mit den Variablen der Finanzierungsstruktur auseinandersetzten, aufzuarbeiten. Die übrigen Publikationen wurden nur kurz diskutiert.

Es konnte gezeigt werden, dass rund um das Thema Projektfinanzierung mit 222 Beiträgen zwar ein gewisser Bestand an Publikationen vorhanden ist, jedoch handelt es sich bei rund 40 Prozent der Beiträge um solche mit starkem praktischen Bezug. Wenngleich diese Beiträge wertvolle Erkenntnisse erhalten, sind sie für die vorliegende wissenschaftliche Arbeit weniger relevant. Gleiches gilt

415 Vgl. Anhang 1: Anzahl der Publikationen nach Publikationsmedium
416 Vgl. Anhang 1: Anzahl der Publikationen nach Publikationsart und Jahr
417 Vgl. Anhang 1: Die 18 aktivsten Forscherinnen und Forscher nach Publikationsanzahl
418 Vgl. Anhang 1: Die 30 meistverwendeten Schlagwörter

für einen großen Teil der 23 hybriden Beiträge in der Literaturliste. Die übrigen 113 Beiträge teilen sich zu einem Drittel bzw. zwei Dritteln in theoretische und empirische Beiträge auf.

Innerhalb der theoretischen Beiträge sind vor allem die Publikationen herauszuheben, die sich mit den Themen Kreditrisikoschätzung, Bewertung von Projekten im Allgemeinen sowie Risiko und Risikomanagement beschäftigen. Diese Beiträge sowie die Literature Reviews, die auch zu dieser Gruppe zählen, flossen stark in die Entwicklung des theoretischen Rahmens mit ein.[419]

Von besonderer Bedeutung sind natürlich die quantitativen Beiträge, die ebenfalls die Variablen dieser Arbeit – Fremdkapitalquote, Kreditmarge und Laufzeit – untersuchen. Aus diesem Grund wurden die quantitativen Arbeiten nochmals in vier Kategorien unterteilt. Zuvor wurden jedoch auch die qualitativen Arbeiten und Mixed-Methods-Beiträge gesichtet und kompakt diskutiert. Nur so kann gewährleistet werden, dass zum einen alle Artikel bezüglich ihrer Relevanz für diese Arbeit begutachtet werden, und zum anderen, dass ein komplettes Bild zum Stand der Forschung zu Projektfinanzierung entstehen kann.

Quantitative Beiträge, die nicht die Variablen der Finanzierungsstruktur untersuchen, wurden ebenfalls besprochen. Mit den Beiträgen dieser Kategorie konnte u.a. gezeigt werden, dass die Bedeutung von Projektfinanzierung ansteigt, wie hoch sich die Ausfallraten von Projektfinanzierungen gegenüber konventionellen Krediten bemessen und wie bzw. warum Bankensyndikate entstehen. Die Diskussion dieser Beiträge ist essentiell, da darin mögliche Variablen enthalten sind, die auch die Finanzierungsstruktur erklären können; z.B. könnte ein Faktor, der die Ausfallwahrscheinlichkeit begünstigt, auch die Kreditmarge beeinflussen.

Abschließend wurden die quantitativen Beiträge diskutiert, die die Fremdkapitalquote, die Kreditmarge und die Laufzeit bei Projektfinanzierungen untersuchen. Hierbei wurde zur Strukturierung auf die drei Ebenen des Risikorahmenwerks zurückgriffen. Den Ergebnissen der Beiträge wurden die Implikationen aus dem theoretischen Rahmen gegenübergestellt und darauf aufbauend wurden die Hypothesen für die spätere quantitative Analyse entwickelt. Diese finden sich nochmals gesammelt in Tabelle 9. Zusätzlich wurde eine Tabelle entwickelt, die die unabhängigen Variablen sowie deren Effekte aus den gesichteten

419 Siehe hierzu Kapital 3

Beiträgen übersichtlich darstellt und so einen Vergleich der Studien ermöglicht.[420]

Zusammenfassend lässt sich erkennen, dass für die Determinanten der Fremdkapitalquote wenig und zu den Effekten auf die Laufzeit beinahe keine Forschungsergebnisse vorliegen. Über alle Beiträge hinweg fällt zudem auf, dass zumeist die Risiken auf Ländereben, vor allem politische Risiken untersucht werden. Die Branchen- und Projektebene wird demgegenüber eher vernachlässigt. Zudem lässt sich erkennen, dass eine theoretische Fundierung bei vielen Beiträgen nicht vorhanden ist, vor allem bei den Beiträgen zur Kreditmarge.[421]

Die für die vorliegende Arbeit entscheidendste Erkenntnis dieses Literature Reviews ist jedoch, dass bisher kein Beitrag alle drei Determinanten der Finanzierungsstruktur untersucht. Wie in dieser Arbeit erläutert wurde, sind die Variablen gleich einem System an Zahnrädern miteinander verbunden. Folglich führt die Einstellung eines Zahnrades auch zu einer Veränderung der übrigen. Dies wiederum bedingt eine Betrachtung und Untersuchung des gesamten Systems. Diesem Gedanken folgt im nächsten Kapitel die quantitative Untersuchung.

---

420 Vgl. Anhang 2: Detaillierte Variablen- und Effektbeschreibung für die quantitativen und Mixed-Methods Beiträge mit Fokus auf Fremdkapitalquote, Kreditmarge oder Laufzeit

421 Vgl. Anhang 2: Überblick über die quantitativen und Mixed-Methods Beiträge mit Fokus auf Fremdkapitalquote, Kreditmarge oder Laufzeit

Tabelle 9: Überblick über die entwickelten Hypothesen

	Fremdkapitalquote	Kreditmarge	Laufzeit
Länderebene	Hypothese 1_{FK}: Ein geringes makroökonomisches Risiko führt zu einer höheren Fremdkapitalquote.	Hypothese 1_{KM}: Ein hohes makroökonomisches Risiko führt zu einer höheren Kreditmarge.	Hypothese 1_{LZ}: Ein hohes makroökonomisches Risiko führt zu einer kürzeren Laufzeit.
	Hypothese 2_{FK}: Ein geringes politisches Risiko führt zu einer höheren Fremdkapitalquote.	Hypothese 2_{KM}: Ein hohes politisches Risiko führt zu einer höheren Kreditmarge.	Hypothese 2_{LZ}: Ein hohes politisches Risiko führt zu einer kürzeren Laufzeit.
	Hypothese 3_{FK}: Die Beteiligung einer internationalen Finanzinstitution führt zu einer höheren Fremdkapitalquote.	Hypothese 3_{KM}: Die Beteiligung einer internationalen Finanzinstitution führt zu einer höheren Fremdkapitalquote	Hypothese 3_{LZ}: Die Beteiligung einer internationalen Finanzinstitution führt zu längeren Laufzeiten.
	Hypothese 4_{FK}: Ein hohes Maß an Gläubigerschutz führt zu einer höheren Fremdkapitalquote.	Hypothese 4_{KM}: Ein hohes Maß an Gläubigerschutz führt zu einer niedrigeren Kreditmarge.	Hypothese 4_{LZ}: Ein hohes Maß an Gläubigerschutz führt zu einer längeren Laufzeit.
	Hypothese 5_{FK}: Das Vorhandensein eines Wechselkursrisikos führt zu einer verringerten Fremdkapitalquote.	Hypothese 5_{KM}: Das Vorhandensein eines Wechselkursrisikos führt zu einer höheren Kreditmarge.	Hypothese 5_{LZ}: Das Vorhandensein eines Wechselkursrisikos führt zu einer kürzeren Laufzeit.
Branchenebene	Hypothese 6_{FK}: Projekte in Branchen mit hoher Cashflow-Volatilität verfügen über geringere Fremdkapitalquoten.	Hypothese 6_{KM}: Projekte in Branchen mit hoher Cashflow-Volatilität verfügen über erhöhte Kreditmargen.	Hypothese 6_{LZ}: Projekte in Branchen mit hoher Cashflow-Volatilität verfügen über kürzere Laufzeiten.
	Hypothese 7_{FK}: Projekte in Branchen mit einer hohen Nachfrage verfügen über höhere Fremdkapitalquoten.	Hypothese 7_{KM}: Projekte in Branchen mit einer hohen Nachfrage verfügen über geringere Kreditmargen.	Hypothese 7_{LZ}: Projekte in Branchen mit einer hohen Nachfrage verfügen über längere Laufzeiten.

(*fortgeführt*)

Tabelle 9: Fortsetzung

	Fremdkapitalquote	Kreditmarge	Laufzeit
Projektebene	Hypothese 8_{FK}: Projekte mit fixierten Zinssätzen verfügen über höhere Fremdkapitalquoten.	Hypothese 8_{KM}: Projekte mit fixierten Zinssätzen verfügen über höhere Kreditmargen.	Hypothese 8_{LZ}: Projekte mit fixierten Zinssätzen verfügen über kürzere Laufzeiten.
	Hypothese 9_{FK}: Projekte mit Konstruktionsverträgen verfügen über höhere Fremdkapitalquoten.	Hypothese 9_{KM}: Projekte mit Konstruktionsverträgen verfügen über niedrigere Kreditmargen.	Hypothese 9_{LZ}: Projekte mit Konstruktionsverträgen verfügen über längere Laufzeiten.
	Hypothese 10_{FK}: Projekte mit Betriebsverträgen verfügen über höhere Fremdkapitalquoten.	Hypothese 10_{KM}: Projekte mit Betriebsverträgen verfügen über niedrigere Kreditmargen.	Hypothese 10_{LZ}: Projekte mit Betriebsverträgen verfügen über längere Laufzeiten.
	Hypothese 11_{FK}: Projekte mit Abnahmeverträgen verfügen über höhere Fremdkapitalquoten.	Hypothese 11_{KM}: Projekte mit Abnahmeverträgen verfügen über niedrigere Kreditmargen.	Hypothese 11_{LZ}: Projekte mit Abnahmeverträgen verfügen über längere Laufzeiten.
	Hypothese 12_{FK}: Projekte mit Lieferverträgen verfügen über höhere Fremdkapitalquoten.	Hypothese 12_{KM}: Projekte mit Lieferverträgen verfügen über niedrigere Kreditmargen.	Hypothese 12_{LZ}: Projekte mit Lieferverträgen verfügen über längere Laufzeiten.
	Hypothese 13_{FK}: Projekte mit erfahrenen Sponsoren verfügen über höhere Fremdkapitalquoten.	Hypothese 13_{KM}: Projekte mit erfahrenen Sponsoren verfügen über niedrigere Kreditmargen.	Hypothese 13_{LZ}: Projekte mit erfahrenen Sponsoren verfügen über längere Laufzeiten.
Wechselwirkungen		Hypothese 14_{KM}: Zwischen Kreditmargen und Fremdkapitalquote besteht ein negativer Zusammenhang.	Hypothese 14_{LZ}: Zwischen der Laufzeit und der Fremdkapitalquote besteht ein negativer Zusammenhang.
		Hypothese 15_{KM}: Zwischen der Laufzeit von Projektfinanzierungskrediten und der Kreditmarge besteht ein positiver Zusammenhang, wobei dieser von der Fremdkapitalquote moderiert wird.	

5. Quantitative Untersuchung zum Zusammenhang Risiko und Finanzierungsstruktur

Im folgenden Kapitel wird die quantitative Studie vorgestellt. Das Kapitel beginnt mit einer Beschreibung der Datenbasis und der verwendeten Variablen. Darauffolgend wird eine deskriptive Analyse der Daten präsentiert. Danach werden im Unterkapitel zur Inferenzstatistik die Effekte aufgezeigt und sogleich die Hypothesen aus Kapitel 4 überprüft. Sowohl bei der deskriptiven als auch bei der induktiven Analyse werden die abhängigen Variablen in der Reihenfolge Fremdkapitalquote, Kreditmarge und Laufzeit behandelt und innerhalb der Unterkapitel erfolgt der Aufbau wieder entsprechend dem Risikorahmenwerk. Das Kapitel schließt mit einer Zusammenfassung der Ergebnisse.

5.1 Beschreibung der Datenbasis und der Variablen

Die **Datengrundlage** bildet die *ProjectWare* Datenbank der britischen Finanzmarktplattform *Dealogic*. Die Datenbank bietet flächendeckende Querschnittsdaten (beginnend mit 1994) projektfinanzierter Unternehmungen aller Branchen und Regionen weltweit. Gemäß Corielli / Gatti / Steffanoni (2010) handelt es sich bei dieser Datenbank um eine nahezu komplette Abbildung des Projektfinanzierungsmarktes[422]; lediglich sehr kleine Transaktionen werden teilweise nicht von den teilnehmenden Banken an *Dealogic* berichtet. Aufgrund der umfangreichen Abdeckung des weltweiten Projektfinanzierungsmarktes und da die Definition[423] von Projektfinanzierung in der Datenbank ebenfalls mit der in dieser Arbeit verwendeten übereinstimmt, wurde *ProjectWare* für diese Arbeit als geeignet erachtet.

Infolgedessen wurde Ende 2016 ein zeitlich begrenzter **Zugang** zu *ProjectWare* erworben. Die **Datenbank** bietet zum einen die benötigten quantitativen Informationen zur Fremdkapitalquote, Kreditmarge und Laufzeit der Finanzierungstranchen sowie zusätzliche, zumeist qualitative Informationen zu den Charakteristika der entsprechenden Projekte. Dazu zählen unter anderem das Projektland und der -sektor, eine Kurzbeschreibung des Projekts, die Namen der

422 Vgl. Corielli / Gatti / Steffanoni (2010), S. 1300
423 Vgl. Dealogic (2015)

Beteiligten, etwaige Verträge wie z.B. Abnahmeverträge sowie Garantien und Konzessionen. Diese Daten werden bei Abschluss der Finanzierung erhoben und in die Datenbank eingetragen. Im Anschluss daran, d.h. während der Bau- und Betriebsphase, werden keine neuen Daten erhoben. Folglich können daraus keine klassischen Paneldaten auf Projektebene erstellt werden, was jedoch für die vorliegende Arbeit nicht von Bedeutung ist. Zusätzlich zu *ProjectWare* beinhaltete die Lizenz auch einen Zugang zu den Datenbanken *Loan Analytics* und *DCM Analytics*[424], über die die SIC-Branchencodes (*Standard Industrial Classification*) der Projektgesellschaften erhoben werden konnten.[425]

Im April 2017 wurden sämtliche Projekte und deren **Finanzierungstranchen** des Zeitraums 1. Jänner 1994 bis 31. März 2017 aus der Datenbank für eine erste Bearbeitung in *Microsoft Excel* **heruntergeladen**. Zusätzlich besteht zu jedem Projekt ein Factsheet, das die Informationen der Datenbank übersichtlich auf einer bis mehreren Seiten darstellt.[426] Diese Factsheets wurden ebenfalls in einem gemeinsamen PDF-Dokument gesammelt und gespeichert. Das Ergebnis dieser Datenbankabfrage war eine *Excel*-Liste mit 16.675 Projekten, eine Liste mit den 35.428 Finanzierungstranchen, die diesen Projekten zugeordnet sind, sowie einem über 25.000 Seiten langen PDF-Dokument mit sämtlichen Factsheets.

Im nächsten Schritt wurde entschieden, die **Analyse** auf **Tranchen**- statt auf Projektebene durchzuführen, da viele Projekte mit mehreren Fremdkapitaltranchen mit unterschiedlichen Konditionen finanziert werden. Folglich ist eine Untersuchung der Kreditmarge auf Projektebene nicht sinnvoll. Dies bedeutet aber, dass die Tranchen als Observationen teilweise nicht unabhängig voneinander sind, worauf im Unterkapitel zur Inferenzstatistik eingegangen wird. Nichtsdestotrotz hat sich in der empirischen Literatur die Analyse auf Tranchenebene etabliert.[427]

Im nächsten Arbeitsgang wurde die *Excel*-Liste der **Tranchen manuell bearbeitet**. Da die Kreditmargen in Textform in der Datenbank angelegt sind (z.B. *310 bp*) und teilweise aus mehreren Werten bestehen[428], mussten diese einzeln in ein Zahlenformat gebracht werden. Auch die Fremdkapitalquoten mussten manuell überprüft werden, da diese teilweise fehlten, aber aus der Summe des

---

424 *Loan Analytics* bwz. *DCM Analytics* bilden den Kredit- bzw. Anleihenmarkt ab.

425 Siehe hierzu die Beschreibung der Variable „Cashflow-Volatilität der Branche".

426 Siehe Anhang 5.2.

427 Vgl. Blanc-Brude / Strange (2007), S. 98; Corielli / Gatti / Steffanoni (2010), S. 1301; Gatti / Kleimeier / Megginson / Steffanoni (2013), S. 6

428 Siehe hierzu die Beschreibung der Variable „Kreditmarge".

Eigen- und Fremdkapitals ermittelbar sind. Ingesamt zeigte sich, dass – obwohl die Datenbank eine große Anzahl an Feldern besitzt – viele Informationen nicht verfügbar sind. Vor allem die Kreditmargen wurden in vielen Fällen nicht durch die Banken bekanntgegeben, wobei hier hinsichtlich der fehlenden Werte kein Muster erkennbar ist.

Nach einer manuellen Bearbeitung wurde die *Excel*-Liste weiter mithilfe des **Statistikprogramms** *R* bearbeitet und untersucht. In *R* wurde auch die Stichprobe gezogen, welche folgende Charakteristika besitzt. Inkludiert sind alle Tranchen, die

(1) gemäß Datenbank zwischen dem 1. Jänner 1994 und dem 31. März 2017 das *Financial Closing* hatten,
(2) Informationen zu Fremdkapitalquote, Marge und Laufzeit enthalten und
(3) mit einem Mix aus Eigen- und Fremdkapital finanziert wurden.

Das Kriterium des Kapitalmixes ist darauf zurückzuführen, dass bei rund zwei Dritteln der Projekte der Eigenkapitalanteil weder prozentuell noch absolut angegeben ist. Auch hier ist kein Muster bezüglich der fehlenden Einträge zu erkennen. Der hohe Anteil von Projekten mit fehlendem Eigenkapitalanteil wirkt höchst unrealistisch und daher werden diese Tranchen von der Analyse gänzlich ausgeschlossen. Gleiches gilt für Tranchen mit fehlender Information zu Kreditmarge oder Laufzeit.

Diese Kriterien führten zu einer **Stichprobe** von 4907 Finanzierungstranchen. Innerhalb des Statistikprogramms *R* wurden einige Variablen direkt aus den *ProjectWare*-Daten berechnet. Andere Variablen mussten hingegen hinzugefügt werden, wie z.B. die Länderrisikowerte oder die Branchennachfrage. Bevor auf die Verteilung der einzelnen Variablen eingegangen wird, wird daher zuerst auf deren Namen in der Analyse sowie deren Operationalisierung und Berechnung eingegangen. Da bereits einige Variablen in der Datenbank in englischer Sprache hinterlegt sind, wurde eine einheitliche englische Variablenbezeichnung gewählt.

> Die **abhängigen Variablen** sind die Fremdkapitalquote, die Kreditmarge sowie die Laufzeit und diese sind wie folgt definiert:

Fremdkapitalquote (debtratio) =
In *ProjectWare* angegebene Fremdkapitalquote oder wenn nicht vorhanden, gesamtes Fremdkapital durch Gesamtkapital.

Kreditmarge (spread) =

In *ProjectWare* angegebene Marge in Basispunkten oder fixierter Zinssatz. Wenn zu einer Tranche mehrere Basispunkte für mehrere Zeiträume angegeben sind, z.B. bei einem dreijährigen Kredit 100 Basispunkte für das erste und 130 Basispunkte für das zweite und dritte Jahr, so wird der gewichtete durchschnittliche Zinssatz[429] errechnet (im konkreten Beispiel 120 Basispunkte).

Laufzeit (maturity) =

In *ProjectWare* angegebene Laufzeit in Monaten.

Die **unabhängigen Variablen** auf **Länderebene** sind das makroökonomische Risiko, das politisches Risiko, das Ausmaß an Gläubigerschutz sowie das Wechselkursrisiko und diese sind wie folgt definiert:

Makroökonomisches Risiko (eco_risk) =

Makroökomoischer Risikoindex des *International Country Risk Guide* der PRS Group für das Projektland im Jahr des *Financial Closings*. Bei der *PRS Group* handelt es sich um ein privates Unternehmen, das seit 1984 jährlich Länderrisikoindizes veröffentlicht.[430] Das makroökonomische Risiko (*Economic Risk*) kann einen Wert zwischen null und 50 Punkten annehmen und setzt sich zusammen aus BIP pro Kopf, jährlichem BIP Wachstum, jährlicher Inflation, Budgetsaldo und Leistungsbilanz in Relation zum BIP.[431] Ein hoher Wert bedeutet hohe Stabilität und geringes Risiko.

Politisches Risiko (pol_risk) =

Politischer Risikoindex des *International Country Risk Guide* der PRS Group für das Projektland im Jahr des *Financial Closings*. Das politische Risiko (*Political Risk*) kann einen Wert zwischen *0* und *100* annehmen und setzt sich wiederum aus zwölf Faktoren wie z.B. Stabilität der Regierung, interne und externe Konflikte oder Korruption zusammen. Hohe Werte deuten auf ein geringes politisches Risiko hin.[432]

429 Engl. *weighted average spread*, vgl. Blanc-Brude / Strange (2007), S. 99
430 Vgl. PRS Group (2016)
431 Für Details zur Berechnung siehe PRS Group (2011), S. 8ff
432 Für Details zur Berechnung siehe PRS Group (2011), S. 3ff

Internationale Finanzinstitution (ifi) =

Dummy-Variable, die beschreibt, ob bei der Tranche gemäß *ProjectWare* eine internationale Finanzinstitution beteiligt ist.[433] Der Wert *1* bedeutet, dass die Tranche durch eine internationale Finanzinstitution mitgetragen wurde.

Gläubigerschutz (creditor_rights) =

Um den Gläubigerschutz in einem Land zu messen, wird auf den von La Porta / Lopez-de-Silanes / Shleifer / Vishny (1997) entwickelten und von Djankov / McLiesh / Shleifer (2007) für 133 Länder aktualisierten Gläubigerschutzindex zurückgegriffen.[434] Die Variable kann einen Wert zwischen *0* und *4* annehmen, wobei höhere Werte ein höheres Maß an Gläubigerschutz im Land ausdrücken.

Wechselkursrisiko (currency_risk) =

Dummy-Variable, die beschreibt, ob die Tranche in Landes- oder in Fremdwährung gewährt wurde. Der Wert *1* bedeutet, dass die Tranche sowie der damit einhergehende Schuldendienst in Fremdwährung denominiert ist und damit ein Wechselkursrisiko besteht.

Die **unabhängigen Variablen** auf **Branchenebene** sind die Volatilität der Cashflows, die Branchennachfrage sowie die Branchenregulierung. Die Variablen setzten sich wie folgt zusammen:

Cashflow-Volatilität der Branchen (cf_vol) =

Die Berrechnung dieser Variable ist an Byoun / Kim / Yoo (2013) angelehnt.[435] Es handelt sich um den Median des Variationskoeffizienten aller Unternehmen mit gleichem zweistelligen SIC-Branchencode im selben Land. Hierzu wurden zuerst die Mediane der Variationskoeffizienten der Cashflows aller Unternehmen in der Datenbank Orbis, die zwischen 2009 und 2018 zumindest über drei aufeinanderfolgende Jahre ihre Cashflows veröffentlicht haben, gebildet. Danach wurde auf Branchenebene wiederum der Median aller Unternehmen, die sich den zweistelligen SIC-Branchencode teilen und im selben Land registriert sind, gebildet.[436]

---

433 Für eine Liste der berücksichtigten internationalen Finanzinstitutionen siehe Anhang 6.1.

434 La Porta / Lopez-de-Silanes / Shleifer / Vishny (1997), S. 1135; Djankov / McLiesh / Shleifer (2007), S. 303

435 Byoun / Kim / Yoo (2013), S. 558

436 Für eine detaillierte Beschreibung der Berechnung sowie eine kritische Auseinandersetzung siehe Anhang 6.2.

Branchennachfrage (industry_demand) =
Kennzahl entwickelt von James / Vaaler (2018), welche die Nachfrage nach Projekten auf Branchenebene wiedergibt. Die Branchen, die berücksichtigt wurden, sind: Bergbau, Öl und Gas, Wasser und Abwasser, Elektrizitätserzeugung und -übertragung, Telekommunikation.[437] Die Kennzahl wurde für die Bereiche Straßen-, Flug-, Schienen- und Schiffsverkehr erweitert.[438]

Branchenregulierung (sector_regulation) =
Eine Kennzahl, die von der OECD entwickelt wurde und die Regulierung folgender Branchen in den Mitgliedsländern sowie zehn Nicht-OECD Ländern misst: Elektrizitätserzeugung und -übertragung, Gasproduktion und -transport, Schienen-, Straßen- und Luftverkehr sowie Telekommunikation und Postwesen.[439] Der Wert kann zwischen *0* und *6* liegen, wobei hohe Werte eine umfangreiche Regulierung der Branche ausdrücken.[440]

Die **unabhängigen Variablen** auf **Projektebene** sind die Dummy-Variablen zu den Errichtungs-, Betriebs-, Abnahme- und Lieferverträgen und zu fixierten Zinssätzen sowie die Erfahrung der Sponsoren.

Fixierter Zinssatz (fixed_rate) =
Dummy-Variable für das Vorhandensein eines fixierten Zinssatzes. Hat die Variable den Wert *1*, ist der Zinssatz für das Fremdkapital gemäß *ProjectWare* fixiert.

Errichtungsverträge (epc_agreement) =
Dummy-Variable für das Vorhandensein eines Errichtungsvertrages. Hat die Variable den Wert *1*, ist in *ProjectWare* für das betreffende Projekt ein Errichtungsvertrag vorhanden.

Betriebs- und Wartungsverträge (operate_maintenance) =
Dummy-Variable für das Vorhandensein eines Betriebs- und Wartungsvertrages. Hat die Variable den Wert *1*, ist in *ProjectWare* für das betreffende Projekt ein Betriebs- und Wartungsvertrag vorhanden.

437 James / Vaaler (2018), S. 10
438 Für eine detaillierte Beschreibung dieser Variable siehe Anhang 6.3.
439 OECD (2016)
440 Koske / Wanner / Bitetti / Barbiero (2015), S. 10ff

Abnahmeverträge (offtake_agreement) =
Dummy-Variable für das Vorhandensein eines Abnahmevertrages. Hat die Variable den Wert *1*, ist in *ProjectWare* für das betreffende Projekt ein Abnahmevertrag vorhanden.

Lieferverträge (supply_agreement) =
Dummy-Variable für das Vorhandensein eines Liefervertrages. Hat die Variable den Wert *1*, ist in *ProjectWare* für das betreffende Projekt ein Liefervertrag vorhanden.

Erfahrung der Sponsoren mit der Branche und dem Gastland (sponsor_exp) =
Hierbei handelt es sich um eine Zählvariable, die die durchschnittliche Erfahrung der Sponsoren eines Projekts mit der Branche im Gastland wiedergibt.

Darüber hinaus wurde eine Reihe von **Kontrollvariablen** verwendet, die vorrangig auf die Berücksichtigung anderer Projekt- und Kreditkonditionen abzielen. In den Regressionsgleichungen werden diese unter dem Vektor $\underline{y}$*controls* summiert.

Konzession (concession_agreement) =
Dummy-Variable für das Vorhandensein einer Konzession. Hat die Variable den Wert *1*, ist in *ProjectWare* für das betreffende Projekt eine Konzession vorhanden.

Public-Private-Partnerships (ppp) =
Dummy-Variable für PPP-Projekte. Hat die Variable den Wert *1*, handelt es sich gemäß *ProjectWare* um eine Public-Private-Partnership oder ein Projekt der *Private finance initiative* (PFI).

Garantie (guarantee) =
Dummy-Variable für das Vorhandensein einer Garantie. Hat die Variable den Wert *1*, ist in *ProjectWare* für das betreffende Projekt eine Garantie vorhanden.

Refinanzierung (refinancing) =
Dummy-Variable für Refinanzierungstranchen. Hat die Variable den Wert *1* handelt es sich gemäß *ProjectWare* um eine Refinanzierungstranche.

Projektgröße (project_size) =
Gibt die Größe des Projekts in Hunderttausend USD gemäß *ProjectWare* wieder. Bei Fremdwährungen wird der Stichtagskurs zu USD beim *Financial Close* herangezogen.

Steuersatz (tax_rate) =

Unternehmenssteuersatz des Gastlandes im Jahr des *Financial Closings* in Prozent. Die Steuersätze stammen von KPMG.[441]

Branchen-Dummy (sectors) =

Dummy-Variable für die folgenden Branchen: Gas und Öl, Straßenbau, Telekommunikation, Bildung, Wasser und Abwasser, Bergbau, Hospital, Schienenverkehr, Schiffsverkehr, öffentliche Ordnung, Fertigung (*Manufacturing*), Verteidigung, Flugverkehr, Bauwesen, Tourismus, Wohnungswesen, Zellstoff, Landwirtschaft und andere. Mehrere Unterkategorien, die in *ProjectWare* angelegt sind, wurden in diese Kategorien aggregiert.[442]

Jahr (year) =

Dummy-Variablen für das Jahr des *Financial Closings* des Projekts gemäß *ProjectWare*.

5.2 Deskriptive Statistik

In den folgenden vier Unterkapiteln wird die **deskriptive Analyse** der Daten präsentiert. Der Aufbau der Kapitel folgt abermals dem Risikorahmenwerk und orientiert sich darüber hinaus stark an den Hypothesen, die in Kapitel 3 entwickelt wurden. Zuerst werden die Ergebnisse zum Zusammenhang zwischen Risiko und Fremdkapitalquote, danach die Ergebnisse zu Risiko und Kreditmarge und darauf folgend die Ergebnisse zu Risiko und Laufzeit präsentiert. Abschließend werden die Ergebnisse zu den Wechselwirkungen diskutiert. Zuvor gibt Tabelle 10 einen Überblick über die Verteilung der Variablen, wobei hier hervorgehoben werden muss, dass sich diese – wie auch die anderen deskriptiven Analysen – nicht auf die Grundgesamheit von 4907 sondern auf 4632 Tranchen beziehen. Dies ist darauf zurückzuführen, dass die Datenbank einige offensichtliche Fehleinträge enthält, welche durch ein *Winsorizing* auf einem beidseitigen einprozentigen Niveau aller abhängigen Variablen bereinigt wurden.[443] Zudem wurden

441 KPMG (2019)

442 Die Kategorisierung wurde in Anlehnung an James / Vaaler (2018), S. 8 vorgenommen.

443 Dieses Verfahren ist nicht unumstritten, siehe dazu z.B. Aguinis / Cascio / Ramani (2017), S. 656. Dennoch können Ausreißer aufgrund von Eingabefehlern in den Daten die Korrelationskoeffizienten stark verzerren und sollten daher entfernt werden; siehe dazu. Döring / Bortz (2016), S. 682. Im Rahmen der schließenden Statistik wird die Grundgesamtheit trotzdem für einen Robustheitstest verwendet, um etwaige Fehlentscheidungen bezüglich der Hypothesentests zu vermeiden (siehe dazu Anhang 8.4).

mehrere Variablen standardisiert und mittelwertzentriert, um eine spätere Interpretation der Koeffizienten zu erleichtern.[444]

Tabelle 10: Übersichtstabelle der verwendeten Variablen

Variablen	N	MW	SD	Min	Max
debtratio	4.632	0,751	0,134	0,291	0,987
spread	4.632	230,85	188,477	12	1200
maturity	4.632	146,885	88,876	8	387
eco_risk	4.602	0	1	-6,989	2,668
pol_risk	4.602	0	1	-7,701	2,039
ifi	4.632	0,046	0,209	0	1
creditor_rights	4.521	2,003	1,107	0	4
currency_risk	4.632	0,316	0,465	0	1
cf_vol	4.223	0	1	-0,069	37,054
industry_demand	4.632	0	0,921	-3,715	10,082
sector_regulation	2.850	2,331	1,411	0	6
fixed_rate	4.632	0,041	0,197	0	1
epc_agreement	4.632	0,504	0,5	0	1
operation_maintenance	4.632	0,071	0,257	0	1
offtake_agreement	4.632	0,538	0,499	0	1
supply_agreement	4.632	0,084	0,278	0	1
ssponsor_exp	4.356	8,319	7,847	1	83
concession_agreement	4.632	0,374	0,484	0	1
ppp	4.632	0,274	0,446	0	1
guarantee	4.632	0,047	0,212	0	1
refinancing	4.632	0,067	0,251	0	1
tax_rate	4.592	30,469	7,08	0	55
project_size	4.630	849,982	1.392,206	0,777	14.659,100
year	4.632	2.006,383	5,112	1994	2017

5.2.1 Deskriptive Ergebnisse zu Risiko und Fremdkapitalquote

Im folgenden Unterkapitel wird die deskriptive Analyse zu Risiko und Fremdkapitalquote präsentiert. Als logischer Aufbau dient wieder die Abfolge Länder- Branchen- und Projektebene. Bevor die Ergebnisse präsentiert werden, findet

444 Es wurden die Variablen *eco_risk, pol_risk, cf_vol* und *industry_demand* z-transformiert. Zum Thema z-Transformation siehe Döring / Bortz (2016), S. 642.

sich in Abbildung 16 die Verteilung der Variable Fremdkapitalquote in der Stichprobe.

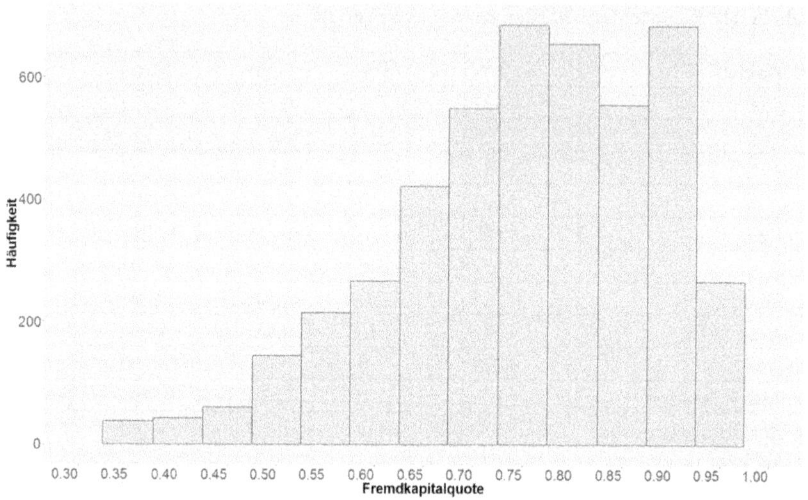

Abbildung 16: Verteilung der Variable Fremdkapitalquote

5.2.1.1 Deskriptive Analyse auf Länderebene

Um den Einfluss des Länderrisikos auf die Fremdkapitalquote zu untersuchen, empfiehlt sich zuerst ein Blick auf die Verteilung der Fremdkapitalquoten nach **Regionen** (Abbildung 17) sowie nach **Länderrating** z.B. von Moody's[445] (Abbildung 18). Dabei ist zu erkennen, dass die Regionen Europa und Zentralasien, Ostasien und pazifischer Raum sowie Nordamerika die höchsten Fremdkapitalquoten aufweisen. Dies könnte bereits Aufschluss über das Risiko in den entsprechenden Regionen gewähren, jedoch muss hierbei beachtet werden, dass sich die Anzahl der Tranchen nicht regelmäßig auf die Regionen verteilt.[446]

Gleiches gilt für die Fremdkapitalquote nach Länderratingkategorien. Auch hier ist bereits mit Außnahme der Ratingklasse *A1-A3* und *C-NR* (*Not Rated*) ein möglicher negativer Zusammenhang erkennbar. Jedoch ist auch hier die Anzahl der Tranchen nicht regelmäßig über die Ratingklassen verteilt.[447]

---

445 Ratings sind in Dealogic (2017) enthalten.

446 Vgl. Tabelle 11

447 Vgl. Tabelle 12

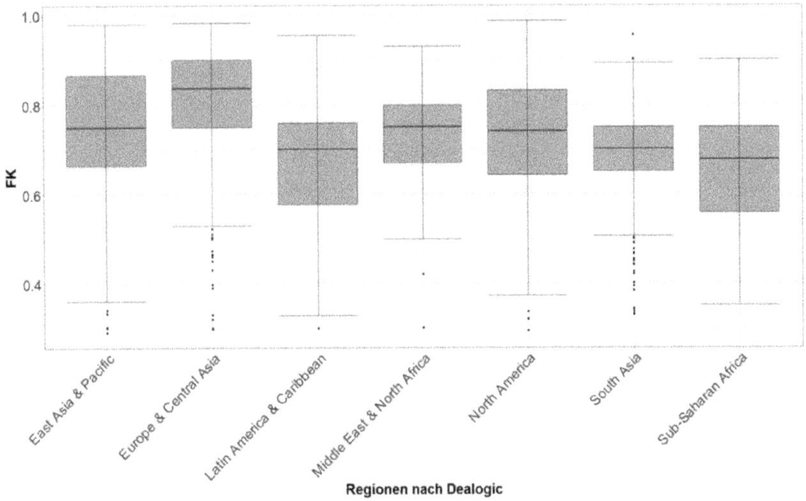

Abbildung 17: Fremdkapitalquoten nach Regionen in Dealogic

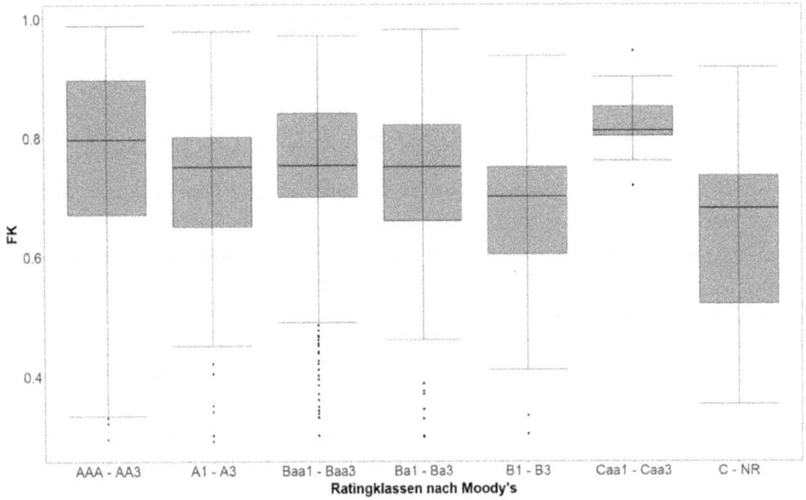

Abbildung 18: Fremdkapitalquoten nach Ratingklassen (Moody's)

Tabelle 11: Anzahl der Tranchen nach Regionen

East Asia & Pacific	Europe & Central Asia	Latin America & Caribbean	Middle East & North Africa	North America	South Asia	Sub-Saharan Africa
1040	1645	490	330	682	330	115

Tabelle 12: Anzahl der Tranchen nach Ratingklassen (Moody's)

AAA	AA1	AA2	AA3	A1	A2	A3	Baa1	Baa2	Baa3
1074	458	571	174	146	50	177	100	681	408
Ba1	**Ba2**	**Ba3**	**B1**	**B2**	**B3**	**Caa1**	**Caa3**	**C**	**NR**
262	246	15	52	9	59	5	30	0	115

Aus diesem Grund lohnt es sich, das Länderrisiko weiter aufzuspalten und mit der Fremdkapitalquote graphisch in Verbindung zu setzen. Dazu wurden zwei Box-Whisker-Plots erstellt, welche die Fremdkapitalquoten der Tranchen gemäß dem makroökonomischen Risiko sowie dem politischen Risiko – gemessen an den *PRS*-Werten – in Gruppen unterteilt. Es wurde dabei darauf geachtet, dass die Anzahl der Tranchen pro Gruppen ungefähr gleich groß ist, was zu ungleichen Intervallen führt.

Abbildung 19 und Abbildung 20 zeigen diese Verteilungen der Fremdkapitalquoten nach **makroökonomischem** und **politischem Risiko**, wobei höhere Werte weniger Risiko und damit mehr Stabilität im Gastland repräsentierten. Beim makroökonomischen Risiko ist dabei ein leicht negativer Zusammenhang zwischen Stabilität und Fremdkapitalquote zu erkennen; beim politischen Risiko zeigen die beiden Gruppen mit dem höchsten Risiko die auf den Median bezogen geringsten Fremdkapitalquoten; ab dem dritten Intervall ist kein eindeutiger Zusammenhang mehr erkennbar. Dies könnte auf einen Schwellenwert des politischen Risikos hindeuten, ab welchem sich dieses auf das Projekt auswirkt.

Beim **Gläubigerschutz** ist ebenfalls kein eindeutiger Zusammenhang erkennbar. Der Box-Whisker-Plot in Abbildung 21 zeigt die Verteilung der Fremdkapitalquoten nach dem Ausmaß an Gläubigerschutz im Gastland, wobei höhere Werte für ein höheres Maß an Schutz stehen. Deutlich erkennbar ist der höhere Median der Fremdkapitalquoten der Tranchen in Ländern mit dem höchsten

Maß an Gläubigerschutz (*4*) sowie der niedrigste Median der Fremdkapitalquoten in den Ländern, für die kein Wert verfügbar ist (*NA*).

Abbildung 22 zeigt die Verteilung der Fremdkapitalquoten der Tranchen mit und ohne **Beteiligung einer internationalen Finanzinstitution**, wobei sich hier ein Bild zeigt, das als konträr zum theoretischen Rahmen dieser Arbeit interpretiert werden könnte. Projekte mit IFI-Beteiligung zeigen bezogen auf den Median niedrigere Fremdkapitalquoten als Projekte ohne IFI-Beteiligung. Die Verteilung der Fremdkapitalquoten von Tranchen mit bzw. ohne **Wechselkursrisiko** in der Abbildung 23 stimmt demgegenüber besser mit dem theoretischen Rahmen überein. Die Fremdkapitalquoten der Tranchen ohne Wechselkursrisiko sind im Median etwas höher gegenüber den Tranchen mit einem Wechselkursrisiko.

Abschließend lässt sich mit der einer deskriptiven Analyse entsprechenden großen Vorsicht zusammenfassen, dass regionale Unterschiede in den Verteilungen der Fremdkapitalquoten der untersuchten Tranchen bestehen, wobei diese auf das makroökonomische und politische Risiko sowie das Ausmaß an Gläubigerschutz im Gastland zurückführbar sein könnten. Ebenfalls zeigen sich Unterschiede in der Lage der mittleren Quartile der Fremdkapitalquoten von Tranchen mit IFI-Beteiligung und bei solchen mit Wechselkursrisiko.

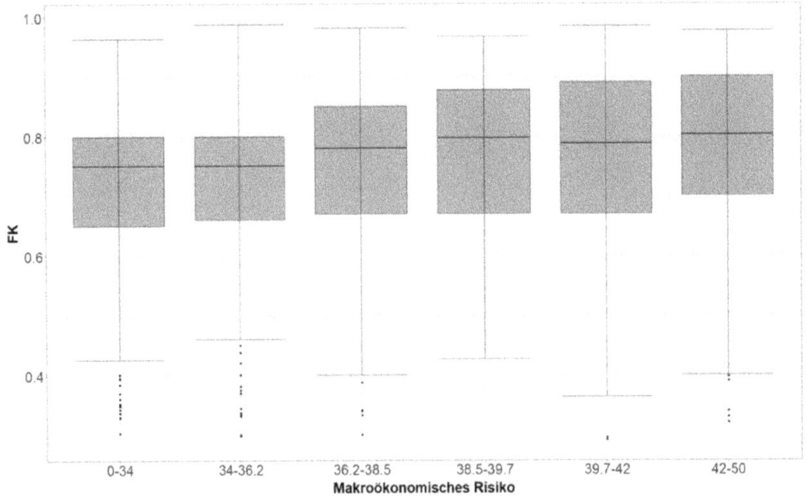

Abbildung 19: Fremdkapitalquoten nach makroökonomischem Risiko

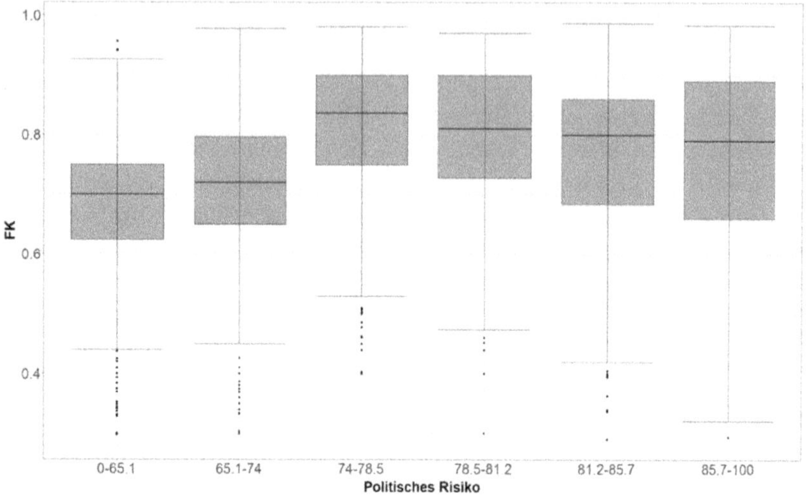

Abbildung 20: Fremdkapitalquoten nach politischem Risiko

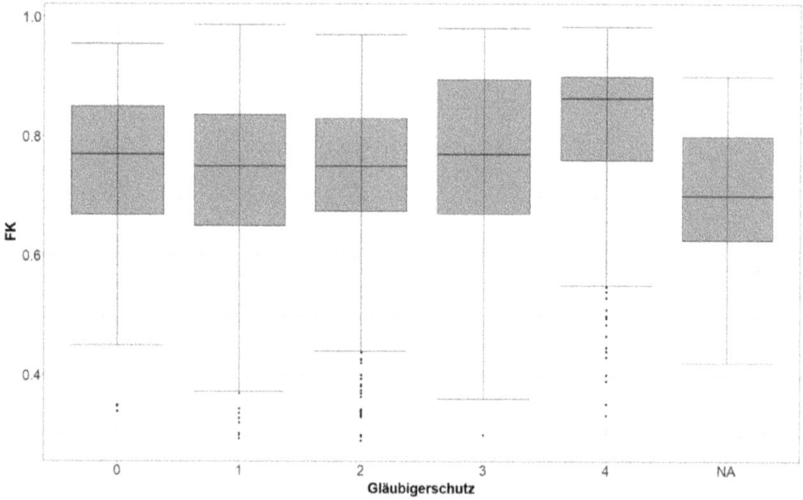

Abbildung 21: Fremdkapitalquoten nach Gläubigerschutz

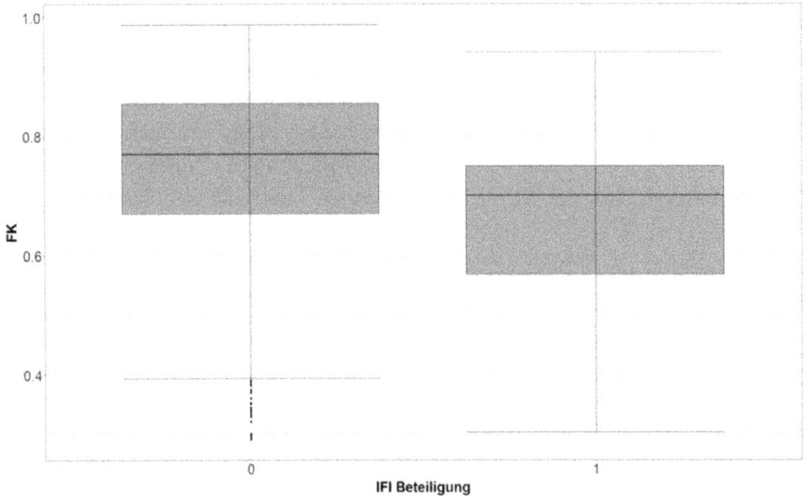

Abbildung 22: Fremdkapitalquoten ohne (0) und mit (1) IFI Beteiligung

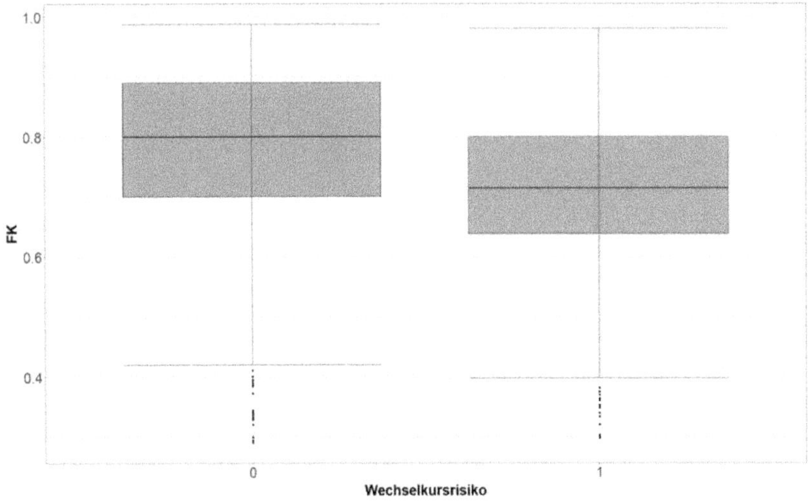

Abbildung 23: Fremdkapitalquoten ohne (0) und mit (1) Wechselkursrisiko

5.2.1.2 Deskriptive Analyse auf Branchenebene

Auf Branchenebene lässt sich in einem ersten Schritt die Verteilung der Fremdkapitalquoten nach den **verschiedenen Branchen** betrachten (Abbildung 24), jedoch lässt sich daraus bis auf die Aussage, dass Branchenunterschiede hinsichtlich der Fremdkapitalquote bestehen, wenig ableiten. Zudem muss wieder bedacht werden, dass die Anzahl der Tranchen innerhalb der Branchen stark schwankt.

In Abbildung 25, Abbildung 26 und Abbildung 27 finden sich die Verteilungen der Fremdkapitalquoten nach **Cashflow-Volatilität** der Branche, der **Regulierung** der Branche sowie nach der **Nachfrage** nach Projekten einer Branche. Dabei wurde wieder darauf geachtet, dass sich eine ungefähr gleiche Anzahl von Tranchen innerhalb der Intervalle befindet.

Aus einer rein deskriptiven Betrachtung dieser Verteilungen lassen sich keine Schlüsse ziehen. Innerhalb aller Abbildungen liegen die Quartils-Boxen und Mediane sehr nahe beieinander und es ist kein positiver oder negativer Zusammenhang erkennbar.

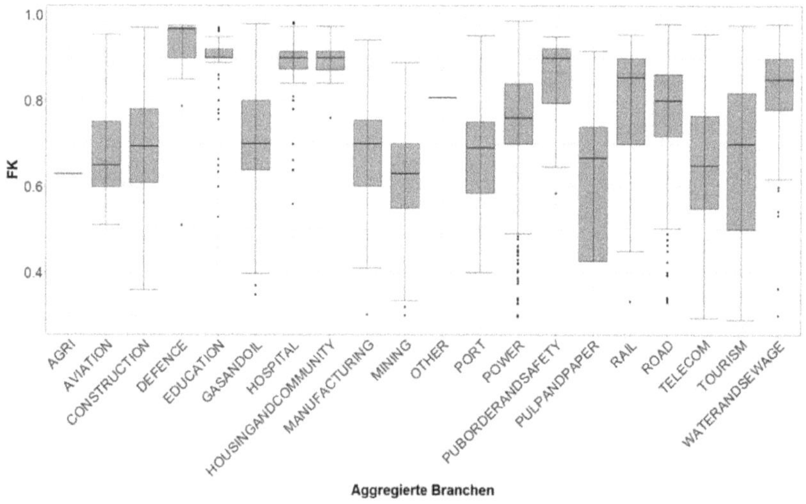

Abbildung 24: Verteilung der Fremdkapitalquoten nach Branchen

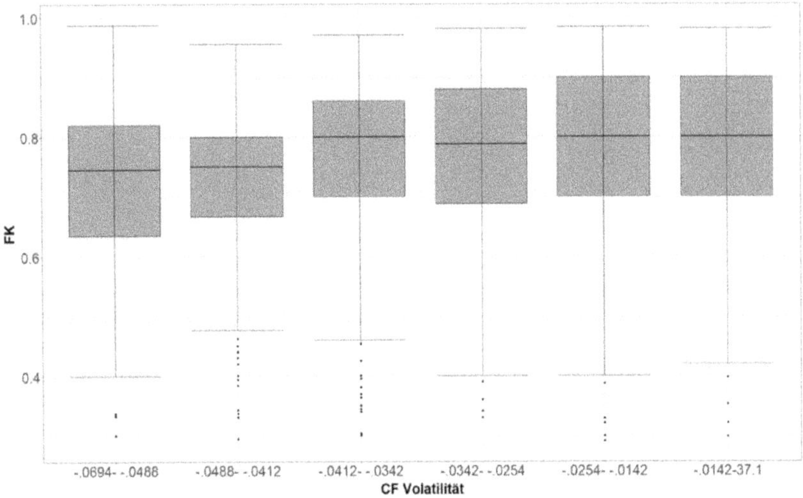

Abbildung 25: Fremdkapitalquoten nach CF-Volatilität der Branche

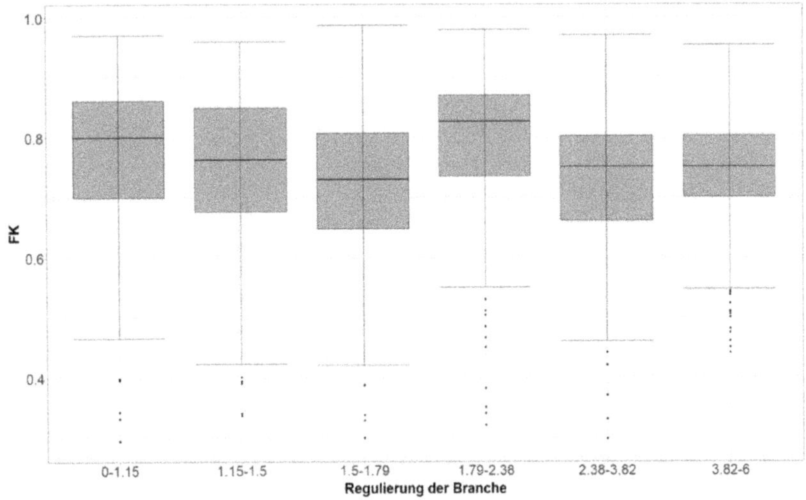

Abbildung 26: Fremdkapitalquoten nach Regulierung der Branche

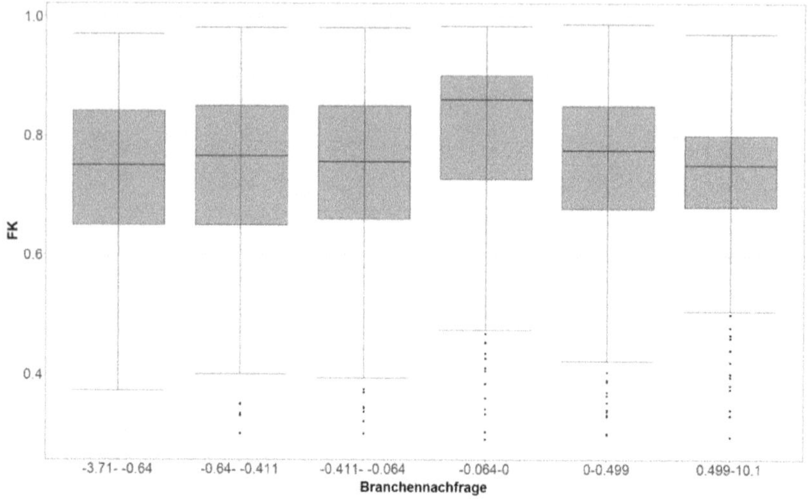

Abbildung 27: Fremdkapitalquoten nach Branchennachfrage

5.2.1.3 Deskriptive Analyse auf Projektebene

Bei den unabhängigen Variablen auf Branchenebene handelt es sich um das Vorhandensein eines fixierten Zinssatzes, eines Errichtungsvertrages, eines Betriebsvertrages, eines Abnahmevertrages und eines Liefervertrages. Zusätzlich wird der Effekt der Erfahrung der Sponsoren mit dem Land und der Branche auf die Fremdkapitalquote überprüft.

Abbildung 28 zeigt die Verteilung der Fremdkapitalquoten nach der **Erfahrung der Sponsoren** mit dem Gastland und der Branche. Um einen Box-Whisker-Plot erstellen zu können, wurde die Erfahrung der Sponsoren in sechs Gruppen unterteilt, wobei die Intervalle so gewählt wurden, dass sich die Gesamtmenge an Tranchen annähernd gleichmäßig auf die Gruppen verteilt. Wenngleich sich die Mediane der Gruppen wenig unterscheiden, könnte ein leicht positiver Zusammenhang vermutet werden.

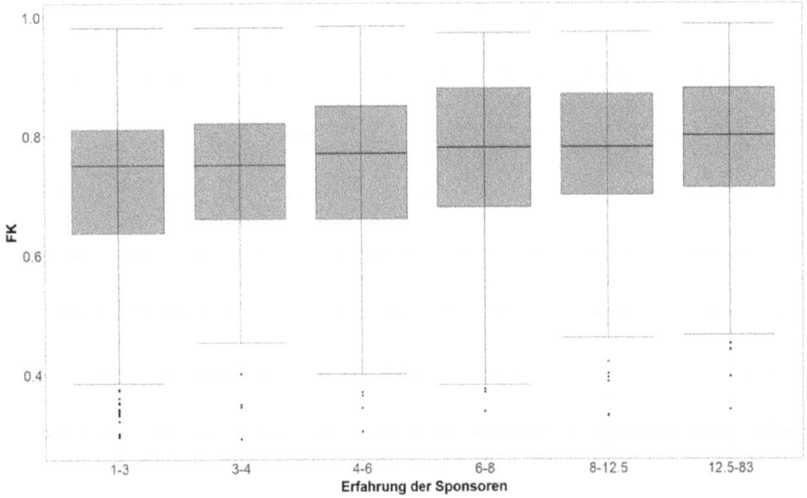

Abbildung 28: Verteilung der Fremdkapitalquoten nach Erfahrung der Sponsoren

Abbildung 29 bis Abbildung 33 stellen die Verteilungen der Fremdkapitalquoten von Tranchen mit **fixierten Zinssätzen** bzw. Projekten mit solchen **Verträgen** jenen ohne entsprechende Vereinbarung gegenüber. Hierbei muss beachtet werden, dass sich die Anzahl der Tranchen nicht gleichmäßig verteilt; so verfügen z.B. nur 391 Tranchen im Sample über einen Liefervertrag.[448]

Die Mediane liegen in den meisten Abbildungen nahe beieinander, vor allem bei Betriebs- und Lieferverträgen. Bei den übrigen Verträgen bzw. beim fixierten Zinssatz zeigen sich minimal höhere Fremdkapitalquoten bei Tranchen mit den entsprechenden Vereinbarungen. Dies rechtfertigt jedoch keine eindeutige Aussage zu einem Zusammenhang.

448 Siehe hierzu Tabelle 10.

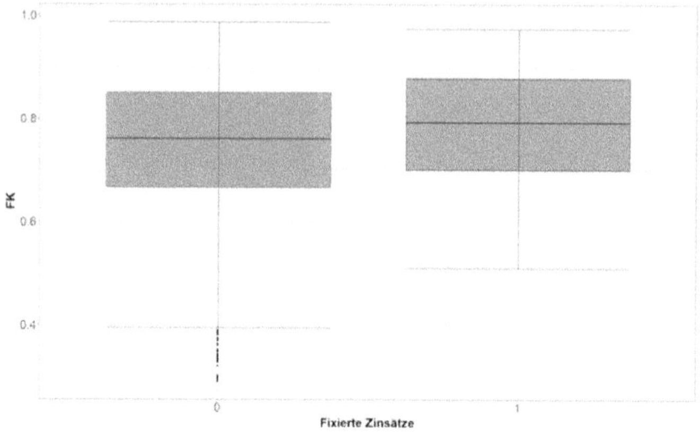

Abbildung 29: Fremdkapitalquoten bei Tranchen ohne (0) und mit (1) fixierten Zinssätzen

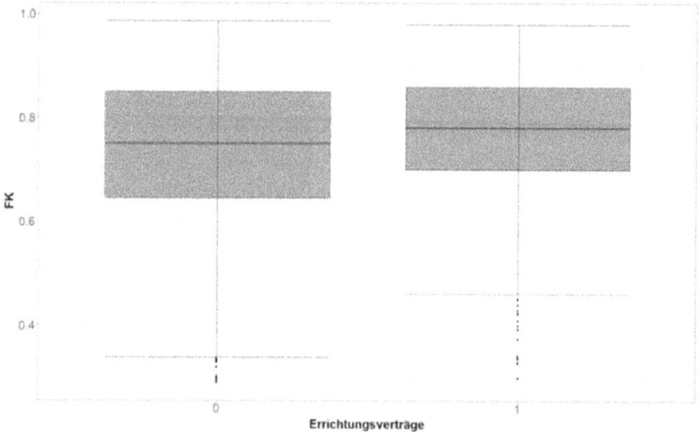

Abbildung 30: Fremdkapitalquoten von Tranchen ohne (0) und mit (1) Errichtungsverträgen

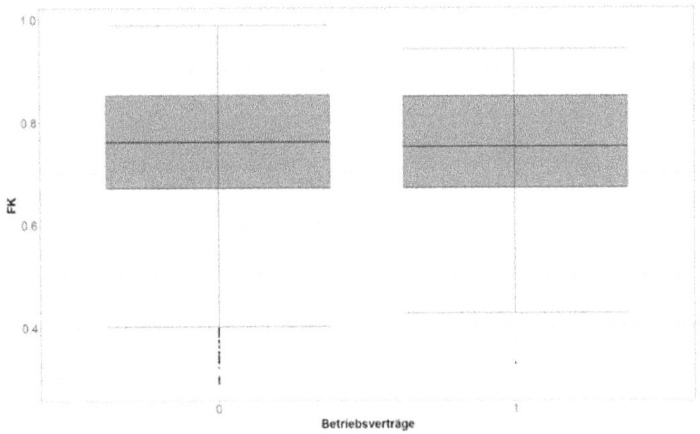

Abbildung 31: Fremdkapitalquoten von Tranchen ohne (0) und mit (1) Betriebsverträgen

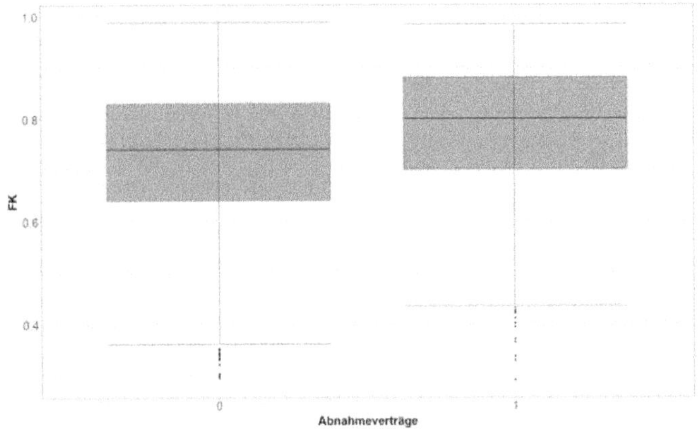

Abbildung 32: Fremdkapitalquoten von Tranchen ohne (0) und mit (1) Abnahmeverträgen

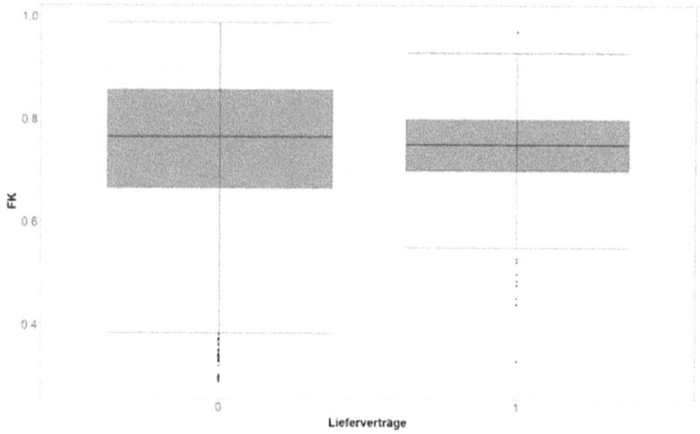

Abbildung 33: Fremdkapitalquoten von Tranchen ohne (0) und mit (1) Lieferverträgen

5.2.2 Deskriptive Analyse zu Risiko und Kreditmarge

Im folgenden Unterkapitel wird die deskriptive Analyse zu Risiko und Kreditmarge präsentiert. Als logischer Aufbau dient wieder die Abfolge Länder-, Branchen- und Projektebene. Bevor die Ergebnisse präsentiert werden, findet sich in Abbildung 34 die Verteilung der Variable Kreditmarge in der Stichprobe.

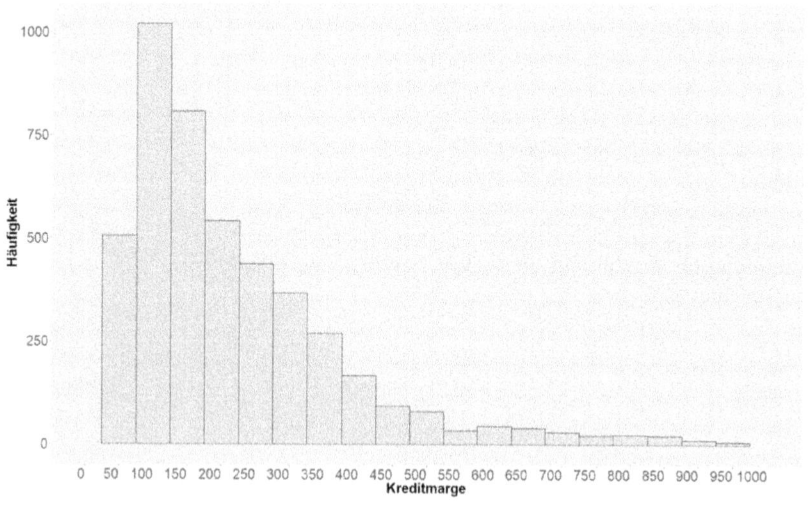

Abbildung 34: Verteilung der Variable Kreditmarge

5.2.2.1 Deskriptive Analyse auf Länderebene

Um den Einfluss des Länderrisikos auf die Kreditmarge zu untersuchen, empfiehlt sich wieder ein Blick auf die Verteilung der Kreditmargen nach **Regionen** (Abbildung 35) sowie nach **Länderrating**, z.B. von Moody's[449] (Abbildung 36). Ähnlich den Fremdkapitalquoten weisen die Regionen Europa und Zentralasien, Ostasien und pazifischer Raum sowie Nordamerika durschnittlich niedrigere Kreditmargen auf. Dies könnte auf einen positiven Zusammenhang zwischen Länderrisiko und Kreditmarge hinweisen. Überraschenderweise finden sich die – auf den Median bezogen – niedrigsten Kreditmargen aber in der Region Mittlerer Osten und Nordafrika. Hierbei muss aber wiederum berücksichtigt werden, dass sich die Anzahl der Tranchen nicht regelmäßig auf die Regionen verteilt.[450]

Gleiches gilt für die Kreditmarge nach Länderratingkategorien. Auch hier ist bereits mit Ausnahme der Ratingklasse *B1-B3* und *Caa1-Caa3* ein möglicher leichter, positiver Zusammenhang erkennbar, jedoch ist auch hier die Anzahl der Tranchen nicht regelmäßig über die Ratingklassen verteilt.[451]

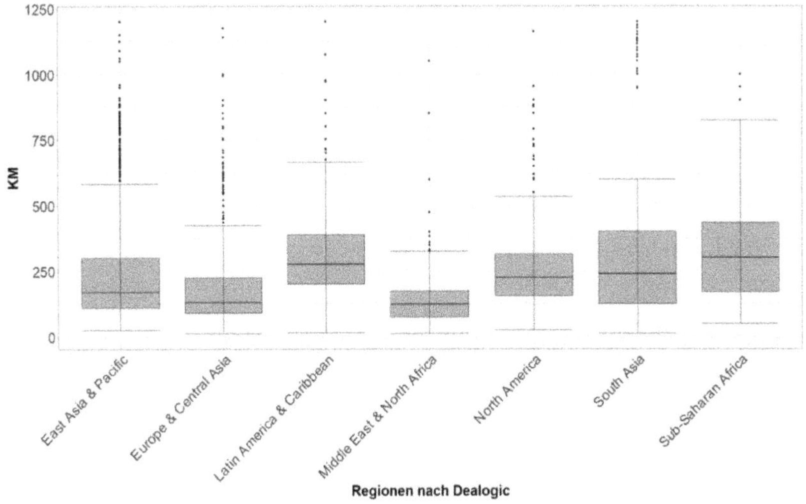

Abbildung 35: Verteilung der Kreditmargen nach Regionen

449 Ratings sind in Dealogic (2017) enthalten.
450 Vgl. Tabelle 11
451 Vgl. Tabelle 12

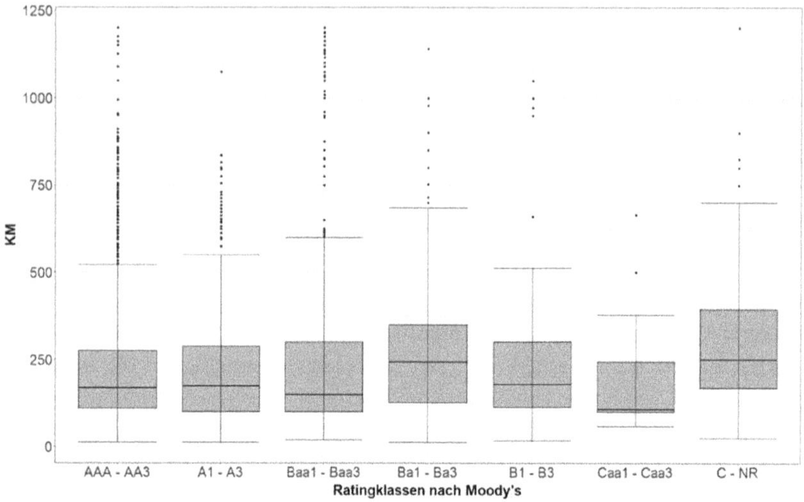

Abbildung 36: Verteilung der Kreditmargen nach Länderratings (Moody's)

Da sich keine eindeutigen Aussagen treffen lassen, lohnt es sich, das Länderrisiko weiter aufzuspalten und graphisch mit der Kreditmarge in Verbindung zu setzen. Abbildung 37 und Abbildung 38 zeigen die Verteilungen der Kreditmargen nach **makroökonomischem** und **politischem Risiko** gemessen am *PRS*-Wert, wobei höhere Werte weniger Risiko und damit mehr Stabilität ausdrücken. Dabei wurden die Spannweiten der Intervalle so gewählt, dass sich die Tranchen gleichmäßig auf die sechs Gruppen aufteilen. Sowohl beim makroökonomischen, als auch beim politischen Risiko ist dabei ein leicht negativer Zusammenhang zwischen Stabilität und Kreditmarge zu erkennen.

Ähnliches gilt für das Ausmaß an **Gläubigerschutz**, dargestellt in Abbildung 39. Auch hier lässt sich ein leichter, negativer Zusammenhang zwischen Gläubigerschutz und Marge vermuten, d.h. mit steigendem Schutz gehen die Margen etwas zurück. Überraschenderweise verfügen die Tranchen in Ländern, für die kein Wert verfügbar ist, über geringere Margen als z.B. Tranchen in Ländern mit der Gläubigerschutzkategorie 3. Dies könnte sich aber über die geringere Anzahl der Tranchen innerhalb dieser Gruppe erklären lassen.

Abbildung 40 und Abbildung 41 zeigen die Verteilungen der Kreditmarge der Tranchen mit und ohne **Beteiligung einer internationalen Finanzinstitution** bzw. mit und ohne Wechselkursrisiko. Beim **Wechselkursrisiko** sind keine eklatanten Unterschiede der Mediane erkennbar; die Tranchen mit IFI-Beteiligung zeigen aber höhere Margen. Auch dabei ist jedoch Vorsicht geboten, da sich hier wieder die Fallzahlen sehr stark unterscheiden.

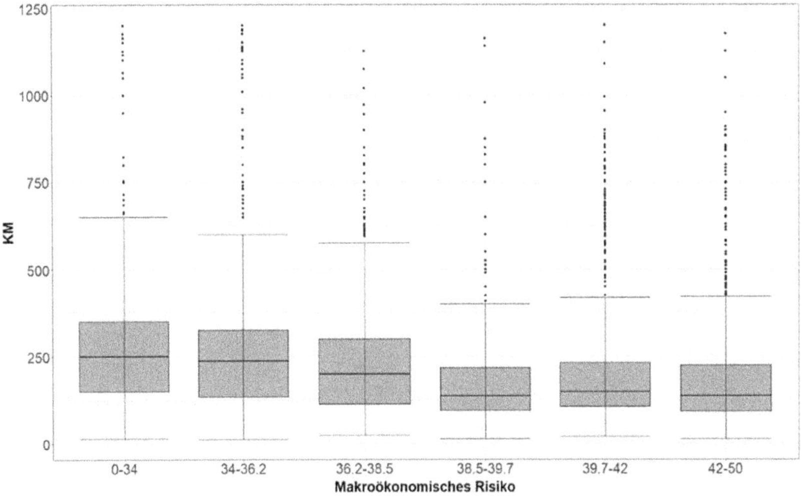

Abbildung 37: Kreditmargen nach makroökonomischem Risiko

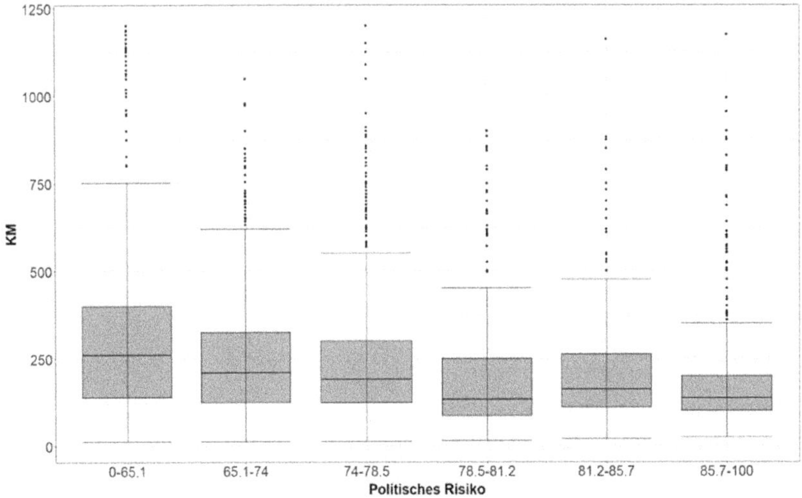

Abbildung 38: Kreditmargen nach politischem Risiko

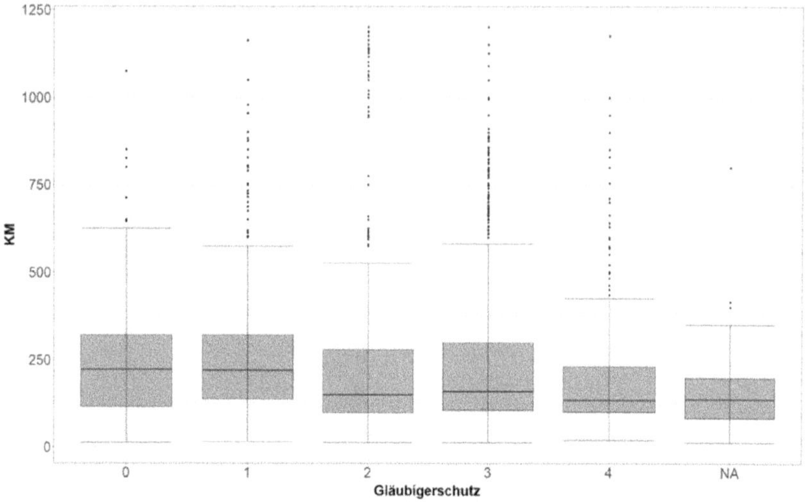

Abbildung 39: Kreditmargen nach Gläubigerschutz

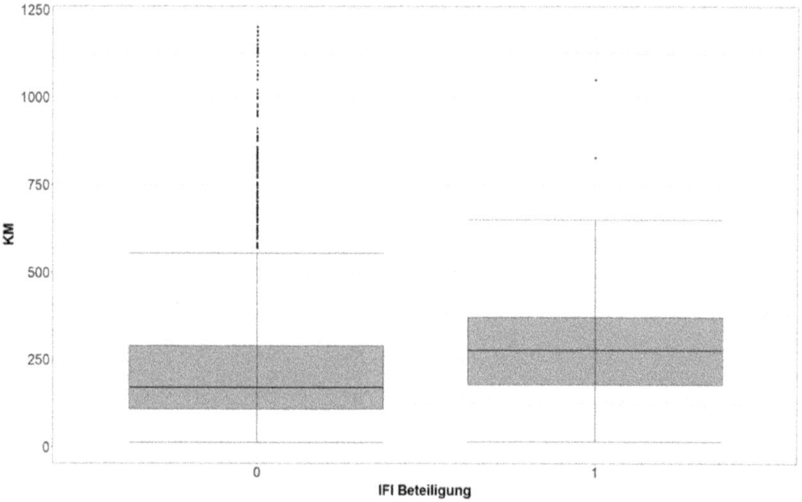

Abbildung 40: Kreditmargen ohne (0) und mit (1) IFI Beteiligung

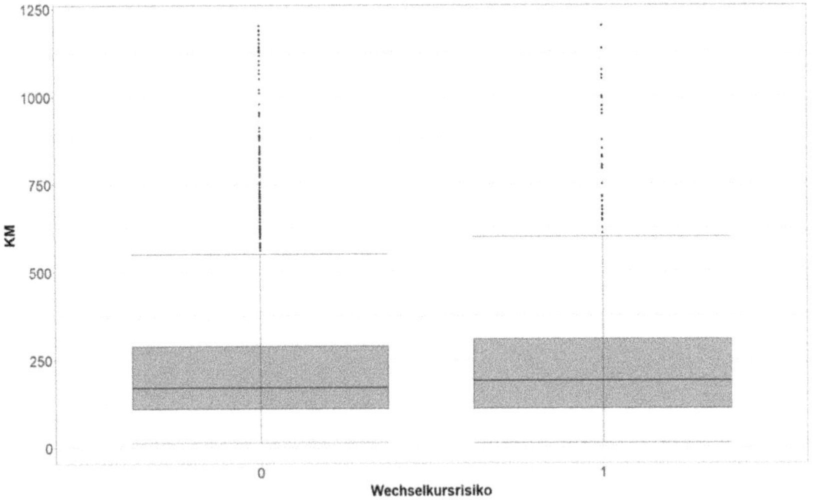

Abbildung 41: Kreditmargen ohne (0) und mit (1) Wechselkursrisiko

5.2.2.2 Deskriptive Analyse auf Branchenebene

Auf Branchenebene lässt sich in einem ersten Schritt die Verteilung der Kreditmargen nach den **verschiedenen Branchen** betrachten (Abbildung 42). Darauf aufbauend lässt sich jedoch einzig die Aussage treffen, dass Branchenunterschiede hinsichtlich der Kreditmargen erkennbar sind. Dabei muss auch wieder bedacht werden, dass die Anzahl der Tranchen innerhalb der Branchen stark schwankt.

In Abbildung 43, Abbildung 44 und Abbildung 45 finden sich die Verteilung der Kreditmargen nach **Cashflow-Volatilität** der Branche, der **Regulierung** der Branche sowie nach der **Nachfrage** nach Projekten einer Branche. Dabei wurde wieder darauf geachtet, dass sich eine ungefähr gleiche Anzahl von Tranchen in den Intervallen befindet.

Aus einer rein deskriptiven Betrachtung dieser Verteilungen lassen sich ebenfalls kaum eindeutige Schlüsse ziehen. Bei der Cashflow-Volatilität der Branche scheint es, als würden sehr niedrige und sehr hohe Volatilitäten mit hohen Margen zusammenhängen; bei der Branchenregulierung ist die Verteilung sehr unregelmäßig und bei der Branchennachfrage liegen die Quartil-Boxen sehr nahe beieinander, wodurch wiederum kein positiver oder negativer Zusammenhang erkennbar ist.

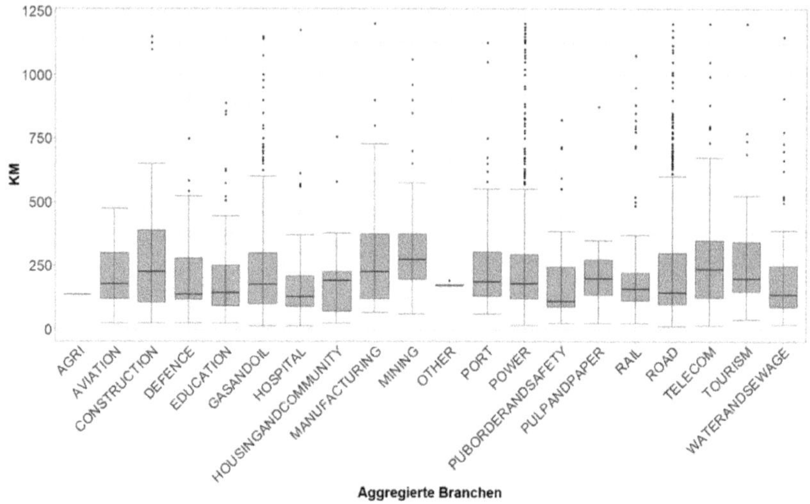

Abbildung 42: Verteilung der Kreditmargen nach Branchen

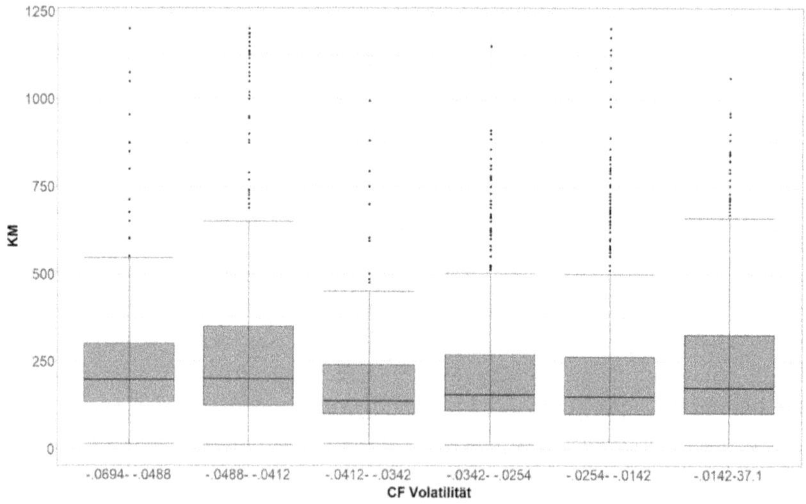

Abbildung 43: Kreditmargen nach CF-Volatilität der Branche

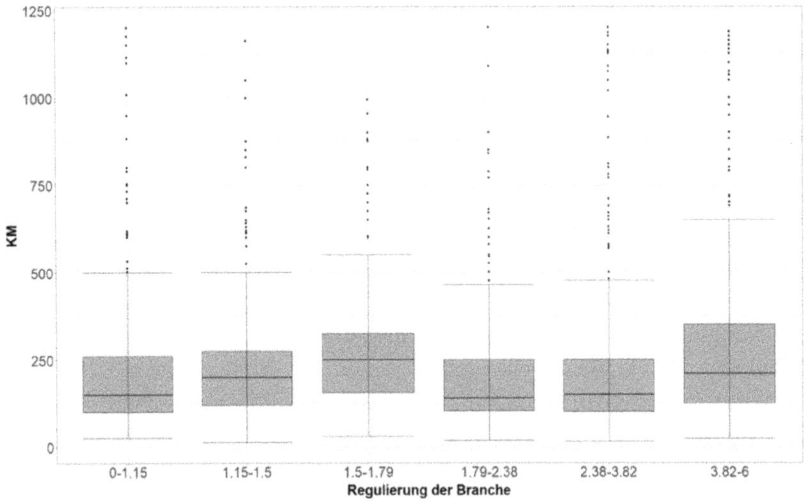

Abbildung 44: Kreditmargen nach Regulierung der Branche

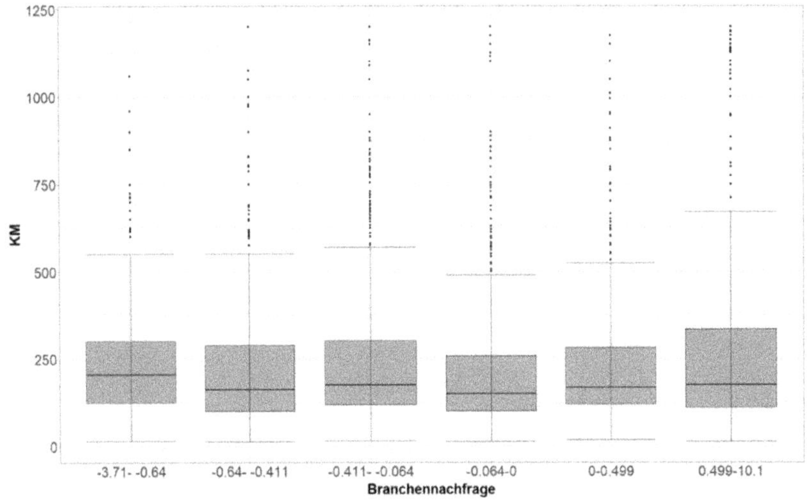

Abbildung 45: Kreditmargen nach Branchennachfrage

5.2.2.3 Deskriptive Analyse auf Projektebene

Bei den unabhängigen Variablen auf Projektebene handelt es sich um das Vorhandensein eines fixierten Zinssatzes, eines Errichtungsvertrages, eines Betriebsvertrages, eines Abnahmevertrages und eines Liefervertrages. Zusätzlich wird der Effekt der Erfahrung der Sponsoren mit dem Land und der Branche auf die Kreditmarge untersucht.

Abbildung 46 zeigt die Verteilung der Kreditmargen nach der **Erfahrung der Sponsoren** mit dem Gastland und der Branche. Um ein Box-Whisker-Plot erstellen zu können, wurde die Erfahrung der Sponsoren in sechs Gruppen unterteilt, wobei die Intervalle so gewählt wurden, dass sich die Gesamtmenge an Tranchen annähernd regelmäßig auf die Gruppen verteilt. Wenngleich sich die Mediane der Gruppen nicht sehr stark unterscheiden, ist dennoch graphisch ein leicht negativer Zusammenhang zwischen Erfahrung und Kreditmarge erkennbar, d.h. Projekte mit erfahrenen Sponsoren verfügen über niedrigere Kreditmargen.

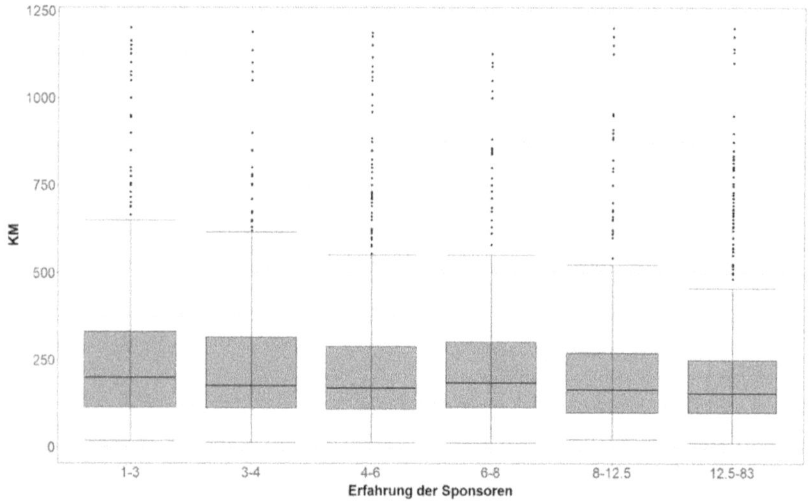

Abbildung 46: Verteilung der Kreditmargen nach Erfahrung der Sponsoren

Abbildung 47 setzt die Verteilung der Kreditmargen mit variablen und **fixierten Zinssätzen** in Verbindung. Hierbei ist deutlich erkennbar, dass Tranchen mit fixierten Zinssätzen höher bepreist sind. Der Ordnung halber muss aber wieder darauf hingewiesen werden, dass nur 190 Tranchen im Sample mit einem fixen Zinssatz ausgestattet sind.

Bei den **Verträgen** lassen sich mit Blick auf die Verteilungen keine eindeutigen Aussagen treffen, da die Mediane stets nahe beieinanderliegen. Lediglich die Spannbreiten der mittleren Quartile sind bei den Tranchen mit Verträgen meist schmäler, was wiederum auf geringe Anzahl von Tranchen mit solchen Verträgen zurückzuführen ist.

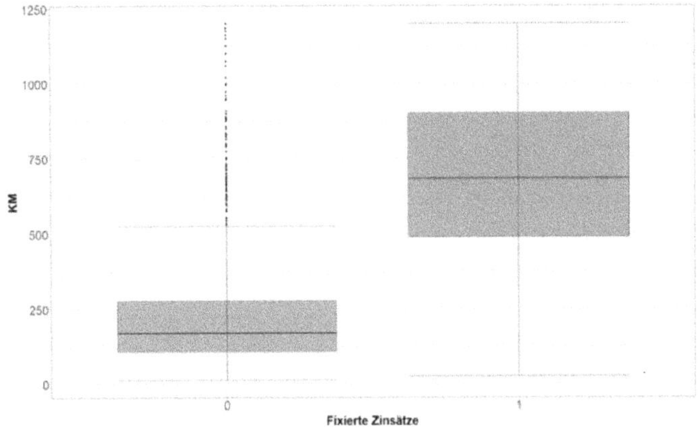

Abbildung 47: Kreditmargen bei Tranchen ohne (0) und mit (1) fixierten Zinssätzen

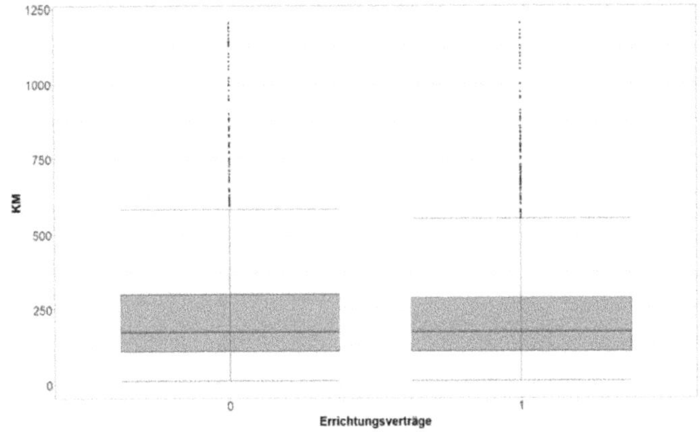

Abbildung 48: Kreditmargen von Tranchen ohne (0) und mit (1) Errichtungsverträgen

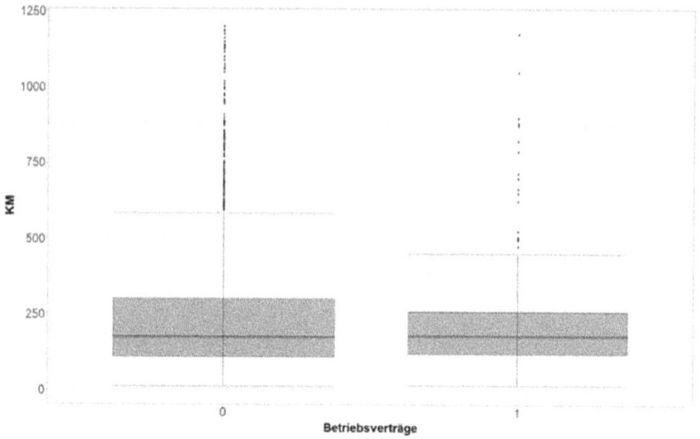

Abbildung 49: Kreditmargen von Tranchen ohne (0) und mit (1) Betriebsverträgen

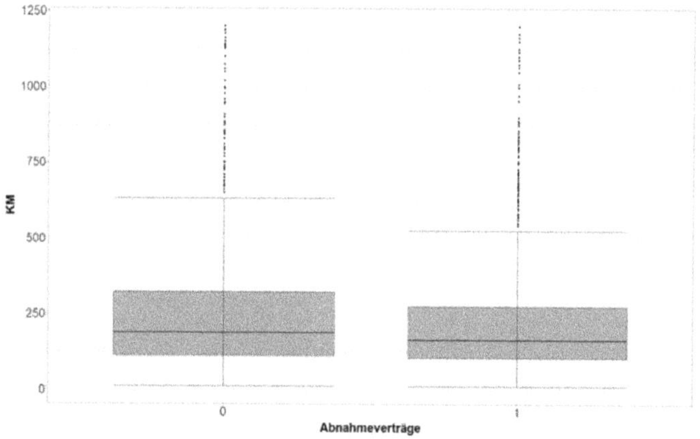

Abbildung 50: Kreditmargen von Tranchen ohne (0) und mit (1) Abnahmeverträgen

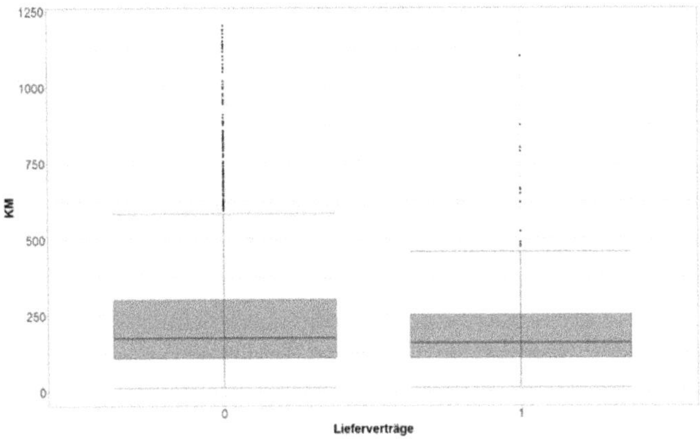

Abbildung 51: Kreditmargen von Tranchen ohne (0) und mit (1) Lieferverträgen

5.2.3 Deskriptive Analyse zu Risiko und Laufzeit

Im folgenden Unterkapitel wird die deskriptive Analyse zu Risiko und Laufzeit präsentiert. Als logischer Aufbau dient wieder die Abfolge Länder- Branchen- und Projektebene. Bevor die Ergebnisse präsentiert werden, findet sich in Abbildung 52 die Verteilung der Variable Laufzeit in der Stichprobe.

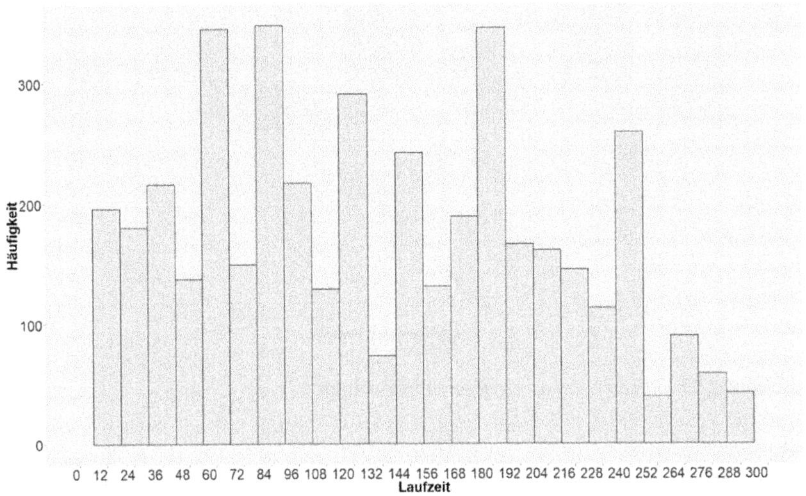

Abbildung 52: Verteilung der Variable Laufzeit

5.2.3.1 Deskriptive Analyse auf Länderebene

Um den Einfluss des Länderrisikos auf die Laufzeiten zu untersuchen, empfiehlt sich wieder ein Blick auf die Verteilung der Laufzeiten nach **Regionen** (Abbildung 53) sowie nach **Länderrating** z.B. von Moody's (Abbildung 54). Hinsichtlich der Regionen sind es die Tranchen aus Europa, dem Mittleren Osten mit Nordafrika sowie Ostasien, die im Median die längsten Laufzeiten aufweisen. Etwas überraschend besitzen Tranchen aus Nordamerika und damit einer vermeintlich sicheren Region den niedrigsten Median, jedoch beinhaltet diese Region auch ein große Anzahl an Ausreißern. Berücksichtigt muss hier aber wiederum werden, dass sich die Anzahl der Tranchen nicht regelmäßig auf die Regionen verteilt.[452]

In Bezug auf das Länderrating lässt sich kein Zusammenhang mit der Laufzeit erkennen, wenngleich die risikanteste Kategorie *C-NR* den niedrigsten Median aufweist. Auch hier überrascht eine Kategorie (*Caa1-Caa3*) mit einem hohen Median, doch auch dies ist über die geringe Anzahl von rund 50 Tranchen in dieser Kategorie erklärbar.[453]

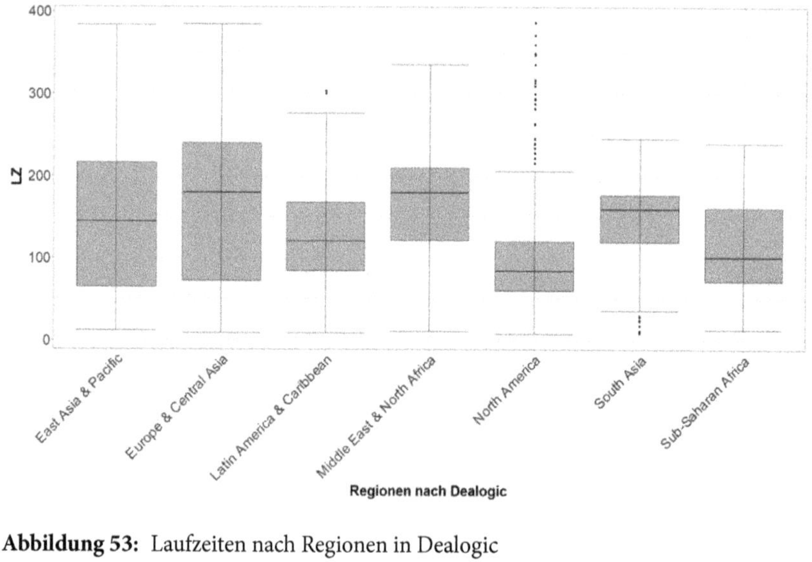

Abbildung 53: Laufzeiten nach Regionen in Dealogic

452 Vgl. Tabelle 11
453 Vgl. Tabelle 12

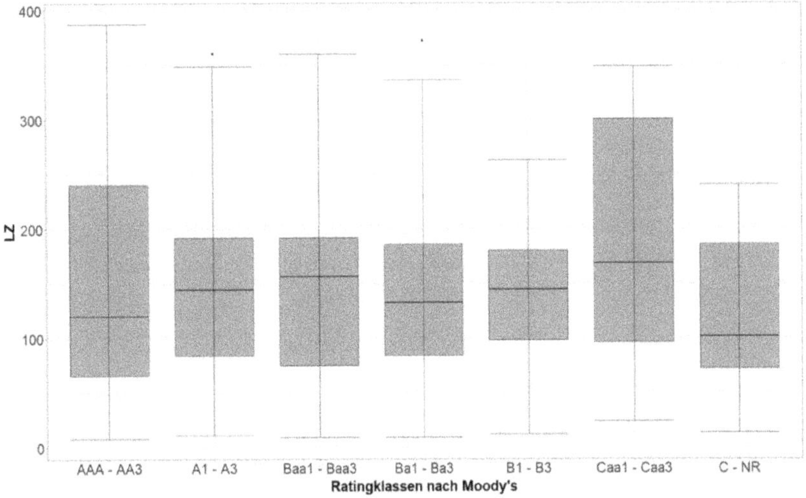

Abbildung 54: Laufzeiten nach Rating (Moody's)

Folglich lassen sich keine eindeutigen Aussagen treffen, weshalb es sich wiederum lohnt, das Länderrisiko weiter aufzuspalten und graphisch mit der Laufzeit in Verbindung zu setzen. Abbildung 55 und Abbildung 56 zeigen die Verteilungen der Laufzeiten nach **makroökonomischem** und **politischem Risiko** gemessen am *PRS*-Wert, wobei höhere Werte weniger Risiko und damit mehr Stabilität ausdrücken. Dabei wurden die Spannweiten der Intervalle so gewählt, dass sich die Tranchen gleichmäßig auf die sechs Gruppen aufteilen. Im Gegensatz zur Fremdkapitalquote und Kreditmarge lässt sich zwischen makroökonomischem Risiko bzw. politischem Risiko und Laufzeit kein Zusammenhang erkennen.

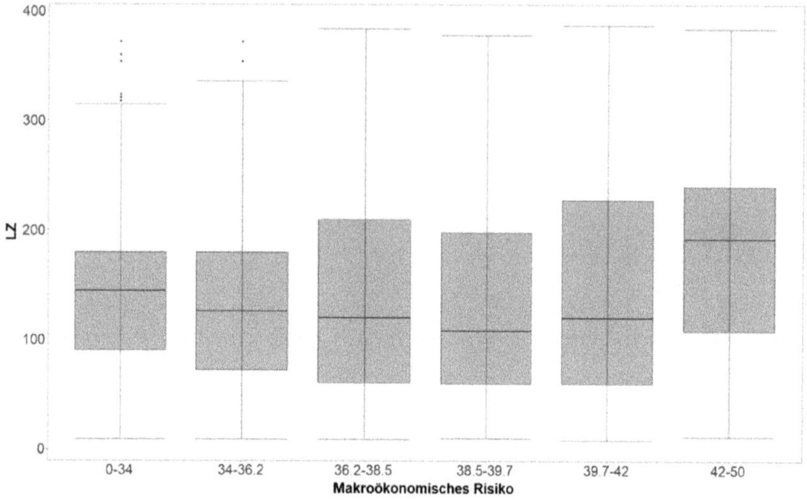

Abbildung 55: Laufzeiten nach makroökonomischem Risiko

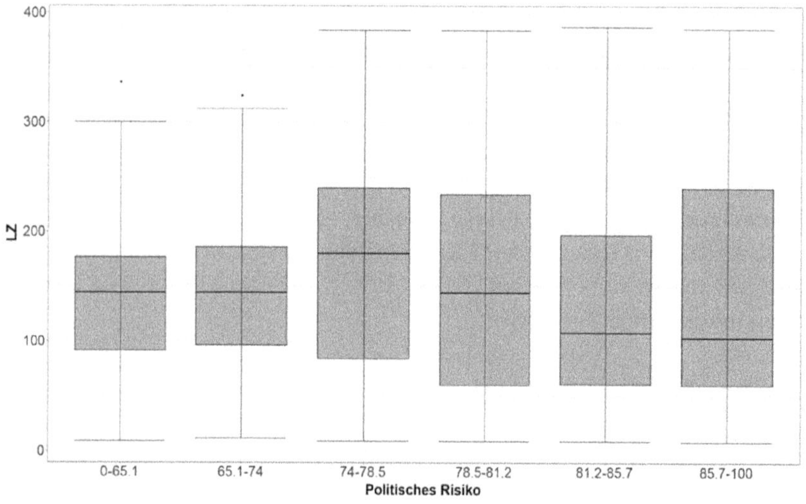

Abbildung 56: Laufzeiten nach politischem Risiko

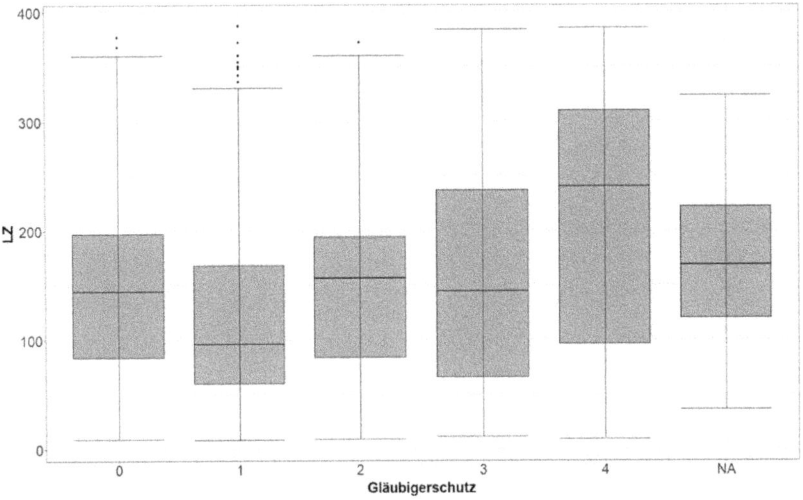

Abbildung 57: Laufzeiten nach Gläubigerschutz

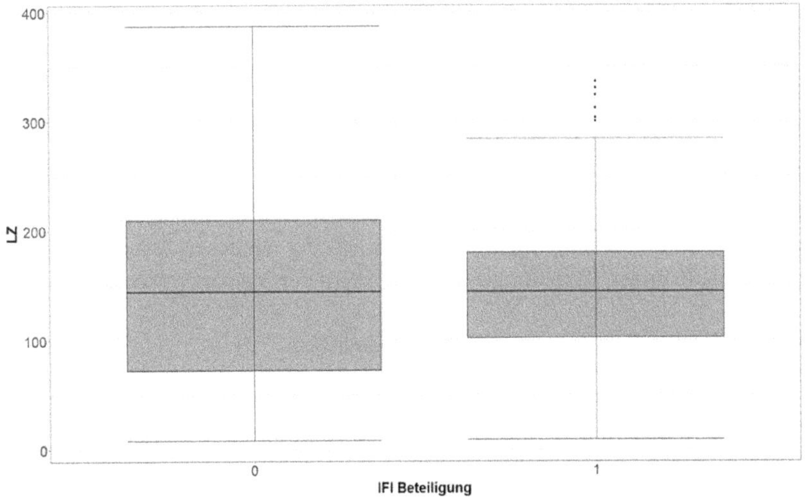

Abbildung 58: Laufzeiten ohne (0) und mit (1) IFI Beteiligung

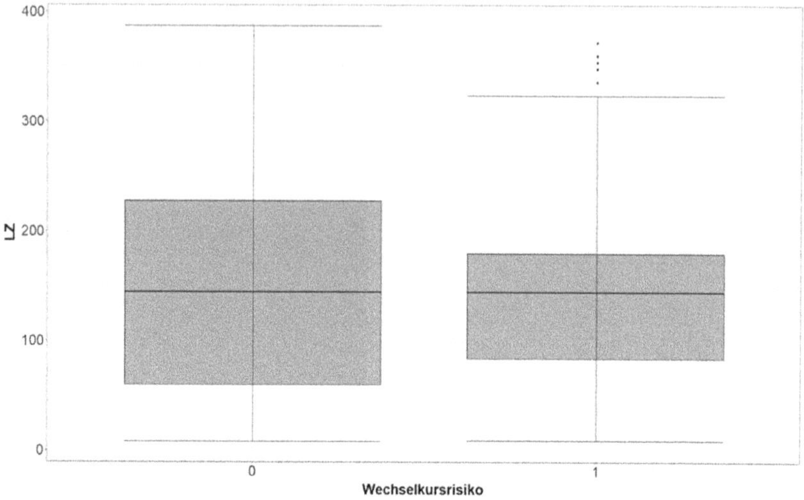

Abbildung 59: Laufzeiten ohne (0) und mit (1) Wechselkursrisiko

Ähnliches gilt für das Ausmaß an **Gläubigerschutz**, dargestellt in Abbildung 57. Auch hier lässt sich kein eindeutiger Zusammenhang zwischen Gläubigerschutz und Laufzeit ablesen, wobei jedoch das Intervall mit dem höchsten Ausmaß an Gläubigerschutz auch einen deutlich höheren Median der Laufzeiten aufweist.

Abbildung 58 und Abbildung 59 zeigen die Verteilungen der Laufzeiten der Tranchen mit und ohne **Beteiligung einer internationalen Finanzinstitution** bzw. mit und ohne **Wechselkursrisiko**. Sowohl beim Wechselkursrisiko, als auch bei der IFI-Beteiligung sind hinsichtlich der Tranchen keine eklatanten Unterschiede in den Verteilungen und vor allem der Mediane erkennbar.

5.2.3.2 Deskriptive Analyse auf Branchenebene

Auf Branchenebene lässt sich die Verteilung der Laufzeiten wieder nach **Branchenzugehörigkeit** unterteilten (Abbildung 60). Darauf aufbauend lässt sich jedoch einzig die Aussage treffen, dass Branchenunterschiede hinsichtlich der Laufzeiten erkennbar sind. Dabei muss auch wieder bedacht werden, dass die Anzahl der Tranchen innerhalb der Branchen stark schwankt.

In Abbildung 61 findet sich die Verteilung der Laufzeiten nach **Cashflow-Volatilität** der Branche, wobei hier – eher kontraintuitiv – ein leicht positiver Zusammenhang zwischen Volatilität und Laufzeit erkennbar ist. Der leicht positive Zusammenhang zwischen **Branchennachfrage** und Laufzeit in Abbildung 63 ist demgegenüber mit dem theoretischen Rahmen erklärbar. Die Laufzeiten der Tranchen schwanken nach der **Branchenregulierung** stark (Abbildung 62), wobei Tranchen aus stärker regulierten Branchen tendenziell längere Laufzeiten aufweisen.

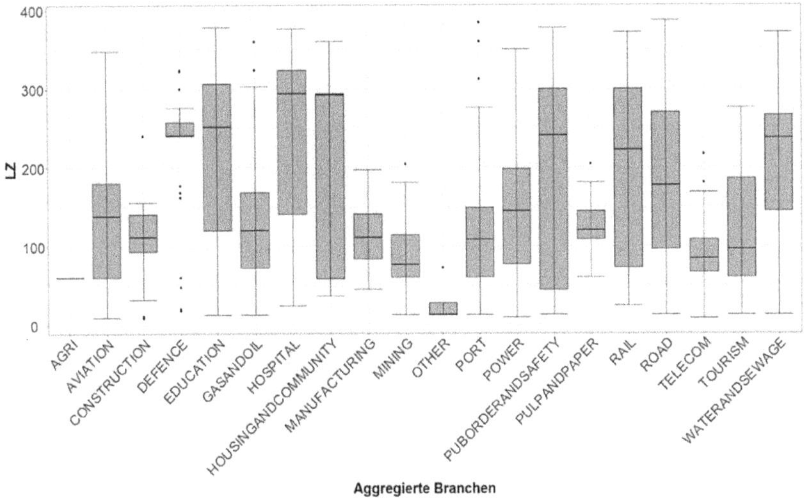

Abbildung 60: Verteilung der Laufzeiten nach Branchen

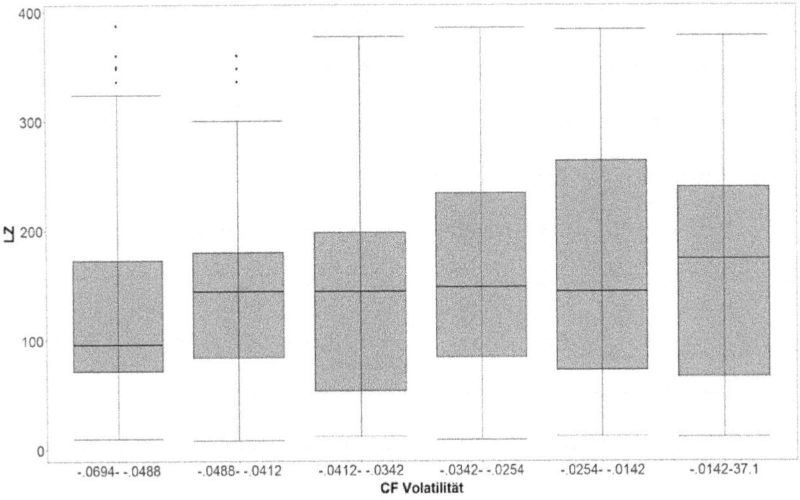

Abbildung 61: Laufzeiten nach CF-Volatilität der Branche

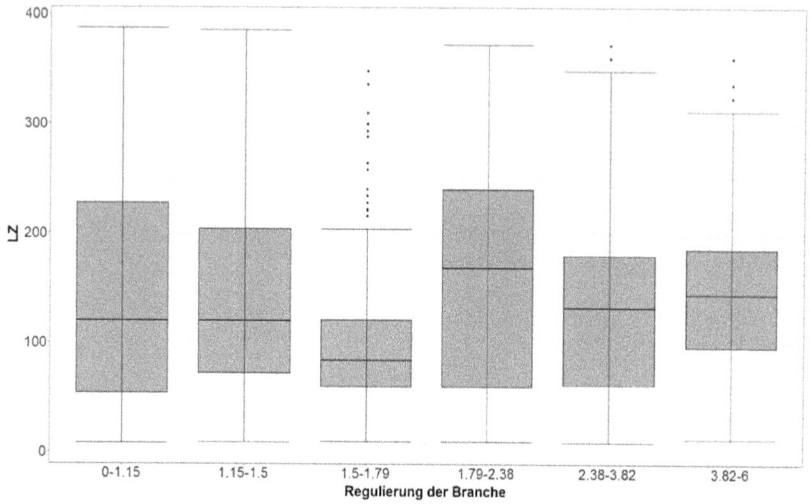

Abbildung 62: Laufzeiten nach Regulierung der Branche

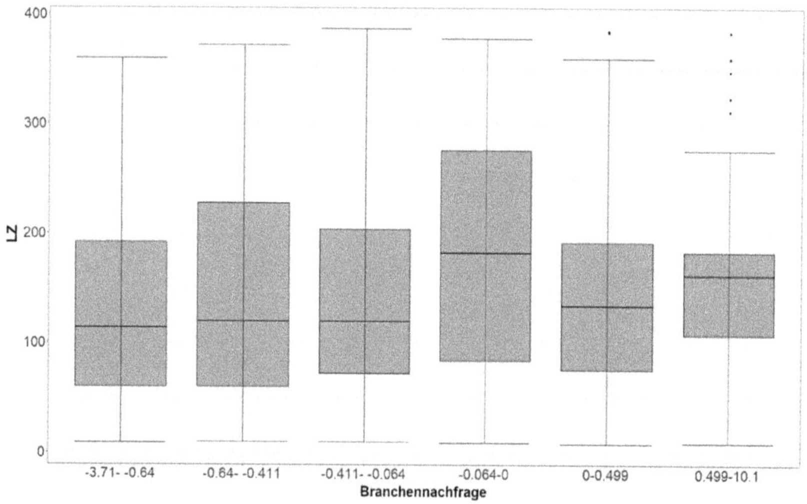

Abbildung 63: Laufzeiten nach Branchennachfrage

5.2.3.3 Deskriptive Analyse auf Projektebene

Auf Projektebene wird das Vorhandensein eines fixierten Zinssatzes, eines Errichtungsvertrages, eines Betriebsvertrages, eines Abnahmevertrages und eines Liefervertrages an. Zusätzlich wird der Effekt der Erfahrung der Sponsoren mit dem Land und der Branche auf die Laufzeit untersucht.

Abbildung 64 zeigt die Verteilung der Laufzeiten nach der **Erfahrung der Sponsoren** mit dem Gastland und der Branche. Um einen Box-Whisker-Plot erstellen zu können, wurde die Erfahrung der Sponsoren in sechs Gruppen unterteilt, wobei die Intervalle so gewählt wurden, dass sich die Gesamtmenge an Tranchen annähernd regelmäßig auf die Gruppen verteilt. Es zeigt sich dabei ein „Stufenbau" der Mediane und der mittleren Quartile aufsteigend von wenig zu viel Erfahrung. Dies lässt einen positiven Zusammenhang zwischen Erfahrung und Laufzeit vermuten, d.h. Projekte mit erfahrenen Sponsoren verfügen über längere Laufzeiten.

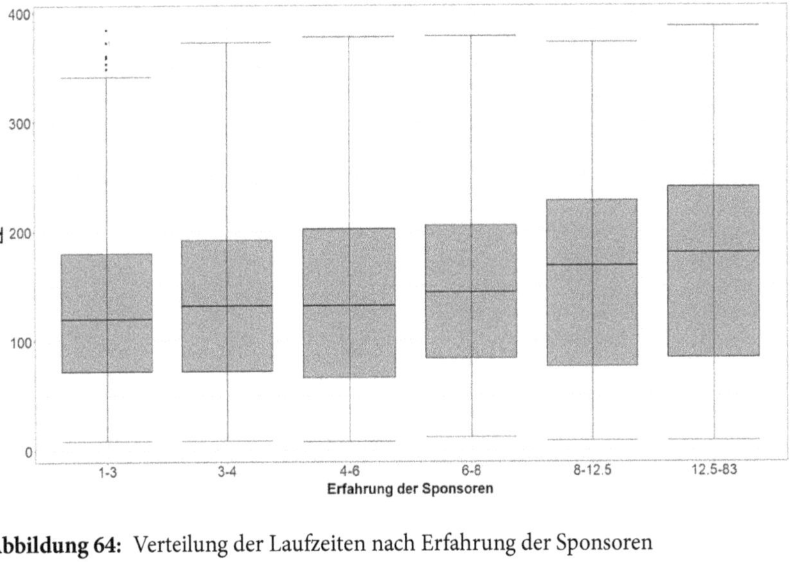

Abbildung 64: Verteilung der Laufzeiten nach Erfahrung der Sponsoren

Abbildung 65 setzt die Verteilung der Laufzeiten mit variablen und **fixierten Zinssätzen** in Verbindung. Hierbei ist erkennbar, dass Tranchen mit fixierten Zinssätzen auf den Median bezogen etwas längere Laufzeiten aufweisen. Der Ordnung halber muss aber wieder darauf hingewiesen werden, dass nur 190 Tranchen in der Stichprobe mit einem fixen Zinssatz ausgestattet sind.

Bei den **Verträgen** lässt sich mit Blick auf die Verteilungen feststellen, dass Tranchen mit Errichtungsverträgen (Abbildung 66) sowie Tranchen mit Abnahmeverträgen (Abbildung 68) im Median etwas längere Laufzeiten besitzen. Die Verteilungen bei den übrigen Verträgen lassen keine weiteren Aussagen zu (Abbildung 67 und Abbildung 69).

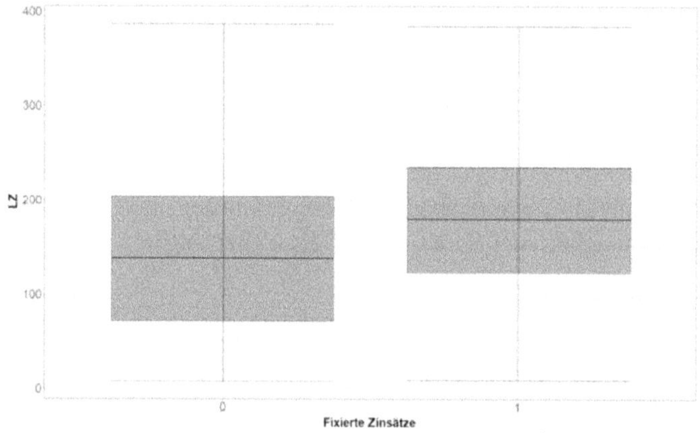

Abbildung 65: Laufzeiten bei Tranchen ohne (0) und mit (1) fixierten Zinssätzen

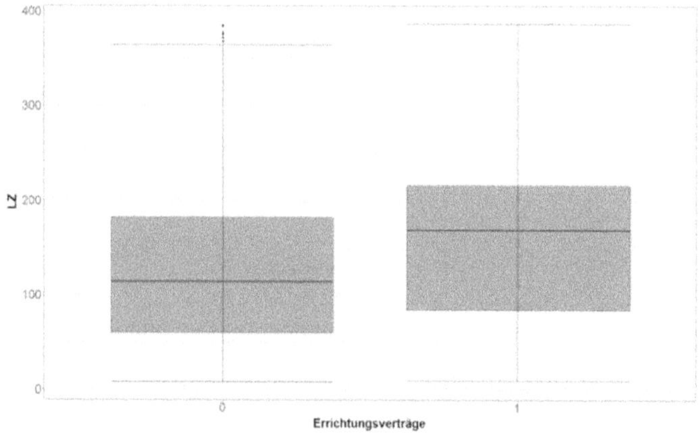

Abbildung 66: Laufzeiten von Tranchen ohne (0) und mit (1) Errichtungsverträgen

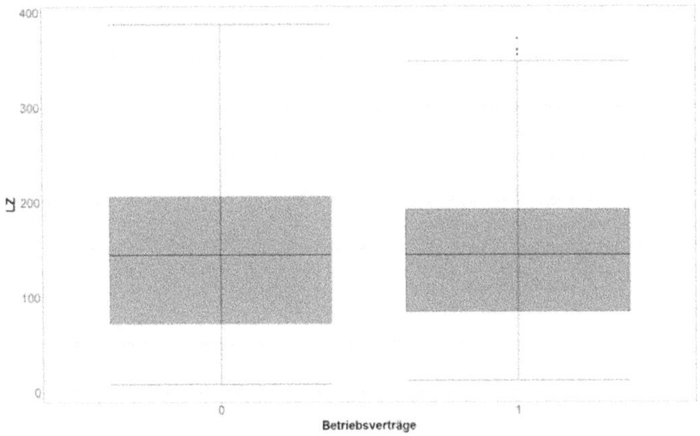

Abbildung 67: Laufzeiten von Tranchen ohne (0) und mit (1) Betriebsverträgen

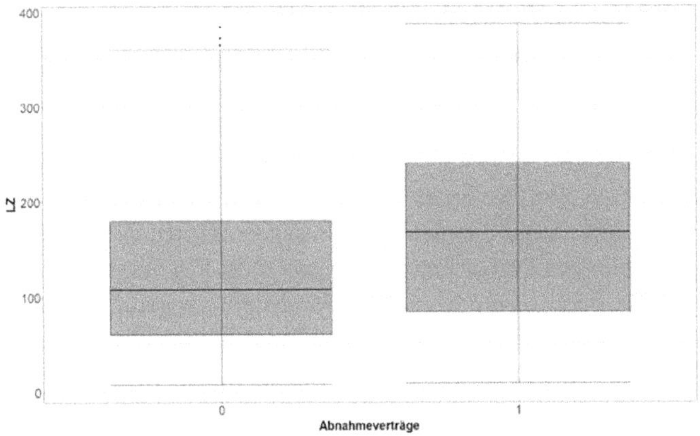

Abbildung 68: Laufzeiten von Tranchen ohne (0) und mit (1) Abnahmeverträgen

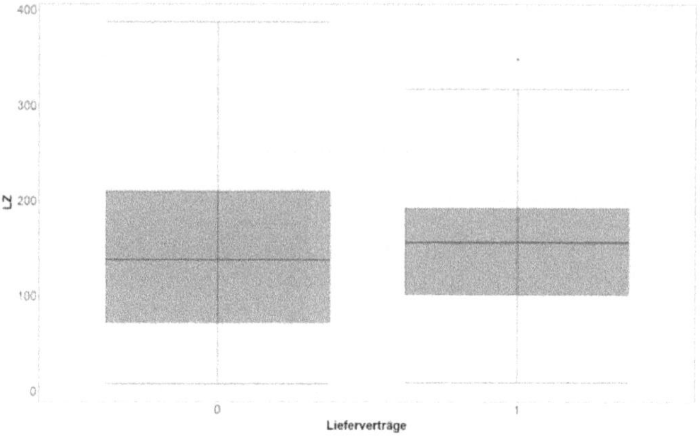

Abbildung 69: Laufzeiten von Tranchen ohne (0) und mit (1) Lieferverträgen

5.2.4 Deskriptive Analyse zu den Wechselwirkungen

Um die **Wechselwirkungen** zwischen den abhängigen Variablen zu illustrieren, wurden drei Punktdiagramme erstellt. Abbildung 70 zeigt die Werte der Tranchen hinsichtlich Fremdkapitalquote und Kreditmarge, Abbildung 71 zeigt den Zusammenhang zwischen Laufzeit und Kreditmarge und Abbildung 72 bildet die Laufzeit und die Fremdkapitalquoten der Tranchen gemeinsam ab. Um bessere Rückschlüsse aus den Punktewolken ableiten zu können, wurden zusätzlich die linearen Regressionsgeraden sowie die Regressionskurve nach der GAM-Methode (Generalisierte Additive Modelle)[454] eingefügt. Diese Geraden bzw. Kurven müssen aber wieder mit großer Vorsicht interpretiert werden, da es sich um hierbei um unkontrollierte Zusammenhänge – im Sinne von Effekten, die durch andere Variablen in den späteren Modellen berücksichtig werden – handelt. Die Punktdiagramme dienen daher vorrangig zur Illustration der Verteilung der Daten.

454 Hastie / Tibshirani (1986), S. 297ff

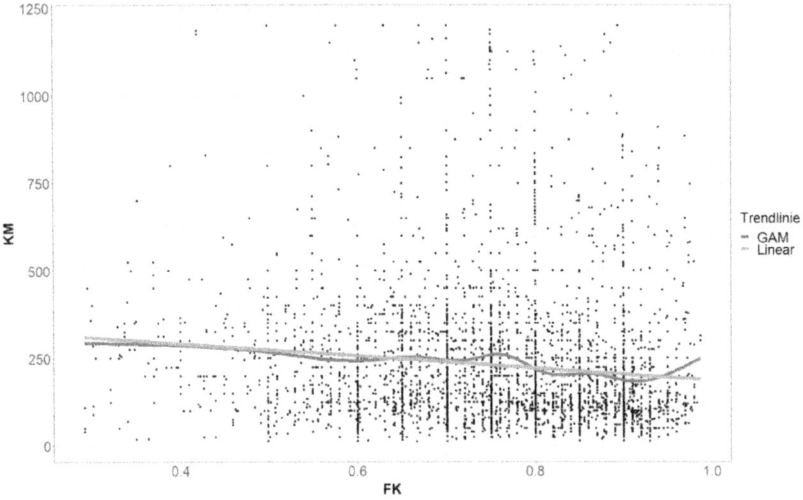

Abbildung 70: Zusammenhang zwischen Fremdkapitalquote und Kreditmarge

In Abbildung 70 ist erkennbar, dass eine große Anzahl an Tranchen über **Fremdkapitalquoten** im Bereich von 60 bis 90 Prozent verfügen und gleichzeitig eine Vielzahl an **Kreditmargen** zwischen 10 und 300 Basispunkten liegen. Die lineare Regressionsgerade weist eine minimale Neigung auf, daraus lässt sich jedoch kein eindeutig negativer Zusammenhang zwischen Fremdkapitalquote und Marge ableiten.

Gleiches gilt für die lineare Regressionsgerade in Abbildung 71. Die GAM-Kurve zeigt bis ca. 100 Monaten **Laufzeit** einen positiven Zusammenhang mit der **Kreditmarge**, danach fällt die Kurve aber wieder ab. Zusammenfassend lassen sich dazu keine eindeutigen Aussagen treffen.

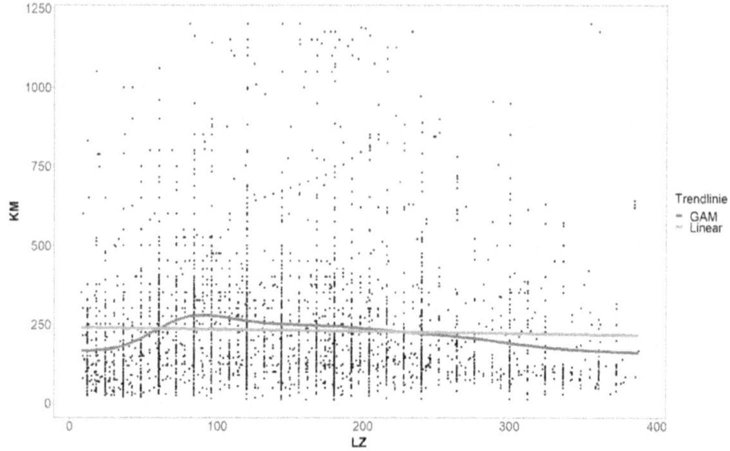

Abbildung 71: Zusammenhang zwischen Laufzeit und Kreditmarge

Zwischen **Laufzeit** und **Fremdkapitalquote** (Abbildung 72) besteht gemäß der linearen Regressionsgeraden – ohne Berücksichtigung anderer Kontrollvariablen – ein positiver Zusammenhang. Bei einer Betrachtung der GAM-Kurve muss diese Aussage aber wieder relativiert werden, da starke Schwankungen rund um die lineare Regressionsgerade erkennbar sind. Folglich muss der Zusammenhang im Unterkapitel zur Inferenzstatistik weiter untersucht werden.

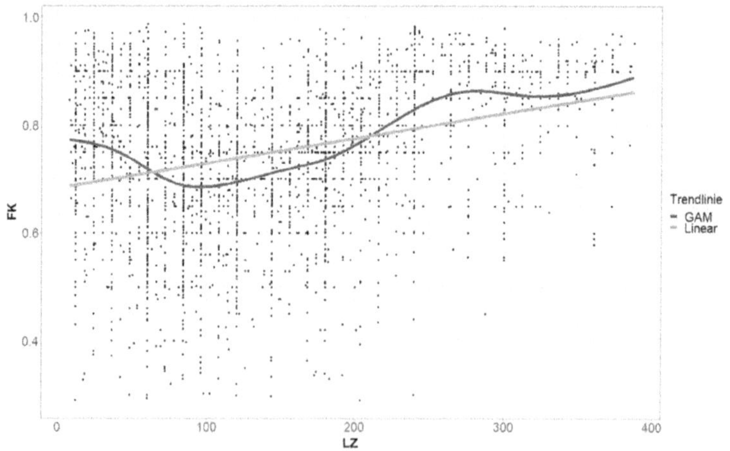

Abbildung 72: Zusammenhang zwischen Laufzeit und Fremdkapitalquote

5.2.5 Zusammenfassung der deskriptiven Analyse

Zum Abschluss der Präsentation der deskriptiven Analyse werden die gewonnenen Erkenntnisse der deskriptiven Analyse nochmals kompakt zusammengefasst.

Hinsichtlich der Fremdkapitalquote konnte ein positiver Zusammenhang zwischen Fremdkapitalquote und makroökonomischer Stabilität, ein leichter, positiver Zusammenhang mit der politischen Stabilität sowie ein leicht positiver Zusammenhang mit dem Ausmaß an Gläubigerschutz beobachtet werden. Das Vorhandensein einer IFI-Beteiligung sowie eines Wechselkursrisikos wurde im Zusammenhang mit niedrigen Fremdkapitalquoten beobachtet. Auf Branchenebene konnten keine offensichtlichen Zusammenhänge gefunden werden; dasselbe gilt für das Vorhandensein von Errichtungs-, Betriebs, Abnahme- oder Lieferverträgen. Mit der Erfahrung der Sponsoren zeigt sich jedoch ein positiver Zusammenhang.

Deutlich positive Zusammenhänge konnten bei der Kreditmarge mit dem makroökonomischen und dem politischen Risiko beobachtet werden. Darüber hinaus zeigen Tranchen mit einer IFI-Beteiligung bezogen auf den Median deutlich höhere Kreditmargen; dasselbe gilt für Tranchen mit fixierten Zinssätzen. Auch zwischen der Erfahrung der Sponsoren und der Kreditmarge konnte ein negativer Zusammenhang beobachtet werden. Die Variablen auf Branchenebenen zeigen dagegen keine eindeutigen Zusammenhänge mit der Marge.

Auf Länderebene lässt sich zwischen der Laufzeit und dem Gläubigerschutz ein leicht positiver Zusammenhang beobachten und auf Branchenebene findet sich ebenfalls ein leicht positiver Zusammenhang mit der Cashflow-Volatilität. Auf Projektebene fällt ein positiver Zusammenhang mit dem Vorhandensein eines Errichtungs- sowie Abnahmevertrages auf und auch Tranchen mit fixierten Zinssätzen zeigen längere Laufzeiten. Auch mit der Erfahrung der Sponsoren ist ein positiver Zusammenhang erkennbar.

Da es sich um deskriptive Ergebnisse handelt, muss erneut darauf hingewiesen werden, dass diese nicht losgelöst von der schließenden Statistik, die im folgenden Kapital präsentiert wird, gewertet werden dürfen.

5.3 Inferenzstatisik

Im folgenden Unterkapitel wird die schließende Statistik dieser Arbeit und deren Ergebnisse präsentiert. Zuerst wird die gewählte Methodik erklärt, danach werden die Ergebnisse zur Fremdkapitalquote, darauffolgend zur Kreditmarge und abschließend zur Laufzeit dargelegt. Die Ergebnisse zu den Wechselwirkungen werden ebenfalls in einem Unterkapitel genauer diskutiert. Im Anschluss an diesen Abschnitt werden die Ergebnisse der deskriptiven Statistik wie auch der Inferenzstatistik gesammelt betrachtet und in Anlehnung an Tabelle 9 in Unterkapitel 4.6 werden die Hypothesen mitsamt den Ergebnissen übersichtlich dargestellt.

5.3.1 Methodik

Um die **passenden Schätzverfahren** zu finden, müssen zuerst die Charakteristika der abhängigen Variablen betrachtet werden. Dazu können nochmals die Verteilungen der Variablen gesichtet werden. Abbildung 16 bildet die Verteilung der Variable Fremdkapitalquote ab, Abbildung 34 zeigt die Verteilung für die Kreditmarge und die Verteilung der Laufzeit findet sich in Abbildung 52. Erkennbar ist dabei eine leicht linksschiefe Verteilung der Fremdkapitalquote und eine leicht rechtsschiefe Verteilung der Kreditmarge. Diese beiden Schieflagen sind auf die Charakteristika dieser beiden Variablen zurückzuführen. Die Variable Laufzeit zeigt eine eher gleichmäßige Verteilung. Um Ausreißer in den Daten, die z.B. auf Eingabefehler in die Datenbank zurückzuführen sind, für die Hypothesentests zu entfernen, wurde ein *Winsorizing* auf einem beidseitigen einprozentigen Niveau aller abhängigen Variablen durchgeführt. Unabhängig davon wurden aber trotzdem alle Gesamtmodelle mit der gesamten Stichprobe gerechnet.[455]

Von größerer Bedeutung ist jedoch das Charakteristikum der **Stetigkeit**, das auf die Variablen Fremdkapitalquote und Kreditmarge zutrifft; bei der Laufzeit handelt es sich um eine quasistetige Variable, da diese in Monaten gemessen wird und dadurch nicht uneingeschränkt teilbar ist. Zudem muss beachtet werden, dass es sich bei der Stichprobe um **Querschnittsdaten** handelt, welche die Projektfinanzierung nur zu einem Zeitpunkt, dem *Financial Closing*, abbilden. Folglich sind Verfahren, die eine klassische Panel-Struktur zugrunde legen, wie z.B. *Fixed-Effect-Models* nicht geeignet und es scheint sinnvoller, unbeobachtete Zeiteffekte über Dummy-Variablen im Modell zu berücksichtigen.[456]

Aus diesem Grund wird für sämtliche Schätzungen ein **OLS-Schätzer** (*ordinary-least squares*[457]) verwendet. Die abhängigen Variablen bilden dabei die Fremdkapitalquote, die Kreditmarge sowie die Laufzeit und auf der rechten

455 Siehe dazu Anhang 8.4
456 Wooldridge (2016), S. 424
457 Dt.: *Methode der kleinsten Quadrate*

Seite der Regressionsgleichung finden sich jeweils die drei Blöcke an Länder-, Branchen- und Projektvariablen. Zusätzlich wird eine Reihe von Kontrollvariablen verwendet.[458]

In früheren Studien zur Kreditmarge und Laufzeit, die den gleichen Datensatz oder einen Datensatz mit ähnlicher Struktur verwenden, wurden fast **ausschließlich diese Schätzer** eingesetzt.[459] Hinsichtlich der Fremdkapitalquote finden sich in früheren Studien neben OLS- auch GLS- und Tobit-Modelle. Gemäß Rajan Annamalai / Jain (2013) handelt es sich bei der Fremdkapitalquote um eine Variable, die nur Werte zwischen *0* und *1* annehmen kann, folglich beidseitig beschränkt ist, was ein Tobit-Verfahren rechtfertigt.[460] Ein Solches wurde als Robustheitstest ebenfalls geschätzt; die Richtung und Signifikanz der Koeffizienten bleibt dabei weitestgehend gleich.[461]

Vaaler / James / Aguilera (2008) sowie James / Vaaler (2018) und James / Vaaler (2017) wenden einen GLS-Schätzer mit einem Clustering der Standardfehler auf Länderebene an. Dieser Idee folgend werden bei allen Spezifikationen (Fremdkapitalquote, Kreditmarge und Laufzeit) die Standardfehler auf Land-Jahr-Ebene geclustert. Dies vergrößert die Standardfehler und führt zu einem konservativeren Test der statistischen Signifikanz der Koeffizienten.

Bevor die OLS-Regressionen geschätzt werden können, muss nochmals überprüft werden, ob das Modell, die Stichprobenziehung und die Charakteristika der Variablen ein solches Verfahren erlauben. Gemäß Wooldridge (2016) müssen **folgende Punkte** (Gauß-Markov-Annahmen) erfüllt werden, damit das **OLS-Verfahren** die besten – im Sinne von erwartungstreuen – linearen Schätzer erzeugt:

(1) Lineare Parameter
(2) Zufällige Stichprobenziehung
(3) Keine perfekte Kollinearität zwischen den unabhängigen Variablen
(4) Bedingter Erwartungswert der Störterme gleich Null
(5) Homoskedastizität
(6) Normalverteilung der Standardfehler[462]

---

458 Die genauen Regressionsgleichungen finden sich in den späteren Unterkapiteln zu den einzelnen Ergebnissen.

459 Blanc-Brude / Strange (2007), S. 102; Girardone / Snaith (2011), S. 1728; Kleimeier / Megginson (2000), S. 84; Thierie / Moor (2018a), S. 18, (2018b), S. 9; Pfarl (2014), S. 56; Pinto / Alves (2016), S. 14

460 Rajan Annamalai / Jain (2013), S. 257

461 Siehe dazu Anhang 8.1

462 Vgl. Wooldridge (2016), S. 139f

Voraussetzung **(1)** ist gegeben, da zwischen den abhängigen Variablen und den erklärenden Variablen ein linearer Effekt vermutet wird und eine entsprechende Regressionsgleichung formuliert werden kann. Voraussetzung **(2)** kann insofern als adressiert betrachtet werden, als es sich bei der *ProjectWare*-Datenbank nach eigenen Angaben um eine umfangreiche und repräsentative Liste aller Projektfinanzierungen weltweit handelt.[463] Daraus folgt, dass bei einem ausreichend großen Sample die Inferenzstatistik Parameter erzeugt, die den echten Populationsparametern entsprechen sollten. Zudem ist bei den Tranchen, für die nicht sämtliche relevante Informationen enthalten sind und die daher nicht in die Stichprobe mitaufgenommen werden, keine offensichtliche Systematik zu erkennen. Nichtsdestotrotz besteht ein gewisser *selection bias*, der nicht gelöst werden kann. Darauf wird in den Limitationen näher eingegangen.

Um die Voraussetzung **(3)** überprüfen zu können, wurde eine Korrelationstabelle mitsamt den Signifikanzwerten (*p-values*) erstellt, welche sich im Anhang 7 findet. Dabei fällt auf, dass zwischen einigen Variablen eine hohe, signifikante Korrelation besteht. Aus theoretischer Sicht scheint hier insbesondere die Korrelation zwischen *concession* und *ppp* problematisch zu sein, da PPP-Projekte oftmals auf einer Konzession beruhen. Im gegenständlichen Sample sind tatsächlich über 92 Prozent der PPP-Projekte gleichzeitig auch Konzessionsprojekte. Aus diesem Grund wird in den späteren Regressionen nur die Variable *concession* verwendet. Auch die Korrelation zwischen dem politischen und dem ökonomischen Risiko stellt ein Problem dar, auf das später in den Modellspezifikationen näher eingegangen wird. Um aus empirischer Sicht eine Multikollinearität aufgrund der übrigen Korrelationen auszuschließen, wurde für die verwendeten Regressiongleichungen auch eine *Variance inflation factor*-Tabelle erstellt, welche sich ebenfalls in Anhang 7 findet.[464] Diese enthält keine nennenswerten bzw. bedenklichen Ergebnisse.

Um die Voraussetzungen **(4) bis (6)** zu berücksichtigen, müssen zum einen theoretische Überlegungen angestellt werden, zum anderen kann auf statistische Tests zurückgegriffen werden. Vorab muss die Frage gestellt werden, ob das Modell komplett spezifiziert ist, oder ob Verzerrungen durch ausgelassene Variablen eintreten können. Für die vorliegende Arbeit wird davon ausgegangen, dass alle wesentlichen Effekte im Prozess der Modellspezifizierung berücksichtigt wurden. Trotzdem können unbeobachtete Faktoren eine Auswirkung auf die

463 Vgl. Corielli / Gatti / Steffanoni (2010), S. 1300

464 Vgl. Fox / Monette (1992), S. 178

Schätzung haben, wobei hierbei versucht wurde, diese über Dummy-Variablen zu berücksichtigen.

Zum anderen bieten sich **graphische** sowie **statistische Tests** an.[465] Für alle Gesamtmodelle[466] wurde der Breusch-Pagan-Test zur Heteroskedastizität der Fehlerterme durchgeführt und es wurde für diese Modelle auch ein Streudiagramm der Residuen und Fehlerterme sowie ein Q-Q- Diagramm der Residuen erstellt. Das Q-Q-Diagramm der Residuen zeigt für alle Modelle eine annähernde Normalverteilung. Das Streudiagramm der Residuen zeigt demgegenüber jedoch, dass diese nicht symmetrisch um die Gerade verteilt sind. Auch die Ergebnisse des entsprechenden Breusch-Pagan-Tests zeigen, dass die Gauß-Markov-Annahme zur Homoskedastizität nicht gegeben ist. Dieses Phänomen lässt sich auch relativ einfach über die Datenstruktur erklären. Da zu einem Projekt in einem Land und in einem Jahr oft mehrere Tranchen vorhanden sind, ist es wenig überraschend, dass die Residuen nicht gleichmäßig verteilt sind; schließlich sind auch die Tranchen eines einzelnen Projekts nicht unabhängig voneinander. Zudem kann nicht ausgeschlossen werden, dass auch unterschiedliche Projekte im gleichen Land und Jahr miteinander korrelieren.

Aus diesem Grund werden die Standardfehler – wie bereits oben erwähnt – auf Land-Jahr-Ebene geclustert. Dadurch werden diese vergrößert und die Hypothesentests der statistischen Signifikanz der Koeffizienten werden konservativer. Dadurch wird auch der Gauß-Markov-Annahme (5) nachgekommen und eine etwaige Korrelation von Projekten im gleichen Jahr und Land berücksichtigt. Zusätzlich werden die Modelle mit unterschiedlichen Stichprobenzusammensetzungen getestet und so wird überprüft, ob die Ergebnisse stabil bleiben. Darauf wird im Verlauf der Arbeit noch näher eingegangen.

In den folgenden vier Unterkapiteln werden die Ergebnisse der Inferenzstatistik zur Fremdkapitalquote, zur Kreditmarge, zur Laufzeit und abschließend zu den Wechselwirkungen präsentiert. Diese Kapitelunterteilung folgt dem Aufbau des Hypothesenkapitels und innerhalb der Unterkapitel folgt der Aufbau der bekannten Land-Branchen-Projekt-Logik.

5.3.2 Inferenzstatisik zu Risiko und Fremdkapitalquote

Im folgenden Unterkapitel werden zuerst die Modellspezifikationen zum Hypothesentest des Zusammenhangs zwischen Risiko und Fremdkapitalquote und im

465 Zum Thema „Residuenanalyse" siehe Winker (2017), S. 164ff

466 Siehe jeweils Modell 6 in Tabelle 13, Tabelle 14 und Tabelle 15

Anschluss daran die Ergebnisse dieser Regressionen, welche sich in Tabelle 13 finden, diskutiert.

Da für eine größere Anzahl der Beobachtungen keinen Daten zu den Branchenvariablen vorhanden sind[467], wurde ein mehrstufiger Modelltest gewählt. Dieser erlaubt zudem zu überprüfen, ob die Effekte über mehrere Spezifikationen robust bleiben. **Modell 1** enthält nur den Länderrisikofaktor des makroökonomischen Risikos und – um etwaige Brancheneffekte abzudecken – zusätzliche Dummy-Variablen für die Branche (*Sector Dummy*). Demgegenüber enthält **Modell 2** nur das politische Risiko. Die Berücksichtigung der beiden Risikofaktoren unabhängig voneinander wurde durchgeführt, da zwischen dem makroökonomischen und dem politischen Risiko eine starke empirische Korrelation wie auch ein theoretischer Zusammenhang besteht.[468]

Modell 3 enthält die Risikofaktoren auf Länderebene und – um etwaige Brancheneffekte abzudecken – wurden zusätzliche Dummy-Variablen für die Branche (*Sector Dummy*) eingeführt. **Modell 4** enthält die Branchenfaktoren und Länder-Dummy-Variablen (*Country Dummy*), um Effekte der Gastländer zu berücksichtigen. Modell 5 enthält die erklärenden Variablen auf Projektebene sowie Länder- und Branchen-Dummy-Variablen. Modell 6 stellt das komplette Modell dar und bei **Modell 7** wurden die Brancheneffekte wiederum durch eine Dummy-Variable ersetzt. Um andere Effekte zu berücksichtigen, die auf jährliche Veränderungen zurückzuführen und nicht mit Kontrollvariablen abbildbar sind, wurden alle Modelle mit Jahres-Dummy-Variablen (*Year Dummy*) gerechnet. Das **Gesamtmodell (Modell 6)** zum Hypothesentest zu Risiko und Fremdkapitalquote folgt der Gleichung:

$$\text{debtratio} = \alpha + \beta_1 \text{eco\_risk} + \beta_2\ \text{pol\_risk} + \beta_3 \text{ifi} + \beta_4\ \text{currency\_risk} + \beta_5 \text{creditor\_rights} + \beta_6 \text{cf\_vol} + \beta_7 \text{sector\_regulation} + \beta_8 \text{industry\_demand} + \beta_9 \text{fixed\_rate} + \beta_{10} \text{epc\_agreement} + \beta_{11} \text{operation\_maintenance} + \beta_{12} \text{offtake\_agreement} + \beta_{13} \text{supply\_agreement} + \beta_{14} \text{sponsor\_exp} + \beta_{15} \text{spread} + \beta_{16} \text{maturity} + \Sigma\gamma \text{controls} + \varepsilon.$$

Bei den **Kontrollvariablen** handelt es sich um die Projektgröße, den Steuersatz im Gastland und eine Dummy-Variable für Refinanzierungen sowie Konzessionen und Garantien. Zusätzlich werden die Jahre mit Dummy-Variablen berücksichtigt, wobei die einzelnen Betakoeffizienten in der Regressionstabelle nicht angeführt sind. Gleiches gilt für die Länder- und Branchen-Dummy-Variablen.

---

467 Dies ist an der schwankenden Anzahl der Beobachtungen erkennbar (*Observations*).

468 Als Beispiel wäre hier Venezuela anzuführen, wo eine makroökonomische und eine politische Krise zusammen eingetreten sind.

Die **Koeffizienten**, **Standardfehler** sowie die **Teststatistik** der einzelnen Modellspezifikationen sind in Tabelle 13 zu finden. Signifikante Koeffizienten der erklärenden Variablen wurden mit Ausnahme der Kontrollvariablen fett markiert. Die entsprechenden Signifikanzniveaus finden sich am Ende der Tabelle. Um eine mögliche Heteroskedastizität der Fehlerterme aufgrund von unbeobachteter Einflussvariablen zu berücksichtigen, wurden zusätzlich zum VIF-Test die Standardfehler auf Land-Jahr-Ebene geclustert.[469] Dies führt zu einer Vergrößerung der Standardfehler und zugleich zu einem konservativeren Test der statistischen Signifikanz der Koeffizienten.

Die **Ergebnisse** zeigen, dass die signifikanten Effekte bzw. die signifikanten erklärenden Variablen beinahe über alle Modellspezifikationen stabil bleiben. Eine Ausnahme bildet das makroökonomische Risiko in den Modellspezifikationen 3, 6 und 7, was über die hohe Korrelation mit dem politischen Risiko erklärt werden kann. Bei den übrigen signifikanten Variablen handelt es sich um die Beteiligung einer IFI, die Cashflow-Volatilität, fixierte Zinssätze, EPC- und Abnahmeverträge sowie die Erfahrung der Sponsoren.

Das **makroökonomische Risiko** zeigt in Modell 1 den Effekt wie in Hypothese 1_{FK} beschrieben. Mit einer Steigerung des makroökonomischen Risikos sinkt die Fremdkapitalquote. Aus den Koeffizienten lässt sich errechnen, dass bei einer Steigerung des Risikos um eine Standardabweichung die Fremdkapitalquote um 0,4 Prozent fällt, ceteris paribus. Eine Standardabweichung entspricht beispielsweise in etwa dem Unterschied im makroökonomischen Risiko der Länder Peru und Südkorea im Jahr 2014. Wenngleich die prozentuelle Veränderung der Quote gering wirken mag, entspricht diese multipliziert mit der durchschnittlichen Projektsumme einem nicht unbedeutenden Wert von rund USD 3 Millionen.

Dass eine Erhöhung des **politischen Risikos** zu einem Rückgang der Fremdkapitalquote führt, konnte für die Stichprobe ebenfalls beobachtet werden, wodurch Hypothese 2_{FK} gestützt wird. Ein Anstieg des politischen Risikos um eine Standardabweichung führt zu einem Rückgang der Verschuldung von 0,2 Prozent oder auf die durchschnittliche Projektsumme bezogen einem Rückgang von ca. USD 1,5 Millionen an Fremdkapital. Einen solchen Unterschied von einer Standardabweichung im politischen Risiko lässt sich beispielsweise zwischen Chile und Canada für das Jahr 2014 beobachten.

Hypothese 3_{FK} bezieht sich auf den positiven Effekt einer **Beteiligung einer IFI** auf die Fremdkapitalquote. Dieser Effekt konnte nicht beobachtet werden, sondern es zeigt sich ein – wie auch die deskriptiven Ergebnisse bereits vermuten

469 Vgl. Wooldridge (2016), S. 244ff

ließen – signifikant negativer Effekt einer IFI-Beteiligung auf die Fremdkapitalquote. In prozentuellen Werten verringert sich die Verschuldung um 5 Prozent; in absoluten Werten bezogen auf die durchschnittliche Projektgröße sinkt der Fremdkapitalanteil um USD 42 Millionen, ceteris paribus.

Die Effekte eines **Wechselkursrisikos** und des **Gläubigerschutzes**, die in Hypothese 4_{FK} sowie 5_{FK} formuliert wurden, weichen nicht signifikant von Null ab, wodurch die entsprechenden Hypothesen nicht gestützt werden. Hypothese 6_{FK}, welchen den negativen Effekt einer Erhöhung der **Cashflow-Volatilität** ausdrückt, wird ebenfalls nicht gestützt, da der signifikante Koeffizient die falsche Effektrichtung aufweist. Folglich führt im Gegensatz zur Hypothese eine steigende Volatilität zu höheren Fremdkapitalquoten.

Auf Projektebene zeigen der **fixierte Zinssatz**, das Vorhandensein eines **Errichtungs**- und **Abnahmevertrages** sowie die **Erfahrung der Sponsoren** einen signifikant positiven Effekt und stützen damit die Hypothesen 8_{FK}, 9_{FK}, 11_{FK} und 13_{FK}. Für Hypothese 10_{FK} und 12_{FK} konnten hingegen keine signifikanten Ergebnisse gefunden werden.

Ist der **Zinssatz** der Fremdkapitaltranche fixiert, so steigt die Fremdkapitalquote zwischen 2,9 und 5,3 Prozent. Ein Errichtungsvertrag führt zu einer Erhöhung der Verschuldung um 1,6 bis 2,6 und bei den Abnahmeverträgen steigt die Quote um 1,2 bis 1,5 Prozent, ceteris paribus. Zur besseren Illustration sei nochmals erwähnt, dass eine einprozentige Erhöhung der Fremdkapitalquote, auf die durchschnittliche Projektgröße bezogen, einer wertmäßigen Steigerung von rund USD 8,5 Millionen gleichkommt.

Der Koeffizient der **Erfahrung der Sponsoren** lässt sich wie folgt interpretieren: Mit jedem Projekt, dass ein Sponsor im gleichen Land und der gleichen Branche durchführt, steigt die Verschuldungskraft um 0,1 Prozent.

Hinsichtlich der **Kontrollvariablen** konnten mit Ausnahme der Projektgröße, welche einen signifikant negativen Effekt auf die Fremdkapitalquote aufweist, keine durchgehend signifikanten Zusammenhänge beobachtet werden. Die anderen Variablen der Finanzierungsstruktur, d.h. Kreditmarge bzw. Laufzeit weisen einen signifikant negativen bzw. signifikant positiven Effekt auf. Folglich sinkt mit steigender Marge der Fremdkapitalanteil, während eine höhere Laufzeit zu einer Zunahme an Fremdkapital führt.

Eine **weiterführende Diskussion** der Ergebnisse folgt im Anschluss an den qualitativen Teil dieser Arbeit. Eine Übersicht über die Ergebnisse des Hypothesentests zur Fremdkapitalquote findet sich in Tabelle 16 in Unterkapitel 5.4.

Tabelle 13: Ergebnisse der OLS Schätzungen der Fremdkapitalquote

	Dependent variable: debtratio						
	Model 1	**Model 2**	**Model 3**	**Model 4**	**Model 5**	**Model 6**	**Model 7**
	Eco Risk	**Pol Risk**	**Country**	**Sector**	**Project**	**Country Sector + Project**	**Country + Project**
prs_eco	**0.004*****		0.001			-0.001	0.0005
	0.001		0.001			0.002	0.001
prs_pol		**0.002*****	**0.002*****			**0.002*****	**0.002*****
		0.0005	0.001			0.001	0.001
ifi			**-0.051*****			**-0.041****	**-0.054*****
			0.014			0.019	0.014
currency_risk			-0.014			-0.017	-0.012
			0.009			0.012	0.009
creditor_rights			-0.001			-0.004	-0.001
			0.003			0.005	0.003
cf_vol				**0.002*****		**0.003*****	
				0.001		0.001	
sector_regulation				0.007		0.006	
				0.004		0.004	
industry_demand				0.002		-0.003	
				0.004		0.004	
fixed_rate					0.014	**0.053*****	**0.029****
					0.013	0.017	0.013
epc_agreement					**0.016*****	**0.025*****	**0.026*****

(*fortgeführt*)

Tabelle 13: Fortsetzung

Dependent variable: debtratio							
					0.006	0.009	0.007
operation_maintenance					-0.011	-0.012	-0.018
					0.01	0.017	0.012
offtake_agreement					**0.012***	**0.015***	0.004
					0.007	0.009	0.007
supply_agreement					-0.013	-0.002	-0.004
					0.012	0.016	0.011
sponsor_exp					**0.001*****	**0.001****	**0.001*****
					0.0004	0.001	0.0004
project_size	-0.00001***	-0.00001***	-0.00001***	-0.00001**	-0.00001***	-0.00001***	-0.00001***
	0	0	0	0	0	0	0
refinancing	0.012	0.012	0.013	0.030**	0.011	0.045***	0.017
	0.013	0.013	0.013	0.013	0.014	0.014	0.014
guarantee	-0.005	0.001	0.007	0.006	0.013	0.023	0.009
	0.011	0.011	0.012	0.017	0.01	0.016	0.011
concession_agreement	0.006	0.014	0.020**	0.017*	0.01	0.009	0.013
	0.008	0.008	0.008	0.009	0.009	0.009	0.009
tax_rate	-0.0005	-0.001	-0.001**	-0.002	-0.001	-0.001	-0.001**
	0.0004	0.0004	0.0005	0.002	0.001	0.001	0.0005
spread	-0.0001***	-0.00004**	-0.00004**	-0.0001***	-0.00003	-0.0001***	-0.00005***
	0.00002	0.00002	0.00002	0.00002	0.00002	0.00003	0.00002
maturity	0.0002***	0.0002***	0.0002***	0.0002***	0.0002***	0.0003***	0.0002***

	Dependent variable: debtratio						
	0.00003	0.00003	0.00003	0.00004	0.00003	0.00004	0.00003
Constant	0.606***	0.552***	0.590***	0.757***	0.733***	0.679***	0.612***
	0.037	0.036	0.047	0.066	0.088	0.095	0.047
Country Dummy	No	No	No	Yes	Yes	No	No
Sector Dummy	Yes	Yes	Yes	No	Yes	No	Yes
Year Dummy	Yes	Yes	Yes	Yes	Yes	Yes	Yes
Observations	4,585	4,585	4,484	2,751	4,314	2,555	4,210
R^2	0.277	0.286	0.295	0.253	0.413	0.177	0.318
Adjusted R^2	0.269	0.278	0.286	0.234	0.39	0.163	0.308
Residual Std. Error	0.115 (df = 4534)	0.114 (df = 4534)	0.114 (df = 4429)	0.110 (df = 2682)	0.105 (df = 4156)	0.114 (df = 2511)	0.112 (df = 4149)
F Statistic	34.713*** (df = 50; 4534)	36.268*** (df = 50; 4534)	34.251*** (df = 54; 4429)	13.339*** (df = 68; 2682)	18.594*** (df = 157; 4156)	12.593*** (df = 43; 2511)	32.222*** (df = 60; 4149)

Note: *p<0.1; **p<0.05; ***p<0.01

5.3.3 Inferenzstatisik zu Risiko und Kreditmarge

Im folgenden Unterkapitel werden zuerst die Modellspezifikationen zum Hypothesentest des Zusammenhangs zwischen Risiko und Kreditmarge und im Anschluss daran die Ergebnisse dieser Regressionen, welche sich in Tabelle 14 finden, diskutiert.

Abgesehen vom Interaktionseffekt wurden wieder die gleichen Kontrollvariablen wie in der Regressiongleichung zur Fremdkapitalquote verwendet.[470] Zudem wurde wieder ein mehrstufiger Ansatz gewählt. **Modell 1** und **Modell 2** enthalten nur das makroökonomische Risiko bzw. das politische Risiko, um die starke Korrelation dieser beiden Variablen miteinander zu umgehen. **Modell 3** enthält die Risikofaktoren auf Länderebene und zusätzliche Dummy-Variablen für die Branche. **Modell 4** enthält die Branchenfaktoren und Länder-Dummy-Variablen und **Modell 5** enthält die erklärenden Variablen auf Projektebene sowie Länder- und Branchen-Dummy-Variablen. Modell 6 stellt das komplette Modell dar und bei **Modell 7** wurden die Brancheneffekte wiederum durch eine Dummy-Variable ersetzt. Alle Modelle wurden mit Jahres-Dummy-Variablen gerechnet und die Standardfehler wurden auf Jahr-Land-Ebene geclustert. Das **Gesamtmodell (Modell 6)** zum Hypothesentest zu Risiko und Kreditmarge folgt der Regressionsgleichung

$$\begin{aligned}\log(\text{spread}) = {} & \alpha + \beta_1 \text{eco\_risk} + \beta_2 \text{ pol\_risk} + \beta_3 \text{ifi} + \beta_4 \text{ currency\_risk} + \beta_5 \text{creditor\_rights} + \beta_6 \text{cf\_vol} + \beta_7 \text{sector\_regulation} + \beta_8 \text{industry\_demand} \\ & + \beta_9 \text{fixed\_rate} + \beta_{10} \text{epc\_agreement} + \beta_{11} \text{operation\_maintenance} + \beta_{12} \text{offtake\_agreement} + \beta_{13} \text{supply\_agreement} + \beta_{14} \text{sponsor\_exp} + \\ & \beta_{15} \text{debtratio} {}^{*} \beta_{16} \text{maturity} + \Sigma \gamma \text{controls} + \varepsilon.\end{aligned}$$

Hierbei muss darauf aufmerksam gemacht werden, dass die abhängige Variable in **logarithmierter Form** in die Gleichung eingeht. Eine solche Transformation der abhängigen Variablen kann dazu dienen, Ausreißern oder einer Heteroskedastizität der abhängigen Variablen entgegenzuwirken sowie um die Bedingungen des OLS Schätzers besser zu erfüllen.[471] Im konkreten Fall wurde die entsprechende Modellspezifikation auch mit der nicht-transformierten Variablen gerechnet und die entsprechende Verteilung der Residuen mit der Verteilung der Residuen der obigen Gleichung verglichen. Hierbei zeigen die Residuen der Gleichung mit der logarithmierten abhängigen Variable eher eine Normalverteilung[472], folglich wird die Kreditmarge in logarithmierter Form für den Hypothesentest verwendet.

Tabelle 14 zeigt die **Koeffizienten**, **Standardfehler** sowie die **Teststatistik** der genannten Regression sowie der anderen Modellspezifikationen. Die

470 Siehe Unterkapitel 5.3.2.

471 Vgl. Wooldridge (2016), S. 172

472 Vgl. mit den Gauß-Markow-Annahmen in Kapital 5.3.1.

Signifikanzniveaus finden sich am Ende der Tabelle. Da es sich bei dem Term β_{15}*debtratio**β_{16}*maturity* um einen Interaktionseffekt handelt, findet sich dieser Term sowie die Variablen unabhängig voneinander in der Tabelle. Die Interpretation dieses Interaktionseffekts erfolgt etwas später im Unterkapitel 5.3.5 zu den Wechselwirkungen. Bei der Interpretation der Koeffizienten muss darauf geachtet werden, dass es sich hierbei um eine Gleichung mit einer logarithmierten abhängigen Variable handelt.[473]

Die **Ergebnisse** zeigen, dass die Mehrzahl der signifikanten Effekte bzw. die Mehrzahl der signifikanten, erklärenden Variablen über alle Modellspezifikationen stabil bleiben. Eine der Ausnahmen bildet wieder das makroökonomische Risiko in den Modellspezifikationen 3, 6 und 7. Dies lässt sich wiederum auf die hohe Korrelation mit dem politischen Risiko zurückführen. Bei den übrigen signifikanten Variablen handelt es sich um die Beteiligung einer IFI, den Gläubigerschutz, die Cashflow-Volatilität, die Branchenregulierung, fixierte Zinssätze, Betriebsverträge sowie die Erfahrung der Sponsoren.

Das **makroökonomische Risiko** zeigt in Modell 1 den Effekt wie in Hypothese 1_{KM} beschrieben. Mit einer Steigerung des makroökonomischen Risikos steigt auch die Kreditmarge. Aus den Koeffizienten lässt sich errechnen, dass bei einer Steigerung des Risikos um eine Standardabweichung, die Kreditmarge um rund 1,3 Prozent steigt, ceteris paribus. Eine Standardabweichung entspricht ungefähr dem Unterschied im makroökonomischen Risiko der Länder Peru und Südkorea im Jahr 2014. Wenngleich die prozentuelle Veränderung der Kreditmarge gering wirken mag, entspricht dies auf die durchschnittliche Kreditmarge und die durchschnittliche Fremdkapitaltranche bezogen einer Zinsmehrbelastung von rund USD 70.000 pro Jahr.

Dass eine Erhöhung des **politischen Risikos** zu einem Rückgang der Fremdkapitalquote führt, konnte für die Stichprobe ebenfalls beobachtet werden, wodurch Hypothese 2_{KM} gestützt wird. Ein Anstieg des politischen Risikos um eine Standardabweichung führt zu einer Erhöhung der Kreditmarge um 0,9 bis 1,3 Prozent, oder auf die durchschnittliche Kreditmarge und die durchschnittliche Fremdkapitaltranche bezogen, einer Zinsmehrbelastung von USD 50.000 bis 70.000 pro Jahr. Ein solcher Unterschied von einer Standardabweichung im politischen Risiko lässt sich beispielsweise zwischen Chile und Canada für das Jahr 2014 beobachten.

Hypothese 3_{FK} bezieht sich auf den negativen Effekt einer **Beteiligung einer IFI** auf die Kreditmarge. Dieser Effekt konnte nicht beobachtet werden, sondern es zeigt sich ein signifikant positiver Effekt einer IFI-Beteiligung auf die Kreditmarge. In prozentuellen Werten steigt die Kreditmarge um 18,3 bis 28 Prozent; in absoluten Werten – bezogen auf die durchschnittliche Fremdkapitaltranche und die durchschnittliche Kreditmarge – steigt die Zinsbelastung um rund USD 1 Million pro Jahr.

473 Vgl. Wooldridge (2016), S. 39

Hypothese 4_{FK} wird gestützt, da für den **Gläubigerschutz** ein signifikant positiver Effekt beobachtet werden kann. Mit einer Zunahme des Gläubigerschutzes um den Faktor 1 – ein Unterschied der beispielsweise zwischen der Türkei und Deutschland besteht – sinkt die Kreditmarge um 3,7 bis 7,9 Prozent, je nach Modellspezifikation. Der Koeffizient für das **Wechselkursrisiko** zeigt demgegenüber keine Signifikanz, wodurch die Nullhypothese nicht abgelehnt werden kann und Hypothese 5_{KM} nicht gestützt wird.

Hypothese 6_{FK}, welche den positiven Effekt einer Erhöhung der **Cashflow-Volatilität** auf die Kreditmarge ausdrückt, wird durch Modell 4 gestützt, da der Koeffizient positiv signifikant auftritt. Bei einer Steigerung der Cashflow-Volatilität um eine Standardabweichung nimmt die Kreditmarge um 0,5 Prozent zu. Darüber hinaus kann in Modell 6 beobachtet werden, dass die **Branchenregulierung** einen negativen Effekt auf die Kreditmarge aufweist. Folglich sinkt die Kreditmarge in stärker regulierten Branchen. Die **Branchennachfrage** zeigt in keinem Modell einen signifikanten Effekt.

Auf Projektebene zeigt der **fixierte Zinssatz** einen signifikant positiven Effekt und steht damit in Einklang mit Hypothese 8_{KM}. Mit einer Steigerung von rund 120 Prozent verdoppelt sich die Verzinsung bei Tranchen mit fixiertem Zinssatz, ceteris paribus. Etwas überraschend steigt in einer Modellspezifikation die Kreditmarge bei Projekten mit **Betriebsverträgen** um ca. 8 Prozent, weshalb Hypothese 10_{KM} abgelehnt werden muss. Die übrigen Hypothesen zu den Verträgen werden ebenfalls nicht gestützt.

Die **Erfahrung der Sponsoren** wirkt sich jedoch wie in Hypothese 13_{KM} formuliert aus. Mit steigender Erfahrung der Sponsoren sinkt die Kreditmarge, wobei mit jedem Projekt, das ein Sponsor im gleichen Land und der gleichen Branche durchführt, die Kreditmarge um 0,3 Prozent sinkt. Dieser Effekt tritt aber nur in Modell 5 ein.

Darüber hinaus zeigen die **Kontrollvariablen** Projektgröße, Garantie, Konzession und Steuerrate über die Mehrzahl der Modellspezifikationen signifikante Effekte. Die Projektgröße wirkt sich dabei negativ auf die Kreditmarge aus, folglich werden größere Projekte relativ betrachtet günstiger mit Fremdkapital finanzierbar. Gleiches gilt für Konzessionsprojekte, und auch das Vorhandensein von Garantien reduziert die Kreditmarge. Der Steuersatz im Gastland zeigt nicht in sämtlichen Modellen die gleiche, signifikante Effektrichtung, jedoch wirkt sich der Steuersatz in fünf von sieben Modellen positiv auf die Kreditmarge aus.

Auf die Effekte der anderen Variablen der Finanzierungsstruktur sowie auf den Interaktionseffekt wird in Unterkapitel 5.3.5 detaillierter eingegangen. Eine **zusätzliche Diskussion** der Ergebnisse dieses Abschnittes erfolgt im Anschluss an den qualitativen Teil dieser Arbeit in Kapitel 6. Eine Übersicht über die Ergebnisse des Hypothesentests zur Kreditmarge findet sich in Tabelle 16 in Unterkapitel 5.4.

Tabelle 14: Ergebnisse der OLS Schätzungen der Kreditmarge

	Dependent variable: log(spread)						
	Model 1	**Model 2**	**Model 3**	**Model 4**	**Model 5**	**Model 6**	**Model 7**
	Eco Risk	**Pol Risk**	**Country**	**Sector**	**Project**	**Country + Sector + Project**	**Country + Project**
prs_eco	**-0.013****		0.007			0.008	0.005
	0.005		0.007			0.009	0.007
prs_pol		**-0.011*****	**-0.013*****			**-0.009****	**-0.011*****
		0.002	0.003			0.004	0.003
ifi			**0.279*****			**0.183****	**0.261*****
			0.054			0.091	0.056
currency_risk			-0.094			0.064	-0.066
			0.058			0.062	0.057
creditor_rights			**-0.037****			**-0.079*****	**-0.050*****
			0.019			0.023	0.019
cf_vol				**0.005***		0.005	
				0.003		0.004	
sector_regulation				0.006		**-0.029***	
				0.018		0.017	
industry_demand				-0.014		-0.009	
				0.023		0.027	
fixed_rate					**1.126*****	**1.215*****	**1.146*****
					0.082	0.107	0.087

(fortgeführt)

Tabelle 14: Fortsetzung

Dependent variable: log(spread)							
epc_agreement					-0.017	-0.027	-0.015
					0.026	0.035	0.03
operation_maintenance					**0.082***	0.102	0.06
					0.047	0.079	0.058
offtake_ agreement					-0.043	-0.039	-0.023
					0.031	0.041	0.035
supply_agreement					0.036	0.064	0.008
					0.048	0.061	0.054
sponsor_exp					**-0.003****	-0.002	-0.002
					0.002	0.002	0.002
debtratio	**-0.914*****	**-0.916*****	**-0.910*****	**-1.077*****	**-0.468****	**-1.237*****	**-0.945*****
	0.228	0.226	0.226	0.263	0.202	0.31	0.222
maturity	-0.001	**-0.002****	**-0.002****	**-0.002***	-0.0002	**-0.003****	**-0.003*****
	0.001	0.001	0.001	0.001	0.001	0.001	0.001
debtratio*maturity	**0.003****	**0.003*****	**0.003*****	**0.004****	0.001	**0.005*****	**0.004*****
	0.001	0.001	0.001	0.002	0.001	0.002	0.001
project_size	-0.0001***	-0.0001***	-0.00005***	-0.00001	-0.00003***	0	-0.00005***
	0.00001	0.00001	0.00001	0.00002	0.00001	0.00001	0.00001
refinancing	-0.061	-0.06	-0.063	-0.033	-0.06	-0.097	-0.101*
	0.064	0.062	0.063	0.073	0.055	0.077	0.06
guarantee	-0.175***	-0.209***	-0.216***	-0.166	-0.126**	-0.175*	-0.192***
	0.066	0.065	0.067	0.12	0.054	0.099	0.06

	Dependent variable: log(spread)						
concession_ agreement	-0.105^{**}	-0.144^{***}	-0.137^{***}	-0.151^{***}	-0.109^{***}	-0.138^{***}	-0.107^{**}
	0.046	0.046	0.045	0.035	0.041	0.041	0.045
tax_rate	0.006^{**}	0.007^{***}	0.007^{**}	-0.010^{*}	-0.003	0.008^{**}	0.007^{***}
	0.003	0.003	0.003	0.006	0.005	0.004	0.003
Constant	6.273^{***}	6.685^{***}	6.702^{***}	6.900^{***}	5.897^{***}	7.251^{***}	6.583^{***}
	0.248	0.263	0.284	0.309	0.776	0.449	0.29
Country Dummy	No	No	No	Yes	Yes	No	No
Sector Dummy	Yes	Yes	Yes	No	Yes	No	Yes
Year Dummy	Yes	Yes	Yes	Yes	Yes	Yes	Yes
Observations	4,585	4,585	4,484	2,751	4,314	2,555	4,210
R^2	0.235	0.246	0.249	0.344	0.468	0.389	0.353
Adjusted R^2	0.226	0.237	0.239	0.327	0.448	0.378	0.343
Residual Std. Error	0.65 (df = 4533)	0.645 (df = 4533)	0.643 (df = 4427)	0.587 (df = 2680)	0.552 (df = 4154)	0.566 (df = 2509)	0.600 (df = 4147)
F Statistic	27.264*** (df = 51; 4533)	28.973*** (df = 51; 4533)	26.161^{***} (df = 56; 4427)	20.085^{***} (df = 70; 2680)	23.021^{***} (df = 159; 4154)	35.423^{***} (df = 45; 2509)	36.517^{***} (df = 62; 4147)

Note: $^{*}p<0.1$; $^{**}p<0.05$; $^{***}p<0.01$

5.3.4 Inferenzstatisik zu Risiko und Laufzeit

Im folgenden Unterkapitel werden zuerst die Modellspezifikationen zum Hypothesentest des Zusammenhangs zwischen Risiko und Laufzeit und im Anschluss daran die Ergebnisse dieser Regressionen diskutiert.

Auch für diesen Zusammenhang wurde wieder ein mehrstufiger Ansatz zur Modellspezifikation gewählt, der in Modell 6 mündet. Zusätzlich wurden dieselben Dummy-Variablen und Kontrollvariablen verwendet. Die einzige Ausnahme bilden selbstverständlich die Fremdkapitalquote und die Kreditmarge, die in den vorhergegangenen zwei Unterkapiteln die abhängigen Variablen bildeten. Zudem wurden alle Modelle mit Jahres-Dummy-Variablen gerechnet und die Standardfehler wurden wieder auf Jahr-Land-Ebene geclustert. Tabelle 15 zeigt die Koeffizienten, Standardfehler sowie die Teststatistik dieser Regressionen. Die Signifikanzniveaus finden sich am Ende der Tabelle. Das **Gesamtmodell (Modell 6)** zum Hypothesentest zu Risiko und Laufzeit des Fremdkapitals folgt dabei der Regressionsgleichung

$$\text{maturity} = \alpha + \beta_1 \text{eco\_risk} + \beta_2\ \text{pol\_risk} + \beta_3 \text{ifi} + \beta_4\ \text{currency\_risk} + \beta_5 \text{creditor\_rights} + \beta_6 \text{cf\_vol} + \beta_7 \text{sector\_regulation} + \beta_8 \text{industry\_demand} + \beta_9 \text{fixed\_rate} + \beta_{10} \text{epc\_agreement} + \beta_{11} \text{operation\_maintenance} + \beta_{12} \text{offtake\_agreement} + \beta_{13} \text{supply\_agreement} + \beta_{14} \text{sponsor\_exp} + \beta_{15} \text{debtratio} + \beta_{16} \text{spread} + \Sigma \gamma \text{controls} + \varepsilon.$$

In Gegensatz zu den **Ergebnissen** von Fremdkapitalquote und Kreditmarge zeigt das **makroökonomische** sowie das **politische** Risiko keinen signifikanten Effekt. Folglich müssen Hypothese 1_{LZ} und 2_{LZ} abgelehnt werden. Hypothese 3_{LZ}, die einen positiven Einfluss einer IFI-Beteiligung beschreibt, wird demgegenüber gestützt. Für das Sample zeigt sich, dass sich die Laufzeit von Tranchen mit **IFI-Beteiligung** um 18 bis 33 Monate – ja nach Modell – verlängert, ceteris paribus. Auch das Ausmaß an **Gläubigerschutz** im Gastland wirkt sich positiv auf die Laufzeit aus (Hypothese 5_{LZ}). Steigt der Gläubigerschutz im Gastland um einen Wert von *1.* so verlängert sich die Laufzeit um ca. ein Jahr. Das Wechselkursrisiko zeigt keinen durchgehend stabilen Effekt. Im Gesamtmodell (Modell 6) zeigt sich ein signifikant negativer Effekt des Wechselkurrisikos auf die Laufzeit, der auch in Hypothese 4_{LZ} formuliert wurde. In den Modellen 3 und 7 kann jedoch ein signifikant positiver Effekt beobachtet werden. Folglich lässt sich keine eindeutige Entscheidung über Hypothese 4_{LZ} treffen.

Auf Branchenebene weist die **Branchenregulierung** einen signifikant positiven Effekt auf die Laufzeit auf. Dementsprechend nimmt die Laufzeit in stärker regulierten Branchen zu. Die **Cashflow-Volatilität** sowie die **Branchennachfrage** zeigt keine signifikanten Effekte und somit müssen Hypothese 6_{LZ} und Hypothese 7_{LZ} zurückgewiesen werden.

Auf Projektebene finden sich signifikant positive Effekte für **fixierte Zinssätze** sowie **Errichtungs-** und **Abnahmeverträge**. Bei fixierten Zinssätzen steigt die Laufzeit je nach Modell um 17 bis 20 Monate. Dies steht in Widerspruch zu Hypothese 8_{LZ} und führt dazu, dass diese abgelehnt werden muss. Ist ein Errichtungsvertrag vorhanden, so steigt die Laufzeit für die Tranchen im Sample zwischen sieben und neun Monaten, ceteris paribus. Dieser Zusammenhang stützt Hypothese 9_{LZ}. Bei Projekten mit Abnahmeverträgen steigt die Laufzeit der dazugehörigen Tranchen um sieben bis elf Monate. Dies wiederum stützt Hypothese 11_{LZ}. Für Betriebs- und Lieferverträge konnte kein signifikanter Einfluss beobachtet werden und folglich werden die entsprechenden Hypothesen zurückgewiesen. Dies trifft auch auf die Hypothese zur Erfahrung der Sponsoren zu. Zwar fällt der Koeffizienten in den Modellen positiv aus und steht damit in Einklang mit Hypothese 13_{LZ}, jedoch tritt der Effekt nicht signifikant auf.

Innerhalb der Gruppe der **Kontrollvariablen** zeigen sich signifikante Effekte der Projektgröße, bei Konzessionsprojekten und beim Steuersatz. Die Projektgröße wirkt sich positiv auf die Laufzeit aus und auch Konzessionsprojekte erhalten ein bis drei Jahre längere Laufzeiten. Der Steuersatz im Gastland besitzt in mehreren Modellspezifikationen einen negativen Effekt, wobei mir einer Steigerung des Steuersatzes um ein Prozent die Laufzeit um ungefähr einen Monat sinkt.

Auf die Effekte der anderen Variablen der Finanzierungsstruktur wird im Unterkapitel 5.3.5 detaillierter eingegangen. Eine zusätzliche **Diskussion der Ergebnisse** dieses Abschnittes erfolgt im Anschluss an den qualitativen Teil dieser Arbeit in Kapitel 6. Eine Übersicht über die Ergebnisse des Hypothesentests zur Kreditmarge findet sich in Tabelle 16 in Unterkapitel 5.4.

Tabelle 15: Ergebnisse der OLS Schätzungen der Laufzeit

Dependent variable: maturity							
	Model 1	**Model 2**	**Model 3**	**Model 4**	**Model 5**	**Model 6**	**Model 7**
	Eco Risk	**Pol Risk**	**Country**	**Sector**	**Project**	**Country Sector + Projekt**	**Country + Project**
prs_eco	0.801		0.671			0.556	0.281
	0.502		0.595			1.087	0.619
prs_pol		-0.326	-0.271			-0.225	-0.233
		0.234	0.284			0.424	0.292
ifi			**22.322*****			**33.535*****	**18.186*****
			5.113			8.29	4.862
currency_risk			**8.898****			**-15.727*****	**8.330***
			4.349			5.878	4.428
creditor_rights			**11.319*****			**11.760*****	**12.223*****
			2.078			3.209	2.197
cf_vol				0.077		0.678	
				1.038		1.154	
sector_regulation				**5.411****		**4.750****	
				2.178		2.013	
industry_demand				-0.324		0.519	
				3.056		2.421	
fixed_rate					4.305	**20.839****	**17.170****
					8.216	9.663	8.12
epc_agreement					**7.496****	6.753	**9.100****
					3.281	4.175	3.551

Dependent variable: maturity							
operation_maintenance					-2.6	-5.417	-4.929
					6.2	8.69	6.708
offtake_agreement					**7.261****	**11.790*****	**8.129****
					3.384	4.447	3.776
supply_agreement					5.495	2.173	3.128
					4.714	6.566	5.223
sponsor_exp					0.085	0.114	0.089
					0.232	0.308	0.229
project_size	0.005***	0.006***	0.004***	-0.0003	0.005***	0.001	0.004***
	0.001	0.001	0.001	0.002	0.001	0.002	0.001
refinancing	-5.794	-5.538	-6.3	-4.289	2.973	-3.789	-2.805
	5.968	5.932	6.088	6.137	5.96	7.519	6.497
guarantee	7.529	4.561	2.523	7.102	2.467	4.149	1.84
	5.202	5.265	5.373	9.538	6.027	10.33	5.204
concession_agreement	24.213***	22.387***	20.121***	38.869***	10.476**	31.059***	13.729***
	4.418	4.55	4.464	5.438	4.594	5.86	4.829
tax_rate	-1.093***	-1.117***	-0.782***	-1.116	-0.073	-1.602***	-0.812***
	0.262	0.257	0.258	0.778	0.555	0.409	0.267
debtratio	103.281***	109.780***	104.630***	99.031***	74.773***	118.614***	95.674***
	13.341	13.531	13.78	17.989	13.097	18.76	13.331
spread	0.019**	0.016*	0.016*	0.029***	0.023**	0.018	0.009
	0.008	0.008	0.009	0.011	0.009	0.014	0.01
Constant	72.881***	117.091***	73.968***	-63.726*	124.295***	-9.989	104.764***

(fortgeführt)

Tabelle 15: Fortsetzung

Dependent variable: maturity							
	22.248	22.206	26.567	35.129	31.698	40.177	29.082
Country Dummy	No	No	No	Yes	Yes	No	No
Sector Dummy	Yes	Yes	Yes	No	Yes	No	Yes
Year Dummy	Yes	Yes	Yes	Yes	Yes	Yes	Yes
Observations	4,585	4,585	4,484	2,751	4,314	2,555	4,210
R^2	0.234	0.234	0.253	0.233	0.342	0.187	0.268
Adjusted R^2	0.226	0.226	0.244	0.213	0.317	0.173	0.257
Residual Std. Error	78.428 (df = 4534)	78.432 (df = 4534)	77.692 (df = 4428)	75.945 (df = 2681)	73.749 (df = 4155)	77.626 (df = 2510)	77.180 (df = 4148)
F Statistic	27.708*** (df = 50; 4534)	27.696*** (df = 50; 4534)	27.337*** (df = 55; 4428)	11.791*** (df = 69; 2681)	13.681*** (df = 158; 4155)	13.101*** (df = 44; 2510)	24.893*** (df = 61; 4148)

Note: *p<0.1; **p<0.05; ***p<0.01

5.3.5 Inferenzstatisik zu den Wechselwirkungen

Um die **Wechselwirkungen** analysieren zu können, müssen sich nochmals die Hypothesen, die auf den Verbindungen im theoretischen Rahmen basieren, vergegenwärtigt werden. **Hypothese 14_{KM}** beschreibt die Wechselwirkung zwischen Fremdkapitalquote und Kreditmarge, wobei angenommen wird, dass die Kreditmarge mit zunehmender Verschuldung steigt. **Hypothese 15_{KM}** bezieht sich auf die Wechselwirkung zwischen Laufzeit und Kreditmarge und beschreibt, dass mit einem Anstieg der Laufzeit auch die Kreditmarge steigt. Zusätzlich wird dieser Beziehung ein Interaktionseffekt mit der Fremdkapitalquote unterstellt. Abschließend widmet sich **Hypothese 14_{LZ}** der Verbindung von Fremdkapitalquote und Laufzeit. Hierbei wird davon ausgegangen, dass zwischen Laufzeit und Fremdkapitalquote ein negativer Zusammenhang bestehen, folglich sollte bei steigender Verschuldung die Laufzeit sinken und vice versa.

Die **Ergebnisse** zu **Hypothese 14_{KM}** und **Hypothese 14_{LZ}** finden sich in Tabelle 14 und Tabelle 15, wobei hier die Koeffizienten der Fremdkapitalquote (*debtratio*) betrachtet werden müssen. In der Regressionstabelle zur Kreditmarge zeigt die Fremdkapitalquote einen durchgehend signifikant negativen Effekt auf die Kreditmarge.[474] Dies bedeutet, dass die Kreditmarge mit steigender Verschuldung sinkt. Dieses Ergebnis steht im Widerspruch zu Hypothese 14_{KM} und folglich muss diese verworfen werden.

In der Regressionstabelle zur Laufzeit (Tabelle 15) lässt sich erkennen, dass die Fremdkapitalquote einen durchgehend signifikant positiven Effekt auf die Laufzeit besitzt. Somit nimmt bei steigender Verschuldung auch die Laufzeit zu. Auch dieses Ergebnis steht im Widerspruch zum theoretischen Rahmen und zu Hypothese 14_{LZ}. Folglich muss auch diese Hypothese verworfen werden.

Um **Hypothese 15_{KM}** testen zu können, wurde in der Regressionsgleichung zur Kreditmarge ein **Interaktionseffekt** eingebaut ($\beta_{15}debtratio*\beta_{16}maturity$). In der dazugehörigen Regressionstabelle (Tabelle 14) lässt sich auch ein signifikanter Effekt dieses Terms erkennen, jedoch gestaltet sich die Interpretation des Koeffizienten gegenüber einem Koeffizienten eines linearen Effektes etwas schwieriger. Folglich empfiehlt sich eine graphische Illustration des Interaktionseffekts.

---

474 Die Interpretation einer einzelnen Variablen bei einem Interaktionseffekt ist eigentlich nicht zulässig, da es sich um keinen unabhängigen linearen Effekt, sondern um einen konditionalen Effekt – in diesem Fall abhängig von der Variable *maturity* – handelt (Vgl. Brambor / Clark / Golder (2006), S. 71). Es wurde daher dieselbe Modellspezifikation wie Modell 6 in Tabelle 14 ohne Interaktionseffekt gerechnet; die Ergebnisse hinsichtlich der Fremdkapitalquote bleiben dabei gleich (Siehe Anhang 8.2).

Abbildung 73 bildet den **Interaktionseffekt** ab. Zu erkennen ist, dass die Kreditmarge von der Laufzeit abhängig ist, wobei die Fremdkapitalquote diesen Zusammenhang beeinflusst. Um eine Interpretation zu ermöglichen, wurde die Fremdkapitalquote für zwei Extremwerte fixiert. Die dunkelgraue Linie mit Punkten zeigt den Effekt für eine Fremdkapitalquote von 30 Prozent, die hellgrau Linie mit Rauten bildet den Effekt für eine Fremdkapitalquote von 90 Prozent ab. Die Antennen an den Punkten auf der Geraden symbolisieren die Konfidenzintervalle.

Für hochverschuldete Projekte ist ein positiver Effekt auf die Kreditmarge zu erkennen, folglich steigt mit der Laufzeit die Kreditmarge. Hierbei handelt es sich um den Effekt, den man gemäß der klassischen Finanztheorie erwarten würde. Zudem tritt dieser Effekt auf, wenn die Kreditmarge ohne Interaktionseffekt auf die Laufzeit regressiert wird.[475] Für Projekte mit einer geringen Verschuldung kann demgegenüber jedoch ein negativer Effekt beobachtet werden, folglich fällt die Kreditmarge mit der Laufzeit. Dieser Effekt überrascht etwas, vor allem, da er nicht im Einklang mit den Implikationen des Merton-Modells steht.[476]

Die Aussagekraft der Effekte ist bis zu einer Laufzeit von 240 Monaten gegeben, da sich – wie in Abbildung 73 erkennbar – die Konfidenzintervalle erst ab diesem Punkt überschneiden. Ab diesem Punkt finden sich auch kaum mehr Beobachtung in der Stichprobe.[477] Mit Blick auf Hypothese 15_{KM} lässt sich daher schlussfolgern, dass zwar ein signifikanter Effekt der Verschuldung auf die Beziehung zwischen Laufzeit und Kreditmarge beobachtbar ist, dieser jedoch nicht im Einklang mit dem Merton-Modell steht. Für die Tranchen in der Stichprobe zeigt sich, dass höher verschuldete Projekte signifikant niedrigere Margen aufbringen müssen als wenig verschuldete Projekte. Dieser Effekt nimmt jedoch mit steigender Laufzeit ab. Eine weiterführende Diskussion dieses Phänomens folgt im Zuge des qualitativen Teils dieser Arbeit.

475 Siehe Anhang 8.

476 Siehe Unterkapitel 3.2.2.3.

477 Siehe hierzu die Verteilung der Laufzeit in Abbildung 52 in Unterkapitel 5.2.3.

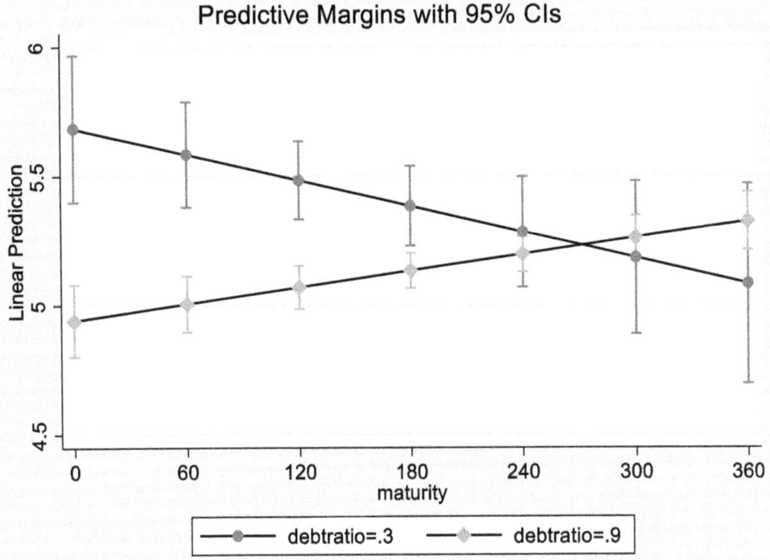

Abbildung 73: Interaktionseffekt von Laufzeit und Fremdkapitalquote auf die logarithmierte Kreditmarge[478]

5.4 Zusammenfassung der Ergebnisse der quantitativen Untersuchung

Zum Abschluss des Kapitels zur quantitativen Untersuchung werden die **Ergebnisse** nochmals **zusammengefasst**. Diese bilden im weiteren Verlauf der Arbeit die Basis für den qualitativen Teil der Untersuchung. Tabelle 16 am Ende dieses Abschnitts bildet dafür nochmals alle Hypothesen mit den entsprechenden Ergebnissen ab.[479] Für einen genauen Vergleich mit den ausformulierten Hypothesen empfiehlt sich ein Blick auf Tabelle 9 in Unterkapitel 4.6.

478 Graphik wurde mit dem Statistikprogramm *Stata 15* erzeugt.

479 Hellgrau gehaltene Zellen symbolisieren Effekte, die im Einklang mit der entsprechenden Hypothese stehen. Die Zellen der Branchennachfrage wurden dunkelgrau eingefärbt, da dazu keine Hypothesen aufgestellt wurden.

Zu Beginn des Kapitels wurden die **Datengrundlage**, die Stichprobe und die Operationalisierung der Variablen beschrieben, welche sogleich im Unterkapitel 5.2 zur deskriptiven Statistik weiter analysiert wurden. Dabei wurde zum einen ein Überblick über die Eigenschaften und die Verteilungen der Variablen gegeben und zum anderen wurde eine erste Basis für die weiterführende, schließende Statistik geschaffen. Diese Basis, d.h. Ergebnisse aus der deskriptiven Analyse, konnten zum Großteil auch über die spätere Inferenzstatistik belegt werden.

Im Unterkapitel zu **Inferenzstatistik** wurde vorab die Methodik näher beschrieben. Da in der vorliegenden Arbeit drei verschiedene abhängige Variablen sowie Wechselwirkungen zwischen diesen untersucht werden, musste hier genau dargelegt werden, warum ein OLS-Schätzer für alle Regressionsgleichungen gewählt werden konnte. Darauffolgend wurden die Ergebnisse der Inferenzstatistik zur Fremdkapitalquote, Kreditmarge sowie Laufzeit präsentiert und abschließend folgte die Diskussion der Wechselwirkungen.

Bevor die **Ergebnisse** nochmals kurz zusammengefasst werden, sei darauf hingewiesen, dass über mehrstufige Modellspezifikationen sowie über einen Methodenpluralismus hinsichtlich Schätzverfahren und Stichprobenzusammensetzung versucht wurde, die statistische Aussagekraft zu erhöhen. Unabhängig vom Schätzverfahren und der Stichprobenzusammensetzung können dieselben Effekte ohne gravierende Unterschiede beobachtet werden. Dazu sei auch auf den Anhang 8 verwiesen.

Die Ergebnisse zu **Risiko** und **Fremdkapitalquote** zeigen, dass das makroökonomische und das politische Risiko den vermuteten Effekt aufweist. Mit einem Anstieg des Risikos sinkt die Quote. Etwas überraschend und damit nicht in Einklang mit dem theoretischen Rahmen sinkt die Fremdkapitalquote bei einer Beteiligung einer IFI. Der Gläubigerschutz und das Wechselkurrisiko führen zu keiner signifikanten Veränderung der Verschuldung. Auch die Branchenregulierung und die Branchennachfrage zeigen keine signifikanten Auswirkungen auf die Verschuldung. Im Gegensatz zum theoretischen Rahmen, der bei einer Steigerung der Cashflow-Volatilität einen Rückgang der Verschuldung annimmt, steigt für die vorliegende Stichprobe der Verschuldungsgrad. Auf Projektebene decken sich die Ergebnisse weitestgehend mit dem theoretischen Rahmen und den zugehörigen Hypothesen. Lediglich Betriebs- und Lieferverträge besitzen keine signifikanten Effekte.

Bei der **Kreditmarge** zeigt sich ähnlich wie bei der Fremdkapitalquote ebenfalls ein signifikanter Effekt des makroökonomischen und politischen Risikos im Gastland. Darüber hinaus wirkt sich ein hohes Maß an Gläubigerschutz margensenkend auf die Tranchen in der Stichprobe aus. Im Widerspruch zum theoretischen Rahmen steigt die Kreditmarge bei der Beteiligung einer IFI und das Wechselkursrisiko zeigt keinen Effekt. Ebenfalls im Widerspruch steht die Branchennachfrage, welche keinen signifikanten Effekt auf die Kreditmarge hat. Die Cashflow-Volatilität zeigt dagegen die vermutete Wirkung; steigt die Volatilität, so erhöht sich auch die Bepreisung des Fremdkapitals. Die Branchenregulierung – deren Auswirkung im theoretischen Rahmen nicht bestimmt wurde – zeigt einen signifikant negativen Effekt. Folglich sinken die Kosten für das Fremdkapital in stark regulierten Branchen. Das Vertragswerk auf Projektebene zeigt keinen oder einen nicht erklärbaren Effekt auf die Verschuldung. Fix-verzinste Kredite verfügen wie vermutet über höhere Kreditmargen und die Erfahrung der Sponsoren wirkt sich margensenkend auf das Fremdkapital aus.

Bei der **Laufzeit** zeigen die Beteiligung einer IFI sowie ein hohes Maß an Gläubigerschutz einen positiven Effekt. Ist ein Wechselkursrisiko vorhanden, so sinkt die Laufzeit wie angenommen. Das makroökonomische und das politische Risiko wirken sich demgegenüber jedoch nicht auf die Laufzeit aus. Auf Branchenebene kann lediglich ein positiver Effekt der Regulierung festgestellt werden, somit verfügen Projekte in stark regulierten Branchen tendenziell über längere Laufzeiten des Fremdkapitals. Auf Projektebene zeigt sich überraschend, dass Tranchen mit fixierten Zinssätzen längere Laufzeiten besitzen. Abnahmeverträge und Errichtungsverträge wirken sich jedoch wie vermutet positiv auf die Laufzeit aus. Die übrigen Variablen zeigen nicht die Effekte, wie in den entsprechenden Hypothesen beschrieben.

Bei den **Wechselwirkungen** zeigt sich die größte Abweichung gegenüber dem theoretischen Rahmen. Bei steigender Fremdkapitalquote sinkt die Kreditmarge und es steigt die Laufzeit. Zwischen Laufzeit und Marge besteht bei Projekten mit hoher Verschuldung ein positiver und bei Projekten mit niedriger Fremdkapitalquote ein negativer Zusammenhang. Wenngleich sich diese Effekte nur bis zu einer Laufzeit von 240 Monaten signifikant unterscheiden, stehen sie doch im Widerspruch zum theoretischen Rahmen.

Wie aus der vorhergehenden Diskussion sowie aus der Zusammenfassung in der Tabelle 16 ersichtlich, decken sich die Ergebnisse des **Hypothesentests** nicht durchgehend mit dem **theoretischen Rahmen** und den damit getroffenen Vorannahmen. Folglich müssen die dahinterliegenden Gründe und Zusammenhänge weiter untersucht werden. Jedoch gilt dies auch für die Effekte, die gemäß den formulierten Hypothesen beobachtet werden konnten, denn auch diese könnten möglicherweise auf falschen Vorannahmen beruhen. Dies wird über eine qualitative Untersuchung erreicht, welche im folgenden Kapitel präsentiert wird. Die Ergebnisse der quantitativen und der qualitativen Erhebung werden im Anschluss an Kapitel 6 nochmals gemeinsam und detailliert diskutiert. Abschließend sei nochmals auf Tabelle 16 verwiesen, welche gleichzeitig den Startpunkt für die qualitative Untersuchung bildet.

Tabelle 16: Ergebnisse der Hypothesentests[480]

	Fremdkapitalquote	Kreditmarge	Laufzeit
Länderrisiko			
H1: Makroökon. Risiko *Risiko steigt*	- *FK-Quote sinkt*	+ *Marge steigt*	**0**
H2: Politisches Risiko *Risiko steigt*	- *FK-Quote sinkt*	+ *Marge steigt*	**0**
H3: Beteiligung IFI *Projekt hat Beteiligung*	- *FK-Quote sinkt*	+ *Marge steigt*	+ *Laufzeit steigt*
H4: Gläubigerschutz *Gläubigerschutz steigt*	**0**	- *Marge sinkt*	+ *Laufzeit steigt*
H5: Wechselkursrisiko *WK-Risiko ist vorhanden*	**0**	**0**	- *Laufzeit sinkt*
Branchenrisiko			
H6: CF-Volatilität *Volatilität steigt*	+ *FK-Quote steigt*	+ *Marge steigt*	**0**
Branchenregulierung *Regulierung steigt*	**0**	- *Marge sinkt*	+ *Laufzeit steigt*
H7: Branchennachfrage *Nachfrage steigt*	**0**	**0**	**0**
Projektrisiko			
H8: Fixierter Zinssatz *Zinssatz ist fix*	+ *FK-Quote steigt*	+ *Marge steigt*	+ *Laufzeit steigt*
H9: Errichtungsverträge *EPC-Vertrag ist vorhanden*	+ *FK-Quote steigt*	**0**	+ *Laufzeit steigt*
H10: Betriebsverträge *O&M-Vertrag ist vorhanden*	**0**	+ *Marge steigt*	**0**
H11: Abnahmeverträge *Offtake-Vertrag ist vorhanden*	+ *FK-Quote steigt*	**0**	+ *Laufzeit steigt*
H12: Lieferverträge *Supply-Vertrag ist vorhanden*	**0**	**0**	**0**
H13: Erfahrung Sponsoren *Erfahrung steigt*	+ *FK-Quote steigt*	- *Marge sinkt*	**0**

480 Hellgrau gehaltene Zellen symbolisieren Effekte, die im Einklang mit der entsprechenden Hypothese stehen. Die Zellen der Branchennachfrage wurden dunkelgrau eingefärbt, da dazu keine Hypothesen aufgestellt wurden. Für eine detaillierte Beschreibung der Hypothesen siehe Tabelle 9 in Unterkapitel 4.6.

	Fremdkapitalquote	Kreditmarge	Laufzeit
Wechselwirkungen			
H14: FK-Quote *FK-Quote steigt*		- *Marge sinkt*	+ *Laufzeit steigt*
H15: LZ: FK		+ *Hohe FK-Quote – Marge steigt mit Laufzeit / Niedrige FK-Quote – Marge fällt leicht mit Laufzeit*	

6. Qualitative Untersuchung zum Zusammenhang Risiko und Finanzierungsstruktur

Im folgenden Kapitel wird die qualitative Untersuchung zum Zusammenhang zwischen Risiko und Finanzierungsstruktur dargelegt. Diese Untersuchung baut auf den Ergebnissen der quantitativen Studie aus Kapitel 5 auf. Zu Beginn dieses Kapitels wird kurz auf die gewählte Methodik und die befragten Unternehmen eingegangen. Daran anschließend werden die Ergebnisse der Interviews strukturiert und verdichtet präsentiert, wobei auch eine Gegenüberstellung zu den quantitativen Ergebnissen erfolgt.

6.1 Methodik und interviewte Unternehmen

Ziel der qualitativen Untersuchung ist die Überprüfung der Validität der Hypothesen, des Modells sowie der darauf aufbauenden Ergebnisse. Diese drei Kriterien bildeten daher die Basis für die semistrukturierten ExpertInneninterviews wie auch für die zusammenfassende qualitative Inhaltsanalyse. Nachfolgend wird zuerst auf die Interviewmethode, danach auf die Auswahl der befragten Unternehmen und abschließend auf die Auswertungsmethode eingegangen.

Semistrukturierte ExpertInneninterviews wurden als passende Befragungsform erachtet, da diese ermöglichen, die Vorteile eines geschlossenen und eines offenen Interviews zu verbinden. So ist zum einen eine strukturierte Gesprächsführung möglich, welche notwendig ist, um die einzelnen Ergebnisse der quantitativen Erhebung schrittweise zu überprüfen und zum anderen wird ein offener Diskussionsraum geschaffen, der zu zusätzlichen Erkenntnissen führen kann.[481] Um diesen Diskussionsraum auch tatsächlich – im Sinne von Rückfragen – nutzen zu können, wurden die Interviews mündlich durchgeführt.

Der **Interviewleitfaden**, der semistrukturierte Interviews kennzeichnet[482], findet sich in Anhang 9.2. Es handelt sich dabei um einen Überblick über das Forschungs- bzw. Dissertationsprojekt, den theoretischen Rahmen sowie die Hypothesen mit den entsprechenden Ergebnissen. Die Plus- und Minuszeichen symbolisieren positive bzw. negative Effekte und die grüne und orange Färbung verdeutlicht, ob die Hypothesen gestützt bzw. verworfen werden. Bei

481 Vgl. Bortz / Döring (1996), S. 218f
482 Vgl. Döring / Bortz (2016), S. 358f

der Gestaltung der Interviewgrundlage wurde besonders auf eine kompakte und schnell verständliche Verdichtung des komplexen Forschungsprojekts geachtet. Zusätzlich wurde zur Interviewgrundlage für jedes Unternehmen vorab ein kurzes Unternehmensprofil erstellt und außerdem wurde für jedes Gespräch ein Interviewprotokoll angefertigt.

Die Interviewgrundlage wurde den ExpertInnen während des Gesprächs vorgelegt und Punkt für Punkt diskutiert. Die **leitende Frage** war dabei, ob sich das Modell und die quantitativen Ergebnisse mit den Erfahrungen der ExpertInnen und den Gegebenheiten in ihren Unternehmen decken. Um die Interviewgrundlage bestmöglich erklären zu können und auch während der Gespräche zu nutzen, wurde auf persönliche Interviews abgezielt. Zudem gilt: *Insbesondere für qualitative Interviews wird der persönliche Kontakt als wichtig für eine vertrauensvolle Befragungssituation und die Erfassung von Hintergrundinformationen erachtet.*[483]

Tatsächlich konnten acht der neun Interviews **persönlich** bei den ExpertInnen vor Ort im Unternehmen durchgeführt werden. Nur ein Interview musste aus Termingründen telefonisch geführt werden. Die Interviews fanden im Zeitraum Mitte März bis Anfang Mai 2019 statt. Die **Dauer** der einzelnen Interviews wurde nicht strikt vorgegeben, sondern bemaß sich daran, wie lange benötigt wurde, sämtliche Ergebnisse zu diskutieren. Die durchschnittliche Gesprächsdauer lag dabei bei rund 40 Minuten. Alle Interviews wurden auf Tonband aufgezeichnet und im Anschluss transkribiert.[484]

Die Qualität und Aussagekraft der Ergebnisse hängt bei qualitativen Studien von der Auswahl der Fälle – oder wie hier der Unternehmen – und bei Befragungen von der Auswahl der interviewten Person ab. Hinsichtlich der Auswahl der Unternehmen wurde im Sinne einer **bewussten bzw. absichtsvollen Auswahl von Fällen**[485] darauf geachtet, dass die Stichprobe der Unternehmen folgende Kriterien erfüllt:

- Ausreichende Größe der Stichprobe
- Heterogenität der Sektoren in Anlehnung an die quantitative Stichprobe
- Berücksichtigung der Sponsoren- und Bankenseite
- Unternehmen mit Erfahrung im Bereich Internationale Projektfinanzierung

483 Vgl. Döring / Bortz (2016), S. 395

484 Siehe Hinweis zu den Interviewtranskripten in Anhang 9.3.

485 Döring / Bortz (2016, S. 302) verstehen darunter, *dass auf der Basis theoretischer und empirischer Vorkenntnisse gezielt solche Fälle in das Sample aufgenommen werden, die besonders aussagekräftig für die Fragestellung sind.*

- Unternehmen, für die Projekte in *ProjectWare* eingetragen sind
- Österreichische Unternehmen und österreichische Tochterunternehmen

Die ersten vier Kriterien ergeben sich aus der Anforderung von Qualität und Aussagekraft der Ergebnisse. Diese kann nur gewährleistet werden, wenn eine ausreichend große Anzahl von Banken sowie Sponsoren aus unterschiedlichen Wirtschaftsbereichen und mit internationaler Erfahrung befragt werden. Mithilfe von *ProjectWare* konnten diese Kriterien teilweise überprüft werden, wodurch sich wiederum das fünfte Kriterium erklären lässt. Zuletzt wurden nur österreichische Unternehmen bzw. internationale Unternehmen mit österreichischem Tochterunternehmen ausgewählt. Hierfür gibt es mehrere Gründe. Zum einen wird der Länderkontext im Sinne des Unternehmensstandortes konstant gehalten. Dies bedeutet, dass alle Unternehmen mit dem gleichen Heimatmarkt und denselben Regulierungen konfrontiert sind, was wiederum die Vergleichbarkeit und Analyse der Aussagen erleichtert. Weiters wurden nur österreichische Unternehmen gewählt, da eine Zielsetzung dieser Arbeit lautet, besonders für österreichische Unternehmen Erkenntnisse zu schaffen, die möglichst nahe an der Balance zwischen „Rigour vs. Relevance“ liegen. Dies wiederum lässt sich auf den selbstgewählten Auftrag des Instituts für Betriebswirtschaftslehre des Außenhandels zurückführen, der beinhaltet, *mit Forschung und Lehre im Themenbereich der betrieblichen Außenwirtschaft insbesondere die international orientierte Wirtschaft Österreichs*[486] zu unterstützen. Ein solcher Auftrag ergibt sich auch für die gesamte Wirtschaftsuniversität Wien als Empfängerin öffentlicher Mittel.

Zur **Auswahl möglicher Unternehmen** und InterviewpartnerInnen wurde zuerst die Datenbank *ProjectWare* durchsucht und zusätzlich wurde ein Pressespiegel zu Projektfinanzierungen mit österreichischer Beteiligung erstellt. Um relevante Personen innerhalb der gesuchten Unternehmen zu finden, wurde die AbsolventInnendatenbank des Institutes sowie Karrierewebseiten durchsucht. Teilweise konnte der Kontakt auch über persönliche Netzwerke hergestellt werden.

Insgesamt wurden vier Banken und sieben Sponsoren als wichtigste Unternehmen am österreichischen Projektfinanzierungsmarkt identifiziert und in einem weiteren Schritt auch kontaktiert. In der Anfrage, die per E-Mail versendet wurde, wurde das Forschungsprojekt kurz dargelegt und um Unterstützung in Form eines Interviews, wenn möglich vor Ort beim Unternehmen, gebeten.[487] **Drei Banken** und alle **sieben Sponsoren** konnten für die Erhebung gewonnen

486 Vgl. Institut für Betriebswirtschaftslehre des Außenhandels (2019)
487 Für das Anschreiben siehe Anhang 9.1

werden. Zusammen bilden diese Unternehmen ein umfangreiches Spektrum an Projektfinanzierungen bezogen auf Volumen, Branchen und Länder ab. Bei den befragten ExpertInnen handelt es sich durchgehend um Personen in hohen leitenden und fachlich relevanten Funktionen, zumeist mit Prokura ausgestattet, die zudem über langjährige Erfahrung im Bereich Internationaler Projektfinanzierung verfügen. Tabelle 17 gibt einen Überblick über die befragten Unternehmen und InterviewpartnerInnen. Sofern es sich um einen Konzern handelt, wurde die interviewte Einheit bzw. das österreichische Tochterunternehmen und das Mutterunternehmen angeführt.

Die Transkripte der Interviews wurden in einem weiteren Schritt im Sinne einer **zusammenfassenden qualitativen Inhaltsanalyse** auf Basis von **deduktiven Kategorien** untersucht.[488] Im Gegensatz zur induktiven Kategorienbildung, bei der die Analysekategorien aus dem Untersuchungsmaterial gebildet werden, leiten sich bei der deduktiven Kategorienbildung die Kategorien aus der Theorie oder den Vorannahmen ab.[489] Im konkreten Fall bildet der theoretische Rahmen mitsamt den Hypothesen die Basis für die Kategorien. Wurden Inhalte genannt, die sich keiner der bestehenden Kategorie zuordnen ließen, so wurde diese in einem ersten Schritt einer offenen Kategorie zugewiesen, aus welcher in einem weiteren Schritt drei zusätzliche Kategorien entstanden. Insgesamt wurden so 20 Kategorien gebildet. Die Kategorisierung und weitere Analyse des Textes wurde in *Excel* durchgeführt.

Im folgenden Unterkapitel werden diese Ergebnisse der Interviews präsentiert. Zuvor sei nochmals ein **großer Dank** an die Interviewpartner ausgesprochen. Die erhaltenen Informationen sind eine wertvolle Bereicherung für diese Arbeit und erhöhen auch die Erklärungskraft der Dissertation als Ganzes.

488 Vgl. Mayring (2015), S. 68
489 Vgl. Mayring (2015), S. 85

Tabelle 17: Befragte Unternehmen und InterviewpartnerInnen

Name	**Erste Bank der oesterreichischen Sparkassen AG Erste Group**	**Raiffeisen Bank International AG (RBI)**	**UniCredit Bank Austria AG / UniCredit S.p.A**	**Verbund AG**	**PORR AG**	**Siemens AG / Siemens AG Österreich**	**OMV**	**STRABAG SE**	**ANDRITZ AG ANDRITZ HYDRO GmbH**
Website	www.erstebank.at / www.erstegroup.com	https://www.rbinternational.com/	www.bankaustria.at / www.unicreditgroup.eu	www.verbund.com/	www.porr.at	www.siemens.com/ / new.siemens.com/at/de.html	www.omv.com	www.strabag.com	www.andritz.com
Gründungsjahr	1819 / 2008	2010 (RZB 1927)	1991 (Bank Austria) / 2006 (Teil der UniCredit)	1947	1869	1847 / 1879	1956	1835 (ILBAU) / 1866 (Eisenwerks „Remy & Reifenrath") / 2000 Einheitlich	1852 / 2000
Unternehmenssitz	Wien / Wien	Wien	Wien / Mailand	Wien	Wien	Berlin / Wien	Wien	Wien	Graz / Wien
Anzahl der Mitarbeiter	15.500 / 47.700	47	5.374 / 96.348	3.000	17.719	379.000 / 4.885	20.721	72.904	29.000 / 7.200
Ergebnis (Mio. EUR)	816 / 2.511 Betriebsergebnis 2018	2.250 Betriebsergebnis 2018	286 / 716 Betriebsergebnis 2018	655 EBIT 2018	92 EBIT 2018	7.658 / 159 EBIT 2018	4.036 EBIT 2018	485 EBIT 2018	371 / 47 EBIT 2018
Beschreibung Tätigkeitsfeld Projektfinanzierung	Umfassendes Leistungsprogramm bei der Entwicklung und Umsetzung (Finanzierung) privater und öffentlicher Projekte der Sektoren Transport, Energie und Umwelt, soziale Infrastruktur Projekte in CEE, Volumen EUR 1 Mrd., Gesamtkundenkredite EUR 145 Mrd.	7050 Mio. EUR Kreditvolumen Projektfinanzierung, vorrangig in Europa. Gemäß eigenen Angaben Expertise bei Projekt- und strukturierten Finanzierungen im Bereich Metall- und Bergbau, Öl und Gas, Telekom., Infrastruktur, Transport, Energie, Papier-, Zellstoff- und Holzindustrie, und andere.	Eine der bedeutendsten europäischen Banken im Bereich Infrastruktur- und Projektfinanzierung	Beteiligung an in- und ausländischen Projektfinanzierungen im Bereich Energieerzeugung und -transport	Führendes europäisches Bauunternehmen mit Beteiligungen als Sponsor an in- und ausländischen Projektfinanzierungen und PPP-Modellen, vor allem im Bereich Straßenbau aber auch Umweltprojekte und soziale Infrastruktur	Tritt als Projektentwickler aber auch FK-Geber bei privaten und öffentlichen Projekten auf, vorrangig in den Bereichen Energie, Gesundheit, und Infrastruktur. Eigene Sparte: Siemens Financial Services	Upstream: Suche und Förderung von Gas und Öl in Europa, dem Mittleren Osten, Afrika, Russland und Australasien Downstream: Gasvertrieb, Raffinerien, Tankstellennetzwerk	Führendes europäisches Bauunternehmen mit Beteiligungen als Sponsor an in- und ausländischen Projektfinanzierungen und PPP-Modellen, vor allem im Bereich Straßenbau aber auch Umweltprojekte und soziale Infrastruktur	Die Andritz Gruppe beteiligt sich mit den Sparten Hydro, Metals, Pulp & Paper sowie Seperation als Anlagenlieferant bei nationalen und internationalen Projektfinanzierungen. Die wichtigsten Sparten bilden Hydro und Pulp & Paper.

Name	Erste Bank der oesterreichischen Sparkassen AG Erste Group	Raiffeisen Bank International AG (RBI)	UniCredit Bank Austria AG / UniCredit S.p.A	Verbund AG	PORR AG	Siemens AG / Siemens AG Österreich	OMV	STRABAG SE	ANDRITZ AG ANDRITZ HYDRO GmbH
Projekte in der Datenbank (Auswahl)	Gas Connect Austria (GCA) Acquisition Smetana Gaznet Gas Distribution Networks Acquisition Refinancing Net4Gas Acquisition Refinancing Moravia Natural Gas Storage Facility Crucea North Wind Farm Turceni Coal Fired Power Plant Modernization Project Obrovac Wind Farm Construction Project EDPR Vutcani & Sarichioi Wind Lignite-	Gunvor Ingolstadt Refinery Refinancing Dunafoldvar Bioethanol Refinery E.On EEW Waste-to-Energy Plant Acquisition Gunvor Antwerp Refinery RBL Amendment Dundee Precious Metals Ore Mine- Additional Financing Slovak Gas Acquisition Refinancing Corni Gebeleisis Wind Farm Development Project COSMOȚE Romania	Bilkent Hospital PPP Project Zwettl ByPass Road PPP Project Obrovac Wind Farm Construction Project Jelinak Windfarm Project Giurgiu PV Power Plant Eskom Ingula Pumped Storage Scheme Connected Services Dalmatia Danilo Wind Farm EnerCap PV Solar Plants Project Turceni Coal Fired Power Plant Moscow Sodium Hypochlorite Croatia Multipurpose Arena Project	Birecik Dam & Hydroelectric Power Plant (1995) Enerjisa (2008-2012) Toul CCGT Power Plant (gas and steam turbine) (2010) Termoli Merchant Power Plant Construction (2003)	A8 Ulm-Augsburg Expansion D4/R7 in Bratislava M6 Motorway Phase II PPP (Hungary) Maribor Wastewater Plant Refinancing (Slovenia)	Vielzahl von Windkraft-anlagen in EU Thameslink	Kom Munai Kazah Oil Field Capex Financing (Kazakhstan) Nawara Gas Field Development DFI (Tunisia) PARCO Oil Refinery (Pakistan)	N17/N18 Gort-Tuam PPP Scheme Refinancing Amendment & Extension Hannover Meldung Fire Station and Ambulance Station Expansion PPP A8 Ulm-Augsburg Expansion Eupen and Kelmis German Schools PPP Project A15 Maasvlakte-Vaanplein Road A12 Utrecht-Veenendaal Expansion PPP Quadrilatero Umbria-Marche (EPC Financing) Flemish Bus Depots PPP	Reventazon Hydroelectric Project Bucakkisla Hydroelectric Power Plant Project Isagen Sogamoso Hydro Power Plant Equipment Financing Huelva Biomass Power Plant Project Santo Antonio Hydroelectric Power Plant Expansion Gaetano Ganassini Hydropower Plant Refurbishment Price Maryvale Pulp and Paper Project

Name	**Erste Bank der oesterreichischen Sparkassen AG Erste Group**	**Raiffeisen Bank International AG (RBI)**	**UniCredit Bank Austria AG / UniCredit S.p.A**	**Verbund AG**	**PORR AG**	**Siemens AG / Siemens AG Österreich**	**OMV**	**STRABAG SE**	**ANDRITZ AG ANDRITZ HYDRO GmbH**
Andere Referenzprojekte	R1 Schnellstraße, Slowakei M6 Autobahn, Ungarn		„Sorglos Wärme" der Stadtwerke Wörgl Windkraftwerke Scharndorf III und Trautmannsdorf-Nord	Enerjisa Power Generation AS: Zehn Wasserkraftwerke in Türkei	D4/R7 in Bratislava https://porr.at/projekte/	Elazig Krankenhaus PPP (Türkei)	Nord Stream 2 Pipeline	Autobahnprojekt M6 (Ungarn) R1 Expressway (Slowakei)	Murkraftwerk Graz Ilisu Kraftwerk
Interview-partnerInnen	Dr. Johann Breit	Dr. Helmut Breit	Anonym	Mag. Leopold Rohrer	Mag. Stefan Ondra	Dr. Hannes Strohbach	Anonym	Frederik Kind, LL.M	Mag. Angelika Hlauschek
Position	Prokurist, Senior Expert Immobilienfinanzierung, ehem. Abteilungsleiter Projektfinanzierung Firmenkunden	Head of Corporate Finance	Abteilungsleiter Projektfinanzierung	Prokurist und Bereichsleiter Controlling, Unternehmensrechnung und Risikomanagement Konzern	Deputy Head Group Treasury Vormals Head of Project Finance	Head of Treasury and Financial Services	Abteilungsleiter	Prokurist, Bereichsleiter Strukturierte Finanzierung	Kaufmännische Projektleitung Large Hydro
Werdegang / Notizen	Studium Doktorat WU, Assistent BWL des Außenhandels, seit 1996 Erste Bank	Doktorstudium Rechtswissenschaften Wien MBA Seit mehr als 30 Jahren im Raiffeisen Konzern	Wirtschaftswissenschaftl. Studium, Chartered Financial Analyst, mehrjährige Erfahrung im Bankenbereich und im Bereich Projektfinanzierung	Diplomstudium WU Wien, Steuerberater, seit 2001 verschiedene Positionen im Verbund, Lektor Abteilung für Unternehmensrechnung und Revision	Diplomstudium WU Wien, Finanzierung und Kapitalmärke Aktiv bei Konferenzen zu diversen Themen der Unternehmensfinanzierung	Doktorats-studium WU Wien, Assistent BWL des Außenhandels, seit 2000 bei Siemens, Dissertation: Build Operate Transfer-Modelle zur Finanzierung von Infrastrukturinvestitionen: eine Untersuchung im Lichte der neo-institutionalistischen Theorie	Wirtschaftswissenschaftl. Studium, mehrjährige Erfahrung im Bereich Projektfinanzierung **nicht veröffentlicht werden**	FH Dortmund (International Business) Institute for Law and Finance (Goethe-Universität Frankfurt) BECM groupe Crédit Mutuel CIC Associate (Project Finance)	Diplomstudium WU Wien, Absolventin BWL des Außenhandels, Praktikum Außenhandelsstelle Lissabon, seit 2008 bei ANDRITZ

6.2 Ergebnisse

Im folgenden Unterkapitel werden die Ergebnisse aus der qualitativen Erhebung präsentiert. Da die quantitativen Ergebnisse hierfür die Basis bildeten, werden diese nochmals genannt und mit den qualitativen Ergebnissen kontrastiert. Der Aufbau folgt der Unterteilung der Hypothesen in Länder-, Branchen-, Projekt- und Wechselwirkungshypothesen.

Vorweg sei noch erwähnt, dass die Reaktionen auf das Forschungsprojekt sowie die Herangehensweise an dieses Thema durchwegs positiv ausfielen. Einige ExpertInnen bemängelten die geringe universitäre Auseinandersetzung mit der Internationalen Projektfinanzierung in Forschung und Lehre sowie die schlechte Datenlage zu diesem Thema und zeigten sich daher an Arbeiten in diesem Bereich sehr interessiert.

6.2.1 Ergebnisse auf Länderebene

6.2.1.1 Makroökonomisches und politisches Risiko

Die Effekte des **makroökonomischen Risikos** auf Fremdkapitalquote, Kreditmarge und Laufzeit bildeten die erste Gruppe an Hypothesen. In der quantitativen Studie konnte gezeigt werden, dass mit steigendem Risiko die Fremdkapitalquote sinkt und die Marge steigt, während die Laufzeit keine signifikante Veränderung aufweist.

Sowohl die Experten[490] der Banken wie auch der Sponsorenseite sind diesbezüglich der Meinung, dass das makroökonomische Risiko, welches nahe am Bonitätsrisiko des Gastlandes liegt, die genannten Effekte auf die Fremdkapitalquote und die Kreditmarge bei Projektfinanzierungen hat.[491] Einige Experten geben aber zu bedenken, dass ein zu hohes makroökonomisches Risiko auch binär wirken kann, d.h. dass ab einem gewissen Maß an Risiko keine konventionellen Finanzierungen mehr zur Verfügung stehen, weil Banken in solchen Fällen das Länderlimit stark reduzieren.[492] Die kann in einem weiteren Schritt dazu führen, dass auf eine geförderte Finanzierung mit Unterstützung einer

490 Da keine eindeutige Zuweisung der Aussagen zu Personen möglich sein soll, wird in den folgenden Kapiteln „Experte“ bzw. „Experten“ im Sinne einer geschlechtsneutralen Formulierung verwendet.

491 Vgl. Bank 1 (2019), Z. 66–70; Bank 2 (2019), 751–754; Bank 3 (2019), 1543–1548; Sponsor 1 (2019), Z. 2091; Sponsor 2 (2019), Z. 2544–2548; Sponsor 3 (2019), Z. 3003; Sponsor 4 (2019), Z. 3406; Sponsor 5 (2019), Z. 4076–4078

492 Vgl. Bank 2 (2019), Z. 87; Sponsor 4 (2019), Z. 3406

Exportkreditversicherungsagentur oder einer IFI zurückgegriffen werden muss.[493]

Überdies vermuten die meisten Befragten auch einen negativen Effekt des makroökomoschen Risikos auf die Laufzeit.[494] Erklärungen, warum sich dieser Effekt nicht in den quantitativen Ergebnissen findet, sind vielfältig. Ein Interviewpartner einer Bank erklärt, dass – ähnlich den Länderlimits hinsichtlich der Kreditsumme – auch die maximale Laufzeit gedeckelt sein kann.[495] Zudem vermuten zwei Interviewpartner, dass Laufzeiten sehr stark branchenabhängig sind. Während sich Kapitalquote und Marge verändern lassen, brauchen Projekte verschiedener Branchen unterschiedlich lange Mindestlaufzeiten, um erfolgreich realisiert werden zu können.[496] Ein Sponsor erklärt, dass die Laufzeit auch stark vom allgemeinen Zinsniveau und der Zinskurve am Markt abhängig ist.[497] Auf diesen Punkt wird später noch näher eingegangen. Zu erwähnen ist an dieser Stelle, dass in der quantitativen Studie versucht wurde für Zeit- und Brancheneffekte zu kontrollieren.

Ein Interviewpartner einer Bank bezieht sich bereits auf eine Wechselwirkung innerhalb der Finanzierungsstruktur und sieht Laufzeit nicht unabhängig von der Quote: *[…] aus dem Anstieg des Risikos kann man noch nichts über die Laufzeit sagen, ich mein', wenn das Risiko steigt, dann möchte man natürlich normalerweise verkürzen, und wie kann man die Laufzeit verkürzen? Indem man das Eigenkapital erhöht.*[498] Wenngleich diese Erklärung einleuchtend klingt, würde bei gleichbleibenden Rückzahlungssummen trotzdem die Laufzeit sinken.

Zusammenfassend lässt sich sagen, dass ab einem zu hohen makroökonomischen Risiko keine konventionellen Finanzierungen möglich sind; bevor dieser Punkt erreicht wird, führt eine Steigerung des Risikos zu einem Rückgang des maximalen Finanzierungsvolumens und zu einer Erhöhung der Risikoprämie, folglich sinken die Fremdkapitalquoten und es steigen die Kreditmargen. Die Stellschraube „Laufzeit" wird dabei als letzte verändert, womöglich weil sich die Projektlaufzeit nur bedingt verkürzen oder verlängern lässt.

Gleiches gilt für das **politische Risiko**. Wenngleich sich das wirtschaftliche und das politische Länderrisiko konzeptionell unterscheiden, trennen

---

493 Vgl. Sponsor 3 (2019), Z. 3004

494 Vgl. Sponsor 1 (2019), Z. 2097; Sponsor 2 (2019), Z. 2544–2548; Sponsor 3 (2019), Z. 3019

495 Vgl. Bank 3 (2019), Z. 1522–1525

496 Vgl. Bank 1 (2019), Z. 81–83; Sponsor 3 (2019), Z. 3021

497 Vgl. Sponsor 1 (2019), Z. 2073

498 Vgl. Bank 2 (2019), Z. 785–788

die befragten Experten diese Risiken nicht scharf: *Politisches Risiko […] und Makro-Risiko ist im Prinzip relativ gleich für Banken. Normalerweise […] wird nicht unterschieden, […] es kommt darauf an wie man es misst, es ist eher Risiko, dass in Tarife eingegriffen wird, oder das bestimmte Regierungen einen Trackrecord haben, dass sie sich nicht an Vereinbarungen halten.*[499] Dies deckt sich mit der empirisch schwierigen Trennung dieser Variablen in der quantitativen Analyse.[500]

Aus dem Zitat lässt sich erkennen, dass das politische Risiko besonders in Bereichen, in denen der Staat als Abnehmer oder als Konzessionsgeber auftritt, eine große Rolle spielt. Ansonsten gilt wie beim makroökonomischen Risiko, dass ab einem gewissen Schwellenwert keine rein kommerziellen Projektfinanzierungen mehr möglich sind.[501] Folglich kann ein hohes politisches Risiko auch dazu führen, dass auf eine IFI zurückgegriffen werden muss.[502]

Ansonsten deckt sich die Erfahrung der Experten mit den Ergebnissen der quantitativen Analyse, dass mit steigendem politischen Risiko die Fremdkapitalquote sinkt und die Kreditmarge steigt. Jedoch vermuten mehrere Experten, dass die Laufzeit bei steigendem Risiko auch sinken sollte, vor allem weil sich politische Risiken langfristig sehr schwierig abschätzen lassen.[503]

6.2.1.2 Beteiligung einer internationalen Finanzinstitution

Die **Beteiligung einer IFI** führt in der quantitativen Erhebung entgegen dem theoretischen Rahmen zu einem Rückgang der Fremdkapitalquote und zu einer Steigerung der Kreditmarge. Die Laufzeit steigt wie vermutet und stützt damit die entsprechende Hypothese.

Aus den Interviews lässt sich schlussfolgern, dass Beteiligungen internationaler Finanzinstitutionen für alle Befragten eine wichtige Komponente bei Projektfinanzierungen darstellen. IFI gewinnen vor allem an Bedeutung, wenn das politische Risiko im Projektland sehr hoch ist und wenn der lokale Finanzmarkt nicht in der Lage ist, die geforderten Volumina zur Verfügung zu stellen.[504] Folglich fungieren IFI teilweise als Lückenfüller oder bieten *Liquidity of Last-Resort*.[505] Viele Projekte

---

499 Bank 3 (2019), Z. 1560–1564

500 Siehe Unterkapitel 5.3. Aufgrund der starken Korrelation dieser Risiken mussten die Variablen einzeln der Regressionsgleichung hinzugefügt werden.

501 Vgl. Sponsor 5 (2019), Z. 4115–4117; Sponsor 4 (2019), Z. 4111–4115

502 Vgl. Sponsor 4 (2019), Z. 3408

503 Vgl. Sponsor 1 (2019), Z. 59–60; Sponsor 2 (2019), Z. 2558

504 Vgl. Sponsor 5 (2019), Z. 4155–4160

505 Vgl. Bank 3 (2019), Z. 1616

können demnach erst mit Unterstützung einer IFI und deren *preferential-creditor-status* überhaupt realisiert werden.[506]

Die Experten erklären geschlossen, das IFI-Tranchen tendenziell längere Laufzeiten als konventionelle Bankkredite aufweisen.[507] Darüber hinaus sollten gemäß einiger Interviewpartner die Kreditmargen niedriger sein, da sich IFI aufgrund ihres Status günstiger refinanzieren können, oder zumindest gleich bleiben, da IFI nicht in Konkurrenz zu den kommerziellen Banken stehen dürfen.[508] Aufgrund dieses Konkurrenzverbotes sollte sich auch die Fremdkapitalquote laut Aussage eines Bank-Experten nicht erhöhen.[509] Wenn es zur Veränderung der Fremdkapitalquote kommt, dann tendenziell zu einer Senkung, da IFI gemäß ihren Guidelines nicht so aggressive Finanzierungsstrukturen eingehen dürfen.[510]

Dadurch wird jedoch noch nicht ausreichend erklärt, warum in der quantitativen Erhebung bei einer IFI-Beteiligung die Fremdkapitalquoten für Projekte in der Stichprobe sinken und die Kreditmargen der Tranchen steigen. Hierfür scheinen drei Effekte sehr plausibel: Zum einen handelt es sich bei IFI-Projekten um Hochrisikoprojekte, die ohne eine Beteiligung nicht umsetzbar sind und bei denen der Förder- bzw. Entwicklungsgedanke im Vordergrund steht.[511] Ein Bank-Experte drückt dies folgendermaßen aus: *Die IFI sollten nicht im Wettbewerb stehen mit den kommerziellen Banken. Das heißt, die kommen überhaupt nur dann hinein, wenn es kommerziell nicht mehr finanzierbar ist. Und dadurch hat man automatisch die riskanteren Projekte dort drinnen, und riskanter heißt halt, weniger Fremdkapitalquote.*[512]

Durch dieses hohe Risiko, das bei solchen Projekten inhärent ist, lässt sich auch wiederum die höhere Marge erklären. Verstärkt wird dies durch den zweiten Effekt, nämlich den Laufzeiteffekt: *Also die kommen rein und sie nehmen im Prinzip die Terms- und Conditions von den Kommerzialbanken, nehmen das über und schauen dann, dass sie dem im Ganzen ein Zuckerl extra geben, wir haben z.B. jetzt einen Deal […], da sind wir mit 15 Jahren drin, und die IFI mit 17, sie*

506 Vgl. Bank 2 (2019), Z. 874–879; Sponsor 1 (2019), Z. 2123–2127

507 Vgl. Bank 1 (2019), Z. 107–111; Bank 2 (2019), Z. 839–840; Sponsor 4 (2019), Z. 3346–3348

508 Vgl. Sponsor 5 (2019), Z. 4194–4199

509 Vgl. Bank 2 (2019), Z. 851–853

510 Vgl. Sponsor 2 (2019), Z. 3058–3060; Sponsor 5 (2019), Z. 4169–4417

511 Vgl. Sponsor 3 (2019), Z. 3044

512 Vgl. Bank 1 (2019), Z. 3044

geben da einen bisschen längeren Tenor, und ein bisschen, nehmen dann dafür natürlich auch eine höhere Marge.[513]

Ein weiterer Grund, warum es zu einer Senkung der Fremdkapitalquote und zu einer Steigerung der Finanzierungskosten kommen könnte, ist der höhere Strukturierungsaufwand wenn institutionelle Gläubiger beteiligt sind.[514] IFI verlangen in vielen Fällen eine umfangreiche Projektprüfung hinsichtlich der Einhaltung von Sozial- und Umweltstandards oder einer Prüfung des Entwicklungsbeitrages des Projekts.[515] Bei *ECA* muss demgegenüber der Exportanteil des Projekts erhoben werden.[516]

Der Strukturierungs-, der Risiko- sowie der Laufzeiteffekt schaffen zusammen eine Erklärung für die quantitativen Ergebnisse. Die Experten bestätigen zum Teil die positive Wirkung einer IFI-Beteiligung auf Projekte und damit auch indirekt den theoretischen Rahmen und die getroffenen Hypothesen, jedoch zeigt sich dieser positive Effekt nicht im Vergleich mit weniger riskanten, kommerziell umgesetzten Projekten.[517] Diesen empirischen Schwachpunkt fasst ein Experte prägnant zusammen: *Sie müssten eigentlich vergleichen, was würde der Deal kosten, wenn ich ihn mit den IFI mache oder wenn ich ihn nicht mit den IFI mache. Nur das gibt's halt nicht, ich glaub auch nicht, dass man das rausrechnen kann.*[518]

6.2.1.3 Gläubigerschutz

Ein hohes Maß an **Gläubigerschutz** im Gastland führt für die Stichprobe der quantitativen Untersuchung zu sinkenden Margen und steigenden Laufzeiten. Für die Fremdkapitalquote konnte kein signifikanter Effekt beobachtet werden, was im Widerspruch zur entsprechenden Hypothese steht.

Dass sich ein hohes Maß an Gläubigerschutz margensenkend auswirken kann, wird von mehreren Experten bestätigt, wobei ein Bank-Experte nicht vollkommen überzeugt ist, diesen Effekt in der Unternehmenspraxis tatsächlich beobachten zu können.[519] Auch ein positiver Effekt auf die Laufzeit wird als plausibel erachtet.[520]

---

513 Vgl. Sponsor 5 (2019), Z. 1589–1594
514 Vgl. Sponsor 4 (2019), Z. 3842–3846
515 Morrison (2012), S. 89
516 Sponsor 4 (2019), Z. 3842–3846
517 Vgl. Sponsor 6 (2019), Z. 4775
518 Vgl. Sponsor 5 (2019), Z. 851–853
519 Vgl. Sponsor 3 (2019), Z. 3058–3060; Sponsor 5 (2019), Z. 4268; Bank 3 (2019), Z. 4266–4268
520 Vgl. Bank 3 (2019), Z. 4266–4268

Mehrere Experten bescheinigen, dass ein ausreichendes Maß an Gläubigerschutz für Projektfinanzierungen durchaus entscheidend ist. Darunter fallen gemäß den Experten z.B. die Sicherheit auf einen fairen Prozess, Arbitrageregelungen oder die Position des Gläubigers im Insolvenzfall.[521] Jedoch wird hier ein Mindestmaß an Gläubigerschutz im Gastland vorausgesetzt, was bedeutet, dass unter einem bestimmten Schwellenwert keine Finanzierungen mehr möglich sind. Dies erklärt womöglich, warum keine Effekte auf die Fremdkapitalquote beobachtbar sind. *Und insofern kann man sagen, ja, entweder sagt man die Fremdkapitalquote müsste niedriger sein, wenn der Gläubigerschutz schwach ist, und im Umkehrschluss kann man dann sagen, wenn sie besser, ja, dann steigt sie. Sehr oft ist aber überhaupt die Frage, ob dann überhaupt ein Projekt noch zustande kommt oder nicht. Tendenziell würde ich sagen, ja, könnt ich dem etwas abgewinnen, aber es ist dann meistens, da geht dann gar nicht mehr darum, steigt jetzt die Fremdkapitalquote oder sinkt sie, sondern kommt überhaupt ein Projekt dann noch zustande.*[522]

Abschließend sei auch erwähnt, dass Gläubigerschutz für einige Experten auch mit dem politischen Risiko im Gastland und der Beteiligung einer IFI korreliert.[523] In diesem Fall können auch wieder Effekte eintreten, wie sie in den entsprechenden Unterpunkten oben beschrieben wurden.

6.2.1.4 Wechselkursrisiko

Beim **Wechselkursrisiko** wurde auf Basis des theoretischen Rahmens angenommen, dass sich dieses negativ auf die Fremdkapitalquote und Laufzeit auswirkt und zu einer Erhöhung der Kreditmarge führt. Die entsprechenden Hypothesentests konnten jedoch bestätigen, dass ein Wechselkursrisiko zu einer Verkürzung der Laufzeit führt.

Ein Wechselkursrisiko wurde in der quantitativen Erhebung angenommen, sofern die Kreditwährung und die Währung im Projektland nicht übereinstimmen. Mehrere Experten erläuterten, dass dies vor allem eintritt, wenn der lokale Kapitalmarkt nicht in der Lage ist, ausreichende Mittel für eine hinreichend lange Laufzeit zur Verfügung zu stellen.[524] Dies wiederum deute auf ein hohes Risiko im Projektland hin, was die Laufzeit des Fremdkapitals beschränken kann.[525] Zudem sind für manche Währungspaare keine langfristigen

521 Vgl. Bank 1 (2019), Z. 132–137; Sponsor 5 (2019), Z. 4262–4264
522 Bank 2 (2019), Z. 937–944
523 Vgl. Sponsor 2 (2019), Z. 2617–2620; Sponsor 5 (2019), Z. 4259
524 Vgl. Sponsor 4 (2019), Z. 4282–4293
525 Vgl. Bank 1 (2019), Z. 180–188; Bank 2 (2019), Z. 991–992

Devisentermingeschäfte im freien Markt handelbar, was ebenfalls zu einer sinkenden Laufzeit führen kann.[526]

Ein solches, ungesichertes Wechselkursrisiko sollte gemäß mehrerer Experten aber auch zu Veränderungen der Fremdkapitalquote und der Kreditmarge führen. Ein höherer Eigenkapitalanteil als Sicherheitspuffer sollte zu einem Rückgang der Fremdkapitalquote führen und eine Erhöhung der Marge sollte aufgrund eines erhöhten Gesamtrisikos beobachtbar sein.[527]

Von Seiten der Sponsoren wird besonders betont, dass ein Wechselkursrisiko nicht vorhanden sein darf oder zumindest zum Löwenanteil abgesichert werden muss, ansonsten sind Banken nicht bereit, einer Finanzierung zuzustimmen.[528] Eine solche Absicherung kann zum einen im Sinne eines *Natural Hedges* über die Projektstruktur und die Währungen der Ein- und Auszahlungen geschehen oder zum anderen über eine Indexierung der Einnahmen.[529] Ein Sponsor erklärt dies mit zwei Beispielen: *Natural Hedge, Klammer auf, bei einer Baufirma fast in 90 Prozent der Fälle der Fall, warum, weil ein Baugeschäft lokal ist, also ich sag, wenn wir in Polen eine […] bauen, Zloty Ausgaben, Zloty Einnahmen, über weite Strecken, und sonst müssen Sie sich wahrscheinlich in der Struktur was überlegen. Das kann jetzt sein auf der Einnahmenseite, dann sind Sie wieder beim natürlichen Hedge, auch das hatten wir bei dem einen oder anderen Projekt, dass Sie einfach, grad bei so PPP-Modellen, genau sagen, welchen Split Sie brauchen. Also wenn ich sag, damals bei uns war es Ungarn, war ein Euro-Forint-Split, und der war halt fixiert.*[530]

Zudem muss bedacht werden, ob die Währung des Projektlandes an die Kreditwährung gekoppelt ist, wie z.B. bulgarische Lew an den Euro, und ob es sich um ein Land handelt, dessen Währung großen Schwankungen aufweist.[531] Zusätzlich kann in manchen Ländern ein Transfer- und Konvertierungsrisiko schlagend werden.[532]

Zusammenfassend lässt sich sagen, dass das Wechselkursrisiko zu schwankenden Cashflows führt und deswegen gemäß den Experten definitiv adressiert

---

526 Vgl. Sponsor 5 (2019), Z. 4828–4830; Sponsor 6 (2019), Z. 4829–4830

527 Vgl. Bank 2 (2019), Z. 1013; Bank 3 (2019), Z. 1674–1676; Sponsor 2 (2019), Z. 2650–2652

528 Vgl. Sponsor 4 (2019), Z. 3481–3483

529 Vgl. Sponsor 2 (2019), Z. 2631–2634; Sponsor 3 (2019), Z. 3078–3085; Sponsor 4 (2019), Z. 3467–3472; Sponsor 6 (2019), Z. 4930–4938

530 Sponsor 2 (2019), Z. 2641–2649

531 Vgl. Bank 2 (2019), Z. 999–1003

532 Vgl. Sponsor 6 (2019), Z. 5012–5023

werden muss. Eine Absicherung über Währungskontrakte kann mit hohen Kosten verbunden sein, was eine Absicherung über die Projektstruktur erstrebenswerter erscheinen lässt. Da eine solche Absicherung nicht in der quantitativen Studie berücksichtigt werden konnte, lassen sich auch die fehlenden Effekte bei der Fremdkapitalquote und Kreditmarge erklären. Ansonsten sollten die in den Hypothesen beschriebenen Effekte eintreten; dies wurde von den Experten bestätigt.

6.2.2 Ergebnisse auf Branchenebene

In den folgenden Unterkapiteln werden die Ergebnisse der qualitativen Erhebung zur Cashflow-Volatilität, zur Branchenregulierung und zur Branchennachfrage im Detail präsentiert. Die quantitativen Ergebnisse bilden dabei wieder die Basis für die Diskussion.

Vorweg sei erwähnt, dass branchenabhängige Effekte durchaus eine große Bedeutung bei Projektfinanzierungen besitzen. Dies kann sich durch branchentypische Laufzeiten, Kreditmargen und Fremdkapitalquoten ausdrücken.[533]

6.2.2.1 Cashflow-Volatilität der Branche

Entgegen dem theoretischen Rahmen und der entsprechenden Hypothese steigt in der quantitativen Untersuchung bei einer Erhöhung der **Cashflow-Volatilität** auf Branchenebene auch die Fremdkapitalquote. Dem gegenüber steigt aber auch die Marge, was wiederum mit dem theoretischen Rahmen übereinstimmt. Bei der Laufzeit zeigen sich für die Stichprobe keine signifikanten Effekte.

Eine steigende Fremdkapitalquote stellt sich für alle Experten als höchst unlogisch dar. Generell wird Cashflow-Volatilität bei Projektfinanzierungen als nachteilig empfunden bzw. gilt gemäß einem Sponsor: *Cashflow-Volatilität ist Gift.*[534] Folglich sind die Experten fast geschlossen der Meinung, dass bei steigender Volatilität auch die Fremdkapitalquote sinken sollte und auch Erklärungen, warum dieser Effekt nicht eintritt, gibt es kaum.[535]

Ein Experte der Bankenseite erklärt, dass womöglich in Branchen mit höherer Volatilität auch höhere *Debt Service Coverage Ratios* zu erzielen sind und dadurch eine höhere Verschuldung ermöglicht wird.[536] Generell konzentrieren

533 Vgl. Bank 1 (2019), Z. 416–422

534 Sponsor 4 (2019), Z. 3533

535 Vgl. Bank 2 (2019), Z. 1139–1141; Bank 3 (2019), Z. 1743–1746; Sponsor 1 (2019), Z. 170; Sponsor 3 (2019), Z. 3123–3124; Sponsor 4 (2019), Z. 3512–3522

536 Vgl. Bank 1 (2019), Z. 296

sich Banken vorrangig auf den Schuldendienstdeckungsgrad als Kennzahl bei Projektfinanzierungen[537]. Eine ähnliche Erklärung zu *Debt Service Coverage Ratios* kommt von einem Sponsor, der *Cash-Sweeps* als Hintergrund vermutet. *Cash-Sweeps* ermöglichen eine Sondertilgung in Perioden mit besonders hohen Betriebsergebnissen und ermöglichen daher bei einer hohen positiven Volatilität auch eine schnellere Schuldentilgung.

Derselbe Experte bietet eine weitere Erklärung: Er vermutete, dass bei steigender Cashflow-Volatilität und damit höherem Risiko andere Investoren als klassische Banken bei solchen Projekten investieren. Diese Investoren könnten die Volatilität als Chance sehen und folglich bereit sein, aggressivere Strukturen einzugehen, sofern sie dafür eine entsprechend höhere Kompensation in Form einer höheren Marge erhalten. Diese Erklärung verbindet den Effekt der steigenden Verschuldung und den Effekt der steigenden Marge.[538]

Im Gegensatz zur steigenden Fremdkapitalquote bei steigender Volatilität wird der margenerhöhende Effekt von den meisten befragten Experten als plausibel erachtet. Zudem wird von mehreren Seiten vermutet, dass bei steigender Volatilität tatsächlich kein Effekt auf die Laufzeit beobachtbar ist.[539]

Wenngleich der Effekt der steigenden Kreditmargen wie in der entsprechenden Hypothese und dem theoretischen Rahmen beobachtet werden konnte, bleibt der schwer nachvollziehbare signifikante positive Effekt auf die Fremdkapitalquote. Zwar konnte ein Experte dazu mehrere Erklärungen beitragen, doch auch diese wirken eher unbefriedigend. Daher liegt dem beobachteten Effekt wohl eine Messproblematik zugrunde, auf welche später nochmals eingegangen wird.

6.2.2.2 Branchenregulierung

Die **Branchenregulierung** wurde in der quantitativen Untersuchung nicht mit einer Hypothese bedacht. Die Ergebnisse der Inferenzstatistik zeigen dessen ungeachtet, dass mit steigender Regulierung der Branche die Kreditmarge sinkt, die Laufzeit steigt und die Fremdkapitalquote steigt.[540] Dies deutet darauf hin, dass Projekte in stark regulierten Branchen als weniger riskant eingestuft werden.

---

537 Vgl. Bank 3 (2019), Z. 1894–1985

538 Vgl. Sponsor 5 (2019), Z. 4350–4351

539 Vgl. Bank 3 (2019), Z. 1743–1746; Sponsor 2 (2019), Z. 2664

540 Letzterer Effekt tritt nicht signifikant auf.

In der Tat wird dies sowohl von Sponsoren- als auch Bankenseite bestätigt. Wiewohl ein Experte herausstreicht, dass zwischen guter und schlechter Regulierung weiter ausdifferenziert werden kann[541], wird Branchenregulierung im Allgemeinen als positiv erachtet.[542] Regulierung bringt Stabilität und damit auch eine Reduzierung von Cashflow-Schwankungen, vor allem in Kombination mit einem staatlichen Abnehmer wie z.B. im Strommarkt oder bei Autobahnprojekten.[543] Ein Bankenexperte fasst dies zusammen: *Projektfinanzierung geht da gerade in die regulierten Bereiche ein und Projektfinanzierung liebt Regulierung, weil das bedeutet Sicherheit. Aber was sie überhaupt nicht mögen ist Merchant-Risk, irgendwas im freien Markt machen, dass man dann einem Preis- und Volumenrisiko ausgesetzt ist.*[544]

In Bezug auf Autobahnen führt der gleiche Experte weiter aus: *Das sind die besten PF-Deals, die besten, die sichersten, das sind irgendwelche Konzessionen, z.B. für eine Autobahn, das sind Monopole, also die sind schlimmer geregelt geht es gar nicht, da gibt's einen Konzessionsvertrag, man darf eigentlich nichts machen, ist alles geregelt, komplett überreguliert, und das ist das, wo die Banken richtig, oder wo alle aggressiv werden, das passt schon.*[545] Diese Aussage deckt sich auch mit den Ergebnissen zu der Kontrollvariable *concession_agreements*. Ein Blick auf Tabelle 13, Tabelle 14 und Tabelle 15 verrät, dass Konzessionen signifikant positiv auf die Fremdkapitalquote sowie die Laufzeit und signifikant negativ auf die Kreditmarge wirken. Folglich werden Konzessionsprojekte mit mehr Fremdkapital länger und günstiger finanziert, was wiederum den Schluss zulässt, dass solche Projekte als sicherer eingestuft werden.

Einzig die Regulierung der Banken, d.h. vor allem die Vorschriften des Basler Ausschusses der Bank für Internationalen Zahlungsausgleich, erhöhen die Kosten für Banken aufgrund von gestiegenen Eigenkapital- und Liquiditätsvorschriften, was zu einer Reduktion der Kreditvergabe und damit zu einer Reduktion der Fremdkapitalquote führen kann.[546]

541 Vgl. Sponsor 1 (2019), Z. 175–176

542 Vgl. Sponsor 1 (2019), Z. 213; Sponsor 2 (2019), Z. 2667–2668; Sponsor 4 (2019), Z. 3508; Sponsor 5 (2019), Z. 4367

543 Vgl. Bank 1 (2019), Z. 591–594; Sponsor 3 (2019), Z. 3147

544 Bank 3 (2019), Z. 1714–1716

545 Bank 3 (2019), Z. 1723–1727

546 Vgl. Bank 2 (2019), Z. 1379–1381; Sponsor 5 (2019), Z. 4363–4365

6.2.2.3 *Branchennachfrage*

Aus dem theoretischen Rahmen wurde die Hypothese abgeleitet, dass sich die Nachfrage nach Projekten einer bestimmten Branche positiv auf die Cashflow-Stabilität auswirkt und somit die Kreditmarge sinkt, während Fremdkapitalquote und Laufzeit steigen. Diese Effekte der **Branchennachfrage** konnten aber für die Stichprobe nicht beobachtet werden. Gemäß den Experten könnten dafür mehrere Punkte ausschlaggebend sein.

Ein Sponsor erläutert, dass für sein Unternehmen die Nachfragethematik nur in *Low-Risk Countries* eine Rolle spielt und in *High- and Medium-Risk Countries* eher wenig berücksichtigt wird. In *High- and Medium-Risk Countries* besteht zwar stets eine große Nachfrage – man denke hier an eine erste Versorgung mit Elektrizität – jedoch bildet hier das vorherrschende Länderrisiko die auschlaggebende Hürde, ob eine Finanzierung zu Stande kommt oder nicht.[547]

Ein Bankexperte sowie ein Sponsor zeigen anhand von zwei unterschiedlichen Autobahnbeispielen, dass zwar Nachfrageprognosen als wesentlich erachtet und daher erstellt wurden, aber dass in beiden Fällen die erwartete Nachfrage nicht eintrat und die Projekte beinahe scheiterten.[548] Damit verdeutlichen die Experten die Schwierigkeit von Nachfrageplanungen und die damit einhergehende geringe Auswirkung auf die Projektstruktur.

Ein anderer Sponsor erklärt, dass die Nachfrageprojektion ebenfalls nicht in die Ausgestaltung der Finanzierungsstruktur einfließt, wohl aber in die generelle Projektentscheidung: *Wir haben natürlich […] Preisprognosen, wir haben Nachfragemodelle, und Angebotsmodelle, aber die fließen jetzt nicht unbedingt in die Projektfinanzierung, also ins Bepreisen oder in die Faktoren ein, sie fließen aber ein in die Projektbeurteilung oder in die Projektgenesis, also in die Entstehung des Wunsches nach einem Projekt […].*[549]

Eine anderer Experte untermauert dieses Argument für die Bankenseite, indem er erläutert, dass Banken bei der Kreditentscheidung die Nachfragesituation eher wenig berücksichtigen: *Banken schauen sich nicht die Nachfrage an, das interessiert die nicht, […] die Nachfrage z.B., die ist indirekt ein Faktor, wenn Sie zum Beispiel ein Stromprojekt machen, dann gibt es immer die Powercurve, die Sie, die irgendein Consultant zur Verfügung stellt. Das sind einfach Projektionen der Strompreise in die Zukunft. Das hat nicht unbedingt was damit zu tun, wie*

547 Vgl. Sponsor 3 (2019), Z. 3151–3156
548 Vgl. Bank 2 (2019), Z. 1182–1190; Sponsor 2 (2019), Z. 2728–2730
549 Sponsor 4 (2019), Z. 3556–3560

die Nachfrage ist, die Nachfrage kann steigen oder sinken, ja, je nachdem, wieviel Supply raufkommt.[550]

Nebst dem Argument, dass sich Banken nicht für die Nachfrage interessieren, enthält diese Aussage zwei weitere Punkte, die die fehlenden Effekte in der quantitativen Erhebung erklären könnten. Zum einen ist eine langfristige Schätzung der Nachfrage für die Zukunft überaus schwierig und stellt auch in der Unternehmenspraxis ein großes Problem dar.[551] In der quantitativen Erhebung wurde die Nachfrage zudem über historische Werte approximiert, wodurch das Schätzproblem nicht gelöst wird. Zum anderen wurde in der quantitativen Studie fast ausschließlich die Nachfrage-, nicht aber die Angebotsseite berücksichtigt. Auch dadurch könnten mögliche Nachfrageeffekte nicht korrekt abgebildet worden sein, was auch von mehreren Experten bemängelt wird.[552]

Zusammengefasst lässt sich erkennen, dass die Experten die Bedeutung der Nachfrage für die Finanzierungsstruktur sehr unterschiedlich beurteilten. Größtenteils besteht aber Einigkeit über die schwierige Messbarkeit und dass die Nachfrage in der quantitativen Erhebung vermutlich nicht valide erhoben wurde, was wiederum zu den fehlenden Effekten und den abgelehnten Hypothesen führte. Nichtsdestotrotz wird mit dem Beispiel eines Sponsors nochmal verdeutlicht, wie steigende Nachfrage nach bestimmten (jungen) Branchen zu Veränderungen am Projektfinanzierungsmarkt führen kann:

> *[…] gibt es ja verschiedene Branchen, die erst so aufkommen, am Anfang, neue Technologie, neuer Sektor, ist nicht unbedingt geeignet, für eine Projektfinanzierung, aber irgendwann setzt ein gewisser Reifegrad ein, und das geht einher mit steigender Nachfrage, die Nachfrage muss bedient werden, und dann kann ich mir vorstellen, dass zunehmend Banken in diese Branchen einsteigen. So IT-lastige Projekte, Glasfaserausbau, das sind ja neue Themen, […] sagen wir vor fünf Jahren war das nicht projektfinanzierungsfähig, jetzt gibt es immer mehr Modelle, in Frankreich gibt es sogar PPP-Modelle dafür, wird dazu führen, dass zunehmend Banken sagen, […] das wird immer mehr eine Branche, in der ich aktiv sein möchte, […] bei der steigenden Nachfrage sieht sich die Bank ja immer mehr bestätigt, und wird dann beim Folgeprojekt sagen können, das ist gut gelaufen, der Trend geht sogar in die richtige Richtung, ich kann beim nächsten Projekt vielleicht noch einen Tick mehr Fremdkapital zulassen, weil das ja auch gut und risikoadäquat bedient worden ist. Das heißt, das […] würde in Zukunft dazu führen, ja, ich kann vielleicht mehr Fremdkapital in diese Projektgesellschaft reinladen, […] und ich denk mal, die Laufzeiten werden dann ebenfalls mitwachsen können.*[553]

550 Bank 3 (2019), Z. 1701–1708
551 Vgl. Sponsor 2 (2019), Z. 2716–2719; Sponsor 4 (2019), Z. 3538–3542
552 Vgl. Bank 1 (2019), Z. 631–639; Sponsor 1 (2019), Z. 233–236
553 Sponsor 5 (2019), Z. 4371–4390

6.2.3 Ergebnisse auf Projektebene

In den folgenden Unterkapiteln werden die Ergebnisse der qualitativen Erhebung zu fixierten Zinssätzen, zum Vertragswerk und zur Erfahrung der Sponsoren im Detail präsentiert. Die quantitativen Ergebnisse bilden dabei wieder die Basis für die Diskussion.

6.2.3.1 Fixierte Zinssätze

Aus dem theoretischen Rahmen wurden zu **fixierten Zinssätzen** folgenden Hypothesen abgeleitet: Bei fixierten Zinssätzen steigt die Verschuldung und die Kreditmarge, während die Laufzeit sinkt. Mit Ausnahme der Laufzeit werden die Hypothesen mit den quantitativen Ergebnissen gestützt, d.h. Tranchen mit fixierten Zinssätzen führen zu höheren Finanzierungskosten und zu einer längeren Laufzeit und die entsprechenden Projekte verfügen über eine höhere Verschuldung.

Hier muss nochmals darauf hingewiesen werden, dass fixierte Zinssätze zwangsläufig höher sein müssen als vergleichbare variable Zinssätze, da es sich bei fixierten Zinssätzen um eine Marge in Kombination mit dem Referenzzinssatz im Vergleich zu einer reinen Marge handelt.[554] Ansonsten ist es gemäß den Experten durchaus möglich, dass die reine Marge bei fixierten Zinssätzen niedriger sein kann als die Marge bei einer variablen Verzinsung.[555]

Dies wirkt auf den ersten Blick widersprüchlich, schließlich geht bei einer Fixverzinsung das Zinsänderungsrisiko auf die Bank über, welche dafür eine Kompensation in Form einer höheren Marge verlangen könnte, jedoch wird von Seiten der Bank hier der theoretische Rahmen bestätigt. *Die Sicht der Bank ist hier eine andere, die Bank sagt, mir ist nur wichtig, was für eine Wirkung es auf den Fremdkapitalnehmer hat, wenn der sein Zinsrisiko über einen sehr langen Zeitraum fixiert und damit begrenzt, dann ist sein Risiko geringer geworden, insbesondere in einem Environment wie wir es jetzt haben, wo die Zinsen sowieso sehr niedrig sind.*[556] Folglich wird mit einer Fixierung des Zinssatzes ein Teil der Cashflow-Volatilität aus dem Projekt herausgenommen, was sich positiv auf das Projektrating auswirkt[557]

554 Vgl. Bank 2 (2019), Z. 1079–1087; Sponsor 5 (2019), Z. 4432–4434
555 Vgl. Bank 1 (2019), Z. 204–210; Bank 2 (2019), Z. 1096–1102
556 Bank 2 (2019), Z. 1059–1063
557 Vgl. Bank 1 (2019), Z. 218–219

Seitens mehrerer Sponsoren und Banken wird erklärt, dass sich die Absicherung über fixierte Zinssätze nicht nur besser auf das Projektrating auswirkt, sondern in vielen Fällen ein absolutes Muss für eine Kreditbewilligung seitens der Bank ist. Dies trifft vor allem zu, wenn das Projekt knapp kalkuliert ist und bei Tranchen mit langen Laufzeiten, da das Zinsänderungsrisiko mit der Zeit stark ansteigt.[558]

Dieser Punkt wiederum erklärt, warum mit einer fixierten Verzinsung die Laufzeit der Tranchen für die Stichprobe in der quantitativen Erhebung ansteigt. Hierbei handelt es sich vermutlich um umgekehrte Kausalität, d.h. es steigt nicht die Laufzeit bei einem fixierten Zinssatz, sondern eine lange Laufzeit bedingt eine fixierte Verzinsung.

Ein Bank-Experte führt weiter aus, dass man bei Projektfinanzierungen selten variable Verzinsungen vorfindet und bei Projektfinanzierungen in seinem Unternehmen rund 75 Prozent des Kreditvolumens über einen *Interest-Swap* abgesichert werden müssen. Ein Beispiel eines Sponsors verdeutlicht die Bedeutung solcher *Swaps* bei langen Laufzeiten: *Der Standardansatz ist ein variabler Zinssatz, der mit einem Zinssicherungsinstrument über eine Laufzeit von nahezu 30 Jahren dann im zweiten Schritt fixiert wird. Das ist teilweise auch binär, ja, dass eine entsprechende Zinssicherung vorgegeben wird. Man verhandelt dann gewisse Korridore, wenn ich außerhalb eines gewissen Zinssicherungskorridors falle, muss ich diesen Hedge anpassen, und man verhandelt dann eine gewisse Bandbreite, dass man nicht für jede kleine Abweichung pro Quartal dann irgendwie nachjustieren muss, es wird aber zwingend vorausgesetzt […] die ersten fünf Jahre hat man geswapped und dann schaut man sich im Jahr, was weiß ich, drei vier und fünf an, erneuert man das für weitere fünf Jahre.*[559]

Voraussetzung für fixierte Zinssätze bzw. oben genannte Zinsderivate ist, dass solche am Markt angeboten werden. Für manche Währung werden keine Derivate gehandelt, was dazu führt, dass das Zinsrisiko getragen wird oder der Kredit in Fremdwährung aufgenommen wird, was wiederum zu einem Wechselkursrisiko führen kann.[560]

6.2.3.2 Errichtungsverträge

Errichtungsverträge wie *EPC*- oder *Turnkey*-Verträge sollten sich gemäß dem theoretischen Rahmen positiv auf die Projektsicherheit sowie

558 Vgl. Bank 1 (2019), Z. 214–221; Sponsor 4 (2019), Z. 3574–3576
559 Sponsor 5 (2019), Z. 4405–4423
560 Vgl. Sponsor 3 (2019), Z. 3177–3182; Sponsor 5 (2019), Z. 4412–4416

Finanzierungsstruktur auswirken und so höhere Fremdkapitalquoten, längere Laufzeiten und niedrigere Kreditmargen ermöglichen. Die quantitativen Ergebnisse konnten diesbezüglich die Fremdkapital- und die Laufzeiteffekte bestätigen; die Marge verringert sich ebenfalls wie vermutet, jedoch tritt dieser Effekt nicht signifikant auf.

Die Expertenmeinungen gehen bei der Fragestellung der Effekte von Errichtungsverträgen auseinander. Eine Gruppe von Experten attestiert *EPC*- oder *Turnkey*-Verträgen eine positive Wirkung auf die Finanzierungsstruktur.[561] So führt ein Bank-Expert aus: *Also wenn Sie z.B. Errichtungsvertrag, Generalunternehmervertrag meinen, dann würde ich einmal sagen, Fremdkapitalquote kann steigen, Marge kann sinken, Laufzeit kann steigen, wenn das damit gemeint ist, Generalunternehmer, also verglichen mit vielen Einzelverträgen.*[562] Ein Sponsor vermutete ebenso, dass sich ein *EPC*-Vertrag vorteilhaft auf das Projekt auswirkt, streicht aber zusätzlich heraus, dass auch die Qualität und die Ausgestaltung des Vertrages, d.h. z.B. welche General- und Subunternehmer beauftragt sind, stimmen muss.[563]

Demgegenüber gibt die zweite Gruppe der Experten an, dass es sich hierbei bei um ein *Must-Have* bei vielen Projektfinanzierungen handelt; folglich würde ohne Errichtungsvertrag keine Finanzierung zustande kommen.[564] Auch dabei muss wiederum ein annehmbarer Vertrag und ein akzeptabler Errichter vorhanden sein.[565]

Ein Sponsor beschreibt zudem im Detail, wie ein Errichtungsvertrag im internationalen Anlagenbau mitsamt Zahlungsmodalitäten und Pönalen aussehen kann und welche Probleme im internationalen Anlagenbau häufig auftreten.[566]

6.2.3.3 Betriebsverträge

Entgegen der formulierten Hypothesen konnten für das Vorhandensein eines *O&M*-Vertrages keine signifikanten Effekte auf die Fremdkapitalquote und Laufzeit beobachtet werden. Die Kreditmarge steigt in der Stichprobe, sofern das Projekt mit einem solchen Vertrag ausgestattet ist, was wiederum in Widerspruch

561 Vgl. Bank 1 (2019), Z. 1782; Sponsor 5 (2019), Z. 4450–4458
562 Bank 2 (2019), Z. 1229–1232
563 Vgl. Sponsor 4 (2019), Z. 3580–3599
564 Vgl. Sponsor 1 (2019), Z. 2305–2307
565 Vgl. Bank 1 (2019), Z. 373–375
566 Sponsor 6 (2019), Z. 4880–4951

zum theoretischen Rahmen steht. Ein **Betriebsvertrag** sollte das Betriebsrisiko reduzieren und dadurch zu einer Reduktion der Kreditmarge führen.

Dies sehen auch mehrere Sponsoren so und sind daher von diesem Ergebnis überrascht.[567] Ein Sponsor erklärt: *Ja, also im Gegenteil, und das ist normalerweise ein Verkaufsargument, wenn wir wirklich einen langfristigen O&M-Vertrag mit anbieten, dann kann auch der Financier davon ausgehen, dass die Anlage im guten Zustand bleibt, und Cashflows generiert. Was natürlich Auswirkungen auf das Risikoprofil in Summe hat.*[568]

Ein anderer Sponsor vermutet zudem, dass sich ein *O&M*-Vertrag auch positiv auf die Verschuldungskraft auswirken kann: *[...] das Betriebsrisiko wird mit einem eigenen O&M, mit einer guten Partei, geringer wahrgenommen, und ermöglicht vielleicht eine bessere Robustheit gegen Kostenschwankungen in der Betriebsphase, und sollte es auch ermöglichen, einen höheren Verschuldungsgrad darzustellen, im Verhältnis zu einem Projekt, das auf keinen eigenen O&M-Vertrag abstellt, und selber versucht, den Betrieb zu regeln.*[569]

Auch positive Effekte auf die Laufzeit sind für diesen Experten denkbar: *Ja, so, und Laufzeit, ich hätte auch gesagt, ein guter Vertrag, der vielleicht, ist immer die Frage, was beinhaltet O&M, beinhaltet das auch die Erhaltung oder nicht. Erhaltungsrisiken, die kommen typischerweise am Ende der Projektlaufzeit, somit auch am Ende der Kreditlaufzeit auf, und da möchte eigentlich die Bank sicherstellen, dass diese Risiken gut adressiert sind, durch einen Vertrag wären Sie es tendenziell eher, und somit sollte auch die Laufzeit tendenziell länger laufen.*[570]

Die Aussage zur Fremdkapitalquote enthält aber auch einen Punkt, der erklären könnte, warum die Effekte nicht wie vermutet beobachtet worden sind. Der Sponsor spricht von *einer guten Partei* als Vorrausetzung für positive Effekte. Dies konnte aber in der quantitativen Erhebung nicht berücksichtigt werden. Es ist durchaus der Fall denkbar, dass ein Betriebsvertrag mit einer „schlechten" Gegenpartei zu einem negativen Effekt auf die Projektstruktur führt. Außerdem kann die Projektgesellschaft selbst bzw. ein Sponsor den Betrieb übernehmen, *weil es ja viele Unternehmen gibt, die das selber betreiben können, und die da sehr, sehr kundig sind, und die brauchen einfach keinen Betreiber. [...] und ich glaube nicht, dass da Betreiberverträge per se einen Vorteil bieten.*[571]

567 Vgl. Sponsor 1 (2019), Z. 283; Sponsor 3 (2019), Z. 3198; Sponsor 5 (2019), Z. 4476
568 Sponsor 3 (2019), Z. 3202–3206
569 Sponsor 5 (2019), Z. 4463–4468
570 Sponsor 5 (2019), Z. 4491–4496
571 Bank 2 (2019), Z. 1242–1249

Andere Experten sind wiederum der Meinung, dass es sich bei *O&M*-Verträgen, ähnlich wie bei Errichtungsverträgen, um eine wesentliche Bedingung handelt, ohne die keine Finanzierung zu Stande kommt.[572] Auch hier führen erst Unterschiede in der Ausgestaltung zu Unterschieden in der Finanzierungsstruktur.

Nichtsdestotrotz decken sich die meisten Aussagen der Experten mit den theoretischen Vorannahmen. Gute Betriebsverträge können sich positiv auf das Projekt und die Finanzierungsstruktur auswirken, jedoch konnte die Qualität der Verträge in der quantitativen Untersuchung nicht berücksichtigt werden, wodurch die Resultate möglicherweise erklärt werden können.

6.2.3.4 Abnahmeverträge

Abnahmeverträge führen im theoretischen Rahmen zu einer Stabilisierung der Cashflows und damit zu einer Erhöhung der Fremdkapitalquote, zu einer Verlängerung der Laufzeit sowie zu einer Reduktion der Kreditmarge. Alle Zusammenhänge konnten in der Regressionsanalyse gefunden werden, jedoch tritt der margensenkende Effekt nicht signifikant auf.

Ein *Offtake*-Vertrag, der das Abnahmerisiko mindert, wird von beinahe allen Experten als überaus entscheidend für Projektfinanzierungen dargestellt.[573] Auch die beobachteten Effekte auf die Fremdkapitalquote und die Laufzeit werden als überaus plausibel dargestellt, wobei auch mehrere Experten margensenkende Effekte vermuten.[574] Ein Bank-Experte fasst dies zusammen: *[D]as macht einen riesen Unterschied, ob Sie einen Offtake-Vertrag haben, oder ob das ein Merchant ist. So, das sollte dann, genau: Fremdkapitalquote steigt, Laufzeit steigt, Margen eigentlich auch [sinken].*[575]

Damit decken sich die Angaben der Befragten mit dem theoretischen Rahmen. Hierbei ist auch wieder herauszustreichen, dass dem Umfang des Vertragswerkes und insbesondere der Qualität des Abnehmers eine große Bedeutung bei der Finanzierung beigemessen wird. In Einklang mit den Forschungsergebnissen von Bonetti / Caselli / Gatti (2010) geben einige Interviewpartner zu Protokoll, dass sich die Bonität des Abnehmers auch in der Kreditmarge der

572 Vgl. Bank 3 (2019), Z. 401; Sponsor 2 (2019), Z. 2752–2759; Sponsor 4 (2019), Z. 3600–3602
573 Vgl. Sponsor 3 (2019), Z. 3211–3212
574 Vgl. Sponsor 4 (2019), Z. 3657
575 Bank 2 (2019), Z. 1803–1805

Projektfinanzierungskredite widerspiegelt.[576] Folglich sind staatliche Kunden – sofern es sich um stabile Staaten handelt – die wünschenswertesten Abnehmer.[577]

Warum der margensenkende Effekt nicht signifikant auftritt, kann zum einen auf die Bonität der Abnehmer zurückzuführen sein, die nicht erhoben wurde; zum anderen könnte diese gemäß einem Sponsor durch Ländereffekte überlagert werden. Ein Bank-Experte vermutet, dass eine Wechselwirkung zwischen Fremdkapitalquote und Marge besteht, d.h. durch die Erhöhung der Quote wird der negative Effekt auf die Marge abgemildert.

Zusammenfassend ist aus den Interviews ableitbar, dass das Abnahmerisiko von großer Bedeutung ist und daher unbedingt adressiert werden muss. Wird dies über einen „guten" *Offtake*-Vertrag getan, kann sich dies positiv auf die Finanzierungsstruktur auswirken.

6.2.3.5 Lieferverträge

Lieferverträge bilden das Gegenstück zu Abnahmeverträgen und sollten sich ebenfalls aufgrund einer Reduktion der Cashflow-Volatilität positiv auf die Finanzierungsstruktur auswirken. In der quantitativen Stichprobe haben nur rund 8 Prozent der Tranchen einen Liefervertrag hinterlegt und auch die Regressionsanalyse zeigt keine signifikanten Effekte.

Ein Sponsor fasst den Einfluss von Lieferverträgen prägnant zusammen und erklärt auch, welche Effekte auf die Finanzierungsstruktur er vermutet: *Typischerweise möchte man aber sichergehen, dass die Rohstoffe, die notwendig sind, für den Betrieb einer Anlage, auch in der Menge, in der Qualität und auch im Preis vorliegen, somit hätte ich schon gesagt, dass das eine Voraussetzung ist für eine gute Projektfinanzierung, und hätte auch einen positiven Einfluss auf die Fremdkapitalquote, weil das natürlich Fluktuation und Risiko in der Betriebsphase herausnimmt, ebenfalls hätte ich vermutet, dass das einen positiven Effekt auf die Kreditmarge hat, und die Laufzeit hängt auch, wie gesagt, mit der Laufzeit der zugrundeliegenden Verträge ab.*[578]

Die übrigen Experten teilen diese Meinung nur bedingt. Mehrere Experten führen aus, dass Lieferverträge vorrangig im Gas- und Öl- sowie Energiebereich benötigt werden, z.B. bei Gas- oder Kohlekraftwerken. Für diese Art von

576 Vgl. Sponsor 1 (2019), Z. 2359; Sponsor 4 (2019), Z. 3649–3650; Sponsor 5 (2019), Z. 4501–4507

577 Vgl. Bank 1 (2019), Z. 418

578 Sponsor 5 (2019), Z. 4581–5421

Branchen ist der *Supply* aber derart essentiell, dass solche Projekte nicht ohne langfristige Lieferverträge realisiert werden können.

Folglich zeigen sich gemäß den Experten in der Regressionsanalyse keine Effekte, da es sich bei Lieferverträgen um ein digitales Charakteristikum handelt. Ist ein Liefervertrag für das Projekt unumgänglich, wird dieses ohne Liefervertrag nie umgesetzt werden.[579] Ein Bank-Experte gibt dennoch zu bedenken, dass die Ausgestaltung des Vertrages berücksichtigt werden muss. In vielen Fällen handelt es sich bei Lieferverträgen um Rahmenverträge, in denen der Kaufpreis nicht vollständig fixiert wird. Dadurch wird auch das Marktrisiko nicht komplett übertragen bzw. – je nach Vertragsgestaltung – nur für einen bestimmten Zeitraum.

6.2.3.6 *Erfahrung der Sponsoren*

Dem Effekt **der Erfahrung der Sponsoren** auf die Finanzierungsstruktur liegt die These zugrunde, dass die Erfahrung mit dem Gastland und der Branche dazu führt, dass Sponsoren eine genauere Planung aufstellen und in problematischen Situationen besser reagieren können. Zusammen führt dies zu sicheren Cashflows und zu steigenden Fremdkapitalquoten, längeren Laufzeiten und sinkenden Kreditmargen. Empirisch konnte gezeigt werden, dass die Verschuldung bei erfahrenen Sponsoren steigt, während die Kreditmarge sinkt; für die Laufzeit zeigt sich die korrekte Effektrichtung jedoch ohne dass der Effekt die Signifikanzniveaus erreicht.

Für diese Ergebnisse herrscht von Seite der Sponsoren wie auch der Banken breite Zustimmung.[580] Mehrere Experten erklären, dass gerade in der Baubranche ein erfahrener Sponsor wie ein Gütesiegel[581] für das Projekt wirkt bzw. wie es ein Bankier ausdrückt: *Brandname zählt extrem, auch in der Projektfinanzierung […] es ist ein extremer Unterschied, ob Sie ein No-Name-Sponsor sind, oder eine STRABAG, oder jemand der einen Namen hat, der dahintersteht.*[582]

Ein weiterer Bank-Experte meint, dass Banken gerade in Zeiten eines hohen Wettbewerbs verstärkt um erfahrene Sponsoren werben.[583] Dadurch steigt wiederum die Verhandlungsmacht der Sponsoren und dies kann zu niedrigen

579 Vgl. Bank 1 (2019), Z. 433–435; Bank 3 (2019), Z. 1835–1837; Sponsor 1 (2019), Z. 2382–2383; Sponsor 3 (2019), Z. 3220–3222

580 Vgl. Sponsor 1 (2019), Z. 2396–2397; Sponsor 5 (2019), Z. 4563–4565

581 Vgl. Sponsor 3 (2019), Z. 3244–3246

582 Bank 3 (2019), Z. 1846–1849

583 Vgl. Bank 1 (2019), Z. 452

Kreditmargen führen.[584] Teilweise werden deshalb bei internationalen Projekten auch Partner mit lokaler Erfahrung in das Konsortium mitaufgenommen.[585]

Zusammenfassend teilen mit Ausnahme eines Experten, der angibt, dass es sich um eine diametrale Entscheidung der Bank handelt[586], ob sie einem Sponsor das Projekt zutraut oder nicht, alle Experten die Meinung, dass sich die Erfahrung des Sponsors positiv auf die Verschuldungsfähigkeit und negativ auf die Kreditmarge auswirkt. Mehrere Sponsoren bescheinigen zudem, dass auch die Laufzeit – wie in der entsprechenden Hypothese formuliert – mit zunehmender Erfahrung steigen sollte.[587]

6.2.4 Ergebnisse zu den Wechselwirkungen

In den folgenden drei Unterkapiteln werden die Ergebnisse zu den Wechselwirkungen präsentiert. Diese beziehen sich auf die Hypothesen 14_{KM}, 14_{LZ} sowie 15_{KM} und die entsprechenden Ergebnisse der quantitativen Untersuchung.

6.2.4.1 Zusammenhang zwischen Fremdkapitalquote und Marge

Hypothesen 14_{KM} der quantitativen Studie beschreibt den **Zusammenhang zwischen Fremdkapitalquote und Kreditmarge** und beschreibt, dass mit steigender Verschuldung die Kreditmarge steigen sollte, da auch die Insolvenzgefahr steigt. Die Ergebnisse der Regressionsanalyse bestätigen diesen Zusammenhang nicht. Im Gegenteil, bei steigenden Fremdkapitalquoten verringert sich die Kreditmarge für die Tranchen der Stichprobe leicht.

Diese Ergebnisse sind kontraintuitiv und führten auch im Rahmen der ExpertInneninterviews teilweise zu Verwirrung. Mehrere Experten vertrauen bei diesem Zusammenhang auf die klassische Finanztheorie und können sich die Ergebnisse daher nicht erklären.[588]

Ein Sponsor führt aus, dass dies womöglich auf den Unterschied zwischen relativen und absoluten Zinszahlungen zurückzuführen ist. Zwar fällt die Kreditmarge etwas, aber durch die höheren Fremdkapitalanteile erhöhen sich trotzdem die absoluten Zinszahlungen.[589]

---

584 Vgl. Sponsor 5 (2019), Z. 4552

585 Vgl. Sponsor 4 (2019), Z. 3669–3685

586 Vgl. Sponsor 2 (2019), Z. 2788–2792

587 Vgl. Bank 2 (2019), Z. 1317; Bank 3 (2019), Z. 1850–1851; Sponsor 4 (2019), Z. 3690; Sponsor 5 (2019), Z. 4565–4571

588 Vgl. Bank 1 (2019), Z. 469–480; Sponsor 1 (2019), Z. 2404–2409

589 Vgl. Sponsor 4 (2019), Z. 3732–3739

Ein anderer Sponsor vermutet, dass hier der geförderte Sektor im Sinne einer Beteiligung durch Exportkreditversicherungen oder IFI diesen Effekt begünstigt. Folglich würden *ECA* oder IFI höhere Verschuldungsgrade bei niedrigeren Laufzeiten akzeptieren. Diese deckt sich aber nicht mit den Ergebnissen zu den Effekten einer IFI-Beteiligung und scheidet daher als Erklärung eher aus.[590]

Eine Bank-Experte führt diesen Effekt auf die Marktsituation der letzten Jahre zurück: *Also für die letzten Jahre hätte ich eine Erklärung, […] aufgrund der Politik der EZB und also auch der Federal Reserve der USA, und auch anderer Zentralbanken, gibt es also eine hohe Überliquidität und die zwingt die Banken, und auch viele Investoren, diese Liquidität irgendwie zu veranlagen […] wir sehen jetzt einfach, dass die Laufzeiten tendenziell eher länger werden, die Fremdkapitalquoten auch höher werden und die Margen trotzdem sinken, das ist aus dem Wettbewerb heraus, also, und auch noch die Strukturen loser werden, also z.B. Covenants fallen immer mehr weg, wie z.B., was weiß ich, Leverage Ratios z.B., oder Debt Service Coverage Ratios, des fallt alles weg, oder auch Ratios, wo man sagt, wenn bestimmte Leverages überschritten werden, dann steigt wieder die Marge. Das hat man alles in der Vergangenheit gehabt, das ist jetzt alles zu einem Großteil weggefallen, das ergibt sich aus dem immensen Wettbewerb, also dass halt die Finanzinstitute an so hoher Überliquidität leiden, dass sie natürlich immer mehr Risiken eingehen, um diese Liquidität zu veranlagen.*[591]

Diese Begründung scheint durchaus plausibel, jedoch deckt die Stichprobe mit den Jahren 1994 bis 2017 einen sehr langen Zeitraum ab, der auch Phasen einer Reduktion der globalen Kreditvergabe beinhaltet. In solchen Phasen sollte man folglich eher die umgekehrten Effekte beobachten. Mit den *Debt Service Coverage Ratios* greift der Bank-Experte einen Punkt auf, den für einen Kollegen der Grund für den beobachteten Effekt darstellt: *Deals, die wir gemacht haben, jetzt im letzten Jahr haben wir einen gemacht ohne Eigenkapital, so, das war einfach, schon so ein Asset, da gab es eine Extension, da war genug internal generated Cash da, wir brauchten kein Eigenkapital von den Sponsoren, Beste vom Besten, die Marge war extrem gering, und relativ lange Laufzeit, mehr als man bei anderen Sachen bekommen könnte. Und die Banken würden auch Folgendes sagen, wenn die Fremdkapitalquote steigt, dann sind das Situationen, das Gefühl, das muss ja zurückbezahlt werden, aber die Banken sind bereit, höheres Risiko in Kauf zu nehmen, weil das Projekt einfach gut ist.*[592]

---

590 Vgl. Sponsor 3 (2019), Z. 3260–3272
591 Bank 2 (2019), Z. 1351–1367
592 Bank 3 (2019), Z. 1885–1893

Auch ein Sponsor sieht die Qualität der Projekte als Grund für die beobachteten Effekte: *Wobei ich glaube man müsste sich anschauen, wie das Kreditrisiko der Kunden ist, und prinzipiell, ich glaube der Konnex ist eher, die Kunden, die viel Fremdkapital bekommen und das Projekt hat Sponsoren, die ein extrem gutes Kreditrisiko, also wenig Kreditrisiko haben, durch das bekommen die viel Fremdkapital, haben eine niedrige Marge und eine lange Laufzeit. Ich glaub das ist die plausibelste Erklärung, für die Entwicklung.*[593]

Diese beiden Argumente bilden zusammen eine schlüssige Erklärung für den beobachteten Effekt. Offensichtlich fließt die Fremdkapitalquote bei Projektfinanzierungen nicht so stark in die Kalkulation ein, wie es die klassische Finanztheorie vorgibt. Stärker wird das zugrundeliegende Risiko und damit auch die Cashflows und der Schuldendienstdeckungsgrad berücksichtigt. Dies wiederum erlaubt, dass als sicher eingestufte Projekte hohe Fremdkapitalanteile und niedrige Margen simultan erhalten können. Verstärkt wird dieser Zusammenhang in Zeiten hoher Marktliquidität.

6.2.4.2 Zusammenhang zwischen Fremdkapitalquote und Laufzeit

Auf Basis der theoretischen Diskussion wurde mit Hypothese 14_{LZ} angenommen, dass mit einer **Erhöhung der Fremdkapitalquote die Laufzeit sinken** sollte, da sich mit einer hohen Fremdkapitalquote auch die Insolvenzwahrscheinlichkeit erhöht. Die quantitativen Ergebnisse stützen diese Hypothese nicht. sondern zeigen im Gegenteil, dass mit steigender Verschuldung auch die Laufzeit des Fremdkapitals steigt.

Wenngleich auch dieser Effekt von der klassischen Finanztheorie abweicht und deshalb auch von manchen Experten nicht nachvollzogen werden kann, geben mehrere Befragte eine simple und nachvollziehbare Begründung für diesen Effekt. Wird der Fremdkapitalanteil bei einem Projekt angehoben, folglich auch der absolute Wert der Fremdfinanzierung erhöht, muss bei gleichbleibenden Cashflows der Rückzahlungszeitraum zwangsläufig steigen, da das Projekt sonst seinen Schuldendienst nicht leisten kann.[594] Ein Sponsor drückt dies etwas salopp wie folgt aus: *Ja, weil es sich sonst wahrscheinlich hinten nicht ausgeht zum Zurückzahlen. Also wenn ich vor allem mehr Fremdkapital hineinschaufle, muss ich es länger in irgendeiner Form, wahrscheinlich länger, außer, ich bin halt wieder bei irgendwelchen Strukturen, die hinten irgendeinen Bullet offen haben.*[595]

593 Sponsor 4 (2019), Z. 3741–3746

594 Vgl. Sponsor 4 (2019), Z. 3706–3713

595 Sponsor 2 (2019), Z. 2856–2859

6.2.4.3 *Zusammenhang zwischen Laufzeit und Marge mit Interaktion*

Abschließend wurde aus dem theoretischen Rahmen die Hypothese abgeleitet, dass zwischen der **Laufzeit und der Marge** ein positiver Zusammenhang besteht, wobei zwischen diesem Effekt und der **Fremdkapitalquote** des Projekts noch eine **Interaktion** besteht. In der Tat konnte hier ein signifikanter Interaktionseffekt festgestellt werden, jedoch entspricht dieser nicht den Implikationen aus dem Merton-Modell. Projekte in der Stichprobe, die über niedrigere Fremdkapitalquoten verfügen, müssen bei kurzen Laufzeiten höhere Kreditmargen entrichten, jedoch besteht zwischen Marge und Laufzeit ein negativer Zusammenhang. Demgegenüber erhalten Projekte mit einer höheren Verschuldung bei kurzen Laufzeiten günstigere Kreditmargen, jedoch steigen diese mit der Laufzeit an.

Unabhängig von der Fremdkapitalquote vermuten die meisten Experten sowohl von der Banken-, als auch der Sponsorenseite einen positiven Zusammenhang zwischen Laufzeit und Kreditmarge, folglich dass die Marge bei längeren Laufzeiten höher sein muss als bei kürzeren Laufzeiten. Dies ist auf die Refinanzierungs- und Liquiditätskosten, unter anderem aufgrund von Eigenkapitalunterlegungsvorschriften zurückzuführen, die im Zeitverlauf steigen. Zusätzlich sieht sich die Bank bei längeren Laufzeiten auch länger dem Gesamtrisiko ausgesetzt, wodurch Risikokosten steigen. Diese höheren Kosten der Bank bei längeren Laufzeiten, sollten sich auch in höheren Margen widerspiegeln.[596]

Nachdem die Mehrzahl der Experten hier gleicher Meinung ist, sind auch die Erklärungsversuche, warum bei niedriger verschuldeten Unternehmen ein negativer Zusammenhang zwischen Laufzeit und Kreditmarge beobachtbar ist, eher begrenzt. Ein Bank-Experte erklärt, dass sich der Schuldendienstdeckungsgrad bei einer Verlängerung der Laufzeit verbessern kann, wodurch wiederum das Rating des Projekts verbessert würde und die Kreditmarge sinken könnte. Zudem ist das Risiko bei Projektfinanzierungen in der Bauphase tendenziell am höchsten, während positive Cashflows in dieser Phase oft ausbleiben. Eine Verlängerung der Laufzeit kann dazu führen, dass sich das Konstruktionsrisiko auf einen größeren Zeitraum verteilt und man länger von einer positiven Cashflow-Entwicklung profitieren kann. Diese Begründung nennt auch ein anderer Experte: *Mir würde einfallen das Thema Refinanzierung, sprich, [...] wenn halt irgendwie Bau involviert ist, haben Sie immer irgendwo das Thema, das meiste*

---

596 Vgl. Bank 1 (2019), Z. 541–544; Bank 2 (2019), Z. 754–767; Bank 3 (2019), Z. 1943–1944; Sponsor 1 (2019), Z. 2428–2430; Sponsor 2 (2019), Z. 2829–2830; Sponsor 5 (2019), Z. 4636–4643

Risiko ist in der Bauphase abgeschlossen ist, […] und egal, welches Asset das ist, ob Straße, Schiene, Kraftwerk, sobald das in Betrieb ist, ist in Wahrheit das Risiko massiv zurückgehen. Wenn Sie dann refinanzieren, haben Sie dann eine Chance, dass sich das in der Marge widerspiegelt.[597]

Wenngleich diese beiden Experten lange Bauphasen und Refinanzierungen als mögliche Gründe für sinkende Laufzeiten nennen, sind beide Befragten nicht sehr überzeugt, diesen Effekt in der Unternehmenspraxis so beobachten zu können und zweifeln damit den Versuchsaufbau an. Ein weiterer Experte geht hierbei noch weiter und stellt die berechtigte Frage, ob Projektfinanzierungen tatsächlich nur mit 30 Prozent Fremdkapital, wie in Abbildung 73 in Unterkapitel 5.3.5 dargestellt, finanziert werden: *Naja, also generell stellt sich die Frage, welche Aussagekraft hat eine Projektfinanzierung, die nur zu 30 Porzent Fremdkapital aufnimmt, […] wenn man eh mehrheitlich über Equity geht, dann die Struktur einer Projektfinanzierung mit zusätzlichen Kosten für Due Diligence, Dokumentationsaufwand usw. mitgehen, wenn das eh nur, noch nicht mal 1/3 der Gesamtfinanzierung ausmacht.*[598]

Diesem Argument kann entgegnet werden, dass sich tatsächlich Projektfinanzierungen mit 30 Prozent Fremdkapitalanteil in der Stichprobe finden. Nichtsdestotrotz muss diesem Experten insofern recht gegeben werden, als dass der Löwenanteil der Projekte eine Fremdkapitalquote zwischen 65 und 95 Prozent aufweist. In diesem Wertebereich zeigt sich ein linearer bzw. leicht positiver Zusammenhang zwischen Laufzeit und Kreditmarge, welcher eher im Einklang mit der Erfahrung der Sponsoren steht.

Die wichtigste Erkenntnis aus der Betrachtung des Zusammenhangs zwischen Laufzeit und Kreditmarge mit dem Interaktionseffekt findet sich in einem Zitat eines Sponsors: *Sie finanzieren auf ein, zwei, drei, fünf Jahre, das muss nicht einmal, da ist aber dann eher nicht Projektfinanzierung, dann sind dann andere Finanzierungsdeals, dann ist sehr wohl die Marge stark von der Laufzeit getrieben. Aber wenn Sie in diesem langfristigen Zeithorizont einer Projektfinanzierung sind, da spielt dieser Margenkonnex mit der Laufzeit keine so große Rolle.*[599]

Während die Rendite bei standardisierten Finanzprodukten sehr stark von der Laufzeit bestimmt wird und hierbei in den meisten Fällen gilt, *längere Laufzeit – höhere Verzinsung,* sind es bei Projektfinanzierungen andere Faktoren, die die Bepreisung des Fremdkapitals bestimmen. So können wenig riskante

597 Sponsor 2 (2019), Z. 2820–2826
598 Sponsor 5 (2019), Z. 4627–4636
599 Sponsor 5 (2019), Z. 3799–3804

Projekte mit hohen Fremdkapitalquoten und sehr langen Laufzeiten trotzdem geringere Kreditmargen aufweisen als sehr riskante Projekte mit kurzen Laufzeiten. Ein Beispiel für ein sehr sicheres Projekt wird von einem Bank-Experten gegeben: *Also alles ab 25 Jahren, das sind die top low-Risk Projekte, absolute low-Risk. So irgendwie Konzession, in Österreich, Deutschland, was noch, Slowakei, ein top-Credit-Rating, Investment Grad, da sind natürlich auch die Margen relativ gering.*[600] Zusätzlich streicht er nochmals heraus, *Banken strafen Risiko mit kürzeren Laufzeiten ab, das ist einfach die Wahrheit.*[601]

Werden nun Projekte in verschiedenen Ländern und über eine Vielzahl von Branchen hinweg miteinander verglichen, kann dies dazu führen, dass ein konterintuitiver Effekt, wie sinkende Marge bei steigenden Laufzeiten aufscheint. Zusammen mit den Ergebnissen von Hypothese 14_{KM} und 14_{LZ} lässt sich demgegenüber ein anderes Fazit ziehen. Projekte, die als sicher eingestuft werden, wobei hier vor allem der Schuldendienstdeckungsgrad beurteilt wird, erhalten hohe Fremdkapitalanteile, niedrige Margen und lange Laufzeiten. Riskante Projekte andererseits erzielen eine niedrige Verschuldung bei kurzen Laufzeiten und hohen Margen. Dadurch lassen sich auch die Wechselwirkungen erklären, dass mit steigender Laufzeit die Marge sinkt und dass bei steigender Fremdkapitalquote ebenfalls die Marge sinkt. Diese beiden Effekte zusammengenommen erklären wiederum den Interaktionseffekt aus Hypothese 15_{KM}.

6.2.5 Zusätzliche Ergebnisse

Bevor das Kapitel 6 mit einem Zwischenresümee abgeschlossen wird, werden noch weitere Erkenntnisse aus den ExpertInneninterviews, die nicht im Rahmen der quantitativen Erhebung mit einer Hypothese berücksichtigt wurden, diskutiert.

Eine Frage, die durch die Regressionsanalyse nicht beantworten werden kann, ist, **welche der drei Variablen** der **Finanzierungsstruktur** bei Strukturierung einer Projektfinanzierung zuerst festgelegt wird. Wie ein Bank-Experte ausdrückt, handelt es sich bei dem Mix aus Kapitalstruktur, Marge und Laufzeit um ein *kommunizierendes Gefäß*, jedoch beginnen die Verhandlungen zumeist mit der Investitionssumme und einem Cashflow-Profil und einer Wunsch-Kapitalstruktur des Projektinitiators.[602] Ein Sponsor aus dem Baubereich erklärt demgegenüber, dass die Strukturierung je nach Projekt mit unterschiedlichen

600 Bank 3 (2019), Z. 1952–1955
601 Bank 3 (2019), Z. 1984
602 Vgl. Bank 1 (2019), Z. 335–342

Variablen begonnen wird. Bei wenig riskanten Projekten kann die Kapitalstruktur als Basis für die Berechnung dienen; bei volatileren Projekten bilden die abgezinsten Einnahmen die Basis.[603] Ein anderer Sponsor erläutert wiederum, dass die Laufzeit die wichtigste Stellschraube in seinem Unternehmen darstellt. Es wird dabei auf eine Optimierung des Schuldendienstes bei mehreren Finanzierungstranchen geachtet, d.h. dass es nicht zu besonders tilgungsstarken oder tilgungsschwachen Jahren kommt.[604]

Eine weitere Frage, die im Rahmen des quantitativen Teils der Arbeit nicht untersucht werden konnte, ist, **wann** eine **Projektfinanzierung** einer klassischen Unternehmensfinanzierung vorgezogen wird. Ein Sponsor erklärt, dass Projektfinanzierungen immer teurer sind als konventionelle Unternehmensfinanzierungen, jedoch ermöglicht eine Projektfinanzierung das *Dreigestirn* von Fremdkapitalquote, Kreditmarge und Laufzeit genau auf das Projekt abzustimmen, was im Unternehmensverbund nicht möglich wäre.[605] In manchen Fällen strebt auch ein Partner im Konsortium eine Projektfinanzierung an und andere Sponsoren müssen mitziehen oder – wie ein anderer Experte darlegt – kann auch der Auftraggeber bzw. der Abnehmer oder eine staatliche Stelle eine Projektfinanzierung fordern.[606]

Ein weiterer Punkt, der mehrmals in den Interviews genannt wurde, ist der Zusammenhang zwischen **Laufzeiten** und **Konzessionen**. Laufzeiten seien gemäß mehreren Experten in vielen Fällen branchenweit stark vorgegeben, z.B. bei Immobilien mindestens 15 Jahre.[607] Folglich ist auch bei steigendem Risiko die Laufzeit nicht unbegrenzt reduzierbar. Zum anderen konvergieren Laufzeiten des Fremdkapitals mit den Konzessionslaufzeiten des zugrundeliegenden Projekts, z.B. bei einer Mautstraße mit einer 17-jährigen Konzession kann seitens der Bank eine 15-jährige Finanzierung gewährt werden.[608] Gleiches gilt bei Förderungen oder bei Einspeisetarifen.[609] Diese schränken ebenfalls die Variabilität der Kreditlaufzeit ein.

Zudem wurde die **Marktsituation** als wichtiger Einflussfaktor bei Projektfinanzierungen genannt. In den ExpertInneninterviews wurde an einigen Stellen darauf hingewiesen, dass das aktuelle Zinsumfeld bzw. weltweite Trends einen

603 Vgl. Sponsor 2 (2019), Z. 2892–2912
604 Vgl. Sponsor 1 (2019), Z. 2460–2464
605 Vgl. Sponsor 4 (2019), Z. 3355–3380
606 Vgl. Sponsor 4 (2019), Z. 3364–3366; Sponsor 6 (2019), Z. 5189–5201
607 Vgl. Bank 1 (2019), Z. 225–228
608 Vgl. Sponsor 2 (2019), Z. 2920–2923; Sponsor 5 (2019), Z. 4497–4499
609 Vgl. Bank 1 (2019), Z. 305–309

Einfluss auf die Finanzierungsstruktur haben können. Ein Bank-Experte nennt z.B. den Trend zu kürzeren Laufzeiten der letzten Jahre. Dies geschieht teilweise über Mini-Perm-Loans und ist auf die neuen IFRS-Regeln für Rückstellungen zurückzuführen.[610] Daneben besteht ein Trend zur schnellen Refinanzierung seitens der Bank, folglich fungieren Banken verstärkt als Intermediäre, die ihre Forderungen an institutionelle Investoren weiterverkaufen. Daneben besteht jedoch auch ein Veranlagungsdruck europäischer Banken aufgrund der Kreditschwemme der EZB, was wiederum die Verhandlungsmacht der Sponsoren stärkt und so zu höheren Fremdkapitalquoten bei niedrigeren Margen führen kann.[611]

Ein weiterer Faktor, der in der Regressionsanalyse nicht berücksichtigt wurde, ist die **Art des Fremdkapitalgebers**. Mehrere Experten, sowohl von der Banken- als auch Sponsorenseite, legten dar, dass unterschiedliche Investoren auch unterschiedliche Strategien und Ziele verfolgen. Unterschiedliche Veranlagungszeiträume, maximale Veranlagungssummen oder maximal annehmbares Risiko von unterschiedlichen Investorengruppen, wie z.B. Banken, Fonds oder institutionellen Anlegern, wie Versicherungen oder Pensionskassen, wirken sich auch auf die Fremdkapitalquoten, Kreditmargen und Laufzeiten bei Projektfinanzierungen aus.[612]

Abschließend wurde von einem Sponsor noch erklärt, was eintritt, sollte ein **Projekt scheitern**. Im theoretischen Rahmen wird angenommen, dass der *Default* eintritt, wenn der Projektwert unter den Wert des Fremdkapitals fällt. Gemäß der Erfahrung des Sponsors, kann der Fortbestand des Projekts aber teilweise trotzdem gewährleistet werden: *Die Frage ist, kicken dann die Securities ein, oft wollen die Banken dann gar nicht gleich zugreifen, auf das Asset, also wenn Sie z.B. Anteile an der Projektgesellschaft verpfändet haben, dann wollen die unter Umständen gar nicht gleich darauf zugreifen, sondern geben Ihnen eine gewisse Heilungszeit, Sanierungsperiode, um das zu beheben, vertraglich, oder auf sonstigem Wege.*[613]

610 Vgl. Bank 3 (2019), Z. 1495–1499

611 Vgl. Bank 3 (2019), Z. 1927; Sponsor 2 (2019), Z. 2937–2940

612 Vgl. Bank 1 (2019), Z. 469–497; Bank 3 (2019), Z. 1518–1519; Sponsor 4 (2019), Z. 3840–3842; Sponsor 5 (2019), Z. 4348–4352

613 Sponsor 4 (2019), Z. 3651–3655

6.3 Zwischenresümee

Abschließend wird versucht, die wichtigsten Erkenntnisse der qualitativen Erhebung zusammenzufassen, bevor im nächsten Kapitel die Forschungsfragen beantwortet werden.

- Die **Ergebnisse** der **quantitativen Studien** wurden von allen ExpertInnen mit großem Interesse aufgenommen. Dies lässt sich auch auf die als gering wahrgenommene Lehr- und Forschungsleistung in diesem Gebiet sowie der schlechten Datenlage zu Projektfinanzierungen im Allgemeinen zurückführen.
- **Makroökonomische** und **politische Risiken** werden von den ExpertInnen selten getrennt wahrgenommen. Die gefundenen Effekte werden als durchaus plausibel eingeschätzt. Fehlende Effekte bei der Laufzeit könnten darauf zurückzuführen sein, dass die Steuerung der Laufzeit über eine Reduktion des Fremdkapitalanteils erfolgen kann.
- **Gläubigerschutz** wird als diametrale Entscheidung wahrgenommen. Ein Mindestmaß an Gläubigerschutz und Verfahrenssicherheit muss gegeben sein, ansonsten kommen Finanzierungen tendenziell nicht zustande.
- Die **Beteiligung von IFI** wird als wichtiger Faktor bei Internationalen Projektfinanzierungen angesehen und korreliert stark mit dem politischen Risiko. IFI-Finanzierungen sind nicht teurer und ermöglichen keine aggressiveren Strukturen, besitzen aber oft eine längere Laufzeit. Da IFI-Beteiligungen bei riskanteren Projekten zum Tragen kommen, erhöht sich vermutlich die Marge, während sich die Fremdkapitalquote verringert. Zudem könnten höhere Strukturierungskosten diesen Effekt verstärken
- **Wechselkursrisiken** müssen (zu einem Großteil) adressiert werden, sei es über Devisentermingeschäfte oder über die Projektstruktur. Diese Absicherungsinstrumente konnten in der quantitativen Studie nicht berücksichtigt werden, wodurch sich die fehlenden Effekte erklären.
- Cashflow-Volatilität wird als besonders gefährlich bei Projektfinanzierungen eingestuft, wobei es sich beim Schuldendienstdeckungsgrad um die wichtigste Kennzahl bei Projektfinanzierungen handelt. Gemäß der ExpertInnen sollte die Marge wie beobachtet steigen, jedoch sollte die Fremdkapitalquote sinken, um einen Sicherheitspolster zu schaffen.
- **Branchenregulierung** wird generell sehr positiv eingestuft, da diese Sicherheit und damit Cashflow-Stabilität schafft. Die beobachteten Effekte werden daher als sehr plausibel beschrieben.
- Zukünftige Nachfrageplanung wird als schwierig und nicht immer als zielführend erachtet. Daher wird vermutet, dass die Variable **Branchennachfrage**

keinen Effekt auf die Finanzierungsstruktur zeigt. Zusätzlich könnten Messprobleme bei dieser Variable aufgetreten sein.

- Banken übernehmen entgegen der ursprünglichen Vermutung das Zinsrisiko bereitwillig mit **fixierten Zinssätzen**, um Risiko und damit Volatilität aus dem Projekt herauszunehmen. Besonders bedeutend wird dies bei langen Laufzeiten, wodurch sich der positive Effekt von fixierten Zinssätzen auf die Laufzeit erklären lässt.
- **Errichtungs**- und **Betriebsverträge** müssen in akzeptabler Form und mit geeigneten Vertragspartnern vorhanden sein. „Gute“ Verträge sollten sich positiv auf die Finanzierungsstruktur auswirken; sind diese aber nicht vorhanden, kann ein Projekt zumeist gar nicht realisiert werden.
- **Abnahmeverträge** werden als besonders positiv für Projektfinanzierungen und auch für die Finanzierungsstruktur erachtet. Teilweise wird sogar die Bonität des Abnehmers beim Projektrating berücksichtigt. Die gefundenen Effekte werden als sehr plausibel angesehen.
- **Lieferverträge** sind nur in einigen Branchen von großer Bedeutung, wie z.B. bei Kraftwerken oder Pipelines. In diesen Sektoren kann ein Projekt aber ohne entsprechenden Liefervertrag nicht realisiert werden. Darüber lässt sich erklären, warum keine Effekte dieser Verträge beobachtet werden konnten.
- Die **Erfahrung der Sponsoren** wird von allen ExpertInnen als wichtige Ressource bei der Umsetzung des Projektes wie auch bei Vertragsverhandlungen gesehen, und folglich wird auch angenommen, dass sich die Erfahrung positiv auf die Fremdkapitalquote und negativ auf die Kreditmarge auswirken kann.
- Weitere Erkenntnisse konnten zur Bedeutung der **Marktsituation**, zur **Wahl** von Projektfinanzierung gegenüber konventioneller Unternehmensfinanzierung, zur **Art** der **Investoren**, zum Zusammenhang zwischen **Konzessionen** und **Laufzeit** sowie zum **Insolvenzfall** gewonnen werden.

7. Conclusio, Implikationen und Limitationen

Im folgenden Kapitel werden die Ergebnisse der einzelnen Teile der Arbeit gemeinsam betrachtet und darauf aufbauend werden die Forschungsfragen beantwortet. Daraus ergeben sich eine Reihe von Implikationen für Forschung, Unternehmenspraxis und andere Institutionen, die daran im Anschluss diskutiert werden. Diese Implikationen unterliegen einer Reihe von Limitationen, die im entsprechenden Unterkapitel offengelegt werden. Als Einstieg in das finale Kapitel dieser Arbeit, werden nun nochmals die Forschungsfragen aufgezeigt.

7.1 Forschungsfragen

Die erste Forschungsfrage, die in Kapitel 1 auf Basis der Problemstellung und nach einer Diskussion der Relevanz des Themas aufgestellt wurden, lautet wie folgt:

Forschungsfrage 1: Wie wirken sich Länder-, Branchen- und Projektrisiken auf die Finanzierungsstruktur, d.h. die Fremdkapitalquote, die Kreditmarge und die Laufzeit des Fremdkapitals bei Internationalen Projektfinanzierungen aus?

Forschungsfrage 2 bezieht sich auf die Wechselwirkungen der Variablen der Finanzierungsstruktur und lautet wie folgt:

Forschungsfrage 2: Welche Wechselwirkungen bestehen zwischen Fremdkapitalquote, Kreditmarge und Laufzeit des Fremdkapitals bei Internationalen Projektfinanzierungen?

7.2 Ergebnisse

Um die Forschungsfragen beantworten zu können, wurde ein mehrstufiger Aufbau der Arbeit gewählt. In Kapitel 2 wurden die Kernthemen der Internationalen Projektfinanzierung dargelegt, um die LeserInnen in den Themenkreis einzuführen und um ein konzeptionelles Fundament für die weiteren Analysen zu schaffen. Im Vordergrund standen dabei Definitionen und Begrifflichkeiten rund um die Projektfinanzierung, deren Charakteristika, sowie die aktuelle weltweite Bedeutung.

Darauf aufbauend wurde in Kapitel 3 der theoretische Rahmen aufgestellt, welcher mitsamt der Literaturanalyse in Kapitel 4 die Basis für die Hypothesenentwicklung darstellte. In Kapitel 5 folgte die quantitative Analyse und damit die Überprüfung der Hypothesen. Die Ergebnisse des Hypothesentests wurden in einem weiteren Schritt ExpertInnen der Banken- und Sponsorenseite im Rahmen einer qualitativen Erhebung vorgelegt, um eine kritische Diskussion der quantitativen Ergebnisse zu erlauben und um daraus weitere Erkenntnisse zu gewinnen. Die Ergebnisse dieser einzelnen Schritte werden in den nächsten vier Unterkapiteln nochmals prägnant zusammengefasst, bevor in Unterkapitel 7.2.5 die Forschungsfragen beantwortet werden.

7.2.1 Zusammenfassung des theoretischen Rahmens

Im Kapitel 3 wurde versucht, für den Zusammenhang zwischen **Risiko** und **Finanzierungsstruktur** einen in sich geschlossenen theoretischen Rahmen zu entwickeln. Hierzu wurde zuerst ein Überblick über die verschiedenen Risiken und Absicherungs-möglichkeiten, die bei einer Internationalen Projektfinanzierungen auftreten können, sowie verschiedene Systematisierungsschemata wurden präsentiert. Im nächsten Schritt wurde das **Risikorahmenwerk nach Lessard (1996)** als das für diese Arbeit leitende Risikomodell vorgestellt und dessen Vorteile gegenüber den übrigen Modellen illustriert. Das Modell bietet einen holistischen Überblick über alle Risiken, während die Sphärenlogik das Konzept von systematischen und unsystematischen Risiken sowie von Aggregation und Beeinflussbarkeit von Risiken miteinander vereint. Es eignet sich im Speziellen zum Vergleich von Projekten in unterschiedlichen Ländern und Branchen.

Im nächsten Schritt wurde die **Finanzierungsstruktur** aufgespaltet in die Fremdkapitalquote, die Kreditmarge und die Laufzeit. Auch hierbei war das Ziel, ein in sich geschlossenes theoretisches Konstrukt zu entwickeln. Dazu wurden sowohl die bedeutendsten Kapitalstrukturtheorien, als auch die wichtigsten Modelle zur Bestimmung der Kreditmarge aufgearbeitet. Hinsichtlich der Kapitalstrukturtheorien wurde die statische **Trade-Off-Theorie** als Erklärungsrahmen gewählt, da diese explizit eine Risikokomponente beinhaltet, da keine dynamischen Faktoren analysiert werden und da die Trade-Off-Theorie kein Börsenkapital berücksichtigt, welches bei Projektfinanzierungen selten zur Anwendung kommt.

Mit Blick auf Kreditmarge und Laufzeit wurde das **Merton-Modell** als geeignetes Erklärungsmodell ausgewählt. Dieses Modell wurde als passend erachtet, da es bereits im Kontext anderer Beiträge zu Projektfinanzierungen verwendet bzw. für einen Einsatz bei der Evaluierung von Projektfinanzierungsvorhaben erweitert wurde; da es nicht auf historischen Ausfallwahrscheinlichkeiten basiert und sich daher gut auf Einzelgeschäfte wie Projektfinanzierungen anwenden lässt; da Diversifikationseffekte von Kreditportfolios nicht berücksichtigt werden und weil die Bonitätsmessung zukunftsorientiert erfolgt. Zudem erlaubt das Modell auch eine Berücksichtigung der Kapitalstruktur.

Den **gemeinsamen Konnex** zwischen Trade-Off-Theorie und Merton-Modell bildet die Cashflow-Volatilität. Deren Erhöhung führt in der Trade-Off-Theorie zu einer Erhöhung der Insolvenzkosten und zu einem Rückgang der Verschuldung, während im Merton-Modell die Ausfallwahrscheinlichkeit steigt und damit die Kreditmarge steigt bzw. die Laufzeit zurückgeht. Die Cashflow-Volatilität erhöht sich wiederum durch den Einfluss der Risiken, die im Risikorahmenwerk nach Lessard (1996) definiert wurden. Zusammen bilden diese drei Theorien bzw. Modelle den theoretischen Untersuchungsrahmen, der in Abbildung 14 auch grafisch illustriert wurde.[614]

7.2.2 Ergebnisse der Literaturanalyse

Im nächsten Schritt der Arbeit wurde ein **systematischer Literature Review** durchgeführt, um die Hypothesenentwicklung, welche stark auf dem theoretischen Rahmen basiert, vor dem Hintergrund des aktuellen Stands der Forschung durchzuführen. Der dabei erhobene *State of the Art* reicht über die Themen und Zusammenhänge der Forschungsfragen hinaus und stellt damit einen der derzeit umfangreichsten Literaturüberblicke zum Thema Internationale Projektfinanzierung dar.

In einem **mehrstufigen**, **detailliert** dokumentierten **Prozess** wurden insgesamt 222 Beiträge der letzten 40 Jahre gesichtet und kategorisiert. Dabei wurden die bedeutendsten Themenkreise, aktivsten ForscherInnen, wichtigsten Publikationsmedien sowie die meistverwendeten Schlagwörter identifiziert. Weiters wurden Beiträge, die Fragestellungen abseits der Forschungsfrage behandeln, nach Themen zusammengefasst und kurz diskutiert, während die Publikationen zur Forschungsfrage nochmals in Kategorien unterteilt und im Detail aufgearbeitet wurden. Ähnlich einer Meta-Studie wurden zusätzlich die Effekte und

614 Siehe Unterkapitel 3.3.

andere wichtige Informationen der relevanten quantitativen Beiträge in eine tabellarische Form gebracht, um so eine vergleichende Analyse zu ermöglichen.

Bei der **Analyse der relevanten Beiträge** zur Fremdkapitalquote, zur Kreditmarge und zur Laufzeit konnte festgestellt werden, dass sich nur wenige Beiträge mit der Fremdkapitalquote und beinahe keine Beiträge mit der Laufzeit bei Projektfinanzierungen beschäftigen. Zudem fehlt es in vielen Beiträgen an einer soliden theoretischen Vorarbeit oder Begründung. Dies ist besonders daran erkennbar, dass nicht sämtliche Risiken und deren Effekte analysiert werden, sondern dass AutorInnen hier eine unbegründete Vorauswahl der Risiken treffen. Zudem werden die drei Variablen Fremdkapitalquote, Kreditmarge und Laufzeit stets separat untersucht, anstatt diese Variablen als ein verbundenes System der Finanzierungsstruktur zu begreifen. Dies führt zu einer Ergebnis- und Erkenntnislandschaft mit zwei großen Türmen; Beiträge zur Fremdkapitalquote, die aufeinander aufbauen, und Beiträge zur Kreditmarge, die wiederum miteinander verflochten sind. Das Ziel dieser Arbeit war es daher, diese beiden großen Bereiche und die Laufzeit erstmalig miteinander in Verbindung zu bringen und gemeinsam zu untersuchen.

Die **Erkenntnisse aus der Literaturanalyse** flossen auch in die Hypothesenentwicklung mit ein, die parallel zur Diskussion der Effekte der unterschiedlichen Risiken durchgeführt wurde. Hierbei wurde für jede der 3 Variablen der Finanzierungsstruktur 13 Hypothesen und zusätzlich 3 Hypothesen zu den Wechselwirkungen zwischen den Variablen entwickelt. Ziel dabei war es wiederum, dass alle Risiken, die im Risikorahmenwerk spezifiziert wurden, mit einer Hypothese bedacht werden. Die Wechselwirkungshypothesen ergeben sich aus der Trade-Off-Theorie in Kombination mit dem Merton-Modell. Der Literature Review und die Hypothesenentwicklung bildeten damit die Basis für die quantitative Untersuchung in Kapitel 4 dieser Arbeit.

7.2.3 Ergebnisse der quantitativen Analyse

Im nächsten Schritt der Arbeit wurden die entwickelten Hypothesen einer **quantitativen Überprüfung** unterzogen. Dazu wurde über die Datenbank *ProjectWare* von *Dealogic* eine Stichprobe von über 4.600 Finanzierungstranchen aus den Jahren 1994 bis 2017 gezogen. Die Tranchen verteilen sich über eine große Anzahl von Ländern und Branchen.

Bevor die **Stichprobe** einer Regressionsanalyse unterzogen wurde, wurde detailliert auf die Berechnung der unabhängigen Variablen eingegangen. Dabei wurde auf eine valide Operationalisierung der Risikoarten aus dem theoretischen Rahmen abgezielt, wobei hier auch auf die Erkenntnisse aus der Literaturanalyse zurückgegriffen werden konnte. Zudem wurden mehrere Berechnungen von unabhängigen Variablen für diese Arbeit adaptiert oder erweitert.

In nächsten Schritt wurde der erweiterte Datensatz einer detaillierten **deskriptiven Analyse** unterzogen. Ziel dabei war es, den LeserInnen einen umfangreichen Einblick in Datenlage sowie die Verteilungen der Variablen zu bieten, der über bloße *Summary Statistics* hinausreicht. Einige unerwartete Ergebnisse der Inferenzstatistik lassen sich zudem mit einem Blick in die deskriptive Analyse erklären.

Im anschließenden Unterkapitel wurde die **Inferenzstatistik** präsentiert. Vorab wurden die **gewählte Methodik** präsentiert, wobei hier ein Schwerpunkt auf einer fundierten Begründung der gewählten Schätzverfahren lag. Insbesondere wurden die Annahmen, die den gewählten Methoden zugrunde liegen, aufgearbeitet. Als primäres Regressionsverfahren wurde ein OLS-Schätzer verwendet, wobei im Anhang der Arbeit alternative Schätzer als Robustheitstests eingesetzt wurden.

Im Anschluss an die Methodik wurden **die Ergebnisse der Regressionen** präsentiert. Es wurden dazu drei Regressionstabellen erstellt, die jeweils einen mehrstufigen Modellaufbau beinhalten, der im Gesamtmodell mündet. Dieses Gesamtmodell entspricht wiederum dem theoretischen Rahmen. Für einen Interaktionseffekt wurde zudem eine graphische Interpretation erstellt.

Die **Ergebnisse** der Regressionen auf **Länderebene** lassen sich folgendermaßen zusammenfassen: Eine Erhöhung des makroökonomischen und des politischen Risikos zeigt – wie in den Hypothesen vermutet – einen negativen Effekt auf die Fremdkapitalquote sowie einen positiven Effekt auf die Kreditmarge; bei der Laufzeit des Fremdkapitals zeigen sich entgegen der Hypothese keine signifikanten Veränderungen. Demgegenüber wirkt sich die Beteiligung einer IFI signifikant positiv auf die Laufzeit aus, während die Kreditmarge entgegen der Hypothese signifikant steigt und die Fremdkapitalquote signifikant sinkt. Der Gläubigerschutz zeigt keinen signifikanten Effekt auf die Verschuldung, jedoch sinkt die Kreditmarge bei steigendem Gläubigerschutz signifikant und die Laufzeit steigt ebenfalls signifikant. Das Wechselkursrisiko als letzte Komponente der Länderrisiken zeigt die hypothetisierten Effekte, jedoch tritt nur die Verringerung der Laufzeit signifikant auf.

Auf **Branchenebene** führt eine Erhöhung der Cashflow-Volatilität wie vermutet zu einer signifikanten Erhöhung der Kreditmarge, jedoch steigt auch Fremdkapitalquote signifikant, was sich nicht über den theoretischen Rahmen erklären lässt. Die Laufzeit zeigt hierbei keine signifikanten Veränderungen. Eine Erhöhung der Branchenregulierung führt zu einem Rückgang der Kreditmarge und zu einer Verlängerung der Laufzeit, was insgesamt als vorteilhaft für Projektfinanzierungen interpretiert werden kann. Die Effekte der Branchennachfrage auf die abhängigen Variablen sind durchweg nicht signifikant, jedoch steht die Effektrichtung bei der Kreditmarge und der Laufzeit im Einklang mit dem theoretischen Rahmen.

Die Risiken auf **Projektebene** bzw. die Absicherungsmöglichkeiten wirken sich wie folgt aus: Wird das Zinsänderungsrisiko über einen fixierten Zinssatz abgesichert, so steigt die Fremdkapitalquote und die Kreditmarge wie vermutet. Entgegen der Hypothese steigt jedoch auch die Laufzeit. Wie in den Hypothesen beschrieben, steigt bei Tranchen mit Errichtungsverträgen die Verschuldung des Projekts und die Laufzeit signifikant an, während die Kreditmarge sinkt. Letzterer Effekt tritt nicht signifikant auf. Auch bei Projekten mit Abnahmeverträgen steigt die Verschuldung und die Laufzeit signifikant an, während die Kreditmarge – wenn auch nicht signifikant – sinkt. Bei Betriebs- und Lieferverträgen zeigen sich entgegen dem theoretischen Rahmen keine signifikanten Effekte. Abschließend kann gezeigt werden, dass bei steigender Erfahrung der Sponsoren die Fremdkapitalquote ebenfalls signifikant steigt und die Kreditmarge signifikant sinkt. Auf die Laufzeit kann ein nicht signifikanter positiver Effekt beobachtet werden.

Zuletzt wurden die Ergebnisse zu den **Wechselwirkungen** präsentiert. Aus dem Merton-Modell wurde die Hypothese abgeleitet, dass bei steigender Fremdkapitalquote auch die Kreditmarge steigen sollte, da die Ausfallwahrscheinlichkeit des Projekts zunimmt. Dieser Zusammenhang konnte für die Stichprobe nicht beobachtet werden. Im Gegenteil, bei steigender Verschuldung sinkt die Kreditmarge signifikant. Auf Basis des Merton-Modells wurde zudem die Hypothese aufgestellt, dass eine steigende Verschuldung zu einem Rückgang der Fremdkapitalquote führt. Im Modell lässt sich errechnen, dass unter bestimmten Umständen eine Reduktion der Laufzeiten bei steigenden Fremdkapitalquoten dazu führt, dass die Kreditmarge stabil bleibt. In der quantitativen Untersuchung konnte dieser Effekt nicht beobachtet werden, sondern, dass bei einer Steigerung die Fremdkapitalquote die Laufzeit ebenfalls steigt. Zuletzt wurde der Zusammenhang zwischen Laufzeit und Kreditmarge untersucht, hierbei besteht im Merton-Modell für niedrig verschuldete Projekte ein linear positiver Effekt, während bei höher verschuldeten Unternehmen ein konvexer negativer Effekt besteht.[615] In der quantitativen Erhebung konnte dieser Effekt nicht beobachtet werden, sondern es zeigte sich wieder der gegenteilige Effekt. Bei hoch verschuldeten Projekten (ab ca. 90 Prozent Fremdkapital) kann ein

615 Vgl. Sorge (2004), S. 98

linear positiver Zusammenhang zwischen Kreditmarge und Laufzeit beobachtet werden, während bei Projekten mit niedrigen Fremdkapitalquoten ein negativer linearer Effekt auftritt. Interessanterweise, aber in Einklang mit dem bereits dargelegten Zusammenhang zwischen Fremdkapitalquote und Kreditmarge, zeigen die Geraden des Interaktionseffekts, dass niedrig verschuldete Projekte mit einer höheren Kreditmarge konfrontiert sind, während Projekte mit hoher Fremdkapitalquote eine niedrigere Kreditmarge erhalten. Die steigende Gerade der höher verschuldeten und die fallende Gerade der niedrig verschuldeten Projekte überschneiden sich bei einer Laufzeit von rund 22 Jahren.

7.2.4 Ergebnisse der qualitativen Analyse

Im weiteren Verlauf der Arbeit wurden die Ergebnisse der quantitativen Erhebung einem ExpertInnenkreis vorgelegt und zu Diskussion gestellt. Ziel der **ExpertInneninterviews** war es, zum einen die Vorannahmen des theoretischen Rahmens und der quantitativen Erhebung nochmals kritisch zu hinterfragen, Erklärungen für die Effekte zu finden, die nicht im Einklang mit dem theoretischen Rahmen stehen sowie alternative Argumente für bestätigte Effekte aufzuzeigen. Zusätzlich wurde im Rahmen der Interviews auch das Interesse von PraktikerInnen aus dem Feld für das Forschungsprojekt erhoben, was dieser Arbeit zusätzlich Relevanz liefert. Auch in diesem Teil der Arbeit bestand die Absicht, die Auswahl der Unternehmen und InterviewpartnerInnen sowie die Interviewführung und Auswertung möglichst strukturiert zu gestalten und detailliert zu dokumentieren.

Zur **Auswahl der Unternehmen** und Interviewpartner wurden mehrere Kriterien festgelegt. So sollte eine genügend große Anzahl von Unternehmen befragt werden, die sich auf Banken und Sponsoren verschiedener Branchen aufteilen. Zusätzlich mussten die Unternehmen über Erfahrung im Bereich Internationale Projektfinanzierung verfügen sowie Projekte der Unternehmen in *ProjectWare* vorhanden sein. Zusätzlich wurde festgelegt, nur österreichische Unternehmen bzw. internationale Unternehmen mit einer österreichischen Tochter zu befragen. Da die Unternehmen international tätig sind, sind auch die Forschungsergebnisse auf einen globalen Kontext umlegbar; trotzdem bieten sie einen starken Konnex zur österreichischen Wirtschaft, wodurch die Relevanz für österreichische Unternehmen nochmals gestärkt wird.

Insgesamt wurden zehn Unternehmen als passend eingestuft und kontaktiert. Von diesen konnten neun Interviews vereinbart werden. Den Befragten wurden das Forschungsdesign sowie die Ergebnisse der quantitativen Analyse als **Interviewgrundlage** vorgelegt und danach wurden sie schrittweise dazu befragt.

Somit handelt es sich um semistrukturierte ExpertInneninterviews. Alle Interviews wurden aufgezeichnet, transkribiert und im Anschluss im Sinne einer **zusammenfassenden qualitativen Inhaltsanalyse**[616] aufgearbeitet und ausgewertet.

Auf der **Länderebene** wurden die Effekte des **makroökonomischen** und des **politischen** Risikos bestätigt, wobei mehrere Experten auch Auswirkungen auf die Laufzeit vermuten und damit den theoretischen Rahmen stützen. Zu den **Beteiligungen einer IFI** liefern einzelne Experten eine schlüssige Erklärung für die niedrigen Fremdkapitalquoten und die höheren Kreditmargen. Viele der IFI, die in der entsprechenden Variable berücksichtigt wurden, beteiligen sich erst bei Projekten, wenn diese zu riskant für kommerzielle Banken eingestuft werden. Zudem sind IFI-Beteiligungen mit einem höheren Strukturierungsaufwand verbunden, was die Finanzierungskosten erhöhen kann. Über das höhere Gesamtrisiko und die höheren Strukturierungskosten lassen sich auch die gefundenen Effekte erklären. Einzig die Laufzeit weicht diesbezüglich ab; jedoch wird von der Mehrheit der Experten bestätigt, dass IFI tendenziell längere Laufzeiten vergeben. Die Effekte des **Gläubigerschutzes** auf Kreditmarge und Laufzeit werden von den Experten als plausibel erachtet, jedoch wird von einzelnen Experten erklärt, dass ein Mindestmaß an Gläubigerschutz im Gastland vorhanden sein muss, da ansonsten keine Finanzierung zustande kommen kann. Das **Wechselkursrisiko** wird von den Experten als besonders ernstzunehmend eingestuft und eine Absicherung muss in vielen Fällen zwingend durchgeführt werden. Sollte diese nicht vorhanden sein, so verändert sich die Finanzierungsstruktur – gemäß der Meinung der Befragten – wie im theoretischen Rahmen prognostiziert.

Auf **Branchenebene** überrascht mehrere Experten, dass bei steigender Cashflow-Volatilität der Branche die Fremdkapitalquote steigt. Hohe **Cashflow-Volatilität** wird als Gift für Projektfinanzierungen bezeichnet und daher wird hier der entgegengesetzte Effekt vermutet. Erklärungen könnten gemäß der ExpertInnen höhere *Debt Service Coverage Ratios* oder *Cash-Sweeps* sein. Der positive Effekt der Cashflow-Volatilität auf die Kreditmarge deckt sich mit dem theoretischen Rahmen und auch mit den Expertenmeinungen. Auch dass die Laufzeit nicht beeinflusst wird, wird von den Experten als plausibel erachtet. Die **Branchenregulierung**, welche nicht mit einer Hypothese bedacht wurden, zeigt signifikante Effekte auf die Kreditmarge und Laufzeit. Die Experten sind geschlossen der Meinung, dass sich ein hohes Maß an Regulierung positiv auf

616 Vgl. Mayring (2015), S. 68

die Projektfinanzierungen auswirkt, da die Stabilität gesteigert und die Volatilität gesenkt wird. Folglich werden die gefundenen Effekte als sehr plausibel eingestuft. Bei der **Branchennachfrage,** welche keine signifikanten Effekte aufweist, vermuten die Experten, dass die Messung nicht valide umgesetzt wurde, bzw. dass eine Messung kaum möglich ist. Wie wohl eine hohe Nachfrage als positiv erachtet wird, sind die Experten der Meinung, dass eine langfristige Abschätzung dieser schwer bis kaum möglich ist und dass zudem die Angebotsseite nicht berücksichtigt wurde.

Bei den fixierten Zinssätzen auf **Projektebene** ließe sich aus dem theoretischen Rahmen ableiten, dass sich **fixierte Zinssätze** positiv auf das Projekt auswirken und daher längere Laufzeiten ermöglichen; jedoch wurde vermutet, dass Banken nicht bereit sind, dieses Risiko lange zu tragen. Die Experten widersprachen in den Interviews dieser Vermutung und bestätigten, dass sich fixierte Zinssätze stabilisierend auf Projektfinanzierungen auswirken und gerade bei langen Laufzeiten unbedingt vorhanden sein müssen. Folglich stimmen sie mit den Ergebnissen überein. **Errichtungsverträge** und **Abnahmeverträge** werden größtenteils als überaus wichtig eingestuft, und daher werden die beobachteten signifikanten Effekte als sehr plausibel erachtet, wobei einige Experten vermuten, dass sich diese Verträge zusätzlich margensenkend auswirken könnten. Bei **Betriebsverträgen** gehen die Meinung der Experten etwas auseinander. Manche Experten vermuten positive Effekte, wie im theoretischen Rahmen modelliert, andere Experten sehen diesen Vertrag als absolutes Muss und daher sollten keine Effekte auftreten, und wiederum ein anderer Experte vermutet, dass in manchen Fällen ein Sponsor den Betrieb selbst übernehmen kann und daher kein Effekt sichtbar ist. **Lieferverträge** besitzen laut Expertenmeinung nur in einigen wenigen Branchen eine Bedeutung (z.B. bei Gaskraftwerken); in diesen ist jedoch eine Finanzierung ohne einen entsprechenden Vertrag nicht möglich. Die Ergebnisse zur **Erfahrung der Sponsoren** als letzte Variable der Projektebene werden von den Experten als sehr plausibel eingestuft. Mehrere Experten bestätigen, dass die Erfahrung der Sponsoren in die Projektbeurteilung miteinfließt und auch die Verhandlungsposition der Sponsoren erhöhen kann.

Die Ergebnisse zu den **Wechselwirkungen** und im Speziellen der negative Zusammenhang zwischen **Fremdkapitalquote und Kreditmarge** wirken kontraintuitiv und führten auch bei einigen Experten zu einer gewissen Verwunderung. Zwei Experten konnten diesbezüglich jedoch eine überaus schlüssige Erklärung einbringen. Wenig riskante Projekte erhalten hohe Fremdkapitalanteile bei gleichzeitig niedrigen Kreditmargen. Hier besteht folglich eine schwache Verbindung zwischen diesen beiden Variablen. Folglich wird auch die Insolvenzwahrscheinlichkeit nicht stark von der Fremdkapitalquote, sondern von der *Debt Service Coverage Ratio* bestimmt. Darüber lässt sich auch erklären, warum zwischen **Fremdkapitalquote und Laufzeit** ein positiver Zusammenhang besteht. Tendenziell sichere Projekte erhalten – so auch die Meinung der Experten – höhere Fremdkapitalanteile und benötigen dazu auch längere Laufzeiten, um die entsprechenden Kredite tilgen zu können. Kombiniert man nun diese Effekte, lässt sich auch der Interaktionseffekt erklären.

Neben diesen Ergebnissen konnten auch **weitere Erkenntnisse** zur Bedeutung der Marktsituation, zur Wahl von Projektfinanzierung gegenüber konventioneller Unternehmensfinanzierung, zur Art der Investoren, zum Zusammenhang zwischen Konzessionen und Laufzeit sowie zum Insolvenzfall gewonnen werden.

Im nun folgenden Unterkapitel werden Ergebnisse aus der quantitativen und der qualitativen Erhebung zusammengefasst und es werden damit die Forschungsfragen beantwortet.

7.2.5 Beantwortung der Forschungsfragen

Forschungsfrage 1 lautet: *Wie wirken sich Länder-, Branchen- und Projektrisiken auf die Finanzierungsstruktur, d.h. die Fremdkapitalquote, die Kreditmarge und die Laufzeit des Fremdkapitals, bei Internationalen Projektfinanzierungen aus?*

Um diese Frage zu beantworten, lohnt es sich die gefundenen Effekte nochmals übersichtlich darzustellen. Hierzu wurde Tabelle 18 erstellt, welche eine Erweiterung von Tabelle 16 aus dem quantitativen Ergebnisteil ist. Die dunkelgrau dargestellten Zellen zeigen die signifikanten Effekte aus der Regressionsanalyse. Hellgraue Zellen zeigen zum einen die Effekte, die gemäß dem theoretischen Rahmen die korrekte Richtung ausweisen, jedoch nicht das Signifikanzniveau erreicht haben (*n.s.*), und zum anderen die signifikanten Effekte, für die durch die qualitative Analyse eine logische Begründung gefunden werden konnte. Die betrifft die Branchenregulierung, fixierte Zinssätze sowie die Wechselwirkungen im unteren Teil der Tabelle.

Betrachtet man nun diese Tabelle, so fällt auf, dass auf Länderebene eine größere Anzahl an Effekten beobachtet werden konnte; folglich zeigen die Risiken auf Länderebene einen stärkeren Einfluss auf die Finanzierungsstruktur als solche auf Projektebene. Dies trifft besonders auf die Kreditmarge zu. Erklären lässt sich der starke Einfluss der Länderebene aus dem theoretischen Rahmen sowie den Ausführungen zu systematischen und unsystematischen Risiken.

Solche Risiken, die über Verträge oder die Projektstruktur nicht oder nur bedingt absicherbar sind, wie z.B. das makroökonomische oder das politische Risiko, weisen einen starken Effekt auf die Finanzierungsstruktur aus. Dabei handelt es sich um unsystematische Risiken, welche schwer durch die Projektgesellschaft selbst beeinflussbar sind. Dem Zinssatzrisiko, welches zwar im theoretischen Rahmen der Projektebene zugerechnet wird, da es teilweise über eine Zinssatzfixierung absicherbar ist, liegt mit der Zinskurve und anderen Marktmechanismen ebenfalls ein unsystematischer und schwer durch die Projektgesellschaft beeinflussbarer Mechanismus zu Grunde. Auch der fixierte Zinssatz zeigt sehr starke Effekte. Folglich kann argumentiert werden, dass sich die Länderrisiken am stärksten auf die Finanzierungsstruktur auswirken. Innerhalb der Finanzierungsstruktur sind es dabei die Kreditmarge und die Laufzeit, die am stärksten beeinflusst wird.

Auf Branchenebene zeigt die Branchenregulierung sehr starke Effekte, jedoch gelingt es nicht, über die Cashflow-Volatilität und die Branchennachfrage das Risiko auf Branchenebene abzubilden und damit auch eventuelle Effekte nachzuweisen. Am stärksten wird auf Branchenebene die Kreditmarge und die Laufzeit – wie im theoretischen Rahmen beschrieben – beeinflusst. Auch in den ExpertenInneninterviews wurde mehrmals genannt, dass gewisse Branchen schlichtweg Mindestlaufzeiten aufgrund der Projektstrukturen aufweisen. Als Resümee könnte daher gezogen werden, dass durchaus ein Effekt des Branchenrisikos bestehen kann, aber dass sich die Messung als überaus diffizil darstellt.

Auf der Projektebene zeigt sich beim Vertragswerk, dass sich Errichtungsverträge und Abnahmeverträge positiv auf Fremdkapitalquote sowie Laufzeit und negativ auf die Kreditmarge auswirken, folglich als positives Element einer Projektfinanzierung betrachtet werden können. Betriebsverträge wirken sich eher neutral auf die Finanzierungsstruktur aus, und bei Lieferverträgen handelt es sich gemäß Expertenmeinung innerhalb mancher Branchen um ein *Must-Have*, wodurch sich auch hier keine Effekte zeigen. Deutlich positiv im Sinne von höheren Fremdkapitalquoten, sinkenden Margen und längeren Laufzeiten wirkt sich die Erfahrung der Sponsoren aus.

Generell lässt sich beobachten, dass Länderrisiken vor allem die Kreditmarge und Laufzeit beeinflussen, während Projektrisiken insbesondere auf die Fremdkapitalquote einen Effekt haben. Daraus lässt sich schließen, dass Sponsoren über die Projektstruktur vor allem die Kapitalstruktur zu ihren Gunsten steuern können, da sich – wie bereits erläutert – die Länderrisiken schwieriger adressieren lassen.

Die Beeinflussbarkeit von Risiken, die im entsprechenden Risikorahmenwerk eingezeichnet ist[617], wurde bereits aufgegriffen. Die Auswertung

617 Siehe Abbildung 6 in Unterkapitel 3.1.2.

der Ergebnisse unterstreicht auch einen weiteren Aspekt des Risikorahmenwerks, nämlich die Aggregation von unterschiedlichen Einzelrisiken zu einem Gesamtrisiko sowie den Zusammenhang zwischen den einzelnen Variablen der Finanzierungsstruktur. **Forschungsfrage 2** zielte auf diesen Zusammenhang ab und lautet: *Welche Wechselwirkungen bestehen zwischen Fremdkapitalquote, Kreditmarge und Laufzeit des Fremdkapitals bei Internationalen Projektfinanzierungen?*

Auch hier lohnt sich wieder ein Blick in den zweiten Teil von Tabelle 18, wobei sich die Erklärung dieses Effekts nicht aus dem theoretischen Rahmen, sondern aus den ExpertInneninterviews ergibt. Risiken aggregieren sich bei der Internationalen Projektfinanzierung insofern, dass ein Projekt in einem Land mit hohem Länderrisiko trotz guter Projektstruktur eine höhere Marge erhalten kann als ein Projekt mit schlechterer Projektstruktur, das sich aber in einem Land mit sehr geringem Risiko befindet. Diese höhere Kreditmarge kann im Kontrast zum theoretischen Rahmen auch nicht durch eine niedrigere Fremdkapitalquote oder eine kürzere Laufzeit kompensiert werden.

Zusammenfassend kann bezüglich Forschungsfrage 2 geantwortet werden: Sichere Projekte im Sinne eines niedrigen Gesamtrisikos erhalten hohe Fremdkapitalquoten, niedrige Margen und lange Laufzeiten, wobei die Marge mit der Laufzeit leicht ansteigt. Unsichere Projekte zeichnen sich demgegenüber durch niedrigere Fremdkapitalquoten, höhere Kreditmargen und kurze Laufzeiten aus, wobei die höhere Kreditmarge tendenziell mit der Laufzeit nicht mehr ansteigt oder sogar leicht zurückgeht. Folglich ist ein „Tausch" von einer geringeren Fremdkapitalquote für eine niedrigere Marge oder eine kürzere Laufzeit für eine niedrigere Marge kaum möglich. Welche Implikationen sich aus diesen Erkenntnissen ergeben, wird in den folgenden Unterkapiteln genauer analysiert.

Tabelle 18: Gefundene Effekte zu den Forschungsfragen

	Fremdkapitalquote	Kreditmarge	Laufzeit
Länderrisiko			
H1: Makroökon. Risiko *Risiko steigt*	- *FK-Quote sinkt*	+ *Marge steigt*	- *Laufzeit sinkt (n.s.)*
H2: Politisches Risiko *Risiko steigt*	- *FK-Quote sinkt*	+ *Marge steigt*	**0**
H3: Beteiligung IFI *Projekt hat Beteiligung*	- *FK-Quote sinkt*	+ *Marge steigt*	+ *Laufzeit steigt*
H4: Gläubigerschutz *Gläubigerschutz steigt*	**0**	- *Marge sinkt*	+ *Laufzeit steigt*
H5: Wechselkursrisiko *WK-Risiko ist vorhanden*	- *FK-Quote sinkt (n.s.)*	+ *Marge steigt (n.s.)*	- *Laufzeit sinkt*
Branchenrisiko			
H6: CF-Volatilität *Volatilität steigt*	+ *FK-Quote steigt*	+ *Marge steigt (n.s.)*	**0**
Branchenregulierung *Regulierung steigt*	- *FK-Quote sinkt*	- *Marge sinkt*	+ *Laufzeit steigt*
H7: Branchennachfrage *Nachfrage steigt*	**0**	- *Marge sinkt (n.s.)*	+ *Laufzeit steigt (n.s.)*
Projektrisiko			
H8: Fixierter Zinssatz *Zinssatz ist fix*	+ *FK-Quote steigt*	+ *Marge steigt*	+ *Laufzeit steigt*
H9: Errichtungsverträge *EPC-Vertrag ist vorhanden*	+ *FK-Quote steigt*	- *Marge sinkt (n.s.)*	+ *Laufzeit steigt*
H10: Betriebsverträge *O&M-Vertrag ist vorhanden*	**0**	+ *Marge steigt*	**0**
H11: Abnahmeverträge *Offtake-Vertrag ist vorhanden*	+ *FK-Quote steigt*	- *Marge sinkt (n.s.)*	+ *Laufzeit steigt*
H12: Lieferverträge *Supply-Vertrag ist vorhanden*	**0**	**0**	+ *Laufzeit steigt (n.s.)*
H13: Erfahrung Sponsoren *Erfahrung steigt*	+ *FK-Quote steigt*	- *Marge sinkt*	+ *Laufzeit steigt (n.s.)*

Tabelle 18: Fortsetzung

	Fremdkapitalquote	Kreditmarge	Laufzeit
Wechselwirkungen			
H14: FK-Quote *FK-Quote steigt*		- *Marge sinkt*	+ *Laufzeit steigt*
H15: LZ: FK		+ *Hohe FK-Quote – Marge steigt mit Laufzeit / Niedrige FK-Quote – Marge fällt leicht mit Laufzeit*	

7.3 Wissenschaftliche Implikationen

Um die wissenschaftlichen Implikationen aufarbeiten zu können, erscheint es sinnvoll, den theoretischen Rahmen und die Finanzierungsstruktur nochmals in die Einzelkomponenten aufzuspalten. Dies geschieht in der Reihenfolge Risikorahmenwerk, Trade-Off Theorie mit der Kapitalstruktur sowie Merton-Modell mit der Kreditmarge und der Laufzeit.

7.3.1 Wissenschaftliche Implikationen zu Risiko

Das **Risikorahmenwerk** nach Lessard (1996) bzw. dessen Erweiterung erwies sich für die vorliegende Untersuchung als überaus vorteilhaft. Die Ergebnisse der qualitativen sowie quantitativen Erhebung stützen die dem Rahmenwerk zugrundeliegenden Konzepte der Beeinflussbarkeit und Spezifizität der Risiken sowie der Aggregation von Risiken.[618] Zudem zeigt sich, wie systematische und unsystematische Risiken verschiedene Variablen der Finanzierungsstruktur beeinflussen. In der Kreditmarge spiegeln sich so vor allem die systematischen Risiken auf Länderebene, wie z.B. das makroökonomische Risiko oder der Gläubigerschutz wider, welche nicht durch eine Diversifizierung verringert werden können.[619] Dailami / Hauswald (2007) bezeichnen diese Risiken auch als *managed* und *unmanaged risks* und die Ergebnisse dieser Arbeit erfüllen demnach ein Stück weit ihrer Forderung, die lautet: *The next step consists of collecting across-sectional sample of bilateral monopolies in project finance in order to analyze the pricing of managed and unmanaged risks in the context of an explicit model of bond default and credit spread behavior for projects.*[620]

618 Vgl. Vaaler / James / Aguilera (2008); Müllner (2016), S. 3
619 Vgl. Lessard (1996), S. 57
620 Dailami / Hauswald (2007), S. 275

Das **Risikorahmenwerk** sowie die generelle Auffassung von Risiko bei Internationalen Projektfinanzierungen muss jedoch auch bezüglich eines Punktes überdacht werden. So differenziert Esty (2002) zwischen symmetrischen und asymmetrischen Risiken sowie binären Risiken. Bei asymmetrischen Risiken vergrößert sich die Ausfallgefahr des Projektes linear mit der Steigerung des Risikos. Ein Beispiel wäre ein steigendes makroökonomisches Risiko. Bei einem symmetrischen Risiko kann sich der Projekterfolg in beide Richtungen entwickeln, wie z.B. bei einer Abwertung oder Aufwertung der zugrundeliegenden Währung bei einem Wechselkursrisiko. Beim binären Risiko scheitert das Projekt bei Eintreten des Risikos vollständig, wie z.B. bei einer Enteignung oder einer Naturkatastrophe.[621] Im Rahmen der ExpertInneninterviews wurde jedoch mehrmals darauf eingegangen, dass manche Risiken bis zu einem gewissen Grad getragen werden, ab einer bestimmten Schwelle jedoch dazu führen, dass Projekte nicht realisiert werden. Folglich sollte zwischen Risiken mit einem linear- steigenden Ausfalleffekt und Risiken mit einem linear-horizontalen Ausfallmuster noch eine weitere Kategorie eingefügt werden. Nachfolgende Abbildung 74 verdeutlicht diesen Zusammenhang und benennt diese weitere Kategorie von Risiko als „Grenzwertrisiko“.

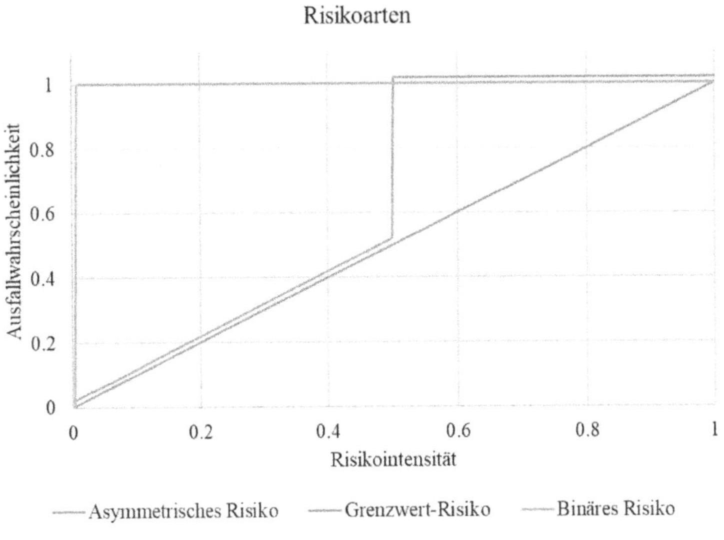

Abbildung 74: Verschiedene Risikoprofile

621 Vgl. Esty (2002), S. 77f

Zudem sollte das **Risikorahmenwerk** insofern überdacht werden, als manche Risiken nicht unabhängig voneinander eintreten; dies konnte für das makroökonomische und das politische Risiko sowohl quantitativ als auch qualitativ gezeigt werden. Diese Verbindung von Risiken kann auch über unterschiedliche Ebenen bestehen. Dies konnte für die Verbindung von Cashflow-Volatilität auf Branchenebene und Abnahmeverträge auf Projektebene von Byoun / Kim / Yoo (2013) verdeutlicht werden.[622] Eine Empfehlung lautet demnach, die Grenzen zwischen den einzelnen Risikoebenen als weniger starr zu modellieren. Andere Risiken zeigen darüber hinaus keine Effekte; hierbei könnte im Sinne einer Reduktion der Modellkomplexität über einen Verzicht der Berücksichtigung dieser Risikoarten nachgedacht werden.

Auch die **risikomindernden Mechanismen** und deren Einfluss im Rahmenwerk sollten überarbeitet werden. Zum einen wurde vorab angenommen, dass sich Verträge im Allgemeinen positiv auf den Projekterfolg auswirken. Eine Annahme, die so auch von anderen Autoren getroffen wurde.[623] Durch die Interviews konnte aber gezeigt werden, dass – ähnlich einem binären Risiko – bestimmte Verträge in einzelnen Branchen unbedingt vorhanden sein müssen, um überhaupt eine Finanzierung zu realisieren. Zum anderen wird die Qualität der Verträge im Rahmenwerk nicht berücksichtigt. Eine hohe Qualität der einzelnen Verträge wurde in den Interviews mehrmals als Erfolgskriterium herausgehoben und sollte sofern möglich in das Rahmenwerk mitaufgenommen werden.

7.3.2 Wissenschaftliche Implikationen zur Trade-Off Theorie und Fremdkapitalquote

Die Effekte, die im Einklang mit der **Trade-Off Theorie** der Kapitalstruktur stehen, konnten zum Großteil auch so beobachtet werden. Konkret zeigen viele Variablen, die die Insolvenzkosten erhöhen und damit eine geringere Verschuldung ermöglichen, auch diesen Effekt. Damit wird eine wesentliche Komponente des Modells gestützt. Der Steuersatz im Projektland bildet die weitere wichtige Komponente. In der Mehrzahl der Modelle zur Fremdkapitalquote wirkt sich der Steuersatz nicht signifikant negativ auf die Verschuldung aus und steht damit nicht im Einklang mit der Theorie. Dies lässt sich womöglich auf den Unterschied zwischen effektiven Steuersätzen gegenüber gesetzlichen Unternehmenssteuersätzen zurückführen. Die Messung von effektiven Steuersätzen stellt bisweilen

622 Vgl. Byoun / Kim / Yoo (2013), S. 567
623 Vgl. Corielli / Gatti / Steffanoni (2010), S. 1297

eine große Schwierigkeit dar.[624] Hier könnte die Internationale Projektfinanzierung für zukünftige Forschung einen interessanten Untersuchungsrahmen bieten, da aufgrund der *Stand-Alone* Natur der Projektfinanzierung die Steueroptimierung über eine konzerninterne Verschiebung von Kosten und Erträgen im Vergleich zu multinationalen Unternehmen stärker eingeschränkt ist.

Wenngleich sich die Auswirkungen der Risiken auf die potentiellen Insolvenzkosten wie im Modell auswirken, wurde in den Interviews von mehreren Experten erklärt, dass auch die aktuelle Marktsituation einen Einfluss auf die Kapitalstruktur hat. Herrscht gerade ein starker Bankenwettbewerb oder befindet sich viel Liquidität im Markt, so kann dies die Verhandlungsmacht der Sponsoren stärken und so zu höheren Fremdkapitalanteilen im Projekt führen, unabhängig von möglichen Insolvenzkosten oder *Tax-Shields*. Folglich sollte bei einer Untersuchung der Kapitalstruktur von Projektfinanzierungen die klassische Trade-Off Theorie um Elemente der **Market-Timing Theorie** erweitert werden.[625] Die Marktsituation wurde unabhängig vom gewählten theoretischen Rahmen noch in keinem der begutachteten empirischen Beiträge berücksichtigt. Hier bietet sich Raum für zukünftige Forschung.

Auf die **konkreten Ergebnisse** zur **Kapitalstruktur** bezogen zeigt sich, dass sich diese auf **Länderebene** größtenteils mit den Ergebnissen aus vorherigen Studien decken. So finden auch Byoun / Kim / Yoo (2013), James / Vaaler (2018) sowie Rajan Annamalai / Jain (2013) einen negativen Effekt von hohem makroökonomischen Risiko auf die Fremdkapitalquote.[626] Gleiches gilt für das politische Risiko.[627] Der Gläubigerschutz wurde nur in einem Beitrag untersucht, wobei hier mehrere Kategorien von Gläubigerschutz verwendet wurden, die auch unterschiedliche Effekte aufweisen.[628] In der vorliegenden Arbeit zeigt der verwendete Gläubigerschutzindex keinen Effekt, daher empfiehlt sich für zukünftige Arbeiten eine Untersuchung der einzelnen Gläubigerschutzkategorien, ähnlich zu Vaaler / James / Aguilera (2008). Das Wechselkursrisiko, welches nur in einer anderen Studie zur Kapitalstruktur berücksichtigt wurde[629], zeigt einen negativen, jedoch nicht signifikanten Effekt auf die Kapitalstruktur. In zukünftigen Beiträgen sollte versucht werden, nicht nur das Wechselkursrisiko

---

624 Vgl. Schneider (2010), S. 271f

625 Für eine Erklärung der Market-Timing Theorie siehe Unterkapitel 3.1.1.

626 Vgl. Byoun / Kim / Yoo (2013), S. 565; James / Vaaler (2018), S. 15; Rajan Annamalai / Jain (2013), S. 263

627 Vgl. James / Vaaler (2017), S. 234, (2018), S. 15

628 Vgl. Vaaler / James / Aguilera (2008), S. 42

629 Vgl. Corielli / Gatti / Steffanoni (2010), S. 1306

der Finanzierung, sondern auch das Wechselkursrisiko anderer Ein- und Auszahlungen abzubilden. Der ursprünglich vermutete positive Effekt einer IFI-Beteiligung konnte nicht gefunden werden, sondern es wurde ein signifikant negativer Effekt beobachtet. Dieser deckt sich auch mit früheren Forschungsergebnissen, wobei dabei meist vermutet wird, dass solche Projekte nicht kommerziell realisierbar wären und sich in hoch riskanten Ländern befinden, in denen vor allem der Entwicklungsgedanke vorherrscht.[630] Dieser Zusammenhang konnte mithilfe der Interviews bestätigt werden.

Auf **Branchenebene** konnte der von James / Vaaler (2018) beschriebene positive Effekt der Branchennachfrage beobachtet werden, jedoch trat der Effekt nicht signifikant auf. Dies kann daran liegen, dass die Kennzahl für diese Arbeit erweitert wurde oder dass die Angebotsseite nicht berücksichtigt wurde. Es empfiehlt sich diese Kennzahl nochmals konzeptionell zu hinterfragen, vor allem auch, weil die Aussagekraft dieser im Rahmen der Interviews teilweise stark angezweifelt wurde. Byoun / Kim / Yoo (2013) finden einen positiven Effekt der Cashflow-Volatilität auf den Verschuldungsgrad und erläutern, dass Banken nur bereits sind, ein Projekt mit hoher Volatilität und damit hohem Risiko zu finanzieren, wenn sie dafür eine größere Kontrolle über das Projekt und damit die Cashflows erhalten.[631] Die Ergebnisse der quantitativen Untersuchung zeigen wider Erwarten zwar ebenfalls einen positiven Effekt der Volatilität auf die Verschuldung, jedoch widerspricht die Argumentation von Byoun / Kim / Yoo (2013) der Expertenmeinung. Zukünftige Forschung sollte sich diesem Sachverhalt sowohl auf theoretischer wie auch empirischer Ebene widmen. Neue Erkenntnisse konnten für die Effekte der Branchenregulierung auf die Verschuldung erzeugt werden. Auch diese Thematik kann von neuen Forschungsergebnissen profitieren, da Projektfinanzierungen oft in stark regulierten Branchen eingesetzt werden.

Die beobachteten Effekte der Risiken der **Projektebene** auf die Kapitalstruktur weichen teilweise von den bisherigen Forschungsergebnissen ab. So finden Corielli / Gatti / Steffanoni (2010) keine Effekte der Verträge auf die Kapitalstruktur. Einzig, wenn der *O&M*-Vertrag nicht von einem Sponsor unterzeichnet wird, steigt die Verschuldung.[632] Darauf basierend kommen die Autoren zum Schluss, dass Fremdkapitalgeber die Vertragsstruktur bei der Entscheidung

630 Vgl. Byoun / Kim / Yoo (2013), S. 561; Esty (2002), S. 84; Rajan Annamalai / Jain (2013), S. 262

631 Vgl. Byoun / Kim / Yoo (2013), S. 554

632 Vgl. Corielli / Gatti / Steffanoni (2010), S. 1314

über die Fremdkapitalquote nicht berücksichtigen. Diese Aussage kann mit den Ergebnissen der quantitativen Studie nicht gestützt werden, sondern die Vertragsstruktur spiegelt sich für die Stichprobe im Vergleich zur Kreditmarge sogar stärker in der Kapitalstruktur wider. Auch im Rahmen der ExpertInneninterviews wurde mehrmals erläutert, dass das Vertragswerk durchaus beim Verschuldungsgrad berücksichtigt wird.

Im Einklang mit den Ergebnissen von Corielli / Gatti / Steffanoni (2010) steht aber, dass sich eine Refinanzierung positiv auf die Fremdkapitalquote auswirkt. Gemäß den Autoren ist dies darauf zurückzuführen, dass Projekte, die refinanziert werden, bereits die riskante Bauphase überstanden haben. Das geringere Risiko wird von den Fremdkapitalgebern mit höheren Anteilen abgegolten. Diese Erklärung deckt sich auch mit der Aussage eines Experten. Auf **Projektebene** wurde zudem ein positiver Effekt der Erfahrung der Sponsoren sowie von fixierten Zinssätzen beobachtet. Der positive Effekt der Erfahrung steht im Einklang mit bisherigen Forschungsergebnissen und wurde auch von mehreren Experten bestätigt.[633] Ob sich fixierte Zinssätze positiv auf die Fremdkapitalquote auswirken, wurde in dieser Arbeit zum ersten Mal untersucht. Es empfehlen sich diesbezüglich daher weitere Replikationsstudien.

7.3.3 Wissenschaftliche Implikationen zum Merton-Modell, Kreditmarge und Laufzeit

Als theoretische Fundierung für den Zusammenhang zwischen Risiko und Kreditmarge sowie Laufzeit wurde das **Merton-Modell** gewählt. Dies geschah unter anderem auch in Anlehnung an andere Beiträge, die dieses Modell im Kontext von Projektfinanzierungen verwenden.[634] Gemäß dem Merton-Modell ist der Risikoaufschlag und damit die Kreditmarge einzig von der Volatilität des Vermögens und der Kapitalstruktur abhängig. Zudem tritt der Insolvenzfall ein, sofern der Projektwert unter den Wert der ausstehenden Verbindlichkeiten fällt.[635]

In der Tat konnte mithilfe der quantitativen Analyse gezeigt werden, dass sich – mit wenigen Ausnahmen – alle Variablen, die die Volatilität der Projekt-Cashflows und damit des Projektwertes erhöhen, auch positiv auf die Kreditmarge auswirken. Die Expertenmeinungen bestätigen diesbezüglich ebenfalls das Modell. Folglich kann die **erste Modellannahme** des Merton-Modells für Projektfinanzierungen als gestützt angesehen werden.

---

633 Vgl. Vaaler / James / Aguilera (2008), S. 42; James / Vaaler (2017), S. 234
634 Vgl. Winsen (2010), S. 85; Blanc-Brude / Omneia (2013), S. 13
635 Vgl. Merton (1974), S. 453f

Die **zweite Annahme**, dass die Kreditmarge vom Verschuldungsgrad abhängt und dass hoch verschuldete Unternehmen höhere Margen entrichten müssen, konnte für die Stichprobe der Internationalen Projektfinanzierungen nicht bestätigt werden. Gleiches gilt für den Zusammenhang zwischen Kreditmarge und Laufzeit unter Einfluss der Fremdkapitalquote. Während im Merton-Modell bei hoch verschuldeten Unternehmen eine Verlängerung der Laufzeit zu einem Rückgang der Marge führt[636], konnte dies in der Stichprobe für niedrig verschuldete Projekte beobachtet werden. Bei Projekten mit einer Fremdkapitalquote von 70 Prozent steigt die Kreditmarge mit der Laufzeit leicht an. Dies deckt sich auch mit der Meinung der Experten, die bei längeren Laufzeiten höhere Margen aufgrund der steigenden Liquiditätskosten der Bank vermuten.

Diese Ergebnisse tragen weiter dazu bei, das *empirical puzzle* rund um die **Zinskurve** von Projektfinanzierungskrediten aufzuklären.[637] So kommt z.B. Sorge (2004) zu dem Ergebnis, dass Projektfinanzierungskrediten eine konkave Zinskurve zugrunde liegt.[638] Er begründet dies über das Merton-Modell und den Effekt von hoher Verschuldung bei langen Laufzeiten. Die konkave Zinskurve würde sich mit einem Blick auf die deskriptive Statistik wohl auch für die Stichprobe dieser Arbeit bestätigen lassen.[639] Jedoch wird in der vorliegenden Arbeit im Gegensatz zu Sorge (2004) auch für die Fremdkapitalquote kontrolliert und die Resultate stützen die zweite Annahme des Merton-Modells nicht.

Zudem tritt im **Merton-Modell** die **Insolvenz** ein, wenn der Unternehmenswert unter den Wert der ausstehenden Verbindlichkeiten fällt. Bei Projektfinanzierungen wäre dies der Fall, wenn die freien Cashflows nicht mehr für den Schuldendeckungsdienst ausreichen.[640] In einem Experteninterview wurde diesbezüglich jedoch erklärt, dass es in solch einer Situation oft zu einer Sanierungsperiode oder Heilungszeit kommt und die Fremdkapitalgeber nicht sofort auf das Projektvermögen zugreifen. Auch diese Verschiebung des *Default*-Punktes müsste im Modell berücksichtigt werden.

Zusammenfassend lässt sich sagen, dass das **Merton-Modell** in seiner ursprünglichen Form nicht sehr gut geeignet ist, um die **relevanten Zusammenhänge** von Fremdkapitalquote, Kreditmarge und Laufzeit für Projektfinanzierungskredite abzubilden. Der wesentlichste Grund dafür ist, dass steigende

---

636 Siehe hierzu die Ausführungen in Unterkapitel 3.2.2.3.

637 Blanc-Brude / Strange (2007)

638 Vgl. Sorge (2004), S. 27

639 Sie hierzu Abbildung 71 in Unterkapitel 5.2.4.

640 Vgl. Blanc-Brude / Hasan (2016), S. 8

Fremdkapitalquoten nicht die Ausfallwahrscheinlichkeit per se erhöhen. Dies wurde auch so von den Experten im Rahmen der Interviews dargelegt. Vielmehr erhalten sichere Projekte höhere Fremdkapitalanteile bei niedrigeren Margen. Abbildung 75 untermauert diesen Zusammenhang mit Marktdaten einer Bank. Zudem müssen die Insolvenzpunkte überdacht werden; auch die aktuellen Marktbedingungen werden im klassischen Modell nicht genügend berücksichtigt. Modelle, wie in Blanc-Brude / Hasan (2016) skizziert, welche auf die freien Cashflows und den Schuldendienst als zentrale Größen abzielen, stellen dennoch vielversprechende Weiterentwicklungen des ursprünglichen Merton-Modells dar.

	HSBC Market Data Presentation	
	UK PFI	"Asia" PPP
Leverage	>90%	60%–80 %
Bank Risk Margins	<100 bps	>100 bps
Base case equity risk premiums	12%-30%	10%-20%
ADSCR	Min. 1.18–1.2	1.2–1.4
Tenor	>30 years	12–15 years – subject to market
Maturity	1–2 years	2–5 years
Insurance premium	n.a.	n.a.

Abbildung 75: Markdaten der HBSC zweier unterschiedlich riskanter Projekte aus dem Jahr 2006[641]

Auf **konkrete Ergebnisse** zur **Kreditmarge** bezogen zeigt sich, dass die beobachteten Effektrichtungen beinahe komplett mit den Implikationen aus dem theoretischen Rahmen übereinstimmen. Die meisten signifikanten Effekte finden sich jedoch auf **Länderebene**. Hier decken sich die Ergebnisse zum Einfluss des makroökonomischen und des politischen Risikos mit den Ergebnissen bisheriger Studien.[642] Gleiches gilt für den Gläubigerschutz, wobei hier zum einen eine

641 Vgl. Sachs / Tiong / Wagner (2008), S. 102

642 Vgl. Corielli / Gatti / Steffanoni (2010), S. 1310; Girardone / Snaith (2011), S. 1729; Kleimeier / Megginson (2000), S. 86

Aktualisierung des Gläubigerschutzindex von Djankov / La Porta / Lopez-de-Silanes / Shleifer (2003) sowie einer Überprüfung einzelner Gläubigerschutzkategorien eine interessante Möglichkeit für zukünftige Arbeiten darstellt.[643]

Weiters konnte auf **Länderebene** gezeigt werden, dass für Tranchen mit IFI-Beteiligung signifikant höhere Margen entrichtet werden müssen. Dies deckt sich nicht mit bisherigen Ergebnissen und wurde auch im Rahmen der ExpertInneninterviews kritisch hinterfragt. Folglich bedarf der Zusammenhang zwischen IFI-Beteiligung und Finanzierungskosten weiterer Untersuchungen. Wobei sich hier empfiehlt, wenn möglich den Länderkontext stabil zu halten. Das Wechselkursrisiko zeigt demgegenüber einen positiven, aber nicht signifikanten Effekt. Dieser steht im Einklang mit dem theoretischen Rahmen, jedoch nicht mit bisherigen Forschungsergebnissen.[644] So finden z.B. Gatti / Kleimeier / Megginson / Steffanoni (2013) einen negativen Effekt des Wechselkursrisikos auf die Marge und begründen dies damit, dass nur die kreditwürdigsten Projekte ein Wechselkursrisiko haben dürfen, woraus folgt, dass ein Wechselkursrisiko ein Proxy für die Qualität des Projektes ist.[645] Diese Erklärung deckt sich nicht mit der Meinung mehrerer Experten, die ein Wechselkursrisiko eher mit teuren Kurssicherungsmaßnahmen in Verbindung bringen, als mit Qualität. Folglich sollte diese Thematik weiter untersucht werden, wobei bei zukünftigen Arbeiten darauf geachtet werden sollte, auch das Wechselkursrisiko anderer Ein- und Auszahlungen – mit Blick auf einen *Natural Hedge* – abzubilden.

Auf **Branchenebene** wurden drei gänzlich neue Kennzahlen verwendet, um Risiken auf dieser Ebene abzubilden. Die Cashflow-Volatilität und die Branchennachfrage zeigen jeweils einen positiven und einen negativen Effekt auf die Kreditmarge, jedoch treten diese Effekte nicht signifikant auf; dies könnte wiederum auf Messungenauigkeiten der Kennzahlen zurückzuführen sein. Hier sollten weitere Forschungsarbeiten ansetzen und womöglich für eine kleinere Anzahl an Sektoren versuchen, die Qualität dieser Variablen zu verbessern. Die Branchenregulierung lieferte sehr spannende Ergebnisse, jedoch deckt diese nur wenige Länder ab. Auch hier bietet sich ein Verbesserungspotential. Nichtsdestotrotz wurde in dieser Arbeit versucht, Brancheneffekte im Gegensatz zu vorhergegangen Arbeiten über metrische Variablen zu erfassen anstelle von Branchendummies. Dies empfiehlt sich auch für zukünftige Studien, um die

643 Vgl. Vaaler / James / Aguilera (2008), S. 42

644 Vgl. Ahiabor / James (2018), S. 12; Corielli / Gatti / Steffanoni (2010), S. 1310; Kleimeier / Megginson (2000), S. 86

645 Vgl. Gatti / Kleimeier / Megginson / Steffanoni (2013), S. 19

generelle Erklärungskraft von quantitativen Arbeiten in diesem Bereich zu erhöhen.[646]

Auf **Projektebene** zeigt sich, dass die Kreditmarge bei fixen Verzinsungen höher ausfällt. Dies deckt sich auch mit früheren Arbeiten wie Pinto / Alves (2016).[647] Die Vertragsstruktur wurde bisher nur in Corielli / Gatti / Steffanoni (2010), Gatti / Kleimeier / Megginson / Steffanoni (2013) und Thierie / Moor (2018a) untersucht. Generell zeigen sich in diesen Beiträgen wenig Effekte der Vertragsstruktur auf die Kreditmarge. Die stärksten Effekte sind bei Abnahmeverträgen und Errichtungsverträgen zu beobachten. Hier kann auch in der vorliegenden Arbeit ein negativer Effekt auf die Marge beobachtet werden, jedoch tritt dieser nicht signifikant ein. Zu untersuchen wäre in zukünftigen Beiträgen, wie sich die Qualität der einzelnen Verträge auf die Finanzierungskosten auswirkt. Als letzte Variable der Projektebene wurde die Erfahrung der Sponsoren untersucht. Einzig Alexandre / Bouaiss / Refait-Alexandre (2014) untersuchen diese Variable und finden für eine Stichprobe syndizierter Kredite, dass sich die Erfahrung positiv auf die Kreditmarge auswirkt.[648] Dieses Ergebnis deckt sich nicht mit den Resultaten dieser Arbeit. Bei Projektfinanzierungskrediten wirkt sich die Erfahrung negativ auf die Marge aus, folglich sinken die Finanzierungskosten – wie im theoretischen Rahmen vermutet – für erfahrene Sponsoren.

Interessante **Ergebnisse** finden sich auch in den **Kontrollvariablen** und für die **Wechselwirkungen**. Die Fremdkapitalquote wirkt sich negativ auf die Kreditmarge aus, wobei die zugrundeliegenden Effekte bereits diskutiert wurden. In der Literatur finden sich bei zwei Studien signifikant positive Effekte der Fremdkapitalquote auf die Kreditmarge und bei drei Beiträgen zeigen sich negative, jedoch nicht signifikante, Effekte.[649] Auch die Effekte der Laufzeit auf die Kreditmarge schwanken sehr stark innerhalb der begutachteten Beiträge.[650] Womöglich lassen sich diese unterschiedlichen Effekte auf den in dieser Arbeit

646 Teilweise wurde dies auch in Blanc-Brude / Strange (2007) versucht.

647 Pinto / Alves (2016), S. 36

648 Alexandre / Bouaiss / Refait-Alexandre (2014), S. 108

649 Vgl. Blanc-Brude / Strange (2007), S. 103; Corielli / Gatti / Steffanoni (2010), S. 1310; Dailami / Leipziger (1998), S. 1291; Kleimeier / Megginson (2001), S. 47; Thierie / Moor (2018a), S. 18

650 Vgl. Altunbaş / Gadanecz (2003), S. 21; Blanc-Brude / Strange (2007), S. 103; Buscaino / Caselli / Corielli / Gatti (2012), S. 964; Corielli / Gatti / Steffanoni (2010), S. 1310; Gatti / Kleimeier / Megginson / Steffanoni (2013), S. 20; Girardone / Snaith (2011), S. 1729; Kleimeier / Megginson (2001), S. 46; Pfarl (2014), S. 67; Thierie / Moor (2018a), S. 18

postulierten Zusammenhang zurückführen. Zukünftige Forschung sollte diesen daher berücksichtigen.

Weitere **Kontrollvariablen** sind Refinanzierungen, Garantien, Konzessionen, Projektgröße und der Steuersatz. Der Effekt einer Refinanzierung auf die Marge wurde bisher in drei Beiträgen untersucht mit drei unterschiedlichen Ergebnissen.[651] Erfolgt eine Refinanzierung nach der Bauphase, ist damit zumeist das Gesamtrisiko niedriger, wodurch auch die Marge sinken sollte. Eine Refinanzierung könnte jedoch auch auf Probleme in der Bau- oder Betriebsphase hinweisen, wodurch die Marge aufgrund der Erhöhung des Risikos steigen sollte. Diese beiden gegenpoligen Effekte erklären womöglich den fehlenden signifikanten Effekt in der vorliegenden Arbeit. Zukünftige Studien sollten versuchen, den Refinanzierungsgrund mit zu erheben. Garantien verringern für die Stichprobe die Kreditmarge; dies deckt sich auch mit der Mehrzahl der Beiträge zu diesem Thema.[652] Zuletzt wurde auch der Effekt von Konzessionen und Steuersätzen auf die Kreditmarge überprüft. Konzessionen haben einen negativen Effekt auf die Kreditmarge, während für Steuersätze keine eindeutigen Effekte beobachtbar sind. Diese Faktoren wurden noch in keinen anderen Studien berücksichtigt und daher müssen diese Ergebnisse vorerst mit Vorsicht interpretiert werden. Jedoch ergeben sich auch für diese Variablen neue Forschungsmöglichkeiten, wie z.B. eine Untersuchung der Unterschiede der Finanzierungsstruktur von öffentlichen (inklusive Konzessionsprojekten) gegenüber privaten Projektfinanzierungen.

Abschließend muss noch die wissenschaftliche Einordnung der Ergebnisse zum Zusammenhang zwischen Risiko und **Laufzeit** erfolgen. Da jedoch nur ein Beitrag explizit die Determinanten der Laufzeit von Projektfinanzierungskrediten untersucht, fällt dieser Teil eher kompakt aus. Auf **Länderebene** findet Thierie / Moor (2018b) einen negativen Effekt des politischen Risikos auf die Laufzeit. Dieser Effekt kann für die Stichprobe nicht beobachtet werden, jedoch decken sich die Ergebnisse zum Gläubigerschutz mit den Ergebnissen dieser Studie. Zudem finden auch Thierie / Moor (2018b), dass bei der Beteiligung einer IFI die Laufzeit ansteigt.[653] Dies kann darauf zurückzuführen sein, dass Projekte mit einer IFI-Beteiligung als Ganzes sicherer werden oder darauf, dass IFI an

651 Vgl. Ahiabor / James (2018), S. 11ff; Blanc-Brude / Strange (2007), S. 103; Corielli / Gatti / Steffanoni (2010), S. 1310

652 Vgl. Altunbaş / Gadanecz (2003), S. 21, (2004), S. 164; Gatti / Kleimeier / Megginson / Steffanoni (2013), S. 20; Girardone / Snaith (2011), S. 1729; Kleimeier / Megginson (2000), S. 85; Sorge / Gadanecz (2008), S. 74

653 Vgl. Thierie / Moor (2018b), S. 11

sich bereit sind längere Laufzeiten zu vergeben. Das Wechselkursrisiko wurde noch in keinen anderen Studien berücksichtigt. Dieses zeigt in der vorliegenden Arbeit einen negativen Effekt auf die Laufzeit und stellt auch gemäß den Experten einen wichtigen Einflussfaktor auf die Laufzeit der Finanzierung dar, da sowohl Sponsoren als auch Banken nicht bereit sind, das Wechselkursrisiko über eine lange Laufzeit zu tragen. Dieses Risiko sollte folglich in zukünftigen Studien unbedingt berücksichtigt werden.

Branchenspezifische Risiken werden in Thierie / Moor (2018b) über Sektoren-Dummy-Variablen abgebildet. Wiewohl dies empirisch gerechtfertigt ist, bleibt die Erklärungskraft der Ergebnisse damit eingeschränkt. Die vorliegende Arbeit kann daher neue Erkenntnisse für die Branchenregulierung und Branchennachfrage schaffen.

Auf **Projektebene** zeigen Thierie / Moor (2018b) dass sich die Laufzeit von Krediten bei Projekten mit Verfügbarkeitsmodellen (*Availability payment*) signifikant erhöht.[654] Die Ergebnisse dieser Arbeit stützen diese Ergebnisse. Bei Konzessionsprojekten und bei Projekten mit Abnahmeverträgen steigt die Laufzeit des Fremdkapitals ebenfalls signifikant. Für zukünftige Studien sollte auf Projektebene jedenfalls auch kontrolliert werden, ob es sich um eine fixe oder variable Verzinsung handelt, da ein fixierter Zinssatz in der quantitativen Analyse starke Effekte zeigte.

Zuletzt muss nochmals darauf hingewiesen werden, dass zukünftige Arbeiten die Finanzierungsstruktur als Gesamtes untersuchen sollten. So kommen z.B. Thierie / Moor (2018a) zu dem Ergebnis, *that the cost of debt is predominantly affected by the market and the business cycle, rather than the structuring of the project.*[655] Die Ergebnisse dieser Arbeit stützen diese Aussage teilweise, da die Variablen auf Länderebene ebenfalls die stärksten Effekte auf die Kreditmarge zeigen. Dabei darf jedoch nicht außer Acht gelassen werden, dass die Finanzierungskosten für ein Projekt schlussendlich auch von der Fremdkapitalquote und der Laufzeit abhängig sind. Folglich bildet eine Untersuchung eines einzelnen Faktors der Finanzierungsstruktur niemals das ganze Bild ab.

7.4 Management-Implikationen

Ein Ausgangspunkt dieser Arbeit war die mangelnde Planungsgenauigkeit, die oft bei den Beteiligten einer Projektfinanzierung ein Problem darstellt. Gerade, weil umfangreiche statistische Daten und Analysen – in wissenschaftlichen wie

654 Vgl. Thierie / Moor (2018b), S. 11
655 Thierie / Moor (2018a), S. 21

Praktikerbeiträgen – fehlen, basieren viele Entscheidungen bei Projektfinanzierungen auf zu optimistischen Schätzungen.[656] Die Ergebnisse dieser Arbeit können genutzt werden, um diesem Umstand entgegenzuwirken.

Sponsoren können aus den Ergebnissen ableiten, wie stark sich welche Art von Risiko auf die Finanzierungsstruktur auswirkt und welche risikomindernden Maßnahmen welche Effekte zeigen. Darauf aufbauend lassen sich die Finanzierungskosten besser planen. Zum einen lässt sich direkt ableiten, wie stark sich z.B. das Länderrisiko auf die Kreditmarge auswirkt und zum anderen lässt sich leichter das Kosten-Nutzen-Verhältnis des Vertragswerkes errechnen. So kann beispielsweise abgewogen werden, ob die Kosten für einen Errichtungsvertrag den positiven Effekt auf die Kapitalstruktur rechtfertigen. Dies gilt auch für die Beteiligung einer IFI und für eine fixierte versus eine variable Verzinsung.

Aus dem Effekt der Erfahrung der **Sponsoren** lassen sich Empfehlungen für die Zusammen-setzung von Konsortien ableiten. So kann es für Sponsoren durchaus ratsam sein, einen erfahrenen Sponsor mit in das Projekt aufzunehmen und so die Finanzierungskosten zu senken. Die eher plakative Aussage von Beidleman / Fletcher / Veshosky (1990) – *The challenge for successful project finance is competent management of exposure through risk allocation, development of strategic alliances, and financial engineering*[657] – wird nun mit stabilen quantitativen Resultaten nachvollziehbar.

Aus **Bankensicht** bietet sich auch die Möglichkeit, die Finanzierungskosten für Projektfinanzierungen besser abzuschätzen und auch Ansatzpunkte für die Verbesserung von Evaluierungsmodellen,[658] wie unter anderem Walter (2017) fordert: *Finally, examining risk statistics, it would be important to establish a risk adjusted pricing system for project loans. The establishment and continuous control of such a clear and transparent system, using certified calculations, would prevent the accumulation of high levels of possibly underpriced project risk.*[659] Zudem ermöglichen die Ergebnisse für Banken ein Benchmarking mit anderen Finanzinstituten. Außerdem können die Ergebnisse zu einer wissenschaftlich fundierten Kundenberatung genutzt werden.

Sowohl für **Sponsoren** als auch **Banken** bieten die Resultate der Interviews insbesondere Erkenntnisse rund um den österreichischen Projektfinanzierungsmarkt sowie für die Vorgänge und Entscheidungskriterien von österreichischen

656 Vgl. Esty (2002), S. 222; Flyvbjerg / Garbuio / Lovallo (2009), S. 190
657 Beidleman / Fletcher / Veshosky (1990), S. 55
658 Vgl. Choi / Kim (2018), S. 604; Dailami / Hauswald (2007), S. 275
659 Vgl. Walter (2017), S. 570

Banken und Sponsoren. Damit wurde auch die Zielsetzung, besonders Erkenntnisse für österreichische Unternehmen zu generieren, fortgeführt. Zudem setzt diese Arbeit die Reihe an erkenntnisreichen Dissertationen am Institut für BWL des Außenhandels mit dem Fokus auf Internationale Projektfinanzierungen fort.

7.5 Policy-Implikationen

Auch für **Staaten** und Regierungen ergeben sich einige Implikationen aus der vorliegenden Arbeit. Auch Staaten können als Auftraggeber von Projektfinanzierungen bzw. von Infrastrukturprojekten auftreten und profitieren daher auch von der genaueren Planbarkeit der Finanzierungsstruktur sowie damit einhergehend auch der besseren Planbarkeit der Finanzierungskosten. Dies kommt in letzter Konsequenz natürlich auch der Bevölkerung als Steuerzahler zugute.[660]

Zudem können Staaten die Ergebnisse nutzen, um den **Zustrom an privatem Kapital** für Infrastrukturinvestitionen in das eigene Land zu erhöhen. Aus dem Effekt der Länderrisikovariablen ist im Umkehrschluss ableitbar, welche Kategorien von Länderrisiken verbessert werden müssen, um die Finanzierungskosten für private Investoren zu verringern und damit das eigene Land für Investitionen attraktiver zu machen. Ein Vergleich mit anderen Ländern erlaubt hierbei sogar sehr konkret zu errechnen, welche Verbesserung zustande kommen muss, um z.B. die durchschnittliche Kreditmarge um eine gewisse Anzahl an Prozentpunkten zu verringern. Dies ist insbesondere für Entwicklungsländer von Bedeutung, da sich Internationale Projektfinanzierungen positiv auf das Wachstum und die Entwicklung von Ländern auswirken.[661]

Zudem sind Staaten oftmals an **Exportkreditversicherungen** und **internationalen Finanzinstitutionen** beteiligt. Auch hier helfen die Ergebnisse, um die Ausgestaltung der Finanzierungen, die Projektprüfung sowie die Beratung von Projektinitiatoren zu verbessern. Auch hierbei profitieren vor allem Projekte in Entwicklungsländern, da diese Länder die meiste Unterstützung durch IFI erhalten.[662] Nichtsdestotrotz hat dies auch Einfluss auf Sponsoren aus Industrienationen, die sich an Projekten in Entwicklungsländern beteiligen.[663]

Zudem können die dokumentierten Wechselwirkungen der Finanzierungsstruktur helfen, **Ratingsysteme** zu verbessern. Bisherige Ratingsysteme weisen

660 Vgl. Thierie / Moor (2018a), S. 21

661 Vgl. Kleimeier / Versteeg (2010), S. 57f; la Cour, Lisbeth F. / Müller (2014), S. 98

662 Vgl. Jandhyala (2016), S. 29

663 Ein Beispiel dafür wäre das Wasserkraftkraftprojekt von ANDRITZ in Angola, vgl. African Review of Business and Technology (2017).

für Projektfinanzierungskredite sehr konservative Risikoeinstufungen auf, welche sich nicht mit historischen Ausfallwahrscheinlichkeiten decken. Dies führt zu überhöhten Eigenkapitalanforderungen für Banken und eine Reduktion des Kreditvolumens bzw. einer Steigerung der Kosten.[664]

Weiters wurde im Rahmen der Interviews angemerkt, dass sowohl wenig Forschung als auch wenig **Lehre** rund um das Thema Internationale Projektfinanzierung betrieben wird. Dieser Umstand wurde bereits von Esty (2004b) angesprochen.[665] Für Österreich ist bisweilen keine Verbesserung hinsichtlich spezieller Bildungsangebote erkennbar. Bedenkt man die große Bedeutung dieses Themas, sind Entscheidungsträger in Regierungspositionen sowie bei Hochschulen gefordert.

Alle angesprochenen Implikationen können helfen, das – wie in der Problemstellung dieser Arbeit dargelegte – weltweite **Infrastrukturinvestitionsdefizit** zu verringern.[666] Sowohl für Industriestaaten wie Entwicklungsländer sind Infrastrukturinvestitionen – sei es in neue Projekte oder in bestehende Anlagen – ein essentieller Faktor für anhaltendes Wachstum.[667]

7.6 Limitationen

Wie ein jedes Forschungsprojekt ist auch diese Arbeit nicht frei von Limitationen, die im Folgenden offengelegt werden.

Bei der Auswahl der Beiträge im Rahmen des **Literature Reviews** wurde auf eine vollständige Erhebung der wesentlichen Literatur abgezielt. Dies wurde über eine umfangreiche und im Detail dokumentierte Suche versucht zu erreichen. Dennoch kann nicht vollständig ausgeschlossen werden, dass neben den begutachteten Beiträgen zusätzliche, relevante Werke bestehen.

Da für die **quantitative Erhebung** eine weltweite Stichprobe von Projektfinanzierungstranchen verwendet wurde, ist eine Übertragbarkeit der Ergebnisse auf andere Länder per se gegeben. Zudem wurde versucht, alle relevanten Variablen in den Regressionsgleichungen abzubilden, und da die Mehrheit der Effekte über verschiedene Modellspezifikationen hinweg konstant bleiben, ist von einer hohen Reliabilität der Befunde auszugehen. Nichtsdestotrotz kann ein Endogenitätsproblem aufgrund einer ausgelassenen Variablen nicht komplett

---

664 Vgl. Iyer / Purkayastha (2017), S. 23; Schöning / Weber (2005), S. 47ff; Gatti / Rigamonti / Saita / Senati (2007), S. 156f

665 Vgl. Esty (2004b)

666 Vgl. Della Croce / Gatti (2014), S. 136f; Esty / Chavic / Sesia (2014), S. 12f

667 Vgl. Global Infrastructure Hub (2017), S. 3

ausgeschlossen werden. Ein Endogenitätsproblem aufgrund simultaner Kausalität wurde mithilfe der Interviews mit hoher Sicherheit ausgeschlossen.

Darüber hinaus muss die **Qualität des Datenmaterials** kritisch hinterfragt werden. Das Unternehmen *Dealogic* gibt an, den weltweiten Projektfinanzierungsmarkt mit Ausnahme sehr kleiner Projektfinanzierungen abzubilden. Die wertmäßige Grenze wird nicht bekanntgegeben, jedoch besitzt die kleinste Projektfinanzierung in der Stichprobe einen Wert von rund USD 77.700. Somit kann angenommen werden, dass tatsächlich eine sehr große Anzahl von Projekten den Weg in die Datenbank findet. Nichtsdestotrotz kann nicht überprüft werden, ob tatsächlich eine vollständige Erhebung durchgeführt wird. Zudem muss herausgestrichen werden, dass nur Projekte analysiert werden, die eine Finanzierung erhalten. Projekte, die vor einem *Financial Closings* abgebrochen werden, finden keinen Einzug in die Analyse. Auch wird der weitere Projekterfolg nicht dokumentiert.

Wenngleich eine Generalisierbarkeit der Ergebnisse der **ExpertInneninterviews** nicht im Fokus dieser Arbeit stand, ist trotzdem anzumerken, dass ausschließlich ExpertInnen in Österreich befragt wurden. Hierbei wurde bewusst das Abbilden einer österreichischen Meinung einer Übertragbarkeit der Ergebnisse auf andere Länder vorgezogen. Trotzdem verfügen alle Interviewten über einen weitreichenden internationalen Erfahrungsschatz.

Literaturverzeichnis

African Review of Business and Technology (2017), Angola's Lauca dam starts producing power, in: http://www.africanreview.com/manufacturing/water-a-environment/angola-s-lauca-dam-starts-producing-power, abgerufen am 2. 6. 2019.

Aguinis, H. / Cascio, W. F. / Ramani, R. S. (2017), Science's reproducibility and replicability crisis. International business is not immune, Journal of International Business Studies, 48. Jg., Nr. 6, S. 653–663.

Ahiabor, F. S. / James, G. A. (2018), Domestic lead arranger certification and the pricing of project finance loans, International Journal of Finance & Economics, 62. Jg., Nr. 5, S. 777.

Ahmed, M. (2015), Islamic Project Finance: A Case Study of the East Cameron Project, Journal of Structured Finance, 20. Jg., Nr. 4, S. 120.

Akbiyikli, R. / Eaton, D. / Turner, A. (2006), Project Finance and the Private Finance Initiative (PFI), Journal of Structured Finance, 12. Jg., Nr. 2, 67–75,12.

Alchian, A. A. / Demsetz, H. (1972), Production, information costs, and economic organization, The American Economic Review, 62. Jg., Nr. 5, S. 777–795.

Alexandre, H. / Bouaiss, K. / Refait-Alexandre, C. (2014), Banking Relationships and Syndicated Loans during the 2008 Financial Crisis, Journal of Financial Services Research, 46. Jg., Nr. 1, S. 99–113.

Alonso-Conde, A. B. / Brown, C. / Rojo-Suarez, J. (2007), Public private partnerships: Incentives, risk transfer and real options*, Review of Financial Economics, 16. Jg., Nr. 4, S. 335.

Altman, E. I. / Saunders, A. (1998), Credit risk measurement. Developments over the last 20 years, Journal of Banking & Finance, Nr. 21, S. 1721–1742.

Altunbaş, Y. / Gadanecz, B. (2003), Developing country economic structure and the pricing of syndicated credits, Bank for International Settlements.

Altunbaş, Y. / Gadanecz, B. (2004), Developing Country Economic Structure and the Pricing of Syndicated Credits, Journal of Development Studies, 40. Jg., Nr. 5, S. 143–173.

An, Y. / Cheung, K. (2010), Project financing: Deal or no deal, Review of Financial Economics, 19. Jg., Nr. 2, S. 72–77.

Andrade, G. / Kaplan, S. N. (1998), How Costly is Financial (Not Economic) Distress? Evidence from Highly Leveraged Transactions that Became Distressed, The Journal of Finance, 53. Jg., Nr. 5, S. 1443–1493.

Arndt, R. H. (1998), Risk allocation in the Melbourne City Link project, Journal of Project Finance, 4. Jg., Nr. 3, S. 11–24.

Backhaus, K. (Hrsg.) (2003), Projektfinanzierung. Wirtschaftliche und rechtliche Aspekte einer Finanzierungsmethode für Großprojekte, 2. Aufl. Schäffer Poeschel.

Backhaus, K. / Werthschulte, H. (2006), Identification of Key Risk Factors in Project Finance-A „Project Type"-Based Simulation Approach, Journal of Structured Finance, 11. Jg., Nr. 4, 71–83,4.

Bae, D. S. / Damnjanovic, I. (2018), Credit Risk Assessment and Monitoring of TIF Bonds, Journal of Structured Finance, 23. Jg., Nr. 4, S. 57–68.

Baker, M. / Wurgler, J. (2002), Market Timing and Capital Structure, The Journal of Finance, 57. Jg., Nr. 1, S. 1–32.

Balzert, H. / Schröder, M. / Schäfer, C. (2011), Wissenschaftliches Arbeiten. Ethik, Inhalt & Form wiss. Arbeiten, Handwerkszeug, Quellen, Projektmanagement, Präsentation, 2. Aufl.

Bank 1 (2019), Interview 1. *Riedler, C.*, 20.03.2019, Wien.

Bank 2 (2019), Interview 2. *Riedler, C.*, 26.03.2019, Wien.

Bank 3 (2019), Interview 3. *Riedler, C.*, 08.04.2019, Wien.

Bank für Internationalen Zahlungsausgleich (2006), Internationale Konvergenz der Eigenkapitalmessung und der Eigenkapitalanforderungen. Überarbeitete Rahmenvereinbarung. BIZ, Basel.

Beale, C. / Chatain, M. / Fox, N. / Bell, S. / Preminger, R. / Prins, J. (2002), Credit attributes of project finance, Journal of Structured and Project Finance, 8. Jg., Nr. 3, S. 5–9.

Beato, P. / Vives, A. (2000), Private infrastructure investment at the subnational level: Challenges in emerging economies, Journal of Project Finance, 6. Jg., Nr. 2, S. 55–66.

Beidleman, C. R. / Fletcher, D. / Veshosky, D. (1990), On Allocating Risk: The Essence of Project Finance, Sloan management review, 31. Jg., Nr. 3, S. 47.

Bennon, M. / Monk, A. / Nowacki, C. (2015), Dutch Pensions Paving the Way for Infrastructure Development, Journal of Structured Finance, 21. Jg., Nr. 2, S. 45–54.

Bergara, M. E. / Henisz, W. J. / Spiller, P. T. (1998), Political institutions and electric utility investment: A cross-nation analysis, California management review, 40. Jg., Nr. 2, S. 18–35.

Berk, J. B. / DeMarzo, P. (2016), Grundlagen der Finanzwirtschaft. Analyse, Entscheidung und Umsetzung, 3. Aufl. Pearson, Hallbergmoos.

Berkowitch, E. / Kim, E. H. (1990), Financial Contracting and Leverage Induced Over- and Under-Investment Incentives, The Journal of Finance, 45. Jg., Nr. 3, S. 765–794.

Bird, R. / Liem, H. / Thorp, S. (2014), Infrastructure: Real Assets and Real Returns, European Financial Management, 20. Jg., Nr. 4, S. 802–824.

Black, F. / Scholes, M. (1973), The Pricing of Options and Corporate Liabilities, The Journal of Political Economy, 81. Jg., Nr. 3, S. 637–654.

Blanc-Brude, F. / Goldsmith, H. / Välilä, T. (2009), A Comparison of Construction Contract Prices for Traditionally Procured Roads and Public–Private Partnerships, Review of Industrial Organization, 35. Jg., 1–2, S. 19–40.

Blanc-Brude, F. / Hasan, M. (2016), A Structural Model of Credit Risk for Illiquid Debt, The Journal of Fixed Income, 26. Jg., Nr. 1, S. 6–19.

Blanc-Brude, F. / Omneia, I. R. H. (2013), Measuring Infrastructure Debt Credit Risk. Theoretical framework and cash ow reporting requirements, EDHEC Business School, Singapore.

Blanc-Brude, F. / Strange, R. (2007), How Banks Price Loans to Public-Private Partnerships. Evidence from the European Markets, Journal of Applied Corporate Finance, 19. Jg., Nr. 4, S. 94–106.

Bonetti, V. / Caselli, S. / Gatti, S. (2010), Offtaking agreements and how they impact the cost of funding for project finance deals: A clinical case study of the Quezon Power Ltd Co, Review of Financial Economics, 19. Jg., Nr. 2, S. 60.

Bortz, J. / Döring, N. (1996), Forschungsmethoden und Evaluation. Mit 60 Tabellen, 2. Aufl. Springer, Berlin, Heidelberg, New York, Barcelona, Budapest, Hongkong, London, Mailand, Paris, Santa Clara, Singapur, Tokio.

Böttcher, J. (2014), Wasserkraftprojekte. Rechtliche, technische und wirtschaftliche Aspekte. Gabler, Berlin.

Böttcher, J. / Blattner, P. (2006), Projektfinanzierung. Oldenbourg, München [u.a.].

Böttcher, J. / Blattner, P. (2010), Projektfinanzierung. Risikomanagement und Finanzierung, 2. Aufl. Oldenbourg, München.

Böttcher, J. / Blattner, P. (2013), Projektfinanzierung, 3. Aufl. Oldenbourg, München.

Brambor, T. / Clark, W. R. / Golder, M. (2006), Understanding interaction models. Improving empirical analyses, Political Analysis, 14. Jg., Nr. 1, S. 63–82.

Brander, J. A. / Lewis, T. R. (1986), Oligopoly and Financial Structure: The Limited Liability Effect, The American Economic Review, 76. Jg., Nr. 5, S. 956–970.

Brealey, R. / Myers, S. C. / Allen, F. (2011), Principles of Corporate Finance. S & P Market Insight, 10. Aufl. McGraw-Hill/Irwin, Boston.

Brealey, R. A. / Cooper, I. A. / Habib, M. A. (1996), Using Project Finance to Fund Infrastructure Investments, Journal of Applied Corporate Finance, 9. Jg., Nr. 3, S. 25–39.

Brönner, A. / Lehmann, S. (2016), Equator Principles – Risikomanagement bei Finanzierungen. Die EP- ihr Anspruch, ihre Verbreitung, ihre Wirkung. In: *Wendt, K.* (Hrsg.), CSR und Investment Banking, Berlin, Heidelberg, S. 93–113.

Buscaino, V. / Caselli, S. / Corielli, F. / Gatti, S. (2012), Project Finance Collateralised Debt Obligations: an Empirical Analysis of Spread Determinants, European Financial Management, 18. Jg., Nr. 5, S. 950–969.

Byoun, S. / Kim, J. / Yoo, S. S. (2013), Risk Management with Leverage: Evidence from Project Finance, Journal of Financial and Quantitative Analysis, 48. Jg., Nr. 2, S. 549.

Byoun, S. / Xu, Z. (2014), Contracts, governance, and country risk in project finance: Theory and evidence, Journal of Corporate Finance, 26. Jg., S. 124.

Caselli, S. / Gatti, S. (2017), Structured Finance, 2. Aufl. Springer International Publishing.

Caselli, S. / Gatti, S. / Marciante, A. (2009), Pricing Final Indemnification Payments to Private Sponsors in Project-Financed Public-Private Partnerships: An Application of Real Options Valuation, Journal of Applied Corporate Finance, 21. Jg., Nr. 3, S. 95–106.

Cerenzia, J. (1999), Establishing sustainable private infrastructure in emerging markets, Journal of Project Finance, 5. Jg., Nr. 2, S. 53–63.

Chemmanur, T. J. / John, K. (1996), Optimal Incorporation, Structure of Debt Contracts, and Limited-Recourse Project Financing, Journal of Financial Intermediation, 5. Jg., Nr. 4, S. 372–408.

Chen, A. H. / Kubik, J. W. (2007), Complementing Economic Advances in India: A New Approach to Financing Infrastructure Projects, Journal of Structured Finance, 13. Jg., Nr. 2, S. 29.

Choi, B. / Kim, S. T. (2018), Price volatility and risk management of oil and gas companies. Evidence from oil and gas project finance deals, Energy Economics, 76. Jg., S. 594–605.

Collin-Dufresne, P. / Goldstein, R. S. (2001), Do Credit Spreads Reflect Stationary Leverage Ratios?, The Journal of Finance, 56. Jg., Nr. 5, S. 1929–1957.

Cooper, I. A. / Nyborg, K. G. (2018), Consistent valuation of project finance and LBOs using the flows-to-equity method, European Financial Management, 24. Jg., Nr. 1, S. 34–52.

Corelli, A. (2016), Analytical Corporate Finance. Springer International Publishing, Cham.

Corielli, F. / Gatti, S. / Steffanoni, A. (2010), Risk shifting through nonfinancial contracts: effects on loan spreads and capital structure of project finance deals, Journal of money, credit and banking, 42. Jg., Nr. 7, S. 1295–1320.

Cortazar, G. / Casassus, J. (1998), Optimal timing of a mine expansion: Implementing a real options model, Quarterly Review of Economics and Finance, 38. Jg., S. 755–769.

Crouhy, M. / Galai, D. / Mark, R. (2000), A comparative analysis of current credit risk models, Journal of Banking & Finance, 24. Jg., 1/2, S. 59–117.

Dailami, M. / Hauswald, R. (2007), Credit-spread determinants and interlocking contracts. A study of the Ras Gas project, Journal of Financial Economics, 86. Jg., Nr. 1, S. 248–278.

Dailami, M. / Leipziger, D. (1998), Infrastructure project finance and capital flows. A new perspective, World Development, 26. Jg., Nr. 7, S. 1283–1298.

Davis, H. A. (1999), Effects of the world financial crisis on project finance: A review of the rating agency sourcebooks, Journal of Project Finance, 4. Jg., Nr. 4, S. 13–17.

Davis, H. A. (2002), How Enron has affected project finance, Journal of Structured and Project Finance, 8. Jg., Nr. 1, S. 19–25.

Davis, H. A. (2003), Project finance: Practical case studies, 2. Aufl. Euromoney Books, London.

Davis, H. A. (2005), The Definition of Structured Finance, Journal of Structured Finance, 11. Jg., Nr. 3, S. 5–10.

Dealogic (2015), Dealogic Project Finance Coverage & Criteria.

Dealogic (2017), ProjectWare, in: www.dealogic.com, abgerufen am 3. 4. 2018.

DeAngelo, H. / Masulis, R. W. (1980), Optimal capital structure under corporate and personal taxation, Journal of Financial Economics, 8. Jg., Nr. 1, S. 3–29.

Della Croce, R. / Gatti, S. (2014), Financing infrastructure – International trends, OECD Journal: Financial Market Trends, Volume 2014 Issue 1, OECD Journal: Financial Market Trends, Nr. 1, S. 123–138.

Delmon, J. (2009), Private sector investment in infrastructure. Project finance, PPP projects and risks, 2. Aufl. Kluwer Law International, Alphen Aan Den Rijn.

Deo, P. (2014), Leveraged Leases Using the Displaced Equity Method, Journal of Structured Finance, 20. Jg., Nr. 1, 50–57,7.

Dewar, J. (Hrsg.) (2011), International project finance. Law and practice. Oxford Univ. Press, Oxford u.a.

Djankov, S. / La Porta, R. / Lopez-de-Silanes, F. / Shleifer, A. (2003), Courts, The quarterly journal of economics, 118. Jg., Nr. 2, S. 453–517.

Djankov, S. / McLiesh, C. / Shleifer, A. (2007), Private credit in 129 countries☆, Journal of Financial Economics, 84. Jg., Nr. 2, S. 299–329.

Doh, J. P. / Ramamurti, R. (2003), Reassessing risk in developing country infrastructure, Long Range Planning, 36. Jg., Nr. 4, S. 337–353.

Doh, J. P. / Teegen, H. / Mudambi, R. (2004), Balancing private and state ownership in emerging markets' telecommunications infrastructure: country, industry, and firm influences, Journal of International Business Studies, 35. Jg., Nr. 3, S. 233–250.

Dong, F. / Chiara, N. / Vecer, J. (2010), Valuing callable and putable revenue-performance-linked project backed securities, International journal of theoretical and applied finance, 13. Jg., Nr. 5, S. 751–766.

Döring, N. / Bortz, J. (2016), Forschungsmethoden und Evaluation in den Sozial- und Humanwissenschaften, 5. Aufl. Springer, Berlin, Heidelberg.

Dzhankobaev, T. / Piedra, J. (2005), Kazakhstan's Capital Markets Ahead of the Pack, Journal of Structured Finance, 11. Jg., Nr. 1, S. 66–72.

Ebrahim, M. S. / Khan, T. (2002), On the pricing of an Islamic convertible mortgage for infrastructure project financing, International journal of theoretical and applied finance, 5. Jg., Nr. 7, S. 701–728.

El-Diraby, T. A. / Gill, S. M. (2006), A taxonomy for construction terms in privatized-infrastructure finance: supporting semantic exchange of project risk information, Construction Management and Economics, 24. Jg., Nr. 3, S. 271–285.

Esty, B. C. (1999a), Improving techniques for valuing large-scale projects, Journal of Project Finance, 5. Jg., Nr. 1, S. 9–25.

Esty, B. C. (1999b), Petrozuata: A Case Study Of The Effective Use Of Project Finance, Journal of Applied Corporate Finance, 12. Jg., Nr. 3, S. 26–42.

Esty, B. C. (2000), The equate project: An introduction to Islamic project finance, Journal of Project Finance, 5. Jg., Nr. 4, S. 7–20.

Esty, B. C. (2002), Returns on Project-Financed Investments: Evolution and Managerial Implications, Journal of Applied Corporate Finance, 15. Jg., Nr. 1, S. 71–86.

Esty, B. C. (2003), The Economic Motivations for Using Project Finance.

Esty, B. C. (2004a), Modern project finance. A casebook. Wiley, New York.

Esty, B. C. (2004b), Why study large projects? An introduction to research on project finance, European Financial Management, 10. Jg., Nr. 2, S. 213–224.

Esty, B. C. / Chavic, C. / Sesia, A. (2014), An Overview of Project Finance and Infrastructure Finance-2014 Update, Harvard Business Review, HBS Case No. 214083.

Esty, B. C. / Megginson, W. L. (2003), Creditor rights, enforcement, and debt ownership structure: Evidence from the global syndicated loan market, Journal of Financial and Quantitative Analysis, 38. Jg., Nr. 1, S. 37–59.

Fama, E. F. / French, K. R. (2002), Testing Trade-Off and Pecking Order Predictions About Dividends and Debt, Review of Financial Studies, 15. Jg., Nr. 1, S. 1–33.

Farooquee, A. A. (2017), Design, Structure, and Risk Assessment of a Pre-Securitization Financing Facility for Rooftop Solar Projects in India, Journal of Structured Finance, 23. Jg., Nr. 1, S. 91–97.

Finnerty, J. D. (2013), Project financing. Asset-based financial engineering. John Wiley & Sons, Inc, Hoboken, New Jersey.

Flyvbjerg, B. / Garbuio, M. / Lovallo, D. (2009), Delusion and Deception in Large Infrastructure Projects: Two Models for Explaining and Preventing Executive Disaster, California management review, 51. Jg., Nr. 2, S. 170–193.

Fox, J. / Monette, G. (1992), Generalized Collinearity Diagnostics, Journal of the American Statistical Association, 87. Jg., Nr. 417, S. 178.

Frank, M. / Haiss, P. / Handrich, M. (2004), Projektfinanzierung in der Bankenpraxis. In: *Guserl, R./Pernsteiner, H.* (Hrsg.), Handbuch Finanzmanagement in der Praxis, Wiesbaden, S. 1085–1115.

Freydefont, M. (2001), An approach to credit risk valuation for structured and project finance transactions, Journal of Project Finance, 6. Jg., Nr. 4, S. 53–67.

Garcia-Bernabeu, A. / Mayor-Vitoria, F. / Mas-Verdu, F. (2015), Project Finance Recent Applications and Future Trends: The State of the Art, International Journal of Business and Economics, 14. Jg., Nr. 2, S. 159–178.

Gatti, S. (2013), Project finance in theory and practice. Designing, structuring, and financing private and public projects. Academic Press.

Gatti, S. / Kleimeier, S. / Megginson, W. / Steffanoni, A. (2013), Arranger Certification in Project Finance, Financial Management, 42. Jg., Nr. 1, S. 1–40.

Gatti, S. / Rigamonti, A. / Saita, F. / Senati, M. (2007), Measuring Value-at-Risk in Project Finance Transactions, European Financial Management, 13. Jg., Nr. 1, S. 135–158.

Gemson, J. / Rajan, A. T. (2017), A Choice between Staging and Syndication as Tools to Control Risks When Private Equity Invests in Infrastructure, Journal of Structured Finance, 23. Jg., Nr. 2, S. 34–50.

Gendron, M. / van Lai, S. / Soumaré, I. (2007), Project Finance with Limited Recourse: An Option Pricing Approach to Debt Capacity and Project Risk, Journal of Structured Finance, 13. Jg., Nr. 3, 97–104,6.

Girardone, C. / Snaith, S. (2011), Project finance loan spreads and disaggregated political risk, Applied Financial Economics, 21. Jg., Nr. 23, S. 1725–1734.

Global Infrastructure Hub (2017), Global infrastructure outlook. Global Infrastructure Hub, Sydney, Australia.

Google Scholar (2017), Search Tips. Email Alerts, in: https://scholar.google.com/intl/de/scholar/help.html.

Graham, J. R. / Leary, M. T. (2011), A Review of Empirical Capital Structure Research and Directions for the Future, Annual Review of Financial Economics.

Grath, A. (2016), The handbook of international trade and finance. The complete guide for international sales, finance, shipping and administration. Kogan Page, London, Philadelphia.

Gropp, R. / Sørensen, C. K. / Lichtenberger, J.-D. (2007), The dynamics of bank spreads and financial structure. European Central Bank, Frankfurt am Main.

Grüll, M. (1996), Projektfinanzierung im Export. In: *Stepic, H.* (Hrsg.), Handbuch der Exportabwicklung. Ein Leitfaden für Praktiker im Auslandsgeschäft, 2. Aufl., Wien, S. 309–331.

Grunert, J. (2008), Zur Behandlung von Ausfallwahrscheinlichkeiten bei Projektfinanzierungen, Finanz-Betrieb, 10. Jg., Nr. 1, S. 16–24.

Habib, M. A. / Johnsen, D. B. (1999), The Financing and Redeployment of Specific Assets, The Journal of Finance, 54. Jg., Nr. 2, S. 693–720.

Hainz, C. / Kleimeier, S. (2004), Political risk in syndicated lending: theory and empirical evidence regarding the use of projectfinance. LIFE Working Paper.

Hainz, C. / Kleimeier, S. (2012), Political risk, project finance, and the participation of development banks in syndicated lending, Journal of Financial Intermediation, 21. Jg., Nr. 2, S. 287–314.

Harris, C. / Pratap, K. V. (2009), What Drives Private Sector Exit from Infrastructure? Economic Crises and Other Factors in the Cancellation of Private Infrastructure Projects in Developing Countries. World Bank, Washington, DC.

Harris, M. / Raviv, A. (1991), The Theory of Capital Structure, The Journal of Finance, 46. Jg., Nr. 1, S. 297–355.

Hastie, T. / Tibshirani, R. (1986), Generalized Additive Models, Statistical Science, 1. Jg., Nr. 3, S. 297–310.

Henisz, W. J. (2002), The institutional environment for infrastructure investment, Industrial and Corporate Change, 11. Jg., Nr. 2, S. 355–389.

Hirshleifer, J. (1970), Investment, interest, and capital. Prentice-Hall, Englewood Cliffs, N.J.

Hu, C. M. / Whiteman, A. / Francoeur, M. (1998), Project finance alternatives to airport infrastructure development, Journal of Project Finance, 4. Jg., Nr. 2, S. 29–37.

Hull, J. (2016), Risikomanagement. Banken, Versicherungen und andere Finanzinstitutionen, 4. Aufl. Pearson; ProQuest, Hallbergmoos, Ann Arbor, Michigan.

Hupe, M. (1995), Steuerung und Kontrolle internationaler Projektfinanzierungen. P. Lang, Frankfurt am Main, New York.

IndexMundi (2019), Commodity Metals Price Index Monthly Price – Index Number, in: https://www.indexmundi.com/commodities/?commodity=metals-price-index, abgerufen am 15. 2. 2019.

InflationData (2019), in: www.inflationdata.com, abgerufen am 15. 2. 2019.

Institut für Betriebswirtschaftslehre des Außenhandels (2019), Institutsprofil, in: https://www.wu.ac.at/auha/auha/profil, abgerufen am 9. 5. 2019.

International Organization of Motor Vehicle Manufacturers (2019), World Vehicles in use, in: http://www.oica.net/category/vehicles-in-use/, abgerufen am 15. 2. 2019.

Iyer, K. C. / Purkayastha, D. (2017), Credit Risk Assessment in Infrastructure Project Finance: Relevance of Credit Ratings, Journal of Structured Finance, 22. Jg., Nr. 4, S. 17–25.

Izzi, L. / Oricchio, G. / Vitale, L. (2012), Basel III credit rating systems. An applied guide to quantitative and qualitative models. Palgrave Macmillan, Houndmills, Basingstoke, Hampshire.

Jacobsson, R. / Jacobsson, S. (2012), The emerging funding gap for the European Energy Sector—Will the financial sector deliver?, Environmental Innovation and Societal Transitions, 5. Jg., S. 49–59.

James, B. E. / Vaaler, P. M. (2017), Experience, Equity and Foreign Investment Risk. A PIC Perspective, Management International Review, 57. Jg., Nr. 2, S. 209–241.

James, B. E. / Vaaler, P. M. (2018), Minority Rules. Credible State Ownership and Investment Risk Around the World, Organization Science.

Jandhyala, S. (2016), International Organizations and Political Risk –The case of multilateral development banks in infrastructure projects, ESSEC Business School, Singapore.

Jensen, M. C. (1986), Agency Costs of Free Cash Flow, Corporate Finance, and Takeovers, The American Economic Review, 76. Jg., Nr. 2, S. 323–329.

Jensen, M. C. / Meckling, W. H. (1976), Theory of the firm. Managerial behavior, agency costs and ownership structure, Journal of Financial Economics, 3. Jg., Nr. 4, S. 305–360.

John, T. A. / John, K. (1991), Optimality of project financing: Theory and empirical implications in finance and accounting, Review of Quantitative Finance and Accounting, 1. Jg., Nr. 1, S. 51–74.

Joutsenvirta, M. / Vaara, E. (2015), Legitimacy struggles and political corporate social responsibility in international settings: a comparative discursive analysis of a contested investment in Latin America, Organization Studies, 36. Jg., Nr. 6, S. 741–777.

Jürgens, W. H. (1994), Projektfinanzierung. Neue Institutionenlehre und ökonomische Rationalität. Gabler, Wiesbaden.

Kam, J. (2006), No Pain, No Gain. Rethinking the Telecoms Crash1, Technology Analysis & Strategic Management, 18. Jg., Nr. 5, S. 497–514.

Kardes, I. / Ozturk, A. / Cavusgil, S. T. / Cavusgil, E. (2013), Managing global megaprojects. Complexity and risk management, International Business Review, 22. Jg., Nr. 6, S. 905–917.

Kargman, S. T. (2003), Project finance restructurings and corporate debt restructurings in the emerging markets: A comparative overview, Journal of Structured and Project Finance, 8. Jg., Nr. 4, S. 35–48.

Kaviani, S. / Kryzanowski, L. / Maleki, H. / Savor, P. G. (2017), Policy Uncertainty and Corporate Credit Spreads, SSRN Electronic Journal.

Kayser, D. (2013), Recent Research in Project Finance – A Commented Bibliography, Procedia Computer Science, 17. Jg., S. 729–736.

Kleimeier, S. / Megginson, W. L. (2000), Are Project Finance Loans Different From Other Syndicated Credits?, Journal of Applied Corporate Finance, 13. Jg., Nr. 1, S. 75–87.

Kleimeier, S. / Megginson, W. L. (2001), An Empirical Analysis of Limited Recourse Project Finance, Working Paper.

Kleimeier, S. / Versteeg, R. (2010), Project finance as a driver of economic growth in low-income countries, Review of Financial Economics, 19. Jg., Nr. 2, S. 49.

Kleine, J. / Schulz, T. C. / Krautbauer, M. (2015), Infrastrukturinvestments. Springer Fachmedien Wiesbaden, Wiesbaden.

Klompjan, R. / Wouters, M. J. F. (2002), Default risk in project finance, Journal of Structured and Project Finance, 8. Jg., Nr. 3, S. 10–21.

Knöchlein, G. (2006), Ratingverfahren – strukturell-kausale Ansätze. Das Merton-Modell, Mainz.

Koske, I. / Wanner, I. / Bitetti, R. / Barbiero, O. (2015), The 2013 update of the OECD's database on product market regulation. OECD Publishing, Paris.

KPMG (2019), Corporate tax rates table, in: https://home.kpmg.com/xx/en/home/services/tax/tax-tools-and-resources/tax-rates-online/corporate-tax-rates-table.html, abgerufen am 12. 2. 2019.

Kraus, A. / Litzenberger, R. H. (1973), A State-Preference Model of Optimal Financial Leverage, The Journal of Finance, 28. Jg., Nr. 4, S. 911.

Kumar, R. / Rangan, U. S. / Rufin, C. (2005), Negotiating comoplexity and legitimacy in independent power project development, Journal of World Business, 40. Jg., Nr. 3, S. 302–320.

Kwak, Y. H. / Chih, Y. Y. / Ibbs, C. W. (2009), Towards a comprehensive understanding of public private partnerships for infrastructure development, California management review, 51. Jg., Nr. 2, S. 51–78.

la Cour, Lisbeth F. / Müller, J. (2014), Growth and project finance in the least developed countries, International Journal of Economic Sciences and Applied Research, 7. Jg., Nr. 2, S. 77–103.

La Porta, R. / Lopez-de-Silanes, F. / Shleifer, A. / Vishny, R. W. (1997), Legal Determinants of External Finance, The Journal of Finance, 52. Jg., Nr. 3, S. 1131–1150.

La Porta, R. / Lopez-de-Silanes, F. / Shleifer, A. / Vishny, R. W. (1998), Law and Finance, Journal of Political Economy, 106. Jg., Nr. 6, S. 1113–1155.

Laux, C. (1997), Projektfinanzierung – Vorteile auch für kapitalkräftige Unternehmen?, DBW Die Betriebswirtschaft, 57. Jg., Nr. 6, S. 840–856.

Leary, M. / Roberts, M. R. (2005), Do firms rebalance their capital structures?, The journal of finance: the journal of the American Finance Association, 60. Jg., Nr. 6, S. 2575–2620.

Leigland, J. (2003), Managing the threat of MAGA in emerging PPP markets: A case study from South Africa, Journal of Structured and Project Finance, 8. Jg., Nr. 4, S. 49–54.

Leland, H. E. (1994), Corporate Debt Value, Bond Covenants, and Optimal Capital Structure, The Journal of Finance, 49. Jg., Nr. 4, S. 1213–1252.

Leland, H. E. (2007), Financial Synergies and the Optimal Scope of the Firm: Implications for Mergers, Spinoffs, and Structured Finance, The Journal of Finance, 62. Jg., Nr. 2, S. 765.

Leland, H. E. / Pyle, D. H. (1977), Informational asymmetries, financial structure, and financial intermediation, The journal of finance: the journal of the American Finance Association, 32. Jg., Nr. 2, S. 371–387.

Lemmon, M. L. / Roberts, M. R. / Zender, J. F. (2008), Back to the Beginning. Persistence and the Cross-Section of Corporate Capital Structure, The Journal of Finance, 63. Jg., Nr. 4, S. 1575–1608.

Lemos, T. de / *Betts, M. / Eaton, D. / Tadeu de Almeida, L.* (2000), From concessions to project finance and the private finance initiative, Journal of Project Finance, 6. Jg., Nr. 3, S. 19–37.

Lessard, D. R. (1996), Incorporating Country Risk in the Valuation of Offshore Projects, Journal of Applied Corporate Finance, 9. Jg., Nr. 3, S. 52–63.

Lin, Q. / Wang, S. Q. / Tiong, R. L. K. / Tsang-Sing, C. (2002), Critical success factors for tendering BOT infrastructure projects in China, Journal of Structured and Project Finance, 8. Jg., Nr. 1, S. 40–52.

Longstaff, F. A. / Schwartz, E. S. (1995), A Simple Approach to Valuing Risky Fixed and Floating Rate Debt, The Journal of Finance, 50. Jg., Nr. 3, S. 789–819.

Mao, J. C. T. (1982), Project financing: Funding the future, Financial Executive, 50. Jg., Nr. 8, S. 23–28.

Marshella, T. (2001), Debt Financing of Projects in Emerging Economies, Journal of Structured Finance, 7. Jg., Nr. 2, S. 30–34.

Martin, K. (1997), Effects of New Tax Law on the Project Finance Community, Journal of Structured Finance, 2. Jg., Nr. 4, S. 13–19.

Mayring, P. (2015), Qualitative Inhaltsanalyse. Grundlagen und Techniken, 12. Aufl. Beltz, Weinheim und Basel.

McKinsey Global Institute (2013), Infrastructure productivity. How to save. McKinsey Global Institute, Washington, D.C.

Megginson, W. L. (2010), Introduction to the special issue on project finance, Review of Financial Economics, 19. Jg., Nr. 2, S. 47–48.

Merna, T. / Fook Long, S. K. (2003), The allocation of financial instruments to project activity risks, Journal of Structured and Project Finance, 8. Jg., Nr. 4, S. 21–33.

Merton, R. C. (1974), On the Pricing of Corporate Debt. The Risk Structure of Interest Rates, The Journal of Finance, 29. Jg., Nr. 2, S. 449.

Miglo, A. (Hrsg.) (2016), Capital Structure in the Modern World. Springer International Publishing, Cham.

Miller, K. D. (1992), A Framework for Integrated Risk Management in International Business, Journal of International Business Studies, 23. Jg., Nr. 2, S. 311–331.

Modigliani, F. / Miller, M. H. (1958), The Cost of Capital, Corporation Finance, and the Theory of Investment: Reply, The American Economic Review, 48. Jg., Nr. 3, S. 261–297.

Moody's (2018), The Established Leader in Quantitative Credit Analysis, in: https://www.moodys.com/Pages/atc003001002.aspx, abgerufen am 1. 9. 2018.

Morrison, R. (2012), The principles of project finance. Gower, Farnham, Burlington, Vt.

Moser, R. (1985), Preis- und Finanzierungsentscheidungen im Auslandsgeschäft. Ein corporate-modelling-Ansatz. Österreichische Akademie der Wissenschaften, Wien.

Mukherjee, A. / Chatterjee, P. (2015), A Framework for Understanding and Modeling Risk in Mega-Projects and Its Impact on the Markets for Project Finance, Journal of Structured Finance, 21. Jg., Nr. 3, S. 88–105.

Müllner, J. (2016), From uncertainty to risk – A risk management framework for market entry, Journal of World Business, 51. Jg., Nr. 5, S. 800.

Müllner, J. (2017), International project finance. Review and implications for international finance and international business, Management Review Quarterly, 37. Jg., Nr. 1, S. 575.

Müllner, J. / Dorobantu, S. (2017), Debt-side governance and the geography of project finance syndicates, Journal of Corporate Finance.

Myers, S. C. (1977), Determinants of corporate borrowing, Journal of Financial Economics, 5. Jg., Nr. 2, S. 147–175.

Myers, S. C. (1984), The Capital Structure Puzzle, The Journal of Finance, 39. Jg., Nr. 3, S. 575.

Myers, S. C. / Majluf, N. S. (1984), Corporate financing and investment decisions when firms have information that investors do not have, Journal of Financial Economics, 13. Jg., Nr. 2, S. 187–221.

Nahlik, C. F. d. / Jackson, C. (2014), Project finance in practice. Case studies. Euromoney Institutional Investor PLC, London.

Nevitt, P. K. (1980), Project financing. Euromoney Publications, London.

Nevitt, P. K. / Fabozzi, F. J. (2000), Project financing, 7. Aufl. Euromoney Books, London.

Niehuss, J. M. (2015), International project finance in a nutshell. West Academic Publishing, St. Paul, MN.

OECD (2016), Regulation in energy, transport and communications, in: http://stats.oecd.org/Index.aspx?datasetcode=ETCR, abgerufen am 10. 7. 2016.

Öhler, H. / Nunnenkamp, P. (2014), Needs-based targeting or favoritism? The regional allocation of multilateral aid within recipient countries, Kyklos, 67. Jg., Nr. 3, S. 420–446.

Orgeldinger, J. (2006), Basel II and Project Finance-The Development of a Basel II-Conforming Rating Model, Journal of Structured Finance, 11. Jg., Nr. 4, 84–95,4.

Perille, J. P. / Saathoff, F. J. (1978), Why Not Project Financing?, Management Accounting, Oktober, S. 13–22.

Pfarl, I. (2014), Empirische Analysen der Projektfinanzierung 2000 – 2012 im Sektor Erneuerbare Energie, Dissertation, WU Vienna University of Economics and Business, Wien.

Pfarl, I. / Moser, R. (2017), Projektfinanzierung als erfolgreiche Finanzierungsform im internationalen Geschäft: Fallstudien im Bereich Erneuerbare Energien. Springer Science and Business Media; Springer Gabler, Wiesbaden.

Pinto, J. M. / Alves, P. P. (2016), Project finance in Europe: An overview and discussion of key drivers, EIB Working Papers, Luxembourg.

Power, G. J. / Tandja M., C. D. / Bastien, J. / Grégoire, P. (2015), Measuring infrastructure investment option value, The Journal of Risk Finance, 16. Jg., Nr. 1, S. 49–72.

PRS Group (2011), ICRG methodology, The PRS Group.

PRS Group (2016), About us, in: http://www.prsgroup.com/about-us/about-prs.

Rajan Annamalai, T. / Jain, N. (2013), Project finance and investments in risky environments: evidence from the infrastructure sector, Journal of Financial Management of Property and Construction, 18. Jg., Nr. 3, S. 251–267.

Ramamurti, R. / Doh, J. P. (2004), Rethinking foreign infrastructure investment in developing countries, Journal of World Business, 39. Jg., Nr. 2, S. 151–167.

Randa, G. (1998), Strukturierte Finanzierungen. Problemlösungskraft durch individuelle und innovative Finanzierungskonzepte. In: *Süchting, J./Heitmüller, H.-M.* (Hrsg.), Handbuch des Bankmarketing, Wiesbaden, S. 513–544.

Rechnungshof Österreich (2018), Management von öffentlichen Bauprojekten. Verbesserungsvorschläge des Rechnungshofes, Wien.

Reichling, P. (2007), Praxishandbuch Risikomanagement und Rating. Ein Leitfaden. Gabler, Wiesbaden.

Reuter, A. (2010), Projektfinanzierung. Anwendungsmöglichkeiten, ÖPP und Infrastrukturfinanzierung, Risikomanagement, Vertragsgestaltung, Kapitalmarkt, bilanzielle Behandlung, 2. Aufl. Schäffer-Poeschel Verlag für Wirtschaft Steuern Recht, Stuttgart.

Rezaee, A. (2016), Project Finance in International Trade Law: Risk's Perspective, Journal of Structured Finance, 22. Jg., Nr. 3, S. 21–30.

Richter, S. / Horsch, A. (2016), Anleihegestützte Projektfinanzierung, WiSt – Wirtschaftswissenschaftliches Studium, 45. Jg., Nr. 6, S. 290–295.

Robichek, A. A. / Myers, S. C. (1965), Optimal financing decisions. Prentice-Hall, Englewood Cliffs, NJ.

Roll, M. / Verbeke, A. (1998), Financing of the trans-European high-speed rail networks: New forms of public-private partnerships, European Management Journal, 16. Jg., Nr. 6, S. 706–713.

Rondinelli, D. A. (1979), Planning Development Projects: Lessons from Developing Countries, Long Range Planning, 12. Jg., Nr. 3, S. 48.

Rose, S. (1998), Valuation of interacting real options in a tollroad infrastructure project, Quarterly Review of Economics and Finance, 38. Jg., S. 711–723.

Ross, S. A. (1977), The Determination of Financial Structure: The Incentive-Signalling Approach, The Bell Journal of Economics, 8. Jg., Nr. 1, S. 23–40.

Rossi, E. F. / Stepic, R. (2015), Infrastructure project finance and project bonds in Europe. Palgrave Macmillan, Basingstoke, England.

Rothballer, C. / Kaserer, C. (2012), The Risk Profile of Infrastructure Investments: Challenging Conventional Wisdom, Journal of Structured Finance, 18. Jg., Nr. 2, 95–109,8.

Rudolph, B. (2012), Kreditrisikotransfer. Moderne Instrumente und Methoden, 2. Aufl. Springer Berlin Heidelberg, Berlin, Heidelberg.

Runge, M. / Trost, R. / Schneider, H. (2004), Kreditrisikomanagement in Banken unter besonderer Berücksichtigung ausgewählter Kreditrisikomodelle, Dissertation, Technische Universität Ilmenau, Ilmenau.

Sachs, T. / Tiong, R. / Wagner, D. (2008), The Quantification and Financial Impact of Political Risk Perceptions on Infrastructure Projects in Asia, Journal of Structured Finance, 13. Jg., Nr. 4, 80–104,4–5.

Saunders, A. / Allen, L. (2002), Credit risk measurement. New approaches to value at risk and other paradigms, 2. Aufl. Wiley, New York.

Sawant, R. J. (2008), The economics of large scale infrastructure project finance: An empirical examination of the propensity to project finance, ProQuest Dissertations and Theses.

Sawant, R. J. (2009), The economics of large-scale infrastructure FDI: The case of project finance, Journal of International Business Studies, 41. Jg., Nr. 6, S. 1036–1055.

Sawant, R. J. (2010a), Emerging Market Infrastructure Project Bonds: Their Risks and Returns, Journal of Structured Finance, 15. Jg., Nr. 4, 75–83,6.

Sawant, R. J. (2010b), Infrastructure investing. Managing risks & rewards for pensions, insurance companies & endowments. John Wiley & Sons, Hoboken, N.J.

Sawant, R. J. (2012), Asset Specificity and Corporate Political Activity in Regulated Industries, Academy of Management Review, 37. Jg., Nr. 2, S. 194–210.

Schiller, B. / Tytko, D. (2001), Risikomanagement im Kreditgeschäft. Grundlagen, neuere Entwicklungen und Anwendungsbeispiele. Schäffer-Poeschel, Stuttgart.

Schneider, H. (2010), Determinanten der Kapitalstruktur. Eine meta-analytische Studie der empirischen Literatur. Gabler, Wiesbaden.

Schöning, S. / Weber, M. (2005), Die Risiken der Projektfinanzierung, Die Bank, Nr. 1, S. 47–51.

Shah, S. / Thakor, A. V. (1987), Optimal capital structure and project financing, Journal of Economic Theory, 42. Jg., Nr. 2, S. 209–243.

Sirtaine, S. / Pinglo, M. E. / Guasch, J. L. / Foster, V. (2005), How profitable are private infrastructure concessions in Latin America? Empirical evidence and regulatory implications, Quarterly Review of Economics and Finance, 45. Jg., Nr. 2,3, S. 380–402.

Smith, C. W. / Stulz, R. M. (1985), The Determinants of Firms' Hedging Policies, The Journal of Financial and Quantitative Analysis, 20. Jg., Nr. 4, S. 391–405.

Sorge, M. (2004), The nature of credit risk in project finance, BIS Quarterly Review, S. 91–101.

Sorge, M. / Gadanecz, B. (2004), The Term Structure of Credit Spreads in Project Finance, SSRN Electronic Journal.

Sorge, M. / Gadanecz, B. (2008), The term structure of credit spreads in project finance, International Journal of Finance & Economics, 13. Jg., Nr. 1, S. 68–81.

Spillers, C. A. (1999), Implications of economic turmoil to emerging market project finance transactions--a rating agency perspective, Journal of Project Finance, 4. Jg., Nr. 4, S. 9–12.

Sponsor 1 (2019), Interview 4. *Riedler, C.*, 20.03.2019, Wien.

Sponsor 2 (2019), Interview 5. *Riedler, C.*, 22.03.2019, Wien.

Sponsor 3 (2019), Interview 6. *Riedler, C.*, 25.03.2019, Telefonisch / Wien.

Sponsor 4 (2019), Interview 7. *Riedler, C.*, 01.04.2019, Wien.

Sponsor 5 (2019), Interview 8. *Riedler, C.*, 10.04.2019, Wien.

Sponsor 6 (2019), Interview 9. *Riedler, C.*, 07.05.2019, Wien.

Spremann, K. / Gantenbein, P. (2009), Zinsen, Anleihen, Kredite, 4. Aufl. Oldenbourg, München [u.a.].

Srivastava, V. (2014), Project Finance Default in India: Implications for Bank Loans to the Infrastructure Sector, Journal of Structured Finance, 20. Jg., Nr. 2, S. 81.

Srivastava, V. (2015), Restructuring Project Finance Bank Debt in India: Information Asymmetry and Agency Costs, Journal of Structured Finance, 21. Jg., Nr. 3, S. 106–114.

Stannard, C. J. (1990), Managing a Mega-Project – The Channel Tunnel, Long Range Planning, 23. Jg., Nr. 5, S. 49.

Steffen, B. (2018), The importance of project finance for renewable energy projects, Energy Economics, 69. Jg., S. 280–294.

Stulz, R. M. (1984), Optimal Hedging Policies, The Journal of Financial and Quantitative Analysis, 19. Jg., Nr. 2, S. 127.

Stulz, R. M. (1996), Rethinking risk management. Fisher College of Business, The Ohio State University, Columbus, OH.

Subramanian, K. V. / Tung, F. (2016), Law and Project Finance, Journal of Financial Intermediation, 25. Jg., S. 154–177.

Subramanian, K. V. / Tung, F. / Wang, X. S. (2008), Law, agency costs and project finance. In: American Law & Economics Association Annual Meetings, S. 1–39.

Sundaresan, S. (2013), A Review of Merton's Model of the Firm's Capital Structure with Its Wide Applications, Annual Review of Financial Economics, 5. Jg., Nr. 1, S. 21–41.

Sutz, R. (1989), Projektfinanzierung im internationalen Bankgeschäft. In: *Büschgen, H. E./Richolt, K.* (Hrsg.), Handbuch des internationalen Bankgeschäfts, Wiesbaden, S. 211–240.

Thierie, W. / Moor, L. D. (2018a), Determinants of bank loan spread in project finance, International Journal of Managing Projects in Business, 79. Jg., Nr. 1, S. 1–26.

Thierie, W. / Moor, L. D. (2018b), Loan tenor in project finance, International Journal of Managing Projects in Business, 5. Jg., Nr. 5, S. 1–19.

Thillai, R. A. (2004), Observations on Project Structures for Privately Funded Infrastructure Projects, Journal of Structured and Project Finance, 10. Jg., Nr. 1, S. 39.

Tinsley, R. (2014), Advanced project financing. Structuring risk. Euromoney Books.

Titman, S. (1984), The effect of capital structure on a firm's liquidation decision, Journal of Financial Economics, 13. Jg., Nr. 1, S. 137–151.

Tranfield, D. / Denyer, D. / Smart, P. (2003), Towards a Methodology for Developing Evidence-Informed Management Knowledge by Means of Systematic Review, British Journal of Management, 14. Jg., Nr. 3, S. 207–222.

Trillig, J. / Flotow, P. von / *Eisenbach, S. / Schiereck, D.* (2014), Sustainable project finance, the adoption of the Equator Principles and shareholder value effects, Business strategy and the environment, 23. Jg., Nr. 6, S. 375–394.

Tytko, D. (1999), Grundlagen der Projektfinanzierung. Schäffer-Poeschel, Stuttgart.

Uekermann, H. (1993), Risikopolitik bei Projektfinanzierungen. Maßnahmen und ihre Ausgestaltung, Zugl.: Münster (Westfalen), Univ., Diss., 1992. Dt. Univ.-Verl., Wiesbaden.

Vaaler, P. M. (2008), HOW DO MNCs VOTE IN DEVELOPING COUNTRY ELECTIONS?, Academy of Management Journal, 51. Jg., Nr. 1, S. 21.

Vaaler, P. M. / James, B. E. / Aguilera, R. V. (2008), Risk and capital structure in Asian project finance, Asia Pacific Journal of Management, 25. Jg., Nr. 1, S. 25–50.

Verband der Hochschullehrer für Betriebswirtschaft (2018), Alphabetische Gesamtliste der Fachzeitschriften in VHB-JOURQUAL3, in: https://vhbonline.org/vhb4you/jourqual/vhb-jourqual-3/gesamtliste/, abgerufen am 19. 9. 2018.

Vives, A. (1999), Pension funds in infrastructure project finance: Regulations and instrument design, Journal of Project Finance, 5. Jg., Nr. 2, S. 37–52.

Walter, G. (2017), The Risks of Project Finance – Based on International and Domestic Experiences, Public Finance Quarterly, Nr. 4, S. 554–572.

Weber, B. / Alfen, H. W. (2009), Infrastrukturinvestitionen – Projektfinanzierung und PPP. Praktische Anleitung für PPP und andere Projektfinanzierungen, 2. Aufl. Bank-Verl., Köln.

Welch, I. (2004), Capital structure and stock returns, Journal of Political Economy, 112. Jg., Nr. 1,1, S. 106–131.

Werthschulte, H. (2005), Kreditrisikomessung bei Projektfinanzierungen durch Risikosimulation. Deutscher Universitats-Verlag/GWV Fachverlage GmbH, Wiesbaden.

Winker, P. (2017), Empirische Wirtschaftsforschung und Ökonometrie. Springer Berlin Heidelberg, Berlin, Heidelberg.

Winsen, J. K. (2010), An overview of project finance binomial loan valuation, Review of Financial Economics, 19. Jg., Nr. 2, S. 84.

Wolf, B. / Hill, M. / Pfaue, M. (2003), Strukturierte Finanzierungen. Projektfinanzierung, Buy-out-Finanzierung, Asset-backed-Strukturen. Schäffer-Poeschel, Stuttgart.

Wolfs, M. / Woodroffe, S. (2002), Structuring and financing international BOO/BOT desalination projects, Journal of Structured and Project Finance, 7. Jg., Nr. 4, S. 19–24.

Wooldridge, J. M. (2016), Introductory econometrics. A modern approach. Cengage Learning, Boston.

Wooldridge, S. C. / Garvin, M. J. / Yuen, J. C. / Miller, J. B. (2002), Valuing flexibility in private toll road development: Analysis of the Dulles Greenway, Journal of Structured and Project Finance, 7. Jg., Nr. 4, S. 25–36.

World Bank (2019), World Development Indicators DataBank, in: https://databank.worldbank.org/data/reports.aspx?source=world-development-indicators, abgerufen am 15. 2. 2019.

Wruck, K. H. (1990), Financial distress, reorganization, and organizational efficiency, Journal of Financial Economics, 27. Jg., S. 419–444.

WU Wien (2019), Orbis, in: https://www.wu.ac.at/bibliothek/recherche/datenbanken/info/orbis/, abgerufen am 13. 2. 2019.

Yanosek, K. / Keever, G. / Orr, R. J. (2007), Emerging-Market Infrastructure Investors: New Trends for a New Era?, Journal of Structured Finance, 12. Jg., Nr. 4, S. 78.

Yescombe, E. R. (2014), Principles of Project Finance, 2. Aufl. Elsevier Science, Burlington.

Anhangsverzeichnis

Anhang 1: Berechnung Merton-Modell

Berechnung zum Merton-Modell auf Basis der Angabe in Hull (2016, S. 472). Grau markierte Zeilen zeigen Veränderungen zum Basismodell.
Es gelten folgende Formeln:

$$R-r=-\frac{1}{T}*\ln\left(\frac{V_0}{B*e^{-rt}}*N(-d_1)+N(d_2)\right)$$

$$d_1=\frac{\ln\frac{V_0}{B}+\left(r+\frac{\sigma^2}{2}\right)*T}{\sigma*\sqrt{T}} \quad d_2=\frac{\ln\frac{V_0}{B}+\left(r-\frac{\sigma^2}{2}\right)*T}{\sigma*\sqrt{T}}$$

$$Ausfallwahrscheinlichkeit = N(-d_2)$$

	Modell 1: Basisangabe	**Modell 2: Erhöhte Volatilität**	**Modell 3: Erhöhte Volatilität und verringerte Fremdkapital-quote**	**Modell 4: Erhöhte Volatilität und ver-ringerte Laufzeit**	**Modell 5: Erhöhte Volatilität und verlän-gerte Lauf-zeit**
V	12.40	12.40	12.40	12.40	12.40
r	0.05	0.05	0.05	0.05	0.05
D	10.00	10.00	8.00	10.00	10.00
σ	0.21	0.31	0.31	0.31	0.31
B	9.51	9.51	7.61	9.75	9.05
T-t	1.00	1.00	1.00	0.50	2.00
d1	1.35	1.01	1.72	0.60	1.87
d2	1.14	0.69	1.41	0.38	1.43
Risikoneutrale Ausfallwahr-scheinlichkeit	**0.1266**	**0.2442**	**0.0797**	**0.3527**	**0.0768**
Risikoprämie	**0.0623**	**0.0898**	**0.0601**	**0.0535**	**0.0851**

Anhang 2: Literatursuche und Kategorisierung

Anhang 2.1: Liste der Zeitschriften mit Klassifizierung und Rating gemäß VHB-JOURQUAL3

Name der Zeitschrift	ISSN	Kategorie	Rating JQ3
The Journal of Finance	0022–1082	BA-FI	A+
Journal of Financial Economics	0304–405X	BA-FI	A+
The Review of Financial Studies	0893–9454	BA-FI	A+
Journal of Financial and Quantitative Analysis (JFQA)	0022–1090	BA-FI	A
Review of Finance	1572–3097	BA-FI	A
Journal of Banking & Finance	0378–4266	BA-FI	A
Journal of Economic Dynamics & Control	0165–1889	BA-FI	A
Journal of Financial Intermediation	1042–9573	BA-FI	A
Journal of Money, Credit and Banking (JMCB)	0022–2879	BA-FI	A
Review of Derivatives Research	1380–6645	BA-FI	A
Finance and Stochastics	0949–2984	BA-FI	B
Journal of Financial Markets	1386–4181	BA-FI	B
Journal of Corporate Finance	0929–1199	BA-FI	B
Mathematical Finance	0960–1627	BA-FI	B
Journal of Business Finance & Accounting	0306–686X	BA-FI	B
Abacus	0001–3072	BA-FI	B
Journal of Empirical Finance	0927–5398	BA-FI	B
Journal of Derivatives	1074–1240	BA-FI	B
Journal of Financial Econometrics	1479–8409	BA-FI	B
Journal of Futures Markets	0270–7314	BA-FI	B
European Financial Management	1354–7798	BA-FI	B
International Tax and Public Finance	0927–5940	BA-FI	B
Review of Quantitative Finance and Accounting	0924–865X	BA-FI	B
Journal of International Money and Finance	0261–5606	BA-FI	B
Financial Analysts Journal (FAJ)	0015–198X	BA-FI	B
Finance Research Letters	1544–6123	BA-FI	B
Journal of Risk	1465–1211	BA-FI	B
Journal of Accounting, Auditing & Finance	0148–558X	BA-FI	B
FinanzArchiv – Public Finance Analysis (FA)	0015–2218	BA-FI	B
Journal of Fixed Income	1059–8596	BA-FI	B
Financial Management	0046–3892	BA-FI	B
Journal of Computational Finance	1460–1559	BA-FI	B

Name der Zeitschrift	ISSN	Kategorie	Rating JQ3
Journal of Credit Risk	1744-6619	BA-FI	B
Geneva Papers on Risk and Insurance: Issues and Practice	1018-5895	BA-FI	B
The Quarterly Review of Economics and Finance	1062-9769	BA-FI	B
Journal of Risk Finance	1526-5943	BA-FI	B
Quantitative Finance	1469-7688	BA-FI	B
Review of Financial Economics	1058-3300	BA-FI	B
Journal of Real Estate Research (JRER)	0896-5803	BA-FI	B
Journal of Behavioral Finance	1542-7560	BA-FI	B
The Journal of Portfolio Management	0095-4918	BA-FI	B
Journal of Asset Management	1470-8272	BA-FI	B
European Journal of Finance	1351-847X	BA-FI	B
Accounting History Review (früher: Accounting, Business & Financial History)	0958-5206	BA-FI	B
International Journal of Theoretical and Applied Finance	0219-0249	BA-FI	B
Journal of International Business Studies JIBS	0047-2506	INT	A
Industrial and Labor Relations Review (ILR Review)	0019-7939	INT	A/B
International Business Review	0969-5931	INT	B
Journal of International Management	1075-4253	INT	B
Journal of International Marketing	1069-031X	INT	B
Journal of World Business	1090-9516	INT	B
Global Strategy Journal (GSJ)	2042-5805	INT	B
European Financial Management	1354-7798	INT	B
Journal of International Money and Finance	0261-5606	INT	B
Journal of International Accounting Research	1542-6297	INT	B
Management International Review	0938-8249	INT	B
International Marketing Review	0265-1335	INT	B
European Journal of International Management	1751-6757	INT	B
Strategic Management Journal (SMJ)	0143-2095	SM	A
Journal of Economics & Management Strategy	1058-6407	SM	A
Strategic Entrepreneurship Journal (SEJ)	1932-4391	SM	A
Strategic Organization	1476-1270	SM	B
Long Range Planning	0024-6301	SM	B
Global Strategy Journal (GSJ)	2042-5805	SM	B

Name der Zeitschrift	**ISSN**	**Kategorie**	**Rating JQ3**
Business Strategy and the Environment	0964-4733	SM	**B**
Science	0036-8075	ABWL	**A+**
American Economic Review	0002-8282	ABWL	**A+**
Econometrica	0012-9682	ABWL	**A+**
Academy of Management Journal (AMJ)	0001-4273	ABWL	**A+**
Journal of Political Economy	0022-3808	ABWL	**A+**
Administrative Science Quarterly (ASQ)	0001-8392	ABWL	**A+**
Academy of Management Review (AMR)	0363-7425	ABWL	**A+**
Management Science	0025-1909	ABWL	**A+**
Strategic Management Journal (SMJ)	0143-2095	ABWL	**A**
The RAND Journal of Economics	0741-6261	ABWL	**A**
Journal of Industrial Economics	0022-1821	ABWL	**A**
Experimental Economics	1386-4157	ABWL	**A**
Academy of Management Annals	1941-6520	ABWL	**A**
Journal of Management (JOM)	0149-2063	ABWL	**A**
Journal of Management Studies (JMS)	0022-2380	ABWL	**A**
Journal of Economics & Management Strategy	1058-6407	ABWL	**A**
Organization Studies	0170-8406	ABWL	**A**
Journal of Economic Psychology	0167-4870	ABWL	**B**
Omega	0305-0483	ABWL	**B**
Long Range Planning	0024-6301	ABWL	**B**
Journal of Business Research	0148-2963	ABWL	**B**
International Journal of Industrial Organization	0167-7187	ABWL	**B**
British Journal of Management (BJM)	1045-3172	ABWL	**B**
zfbf Schmalenbachs Zeitschrift für betriebswirtschaftliche Forschung – Schmalenbach Business Review (sbr) -	0341-2687	ABWL	**B**
Journal of Business Economics (JBE) (früher: Zeitschrift für Betriebswirtschaft ZfB)	0044-2372	ABWL	**B**
Journal of Management Inquiry	1056-4926	ABWL	**B**
International Review of Law and Economics	0144-8188	ABWL	**B**
Review of Managerial Science	1863-6683	ABWL	**B**
Kyklos	0023-5962	ABWL	**B**
Academy of Management Perspectives	1558-9080	ABWL	**B**
Business Research (früher: BuR – Business Research)	1866-8658	ABWL	**B**
International Journal of Management Reviews IJMR	1460-8545	ABWL	**B**

Name der Zeitschrift	**ISSN**	**Kategorie**	**Rating JQ3**
Journal of Behavioral and Experimental Economics	1053-5357	ABWL	**B**
Qualitative Research in Accounting & Management	1176-6093	ABWL	**B**
European Management Journal	0263-2373	ABWL	**B**
Journal of Management Education	1052-5629	ABWL	**B**
Scandinavian Journal of Management	0956-5221	ABWL	**B**
California Management Review	0008-1256	ABWL	**B**
Journal of Project Finance	2374-1341	k.K	k.R
Journal of Structured and Project Finance	1551-9783	k.K	k.R
Journal of Structured Finance	1551-9783	k.K	k.R

k.K. = keine Kategorie; k.R = kein Rating

Anhang 2.2: Anzahl der Publikationen nach Publikationsart und -jahr

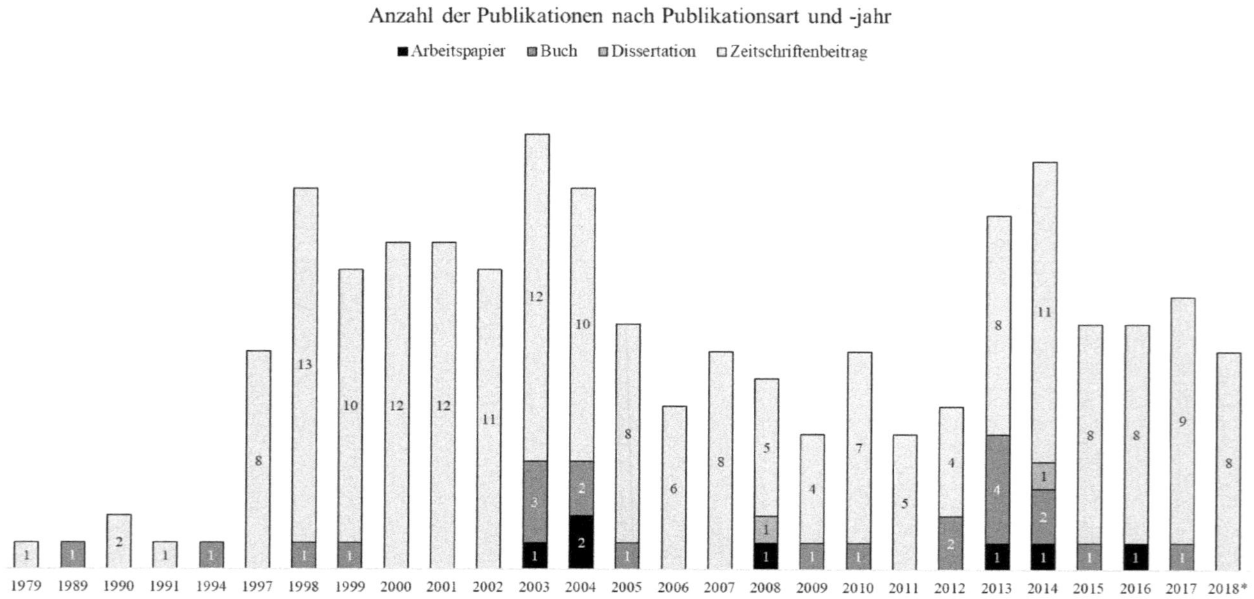

* In der Suche wurde nicht das gesamte Jahr 2018 berücksichtig.

Anhang 2.3: Anzahl der Publikationen nach Publikationsmedium

Publikationsmedium	Anzahl der Publikationen
Journal of Structured Finance	47
Journal of Project Finance	41
Journal of Structured and Project Finance	28
European Financial Management	5
Gabler Verlag	5
Review of Financial Economics	4
California management review	3
Euromoney Books	3
Journal of Applied Corporate Finance	3
Journal of world business	3
Long Range Planning	3
Quarterly Review of Economics and Finance	3
Schäffer-Poeschel	3
Wiley	3
Academic Press	2
European Management Journal	2
International Journal of Managing Projects in Business	2
International Journal of Finance & Economics	2
International journal of theoretical and applied finance	2
Journal of Corporate Finance	2
Journal of Financial and Quantitative Analysis	2
Journal of financial intermediation	2
Journal of international business studies	2
Palgrave Macmillan	2
Academy of Management Journal	1
American Law & Economics Association Annual Meetings	1
Applied Financial Economics	1
Asia Pacific Journal of Management	1
Bank for International Settlements	1
Bank-Verl.	1
Business strategy and the environment	1
Construction Management and Economics	1
DBW Die Betriebswirtschaft	1
Die Bank	1
Dissertation WU Wien	1
EDHEC Risk Institute-Asia Working Paper	1

Publikationsmedium	**Anzahl der Publikationen**
EIB Working Paper	1
Energy Economics	1
ESSEC Business School, Singapore Working Paper	1
Financial Management	1
Finanz-Betrieb	1
Fixed Income (The Journal of Fixed Income)	1
Gower	1
Harvard Business Review	1
Industrial and Corporate Change	1
International Business Review	1
International Journal of Business and Economics	1
International Journal of Economic Sciences and Applied Research	1
Journal of Financial Services Research	1
Journal of Financial Management of Property and Construction	1
Journal of Development Studies	1
Journal of financial economics	1
Journal of money, credit and banking	1
Kyklos	1
LIFE Working Paper	1
Management Review Quarterly	1
Management international review	1
OECD Journal: Financial Market Trends	1
Oldenbourg	1
Organization Science	1
Organization Studies	1
Procedia Computer Science	1
ProQuest Dissertations and Theses	1
Review of Industrial Organization	1
Sloan management review	1
Springer International Publishing	1
SSRN Journal	1
The Journal of Finance	1
The Journal of Risk Finance	1
WIST (WiSt – Wirtschaftswissenschaftliches Studium)	1
Working Paper	1
World Development	1

Anhang 2.4: Die 20 meistzitierten Beiträge

(Basierenden auf Google Scholar, Stand Jänner 2019)

Autorin / Autor	Jahr	Titel	Anzahl der Zitationen
Henisz, W. J.	2002	The institutional environment for infrastructure investment	892
Finnerty, John D.	2013	Project financing	607
Kwak, Young Hoon; Chih, Ying Yi; Ibbs, C. William	2009	Towards a comprehensive understanding of public private partnerships for infrastructure development	450
Esty, Benjamin C.; Megginson, William L.	2003	Creditor rights, enforcement, and debt ownership structure: Evidence from the global syndicated loan market	438
Yescombe, E. R.	2014	Principles of project finance	393
Flyvbjerg, Bent; Garbuio, Massimo; Lovallo, Dan	2009	Delusion and Deception in Large Infrastructure Projects: Two Models for Explaining and Preventing Executive Disaster	331
Leland, Hayne E.	2007	Financial Synergies and the Optimal Scope of the Firm: Implications for Mergers, Spinoffs, and Structured Finance	285
Esty, Benjamin C.	2004	Why study large projects? An introduction to research on project finance	274
Bergara, Mario E.; Henisz, Witold J.; Spiller, Pablo T.	1998	Political institutions and electric utility investment: A cross-nation analysis	231
Esty, Benjamin C.	2004	Modern project finance	201
Kleimeier, Stefanie; Megginson, William L.	2000	Are Project Finance Loans Different From Other Syndicated Credits?	173
Dailami, Mansoor; Leipziger, Danny	1998	Infrastructure project finance and capital flows	146
Alonso-Conde, Ana Belen; Brown, Christine; Rojo-Suarez, Javier	2007	Public private partnerships: Incentives, risk transfer and real options*	135
Rose, Simone	1998	Valuation of interacting real options in a tollroad infrastructure project	120
Ramamurti, Ravi; Doh, Jonathan P.	2004	Rethinking foreign infrastructure investment in developing countries	120

Autorin / Autor	Jahr	Titel	Anzahl der Zitationen
Kardes, Ilke; Ozturk, Ayse; Cavusgil, S. Tamer; Cavusgil, Erin	2013	Managing global megaprojects	106
Esty, Benjamin C.; Chavic, Carla; Sesia, Aldo	2014	An Overview of Project Finance and Infrastructure Finance-2014 Update	106
Doh, Jonathan P.; Teegen, Hildy; Mudambi, Ram	2004	Balancing private and state ownership in emerging markets' telecommunications infrastructure: country, industry, and firm influences	103
Esty, Benjamin C.	1999	Improving techniques for valuing large-scale projects	100
Sorge, Marco; Gadanecz, Blaise	2008	The term structure of credit spreads in project finance	95

Anhang 2.5: Die 18 aktivsten Forscherinnen und Forscher nach Publikationsanzahl

Autorin / Autor	Anzahl der Publikationen
Gatti, Stefano	9
Esty, Benjamin C.	6
Kleimeier, Stefanie	6
Ryan, John	5
Blanc-Brude, Frédéric	4
Caselli, Stefano	4
Davis, Henry A.	4
Feldman, Roger	4
Gadanecz, Blaise	4
Sawant, Rajeev J.	4
Vaaler, Paul M.	4
Doh, Jonathan P.	3
Dymond, Christopher	3
James, Barclay E.	3
Megginson, William L.	3
Müllner, Jakob	3
Purkayastha, Dhruba	3
Tiong, Robert	3

Anhang 2.6: Die 30 meistverwendeten Schlagwörter

Schlagwörter	Anzahl
Business And Economics--Investments	113
Project finance	94
Studies	91
Experimental	62
theoretical treatment	46
theoretical	40
United States	40
Infrastructure	32
Capital & debt management	31
Investment analysis & personal finance	29
International	26
Experiment	24
Asia & the Pacific	23
US	21
Risk management	19
Electric	16
Public private partnerships	16
United States--US	16
water & gas utilities	16
Latin America	15
Business And Economics	14
Regulation	14
Risk assessment	14
Economic theory	13
Economics	13
Foreign investment	13
International trade & foreign investment	12
Economic policy & planning	11
Risk	11

Anhang 3: Gesammelte Betrachtung der quantitativen und Mixed-Methods Beiträge

Anhang 3.1: Überblick über die quantitativen und Mixed-Methods Beiträge mit Fokus auf Fremdkapitalquote, Kreditmarge oder Laufzeit

(Aufzählung folgt alphabethisch dieser Unterteilung)

Autoren	Titel	Jahr	Zusammenfassung	Stichprobengröße	Zeitliche Abdeckung	Theorie	Hauptdatenquelle
Byoun, Soku; Kim, Jaemin; Yoo, Sean Sehyun	Risk Management with Leverage: Evidence from Project Finance	2013	Die Auswirkung von Risiko und Abnahmeverträgen auf die **Fremdkapitalquote**.	2.572	1997–2006	Trade-off Theorie	Project Finance Database (Thomson Financial Securities Data Corporation)
James, Barclay E.; Vaaler, Paul M.	Experience, Equity and Foreign Investment Risk: A PIC Perspective	2018	Die Auswirkung von Erfahrung im Gastland, politischer Stabilität des Gastlandes und Eigenkapitalanteil des Hauptsponsors auf die **Eigenkapitalquote**.	396	1990–2006	Transaktionskostenökonomie, organisationales Lernen, Prinzipal-Agenten Theorie	Thomson Reuters Securities Data Company (SDC)
James, Barclay E.; Vaaler, Paul M.	Credible State Ownership and Investment Risk Around the World	2018	Die Auswirkung von politischer Stabilität des Gastlandes auf die **Eigenkapitalquote** unter Berücksichtigung einer Beteiligung des Gastlandes.	1.373	1990–2012	Transaktionskostenökonomie, Institutionenökonomik, Signaling-Theorie	Thomson Reuters Securities Data Company (SDC)

Autoren	Titel	Jahr	Zusammenfassung	Stichprobengröße	Zeitliche Abdeckung	Theorie	Hauptdatenquelle
Rajan Annamalai, Thillai; Jain, Nikhil	Project finance and investments in risky environments: evidence from the infrastructure sector	2013	Die Auswirkung des Länderrisikos, der Anzahl der Sponsor, der Projektkosten, der PPP-Art und des Jahres auf die **Fremdkapitalquote** sowie den Anteil an ausländischen Banken im Projekt.	3.372	1991–2009		Project Finance International Database (Thomson Reuters)
Vaaler, Paul M.; James, Barclay E.; Aguilera, Ruth V.	Risk and capital structure in Asian project finance	2008	Die Auswirkungen von Risiken auf Länder-, Sponsoren- sowie Projektebene auf die **Fremdkapitalquote.**	238	1995–2004	Institutionenökonomik, Makroökonomische, Agentur- sowie Transaktionskostentheorie	Thomson-SDC Project Investment Database
Corielli, Francesco; Gatti, Stefano; Steffanoni, Alessandro	Risk shifting through nonfinancial contracts: effects on loan spreads and capital structure of project finance deals	2010	Die Auswirkungen eines Einsatzes von Verträgen (z.B. Abnahmeverträgen) und die Art des Abnehmers auf die **Fremdkapitalquote** sowie die **Kreditmarge**.	1.091	1998–2003	Agenturtheorie	ProjectWare (Dealogic)
Altunbaş, Yener; Gadanecz, Blaise	Developing country economic structure and the pricing of syndicated credits	2003	Analyse von makro- und mikroökonomischen Determinanten der **Kreditmarge** von syndizierten und Projektfinanzierungskrediten.	5.010	1993–2001		Loanware (Dealogic)

Autoren	Titel	Jahr	Zusammenfassung	Stichprobengröße	Zeitliche Abdeckung	Theorie	Hauptdatenquelle
Altunbaş, Yener; Gadanecz, Blaise	Developing Country Economic Structure and the Pricing of Syndicated Credits	2004	Analyse von makro- und mikroökonomischen Determinanten der **Kreditmarge** von syndizierten und Projektfinanzierungskrediten.	5.010	1993–2001		Loanware (Dealogic)
Blanc-Brude, Frédéric; Strange, Roger	How Banks Price Loans to Public-Private Partnerships	2007	Analyse der Determinanten der **Kreditmarge** von PPP Straßenbauprojekten in der EU im Vergleich mit britischen PFI-Projekten.	302	1994–2005		Thomson Banker, ProjectWare (Dealogic)
Buscaino, Valerio; Caselli, Stefano; Corielli, Francesco; Gatti, Stefano	Project Finance Collateralised Debt Obligations: an Empirical Analysis of Spread Determinants	2012	Analyse der Determinanten von **Anleihespreads** von Projektfinanzierungs-Collateralized Debt Obligations.	43	1998–2007		Moody's, Fitch, Standard & Poor's, Thomson Datastream, Deutsche Bank Asset – Backed Barometer, securitisation.net
Dailami, Mansoor; Hauswald, Robert	Credit-spread determinants and interlocking contracts: A study of the Ras Gas project	2007	Analyse der Determinanten des **Spreads** einer Projektfinanzierungsanleihe mit besonderer Berücksichtigung des Abnahmerisikos des zugrundeliegenden Projekts.	719	1997–2000	Merton-Modell	Bloomberg, IDC, Baseline

Autoren	Titel	Jahr	Zusammenfassung	Stichprobengröße	Zeitliche Abdeckung	Theorie	Hauptdatenquelle
Dailami, Mansoor; Leipziger, Danny	Infrastructure project finance and capital flows: A new perspective	1998	Analyse der Determinanten der **Kreditmarge** von Projektfinanzierungskrediten in Entwicklungsländern.	23	1994–1996		World Bank
Espinosa, Salvador; Moreno, Jorge O.	Regional Development and Cross-Border Infrastructure Finance: Comparing the Yield-Spread Determinants of Mexican and U.S. Sub-Sovereign Government Bonds	2014	Analyse der Determinanten der **Spreads** von Infrastrukturanleihen regionaler Regierungen in den USA und Mexiko.	16.200	2003–2010	Arbitrage pricing theory	Municipal Securities Rulemaking Board, Bloomberg, U.S. Bureau of Economic Analysis, Federal Reserve Bank of St. Louis
Gatti, Stefano; Kleimeier, Stefanie; Megginson, William; Steffanoni, Alessandro	Arranger certification in project finance	2013	Analyse der Determinanten der **Kreditmarge** sowie Gebühren von Projektfinanzierungskrediten mit besonderer Berücksichtigung des Effekts einer Syndizierung durch prestigeträchtige Lead Arranger.	4.122	1991–2005		Dealscan (Thomson-Reuters' LPC), ProjectWare (Dealogic)
Girardone, Claudia; Snaith, Stuart	Project finance loan spreads and disaggregated political risk	2011	Die Auswirkungen verschiedener Determinanten von politischer Stabilität auf die **Kreditmarge** von Projektfinanzierungskrediten.	1.190	1996–2003		Loanware (Dealogic)

Autoren	Titel	Jahr	Zusammenfassung	Stichprobengröße	Zeitliche Abdeckung	Theorie	Hauptdatenquelle
Horsch, Andreas; Richter, Sylvia	Climate Change Driving Financial Innovation: The Case of Green Bonds	2017	Analyse der Determinanten der **Spreads** von Green Bonds (Projektanleihen für ökologisch nachhaltige Projekte).	2.486	2014–2016		Thomson Reuters Datastream
Kleimeier, Stefanie; Megginson, William L.	Are Project Finance Loans Different From Other Syndicated Credits?	2000 2001	Analyse und Vergleich der Determinanten der **Kreditmarge** von syndizierten und Projektfinanzierungskrediten.	90.784	1980–1999		Loanware (Dealogic)
Pfarl, Iris	Empirische Analysen der Projektfinanzierung 2000 – 2012 im Sektor Erneuerbare Energie	2014	Die Auswirkungen der Finanzkrise 2008 auf die **Kreditmarge** von Projektfinanzierungskrediten im Bereich erneuerbarer Energien.	1.082	2000–2011		ProjectWare (Dealogic)
Pinto, João M.; Alves, Paulo P.	Project finance in Europe: An overview and discussion of key drivers	2016	Analyse der Determinanten der **Kreditmarge** von Projektfinanzierungskrediten im Vergleich mit anderen Kreditarten.	210.273	2000–2014		DealScan (Thomson-Reuters' LPC)
Sorge, Marco; Gadanecz, Blaise	The Term Structure of Credit Spreads in Project Finance	2004	Analyse der Determinanten der **Kreditmarge** von konventionellen Unternehmenskrediten und -anleihen sowie Projektfinanzierungskrediten unter besonderer Berücksichtigung von Laufzeiteffekten.	1.025	1993–2001	Merton-Modell	Loanware und Bondware Databases (Dealogic)

Autoren	Titel	Jahr	Zusammenfassung	Stichprobengröße	Zeitliche Abdeckung	Theorie	Hauptdatenquelle
Sorge, Marco; Gadanecz, Blaise	The Term Structure of Credit Spreads in Project Finance	2008	Analyse der Determinanten der **Kreditmarge** von konventionellen Unternehmenskrediten und -anleihen sowie Projektfinanzierungskrediten unter besonderer Berücksichtigung von Laufzeiteffekten.	1.018	1993–2001	Merton-Modell	Loanware und Bondware Databases (Dealogic)
Thierie, Wouter; Moor, Lieven de	Determinants of bank loan spread in project finance	2018	Analyse der Determinanten der **Kreditmarge** von Projektfinanzierungskrediten in Entwicklungsländern.	826	2006–2016		Transactions Database der Inframation Group
Bonetti, Veronica; Caselli, Stefano; Gatti, Stefano	Offtaking agreements and how they impact the cost of funding for project finance deals. A clinical case study of the Quezon Power Ltd Co.	2010	Effekt der Volatilität des Börsenkurses des Abnehmers auf den **Spread** einer Projektanleihe. Beschreibung des zugrundeliegenden Projekts.	1.898	1997–2006		Bloomberg, Thomson Reuters Datastream

Autoren	Titel	Jahr	Zusammenfassung	Stichprobengröße	Zeitliche Abdeckung	Theorie	Hauptdatenquelle
Hervé, Alexandre; Bouaiss, Karima; Refait-Alexandre, Catherine	Banking Relationships and Syndicated Loans during the 2008 Financial Crisis	2014	Analyse der Determinanten der Höhe der Kredittranchen, der **Kreditmarge** sowie der **Laufzeit** von syndizierten Krediten vor und während der Finanzkrise 2008 unter besonderer Berücksichtigung der Kreditnehmer-Syndikat-Beziehung.	1.733	2003–2008		DealScan (Thomson-Reuters' LPC)
Thierie, Wouter; Moor, Lieven de	Loan tenor in project finance	2018	Analyse der Determinanten der Determinanten der **Laufzeit** von Projektfinanzierungskrediten.	1.801	1997–2016		Transactions Database der Inframation Group

Anhang 3.2: Detaillierte Variablen- und Effektbeschreibung für die quantitativen und Mixed-Methods Beiträge mit Fokus auf Fremdkapitalquote, Kreditmarge oder Laufzeit

Variablennamen und -beschreibungen wurden aus den Beiträgen übernommen.

Unabhängige Variable	Definition bzw. Messung	Quelle	Effekt auf FK	Effekt auf KM	Effekt auf LZ
Länderrisiko					
Länderdummies					
Regionendummy	Projektregion: Europa, Asien, Nordamerika, Südamerika, Australien	Pfarl (2014)		D	
Country dummy		Thierie (2018a)		D	
Country dummy	Dummy	Blanc-Brude (2007)		D	
Rich country	Dummy	Vaaler (2008)	0/+/+/0/+++		
Länderrisikoscores					
Country risk	S&P's country credit rating at closing date	Pinto (2016)		+++	
Country Risk Rank	Country risk rank, an integer ranking of country risk provided by Euromoney	Kleimeier (2000)		+++	
Country Risk Rank	Country risk rank, an integer ranking of country risk provided by Euromoney	Kleimeier (2001)		0	

Unabhängige Variable	Definition bzw. Messung	Quelle	Effekt auf FK	Effekt auf KM	Effekt auf LZ
Country_Rating	Annual average sovereign ceiling rating by Moody's, S&P, Fitch, Duff Credit Rating, Thomson Bank Watch, and Investment Bank Credit Analysis of long-term foreign currency-denominated debt converted to a 0–16 scale (AAA 16, AA+ 15, . . ., B-= 1, Below B- Default, No Rating 0). Source: Bloomberg International (2015)	James (2018)	+++		
S&P Country Rating	Dummy: Default or not rated or not disclosed SD, Poor CC to BB–, Speculative BB to BBB–, Investment grade BBB to A, Best A+ to AAA – Better rating -> less spread,	Corielli (2010)	D	---	
Country risk	(Euromoney) Country risk score ranging from zero for the country with the highest risk to 100 for the country with the lowest risk. The country risk score is based on political risk (25%), economic performance (25%), debt indicators (10%), default/rescheduled debt (10%), credit ratings (10%), bank finance access (5%), short-term finance access (5%), capital markets access (5%). and forfeiting (5%). Weights of each component are given in parentheses.	Gatti (2013)		---	

Unabhängige Variable	Definition bzw. Messung	Quelle	Effekt auf FK	Effekt auf KM	Effekt auf LZ
Country Risk	EUI Lists overall country risk scores: scale 0–100 (100 highest risk, lower is less risky)	Byoun (2013)	0/--/0		
Country risk	Euromoney	Rajan Annamalai (2013)	+++		
Crisis	Dummy equal to one for projects in countries in which a banking crisis started in the year of loan signing or in the prior year.	Pinto (2016)		0	
Credit Risk	Sovereign credit risk score. Ranges from 1 to 100. Source: Institutional Investor.	Ahiabor (2018)		-/---/---/---/---/---/---/---	
Politisches Risiko und Korruption					
Political Risk	Natural log of the "checks" score assessing the number of relevant policy veto holders in national polity. Higher values represent more relevant policy veto holders and, thus, greater policy stability. Source: Beck et al. (2001); Keefer and Stasavage	James (2017)	+++		

Unabhängige Variable	Definition bzw. Messung	Quelle	Effekt auf FK	Effekt auf KM	Effekt auf LZ
Political Risk	Natural log of 1–18 "checks and balances" score (1 no/minimal checks; 18 substantial checks on political authority) assessing the number of relevant policy veto holders in national polity. Source: World Bank's DPI (Beck et al. 2001)	James (2018)	+		
Political Risk	ICRG Higher Score lower risk	Girardone (2011)		---	
Political Risk	PRS	Thierie (2018b)			+++/+++/
Corruption index	Transparency International	Sorge (2004)		++/++	
Corruption index	Transparency International	Sorge (2008)		++/++	
Control of corruption	Transparency International	Thierie (2018b)			/ /--
Political stability	PRS	Thierie (2018b)			/ /0
Accountability	PRS	Thierie (2018b)			/ /0
Government effectiv.	PRS	Thierie (2018b)			/ /0

Unabhängige Variable	Definition bzw. Messung	Quelle	Effekt auf FK	Effekt auf KM	Effekt auf LZ
Gläubigerschutz und Rechtstradition					
Creditor rights	An index aggregating creditor rights, following La Porta et al. (1998), provided by Djankov et al. (2007). A score of one is assigned when each of the following rights of secured lenders are defined in laws and regulations: 1) there are restrictions, such as creditor consent or minimum dividends, for a debtor to file for reorganization, 2) secured creditors are able to seize their collateral after the reorganization petition is approved (i.e., there is no "automatic stay" or "asset freeze"), 3) secured creditors are paid initially out of the proceeds of liquidating a bankrupt firm, as opposed to other creditors such as government or workers, and 4) if management does not retain administration of its property pending the resolution of the reorganization. The index ranges from zero (weak creditor rights) to four (strong creditor rights) and is constructed as at January for every year from 1978 to 2003. (Djankov)	Gatti (2013)		---	

Unabhängige Variable	Definition bzw. Messung	Quelle	Effekt auf FK	Effekt auf KM	Effekt auf LZ
Creditor rights	Aggregate index measure running from 0 (weak creditor rights) to 4 (strong creditor rights) for each host country.	Vaaler (2008)	+/+/+/0/0		
Enforce	Number of days to resolve a payment dispute through the courts for each host country	Vaaler (2008)	-/-/-/0/---		
Common law	Dummy variable that equals 1 if the host country has a common law legal system and equals 0 otherwise	Vaaler (2008)	++/++/++/+/ +++		
Law and order	This is a measure of the integrity of the legal system for each host country l, a 10 point scale, with a higher number indicating greater integrity.	Vaaler (2008)	-/-/-/0/---		
Rule of law	PRS	Thierie (2018b)			/ /+++
Regulatory quality	PRS	Thierie (2018b)			/ /+++
Legal origin	Dummy	Byoun (2013)	D		
Wechselkursrisiko					
Currency Risk	Dummy takes the value of one if a loan is exposed to currency risk and zero otherwise.	Girardone (2011)		0	
Currency Risk	Dummy	Corielli (2010)	0	0	
Currency risk	Dummy equal to one for tranches that are denominated in a currency different from the currency in the borrower's home country. (Dealscan)	Gatti (2013)		---	

Unabhängige Variable	Definition bzw. Messung	Quelle	Effekt auf FK	Effekt auf KM	Effekt auf LZ
Currency risk	Dummy variable taking the value of 1 if a loan is exposed to currency risk (the currency of the loan repayment cash flows differs from the borrower's home country currency), and 0 otherwise;	Kleimeier (2000)		---	
Currency risk	Dummy variable taking the value of 1 if a loan is exposed to currency risk (the currency of the loan repayment cash flows differs from the borrower's home country currency), and 0 otherwise;	Kleimeier (2001)		---	
Currency risk	Currency risk equals 1 for loans denominated in a different currency than that of the borrower's home country and 0, otherwise	Pinto (2016)		0	
Currency dummy	Dummy für Dollar, Euro und andere Währungen	Pfarl (2014)		D	
Currency dummy	Dummy variable equal to 1 if the loan tranche is in a currency other than the currency of the project country.	Ahiabor (2018)		---/---/---/---/--/-/0/0	
Marktvolatilität and risikolose Rate					
Risk free rate	Yield on a 3-month U.S. Treasury bill	Pinto (2016)		0	
Risk-Free Rate	Libor or Euribor depending on the tranche	Blanc-Brude (2007)		0	

Unabhängige Variable	Definition bzw. Messung	Quelle	Effekt auf FK	Effekt auf KM	Effekt auf LZ
Riskless rate of interest and proxy for emerging market risk: trsyld	yield on the three-year US Treasury bill, for month concerned	Altunbaş (2003)		---	
3YrTB	yield on the three-year US Treasury Bill, for month concerned	Altunbaş (2004)		0	
5YrTB-3mTB	Difference between the yield on a five-year U.S. Treasury Bond and the yield on a 3-month U.S. Treasury Bill	Pinto (2016)		0	
US Treasury	US Treasury rate calculated at constant maturities three-year nmiddle rate.	Girardone (2011)		--	
Slope of US Treasury yield curve		Sorge (2008)		/	
US Treasury yield curve		Sorge (2004)		++	
Volatility	Chicago Board Options Exchange Volatility Index (VIX)	Pinto (2016)		0	
EMBI rate	JPMorgan Emerging Market Sovereign Bond Index	Altunbaş (2003)		+++	
Emerging Markets Bond Index	JP Morgan Emerging Market Sovereign Bond Index, for month concerned	Sorge (2004)		++	
Market conditions: AAACLO	The mid-market spreads level for an AAA-rated CLO tranche (in bps).	Buscaino (2010)		0	
BRENT	(Log) oil price	Dailami (2007)		+++ (Nur ein Modell)	

Unabhängige Variable	Definition bzw. Messung	Quelle	Effekt auf FK	Effekt auf KM	Effekt auf LZ
Inflation					
Inflation	Inflation in the borrower's country, for year concerned	Altunbaş (2003)		+++	
Inflation		Girardone (2011)		0	
Inflation	A past-four-year average at the time of financial close (IMF)	Blanc-Brude (2007)		0	
Inflation per annum		Dailami (1998)		++	
Inflation	Inflation in borrower's country, for year concerned	Altunbaş (2004)		+++	
Inflation		Sorge (2004)		++/++	
Inflation		Sorge (2008)		++/++	
Inflation	Two year moving average annual percentage change in consumer prices in host country	Vaaler (2008)	0/0/0/0/0		
Inflation		Thierie (2018a)		---	
Inflation	Inflation the rate at which the general level of prices for goods and services is rising, for the year concerned;	Thierie (2018b)			0/ /
Makroökonomische Indikatoren (exkl. Inflation)					
Economic growth: credgdp	ratio of bank credit to GDP for country of the borrower, for year concerned	Altunbaş (2003)		---	
Economic growth: growth	real GDP growth in the borrower's country, for year concerned	Altunbaş (2003)		---	

Unabhängige Variable	Definition bzw. Messung	Quelle	Effekt auf FK	Effekt auf KM	Effekt auf LZ
Economic growth: invgdp	ratio of investment to GDP for country of the borrower, for year concerned	Altunbaş (2003)		-	
GDP per capita		Dailami (1998)		0	
GDP growth	real GDP growth in borrower's country, for year concerned	Altunbaş (2004)		---	
Log GDP ($US)	Two-year moving average of the natural log of the gross domestic product (GDP)	Vaaler (2008)	++/++/++/++/ +++		
External debt	The two year moving average sumof public, publicly guaranteed, and private non-guaranteed long-term debt, use of IMF credit, and short-term debt divided by GDP for host country	Vaaler (2008)	+++/+++/ +++/++/0		
External debt squared	This is the squared value of External Debt	Vaaler (2008)	---/--/---/0/0		
Real GDP growth	Real GDP growth in the borrower's country, for year concerned	Sorge (2008)		0/0	
Real GDP growth	Real GDP growth in the borrower's country, for year concerned	Sorge (2004)		0/0	
Real GDP growth	Economic growth (World Bank)	Thierie (2018a)		---	
Economic growth	Economic growth the real GDP growth in project's country, for the year concerned;	Thierie (2018b)			0/ /
Imports to exports	Ratio of imports to exports	Girardone (2011)		+++	

Unabhängige Variable	Definition bzw. Messung	Quelle	Effekt auf FK	Effekt auf KM	Effekt auf LZ
Trade	Growth in world trade for year concerned	Altunbaş (2004)		---	
Imports to exports	ratio of imports to exports for country of the borrower, for year concerned	Altunbaş (2003)		0	
Growth in world trade	growth in world trade for year concerned	Altunbaş (2003)		-	
Share of world gdp	Purchasing power parity share of world GDP of the borrower's country for year concerned (end-year)	Altunbaş (2003)		+++	
World trade	Proxy for the growth in world trade (in %). Absolute sum of imports plus exports for all countries.	Girardone (2011)		+++	
PPP Share	Purchasing Power Parity (PPP) share of world GDP	Girardone (2011)		++	
PPP Share	Purchasing power parity share of world GDP of the borrower's country for year concerned	Altunbaş (2004)		+++	
invgdp	ratio of investment to GDP for country of the borrower, for year concerned	Altunbaş (2004)		0	
Investment to GDP		Sorge (2008)		--/--	
Investment to GDP	Level of investments to GDP	Girardone (2011)		+++	
Investment to GDP		Sorge (2004)		--/--	
Bank credit to GDP		Sorge (2008)		/0	

Unabhängige Variable	Definition bzw. Messung	Quelle	Effekt auf FK	Effekt auf KM	Effekt auf LZ
Bank credit/GDP		Sorge (2004)		/0	
Bank credit/GDP	Ratio of bank credit to GDP for country of the borrower, for year concerned	Altunbaş (2004)		---	
Current account to GDP		Sorge (2008)		--/--	
Current account/GDP		Sorge (2004)		--/--	
Current account balance	Current account balance as percentage of GDP.	Girardone (2011)		0	
General Resources Account (GRA)	Dummy for assistance received by the country of the borrower from the IMF – use of Fund credit by operating the General Resources Account (GRA) – during the year concerned	Altunbaş (2004)		+++	
Solvency indicators Borrower Country: gra	Dummy for assistance received by the country of the borrower from the IMF – use of Fund credit by operating the General Resources Account (GRA) – during the year concerned	Altunbaş (2003)		+++	
Solvency indicators Borrower Country: debtgdp	Ratio of debt to GDP for country of the borrower, for year concerned (end-year)	Altunbaş (2003)		+++	
Solvency indicators Borrower Country: tdstoxgs	Ratio of debt service to exports of goods and services for country of the borrower, for year concerned	Altunbaş (2003)		+++	

Unabhängige Variable	Definition bzw. Messung	Quelle	Effekt auf FK	Effekt auf KM	Effekt auf LZ
Credit to GDP	Ratio of bank credit to GDP for country of the borrower, for year concerned	Altunbaş (2004)		---	
Credit to private sector	Level of domestic credit to private sector as a % of GDP;	Girardone (2011)		---	
Domestic Credit	Host-country amount of domestic credit provided to the private sector as a percentage of gross domestic product (GDP); 2-year moving average calculated as: [(year t + Year t – 1)/2]. Source: WDI (2014)	James (2017)	0		
Private Credit to GDP	Natural logarithm of private credit to GDP. Source: World Development Indicators.	Ahiabor (2018)		--/--/--/--	
Debt-to-GDP	Debt-to-GDP ratio the ratio of a country's public debt to its GDP	Thierie (2018a)		+++	
Debt-to-GDP	ratio of debt to GDP for country of the borrower, for year concerned (end-year)	Altunbaş (2004)		+++	
Debt-to-GDP		Thierie (2018b)			0/ /
External Debt	Host-country sum of public, publicly guaranteed, and private non-guaranteed long-term debt, use of International Monetary Fund credit, and short-term debt divided by population; 2-year moving average calculated as: [(year t + year t – 1)/2]. Source: WDI (2014)	James (2017)	+++		

Unabhängige Variable	Definition bzw. Messung	Quelle	Effekt auf FK	Effekt auf KM	Effekt auf LZ
External Debt Squared	Squared value of External Debt; 2-year moving average calculated as: [(year t + year t – 1)/ 2]. Source: WDI (2014)	James (2017)	-		
External debt/export		Dailami (1998)		0	
Liquidity indicators Borrower Country: restogdp	Ratio of reserves to GDP for country of the borrower, for year concerned (end-year)	Altunbaş (2003)		+++	
Liquidity indicators Borrower Country: st_tdebt	Ratio of short-term external debt to total external debt for borrower's country, for year concerned (end-year)	Altunbaş (2003)		0	
Short term debt/reserves		Dailami (1998)		0	
Short term debt	Ratio of short-term external debt to total external debt for borrower's country, for year concerned (end-year)	Altunbaş (2004)		0	
Debt service to exports of goods	Ratio of debt service to exports of goods and services for country of the borrower, for year concerned	Altunbaş (2004)		+++	
Short term debt/reserves	Short-term external debt to international reserves, %,	Dailami (1998)		0	

Unabhängige Variable	Definition bzw. Messung	Quelle	Effekt auf FK	Effekt auf KM	Effekt auf LZ
State Consumption	Host-country government spending on purchases of goods and services, including wages and salaries of government workers (but excluding expenditures on national security and separate but still state-owned enterprises), by all levels of government as a percentage of GDP; 2-year moving averages calculated as: [(year t + year t – 1)/2]. Source: WDI (2014)	James (2017)	0		
Reserves	International reserves to Gross Domestic Product (GDP)	Girardone (2011)		0	
Reserves/import		Dailami (1998)		0	
Reserves to GDP	Ratio of reserves to GDP for country of the borrower, for year concerned (end-year)	Altunbaş (2004)		+++	
Borrower country's relative dependence on international syndicated loan market: c_share_w	Share of the borrower's country in world syndicated lending, for year concerned	Altunbaş (2003)		+++	
Borrower country's relative dependence on international syndicated loan market: c_share_w	Share of the borrower's country in world syndicated lending, for year concerned	Altunbaş (2004)		+++	
Development of the PPP market	PPP Market Development, Cumulative number of PPP projects financed country	Blanc-Brude (2007)		---	

Unabhängige Variable	Definition bzw. Messung	Quelle	Effekt auf FK	Effekt auf KM	Effekt auf LZ
ROE	ROE the return on equity of the banking sector in the project's country, for the year concerned	Thierie (2018a)		+++	
ROE	ROE the return on equity of the banking sector in the project's country, for the year concerned	Thierie (2018b)			+++/ /
Central Bank Policy rate	Central Bank Policy rate the three-month interbank rate of the project's country, for the year concerned;	Thierie (2018a)		0	
Branchenrisiken					
Branchendummies					
Project type	Dummy	Byoun (2013)	D		
Industry	Dummy	Blanc-Brude (2007)		0	
Industry	Dummy	Ahiabor (2018)		D	
Industry	Industry Dummy	James (2017)	FE		
Industry	Industry Dummy	James (2018)	D		
Industry	Industry Dummy	Sorge (2004)		D	
Industry	Industry Dummy	Sorge (2008)		D	
Industry	Industry Dummy	Altunbaş (2003)		D	
Industry	Industry Dummy	Altunbaş (2004)		D	
Industry	Industry Dummy	Corielli (2010)	D	0	
Industry	Industry Dummy	Dailami (1998)		0	
Industry	Industry Dummy	Gatti (2013)		D	
Industry	Industry Dummy: Wind- oder andere erneuerbare Energie	Pfarl (2014)		D	

Unabhängige Variable	Definition bzw. Messung	Quelle	Effekt auf FK	Effekt auf KM	Effekt auf LZ
Industry	Industry Dummy	Rajan Annamalai (2013)	D		
Industry	Fixed Effect	Pinto (2016)		FE	
Sector	Sector dummies	Thierie (2018a)		D	
Sector	Sector dummies	Thierie (2018b)			D/D/D
Branchennachfrage					
Industry Demand	Aggregate standardized score (Mean 0, S.D. 1) of industry demand for such investment projects in host country.	James (2018)	+		
Branchen-Cashflow					
Cash flow volatility	The standard deviation of the industry median operating cashflow-to-asset ratio over the 10-year period prior to the project announcement.	Byoun (2013)	+++/+++/++		
Expected cash flow	Ten-year average of industry median operating Cashflow-to-asset ratios prior to the project announcement. Operating cash flow is defined as earnings before interest, taxes, depreciation, and amortization (EBITDA).	Byoun (2013)	---/---/---		

Unabhängige Variable	Definition bzw. Messung	Quelle	Effekt auf FK	Effekt auf KM	Effekt auf LZ
Asset Tangibility / Collateralizeable Assets					
Collateralizeable Assets	Dummy variable taking the value of 1 if the borrower is in an industry generally considered to be rich in collateralizeable (tangible, non-specialized) assets, and 0 otherwise. Specifically, this means that the loan recipient has a business borrower code of airlines, apartment management, electricity utility, hotels and leisure, property, REIT, or shipping	Kleimeier (2000)		---	
Collateralizeable Assets	Dummy variable taking the value of 1 if the borrower is in an industry generally considered to be rich in collateralizeable (tangible, non-specialized) assets, and 0 otherwise. Specifically, this means that the loan recipient has a business borrower code of airlines, apartment management, electricity utility, hotels and leisure, property, REIT, or shipping	Kleimeier (2001)		++	

Unabhängige Variable	Definition bzw. Messung	Quelle	Effekt auf FK	Effekt auf KM	Effekt auf LZ
Branchen-Umweltrisiken					
Enviroment Risk	Takes the value of one if the industry of the borrower is typically perceived to be high risk environmentally and zero otherwise. Examples of high environmental risk industries include chemicals, mining and oil and gas.	Girardone (2011)		0	
Projektrisiken					
Laufzeit					
Maturity	Month	Ahiabor (2018)		0/0/--/--/0/ 0/0/0	
Maturity	maturity of loans, in years	Altunbaş (2003)		0	
Maturity	maturity of loans, in years	Altunbaş (2004)		---	
Maturity	Loan maturity in years.	Girardone (2011)		0	
Maturity	Loan maturity, in years	Kleimeier (2000)		--	
Maturity	Loan maturity, in years	Kleimeier (2001)		--	
Maturity	Kreditlaufzeit je Finanzierungstranche in Monaten	Pfarl (2014)		+++	
Maturity	Kreditlaufzeit je Finanzierungstranche in Monaten	Pinto (2016)		+	
Default and recovery risk: Maturity	weighted average maturity (in years)	Buscaino (2010)		+++	
Maturity		Sorge (2004)		0/--	

Unabhängige Variable	Definition bzw. Messung	Quelle	Effekt auf FK	Effekt auf KM	Effekt auf LZ
Log maturity		Sorge (2004)		/++	
Maturity		Sorge (2008)		0/--	
Log maturity		Sorge (2008)		/++	
Tranche Final Maturity	loan in number of years.	Corielli (2010)		0	
Tranche maturity (ln)	Life of the tranche in months (Dealscan)	Gatti (2013)		0	
Maturity		Blanc-Brude (2007)		+/+++	
Maturity	Maturity of the loan (months)	Herve (2014)		+++ / +++	
Maturity		Thierie (2018a)		+++	
Größe und Anzahl (Projekt und Tranche)					
Size	US$ millions	Ahiabor (2018)		-/---/---/---/--/---/---/--	
Deal size	Transaction size measured in $US million.	Pinto (2016)		-	
Deal Value	Loan size in $m	Girardone (2011)		---	
Loan Size	Loan size, in US$ millions	Kleimeier (2000)		0	
Loan Size	Loan size, in US$ millions	Kleimeier (2001)		--	
Loan Size		Thierie (2018a)		0	
Project size	investment, mln USD	Dailami (1998)		0	
Project Size	Natural log of the total PIC cost in millions of US dollars. Source: SDC (2007)	James (2017)	---		
Project Size	Natural log of the total project cost in millions of US dollars.	James (2018)	---		
Size	Log of project cost	Byoun (2013)	0		

Unabhängige Variable	Definition bzw. Messung	Quelle	Effekt auf FK	Effekt auf KM	Effekt auf LZ
CAPEX	Construction Risk, CAPEX = overall size of the project	Blanc-Brude (2007)		+++/+	
Log project cost ($US)	Natural logarithm of the total project cost in millions of dollars	Vaaler (2008)	-/-/-/--/0		
Log(Project cost)		Rajan Annamalai (2013)	---		
Log(Size)		Sorge (2004)		-/--	
Tranche Amount	Value of the loan expressed in millions of U.S. dollars	Corielli (2010)	0		
Tranche Amount	Value of the loan expressed in millions of U.S. dollars	Herve (2014)		- / --	++ / 0
Tranche size (ln)	Real size of the loan tranche converted into U.S. dollars. To facilitate the comparison of loans signed in different years, the loan size is converted into real values using the IFS's GDP deflator for the US (USY99BIRH). (Dealscan)	Gatti (2013)		---	
Log size		Sorge (2008)		-/--	
Loan size to deal size	Represents the ratio of the loan size to the transaction size.	Pinto (2016)		++	
Liquidity: LN(SIZE)	LN(SIZE) The natural log of the U.S. dollar equivalent of the total issue. In general, issue size is believed to improve secondary market liquidity	Buscaino (2010)		---	
Number of tranches	Anzahl der Finanzierungstranchen im Projekt	Pfarl (2014)		+++	

Unabhängige Variable	Definition bzw. Messung	Quelle	Effekt auf FK	Effekt auf KM	Effekt auf LZ
Tranche Size		Blanc-Brude (2007)		0	
Number of tranches	Number of tranches in the loan	Herve (2014)		0 /	0 /
Verträge					
Offtake Agreement	Dummy: One indicates the existence of an offtake agreement to purchase all or a substantial part of the product produced by a project, which typically provides the revenue stream for a project financing.	Byoun (2013)	---/---/---		
Offtake Agreement	Dummy that Agreement is Absent	Corielli (2010)	0	0	
Offtake Agreement: Contract not signed by sponsor	Dummy	Corielli (2010)	--	++	
Offtake_Contract	Dummy	James (2018)	0		
Availability payment	Dummy: Availability payment mechanism means that the government entity will make monthly payments to a concessionaire for making the infrastructure asset available for use.	Thierie (2018a)		---	
Availability payment	Availability-based project the dummy equals 1 if the project is entirely financed by availability payments and is not exposed to demand risk	Thierie (2018b)			0/++/++

Unabhängige Variable	Definition bzw. Messung	Quelle	Effekt auf FK	Effekt auf KM	Effekt auf LZ
Supply Agreement	Dummy that Agreement is Absent	Corielli (2010)	0	0	
Supply Agreement: Contract not signed by sponsor	Dummy	Corielli (2010)	0	--	
EPC Construction	Dummy that Agreement is Absent	Corielli (2010)	0	--	
EPC Construction: Contract not signed by sponsor	Dummy	Corielli (2010)	0	+	
O&M Contract	Dummy that Agreement is Absent	Corielli (2010)	0	0	
O&M Contract: Contract not signed by sponsor	Dummy	Corielli (2010)	+++	0	
Equipment supply sponsor:	Dummy that Agreement is Absent	Corielli (2010)	0	0	
Equipment supply sponsor: Contract not signed by sponsor	Dummy	Corielli (2010)	0	0	
Construction agreement	Dummy that Agreement is Absent	Corielli (2010)	0	+++	
Construction agreement: Contract not signed by sponsor	Dummy	Corielli (2010)	0	---	
Tranche with operational contracts	Dummy (ProjectWare)	Gatti (2013)		0	
Build-own-operate provision	Dummy: build-own-operate provision (Anderes Modell!)	Byoun (2013)	---		
Tranche with sponsors as counterparty	Dummy (ProjectWare)	Gatti (2013)		0	

Unabhängige Variable	Definition bzw. Messung	Quelle	Effekt auf FK	Effekt auf KM	Effekt auf LZ
Gegenpartierisiko					
KORELES	Kepco (Offtaker) yield spread over 10Y US Treasuries	Dailami (2007)		+++ (Nur ein Modell)	
MOBIL (Log)	Mobil (Shareholder) stock price	Dailami (2007)		0 (Nur ein Modell)	
Garantien					
Agency Guarantee	Dummy: Multilat Guarantee	Sorge (2004)		--/--	
Agency guarantee		Sorge (2008)		--/--	
Guarantee	Dummy variable that takes the value of one if there is an implicit or explicit third-party repayment	Girardone (2011)		---	
Guarantee	Dummy variable equal to 1 if the loan tranche has explicit political risk guarantees, 0 otherwise.	Ahiabor (2018)		0/0/0/0/0/0/ 0/0	
Guarantee	Dummy if third-party repayment guarantee	Kleimeier (2000)		---	
Guarantee	Dummy if third-party repayment guarantee	Kleimeier (2001)		0	
Guaranteed tranche	Dummy equal to one for tranches that are supported by a guarantee. (Dealscan)	Gatti (2013)		---	
Other Guarantee	Dummy: Other Guarantee	Sorge (2004)		--/--	
Explicit guarantee	Dummy for deals explicitly guaranteed or sponsored by a third party	Altunbaş (2003)		---	
Explicit guarantee	Dummy for deals explicitly guaranteed or sponsored by a third party	Altunbaş (2004)		---	

Unabhängige Variable	Definition bzw. Messung	Quelle	Effekt auf FK	Effekt auf KM	Effekt auf LZ
Implicit guarantee	Dummy for implicitly guaranteed deal (eg borrower is a developing country subsidiary of a major US concern)	Altunbaş (2003)		0	
Implicit guarantee	Dummy for implicitly guaranteed deal (eg borrower is a developing country subsidiary of a major US concern)	Altunbaş (2004)		0	
Other guarantee	Other guarantees enhancing credit quality,	Sorge (2008)		--/--	
Secured	Dummy for secured deals	Altunbaş (2003)		+++	
Secured	Dummy for secured deals	Altunbaş (2004)		+++	
Secured	Dummy variable equal to 1 if the loan tranche is secured with a collateral, 0 otherwise.	Ahiabor (2018)		0/0/0/0	
Secured		Sorge (2008)		++/++	
Secured	Dummy: For secured bonds or loans	Sorge (2004)		++/++	
Secured tranche	Dummy equal to one for tranches that are secured. (Dealscan)	Gatti (2013)		++	
Subsidiary	Guarantee arising from ownership	Sorge (2008)		/	
Subsidiary	Dummy: for implicit guarantee arising from ownership	Sorge (2004)		/	
Syndikatcharakteristika					
Syndicate Size	Syndicate Size	Blanc-Brude (2007)		0	

Unabhängige Variable	Definition bzw. Messung	Quelle	Effekt auf FK	Effekt auf KM	Effekt auf LZ
Syndicate Size	The number of different financers awarding the loan	Thierie (2018a)		0	
Syndicate Size	Syndicate size the number of different financers awarding the loan	Thierie (2018b)			0/--/--
Number of banks in syndicate	Number of financial institutions participating in the transaction	Pinto (2016)		0	
Number of banks in syndicate	Anzahl der Kreditgeber je Finanzierungstranche	Pfarl (2014)		---	
Number of banks in syndicate	Total number of banks belonging to the syndicate	Herve (2014)		+ / 0	-- / 0
Number of banks in syndicate	The numbe of banks in the syndicate	Girardone (2011)		0	
Number of fund providersyndicate;	Number of fund provider banks in syndicate	Sorge (2004)		/	
Club	CLUB is a dummy taking the value of one according to whether the type of deal is in the form of a club of banks or bilateral.	Girardone (2011)		0	
Syndicate structure: More than 2 banks	Dummies for deals with more than two provider banks; for club or bilateral deals	Altunbaş (2003)		+++	
Syndicate structure: More than 2 banks	Dummies for deals with more than two provider banks; for club or bilateral deals	Altunbaş (2004)		+++	
Club or Bilateral Deal	Dummy for less than 3 banks	Altunbaş (2003)		---	
Club or Bilateral Deal	Dummy for less than 3 banks	Altunbaş (2004)		---	

Unabhängige Variable	Definition bzw. Messung	Quelle	Effekt auf FK	Effekt auf KM	Effekt auf LZ
Bilateral deal	Dummy for bilateral deal (with only one participating bank)	Sorge (2004)		+/++	
Bilateral deal		Sorge (2008)		+/++	
Syndicate structure: Top tier arranger	Number of top-tier arrangers/Total number of banks	Herve (2014)		++ / +++	-- / ---
Syndicate Ownership	0–1 Herfindahl index of equity stakes by all PIC sponsors. Higher scores indicate greater concentration of ownership in fewer PIC sponsors. Source: SDC (2007)	James (2017)	0		
Syndicate_Ownership	The concentration of project ownership measured as a Herfindahl–Hirschman index,	James (2018)	0		
Syndicate Ownership	Herfindahl index of equity ownership by all equity sponsors in syndicate j for project finance company i in country l of year t. We sum the square of each sponsor equity share in the syndicate to arrive at a number between 1, where there P is a sole sponsor, and nearly 0, where the syndicate is large and ownership diffuse.	Vaaler (2008)	+++/+++/ +++/+++/+++		
Banking relationships: Amount 2003–2007	Total amount borrowed by the firm between 2003 and 2007	Herve (2014)		/ ++	/ -

Unabhängige Variable	Definition bzw. Messung	Quelle	Effekt auf FK	Effekt auf KM	Effekt auf LZ
Banking relationships: Frequent book-runner 2003–2007	Number of times the lead bank in 2008 was book-runner in a syndicate for the same firm between 2003 and 2007	Herve (2014)		/ ---	/ +
Banking relationships: Syndicate stability	Number of times the syndicate was the same between 2003 and 2007 for the firm	Herve (2014)		/ ---	/ +++
Information asymmetry: Same zone	Dummy variable equal to one if the firm and the lead bank come from the same geographical zone and equal to zero otherwise	Herve (2014)		/ 0	/ 0
Distribution method	Dummy equals 1 if the distribution method is classified as 'syndication' and 0, otherwise	Pinto (2016)		0	
Information asymmetry: League tables	Dummy variable equal to one if the lead bank is in the Thomson Financial "league table" and equal to zero otherwise	Herve (2014)		++ / ++	0 / --
Borrower experience: Deal in 2008	Dummy variable equal to one if the firm had more than one syndicated loan in 2008 and equal to zero otherwise	Herve (2014)		0 / +++	0 / 0
Borrower experience: Number of deals 2003–2007	Number of deals (loans) concluded by the firm between 2003 and 2007	Herve (2014)		+ / ++	-- / ---
Borrower's nationality	Dummy variable equal to one if the borrower is European, zero if North American (USA or Canada)	Herve (2014)		--- / ---	+++ / +++

Unabhängige Variable	Definition bzw. Messung	Quelle	Effekt auf FK	Effekt auf KM	Effekt auf LZ
High prestige dummy		Gatti (2013)		0	
Average 3-year prior market share		Gatti (2013)		--	
Ratio of domestic arrangers to total arrangers	Number of domestic arrangers divided by total number of arrangers at the country level	Ahiabor (2018)		+++/+++/ +++/+++	
Basel III	Basel III the variable reflecting the gradual phase-in of Basel III regulation, between 0 and 1	Thierie (2018b)			/--/
Sponsorencharakte-ristika					
Number of Sponsors		Byoun (2013)	0		
Number of Sponsors		Rajan Annamalai (2013)	---		
Lead_Sponsor_ Experience	The number of previous projects by the first-named lead investor in the same country and industry	James (2018)	0		
Foreign	Dummy variable equaling 1 when the parent firm of the lead-sponsoring firm k is domiciled outside the project host country	Vaaler (2008)	0/0/0/0/0		
Percent_Domestic	The percentage of project ownership held by individuals in the same country where the project is located	James (2018)	0		
U.S. Borrowers	Dummy	Pinto (2016)		+++	
US borrower	Dummy	Kleimeier (2001)		0	

Unabhängige Variable	Definition bzw. Messung	Quelle	Effekt auf FK	Effekt auf KM	Effekt auf LZ
Sponsor Equity Stake	The percentage of equity of the sponsor with the largest equity stake in a PIC at the time of ist announcement. Source: SDC (2007)	James (2017)	+		
Sponsor Experience	0–1–2 measure of lead-sponsor host-country PIC experience: 0 = no previous host-country experience as lead sponsor of PIC; 1 = previously led one PIC in the host country; 2 = previously led more than one PIC in the host country. Source: SDC (2007)	James (2017)	++		
Sponsor experience	Dummy variable that equals 1 if the lead-sponsoring firm k (defined by largest equity interest) in syndicate j for project finance company i in country l of year t has previously participated in a similar project syndicate.	Vaaler (2008)	++/+/++/++/+		
Private borrower	Privater Kreditnehmer im Projekt/ Dummy Variable	Pfarl (2014)		0	
Borrower default risk: Rating	Rating of the loan under Basel II standards. Calculations depend on the standardized approach	Herve (2014)		0 / +++	+ / 0
Borrower rating	Moody's and S&P ratings	Kleimeier (2001)		0	
Information asymmetry: Listed	Dummy variable equal to one if the firm is listed and equal to zero otherwise	Herve (2014)		0 /	0 /

Unabhängige Variable	Definition bzw. Messung	Quelle	Effekt auf FK	Effekt auf KM	Effekt auf LZ
Fortune 500	Dummy variable for a sponsor in Fortune 500	Byoun (2013)	--/-/--		
Staatliche und multilaterale Beteiligung					
Multilateral agency loans	Dummy: One indicates the presence of multilateral agency (MLA) financing. MLAs include the World Bank, the Inter-American Development Bank, the Asian Development Bank, and the European Bank for Reconstruction and Development.	Byoun (2013)	---/---/---		
State_Ownership	State Ownership 4 Dummy: Minority_State_Ownership, Superfluous_State_Ownership_Scenario, Ideological_State_Ownership_Scenario, Interfering_State_Ownership_Scenario, Source: Thomson Reuters (2013)	James (2018)	0		
Public borrower	Öffentlicher Kreditnehmer im Projekt/Dummy Variable	Pfarl (2014)		0	

Unabhängige Variable	Definition bzw. Messung	Quelle	Effekt auf FK	Effekt auf KM	Effekt auf LZ
Government grants and support	Dummy: One indicates the presence of local government grants and/or support. A concession agreement can be financial support, infrastructure, or permission granted to a project company to exploit, develop, construct, and operate a facility or project	Byoun (2013)	---/---/---		
Multilateral support	Dummy variable. It takes the value "1" if project has multilateral support, else "0"	Rajan Annamalai (2013)	---		
Multinational project	Dummy: One indicates a project located in more than 1 nation	Byoun (2013)	-/--/--		
EXIM	Dummy variable equal to 1 if the loan tranche is an EXIM facility, 0 otherwise	Ahiabor (2018)		+++/+++/---/---	
Development bank	Dummy equals 1 if at least one governmental or multilateral agency is involved in the project, i.e. development banks or European Investment Bank (EIB)	Thierie (2018b)			+/ /++
Fremdkapitalquote					
Leverage		Kleimeier (2001)		0/+	
Debt to equity		Corielli (2010)		++	
Project leverage ratio	Percent	Dailami (1998)		0	
Project Leverage		Blanc-Brude (2007)		0	

Unabhängige Variable	Definition bzw. Messung	Quelle	Effekt auf FK	Effekt auf KM	Effekt auf LZ
Debt Ratio	Capital Structure	Thierie (2018a)		0	
Covenant					
Presence of covenants (grid-based pricing)		Sorge (2004)		0	
Information asymmetry: Financial clauses	Dummy variable equal to one if the loan includes a financial covenant clause and equal to zero otherwise	Herve (2014)		---/	+++ /
Zinssatz und Gebühren					
Spread	bps	Corielli (2010)	---		
Fixed rate		Sorge (2004)		0	
Fixed rate	Fixed rate equals 1 if the loan has a fixed coupon rate and 0, otherwise.	Pinto (2016)		+++	
Initial commitment fee	In bp	Kleimeier (2001)		0	
maximum participation fee	In bp	Kleimeier (2001)		0	
Index type	Type of reference rate	Dailami (1998)		0	
Spread	Spread compared to the benchmark rate in basis points	Herve (2014)			+++ / +++
Kreditrating					
Rated	Dummy equals 1 if the loan has a credit rating and 0, otherwise. Rating is the S&P and Moody's rating	Pinto (2016)		0	
Rated * Rating	S&P and Moody's rating at debt issuance;	Pinto (2016)		0	

Unabhängige Variable	Definition bzw. Messung	Quelle	Effekt auf FK	Effekt auf KM	Effekt auf LZ
Rated tranche	Loan rating based on the S&P and Moody's bank loan rating at close. If missing, S&P and Moody's senior debt rating at close are used. If both ratings are available, the average rating is calculated. For the descriptive statistics, the rating is converted as follows: AAA+= Aaa1 = 1, AAA = Aaa2 = 2, and so on until D = 28. In the regressions, a dummy is used	Gatti (2013)		++	
Default and recovery risk: CRENH	seniority of the tranche and the loss percentage that the portfolio must suffer before a specific tranche is hit	Buscaino (2010)		-	
Default and recovery risk: Rating of CDO (Not country!)	Moody's, Standard & Poor's, and Fitch. Better rating has negative effect	Buscaino (2010)		---	
Kreditcharakteristika					
Loan purpose	Dummy for Project Finance	Altunbaş (2003)		---	
Loan purpose	Dummy for Project Finance	Altunbaş (2004)		0	
Loan transferability and size increase: increased	dummy to indicate that the original amount of the deal has been increased	Altunbaş (2003)		0	
Loan transferability and size increase: increased	dummy to indicate that the original amount of the deal has been increased	Altunbaş (2004)		+++	
Loan transferability and size increase: transfer	dummy for loan transferability	Altunbaş (2003)		+++	

Unabhängige Variable	Definition bzw. Messung	Quelle	Effekt auf FK	Effekt auf KM	Effekt auf LZ
Loan transferability and size increase: transfer	dummy for loan transferability	Altunbaş (2004)		+++	
Term loan	Dummy equals 1 if the loan is a term loan and 0 if it is a credit line	Pinto (2016)		0	
Borrower default risk: Debt for recovery	Dummy variable equal to one if the loan is an "exit facility" to help Chapter 11 debtors to emerge from bankruptcy and equal to zero otherwise	Herve (2014)		+ /	- /
Borrower default risk: Debt in chapter 11	Dummy variable equal to one if the loan is "Debtor-in-Possession Financing," e.g., arranged by a company under a Chapter 11 bankruptcy process and equal to zero otherwise	Herve (2014)		+++ /	-- /
Borrower default risk: LBO / Loan repayment / M&A / Mezzanine tranche / Project financing	Dummy variable equal to one if the loan is to finance a LBO / Loan reypayment / M&A / Mezzanine tranche / Project financing and equal to zero otherwise. Results for Dummy „Project Finance"!	Herve (2014)		--- /	+++ /
Mezzanine	Dummy	Blanc-Brude (2007)		+++	
Short term/Revolver	Dummy	Blanc-Brude (2007)		---	
Refinancing	Dummy	Blanc-Brude (2007)		---	
Refinancing	Dummy	Corielli (2010)		0	

Unabhängige Variable	Definition bzw. Messung	Quelle	Effekt auf FK	Effekt auf KM	Effekt auf LZ
Refinance	Dummy variable equal to 1 if the loan tranche refinances an ongoing project, 0 otherwise	Ahiabor (2018)		0/0/0/0/+++/ ++/++/0	
Short term	Dummy variable equal to 1 if the loan tranche is a short-term financing facility, 0 otherwise	Ahiabor (2018)		0/0/---/---	
Credit Facility	Dummy variable equal to 1 if the loan tranche is a credit facility, 0 otherwise	Ahiabor (2018)		0/0/0/0	
Term Loan	Dummy variable equal to 1 if the loan tranche is a term loan, 0 otherwise	Ahiabor (2018)		0/0/0/0	
Seniority	Dummy equals 1 if the loan is senior and 0 otherwise	Pinto (2016)		0	
Projektcharakteristika					
Greenfield	Greenfield project the dummy equals one if the project is a greenfield project, zero otherwise;	Thierie (2018a)		0	
Greenfield	Greenfield the dummy equals 1 if the project is a greenfield project, 0 otherwise	Thierie (2018b)			+++/+++/+++

Unabhängige Variable	Definition bzw. Messung	Quelle	Effekt auf FK	Effekt auf KM	Effekt auf LZ
PPP	PPP (public private partnership) model indicates the level of risk assumed by the private investor and varies based on the degree of privatisation. Projects were classified into four different PPP models – refurbish lease transfer; build operate transfer; build own operate transfer; and build own operate/divestiture.	Rajan Annamalai (2013)	+++		
PPP	Dummy equals one if theproject is a public-private partnership, zero otherwise	Thierie (2018a)		0	
PPP	Dummy equals 1 if the project is a PPP	Thierie (2018b)			+++/+++/+++
Asset characteri-stics: MKTRISK	This is the percentage of projects included in the CDO pool with no long-term or offtake contracts.	Buscaino (2010)		+++	
Asset characteri-stics: PRJUNDCO	This measures the percentage of projects included in the CDO transaction that are still under construction.	Buscaino (2010)		++	
Technologie					
Project_Bid	Dummy equal to 1 if the project is put out to some bidding process, often overseen by a state agency.	James (2018)	0		
Real Toll	Dummy	Blanc-Brude (2007)		+++/+	

Unabhängige Variable	Definition bzw. Messung	Quelle	Effekt auf FK	Effekt auf KM	Effekt auf LZ
Shadow Toll	Dummy	Blanc-Brude (2007)		+++/+	
Traffic Growth	A past-three-year compounded growth rate is calculated at the time of financial close to reflect lenders' perception of traffic risk.	Blanc-Brude (2007)		---	
Transport Price	Transport Price Index: The index is based on 1995 = 100 and is meant to reflect lenders' perception of ability and willingness to pay for transport services in the host country. (OECD)	Blanc-Brude (2007)		0	
Bridge	Dummy	Blanc-Brude (2007)		0	
Tunnel	Dummy	Blanc-Brude (2007)		0	
Jahresdummies und Jahres-Fixed-Effects					
Year	Dummy	Gatti (2013)		D	
Year	Dummy	James (2017)	FE		
Year	Dummy	James (2018)	D		
Year	Year dummy	Pfarl (2014)		D	
Year		Rajan Annamalai (2013)	+++		
Year	Dummy	Thierie (2018a)		D	
Year	Dummy	Ahiabor (2018)		D	

Anhang 4: Informationen zu Dealogic

Anhang 4.1: Felder der ProjectWare Datenbank

dealogic

Dealogic Projectware Field Glossary	
Field Name	**Description**
Amount Currency (tranche)	The total amount, in the currency of each individual tranche. If searching on this field, it is best to also search on currency.
Amount Currency (Tranche)	The total value of the tranche in the currency of the deal (in million units).
Annual DSCR	This represents, for any operating year, the ability for the project company to repay the debt. The project is estimated viable for the lenders when the ADSCR is greater than 1 for every year of the project life.
Any Non Bank Role Name	A list organisations involved in the project in a non bank role.
Bank Fee	The banks fee for its financial role in the project.
Bidder	Refer to the investors for acquisition (for mostly brownfield projects).
Bond Finance Amount	Amount in US$m of bond financing in a project.
Bookrunner	The bank responsible for initiating a bond transaction with the borrower and for organising the underwriting and placing the bond issue in the primary market. In cases where more than one is cited, both are understood to be joint bookrunners.
Borrower Business Type	A code representing the business type of the borrower e.g.EDU = Education.
Borrower City	The city where the borrower is located.
Borrower Country	A code representing the nationality of the borrower.
Borrower Description	General text providing additional information about the borrower.
Borrower Name	The name of the borrower.
Borrower Remarks	This field gives a description of the borrower, where known.
Borrower Type	A code classifying the type of borrower i.e. private bank / public utility / supranational institution etc.
Buyer Seller Name	The name of the exporter, importer or final recipient.
Civil Works Cost (US$m)	The cost of the civil works in a project.
Commitment Fee	A fee, payable usually on a semi-annual or quarterly basis, by the buyer to reserve the availability of a loan, and payable on the undrawn balances.
Concession Awarder	The name of the concession awarder, a government agency or an international agency.
Concession Period	The duration of time the group/company will be operating the project.
Construction Cost (US$m)	The cost in US dollars for the construction of the project.
Contact Name	Name of person representing each of the main parties in the project (eg the investment officer of a bank or a partner in a law firm).
Contractor	Organisation responsible to carry out construction work on the project. But the EPC contractor assumes the main role in any given project.
Debt/Equity Ratio	The ratio of total debt to equity in the Project Finance structure.
Development project	Any non-project finance deal: Infrastructure projects by multilateral banks and concession projects, corporate financings of projects; or privatisations where the sponsors decide on an equity only financing.
Divestor	The company selling off a particular part of their business
Drawdown	When money will be dispersed.
EPC Contractor	Engineering, Procurement and Construction company. Main contractor responsible for building the project.
Equipment Cost	The cost in US dollars for the equipment
Equity Finance Amount	Amount in US$m of Equity financing in a project.
Equity Participant	Organisation contributing to the equity portion of the financing, usually the sponsors.
Export Credit Agency (ECA)	The organisation in each country of export which provides official support in order to facilitate exports from its country.
Exporter	Not relevant any longer. Used to be used previously for trade finance deals. But this is no longer covered by ProjectWare.
Facility Agent	The bank which adminsters a loan in the post-signing phase of a syndicated loan transaction.
Facility Agent	Bank appointed to administer the financing facility during the course of the loan
Fee Remarks	Provides details of fees associated with the financing such as participant fee.
Final Destination	The final destination of the product or service.
Financial Adviser	Organisation providing advice to the sponsor(s), the project company or the government on the financial structure best suited for the project. This can imply assessing bids to select sponsors or contractors.
Financial close	Loan agreement signing; key document signing between borrower and mandated arrangers. The banks have committed to the funding of the project.
Financial Close Date	The date on which the loan agreement between the borrower and the top-tier banks is signed.
Fuel Supplier	Company supplying fuel towards the project
Grace Period	The period during which no repayments of principal (or principal and interest) are due from borrowers to lenders.
Guarantees	Free text editorial comment on the guarantee(s) provided.
Guarantor	An organisation guaranteeing the repayment of securities in the event of default by the issuer. This may include banks or non banks in roles such as L/C issuer, non bank guarantor, export credit agency, international agency, multilateral bank or guaranteeing bank.
Host State Involvement	Involvement of the host state in the project as either/or Sponsor, Guarantor, Offtaker, Fuel Supplier
In finance	Banks have been mandated and terms of tranches have been negotiated
In tender	Project has been approved by the relevant parties and the selection process of project participants has started
Legal Adviser	The firms providing legal advice towards the concession awarder, project company and banks
Loan Finance Amount	Amount in US$m of loan financing in a project.
Loan Life DSCR	This represents, for any one operating year, the ability for the project company to bear an occasional shortfall of cash. The project is estimated viable for the lenders when the LLCR is high for every year of the project life. This means that the project company should be able to repay the debt despite a period of cash shortfall.
Location	The city or region where the project is based.
Manager (Bonds)	An institution which is designated as a lead manager, but that does not have a bookrunning role.
Mandated Arranger	The mandated bank responsible for originating, structuring, and syndicating a transaction.
Number of Tranches	The number of tranches in a single project.
Offtake agreement	Agreement signed between the project company and future purchaser (the offtaker) to buy the end product of a project.
Offtake Purchase Contract Period	The period when the utility will purchase the services or products from the operator.
Offtaker	Organisation agreeing to buy the output of the project at an agreed price and/or volume for a set period of time.
Operating Start Date	Date when the Project will come into operation.
Operator	Organisation responsible for carrying out the operation of the infrastructure development.
Participation Fee	The front-end fee payable to banks providing funds, often scaled to the level of commitment.
PFI	PFI is a government initiative to develop greater private sector involvement in asset-intensive public services. PFI gives those responsible for procuring such services the means to transfer the risks of asset and infrastructure ownership and maintenance to private sector contractors.The contractors are in turn rewarded for the quality and cost-effectiveness of the services they deliver.
Pre-approval	Project has just been announced and is in its very early stages
Project Amount	The total amount of the project in the currency of the deal.
Project Amount $m	The total value of the project/trade in US $m.
Project Country	Where the project is located.
Project Country Rating Fitch	Fitch's long-term sovereign rating.
Project Country Rating Moody	Moody's long-term sovereign rating.
Project Country Rating S&P	Standard & Poor's long-term sovereign rating.
Project Currency	The currency of the project.
Project Name	The commonly used name for a project.
Project Remarks	General free text comment on the project - such as project specifications, timeframe, different roles (such as EPC Contractor, Project Manager, Operator, etc).
Project Sector	Categorises the type of asset being financed e.g. power plant.
Project Status	The current status of the project, i.e. Signed, Unsigned - in tender, Unsigned - in financing, Pre - approval or Cancelled.
Project Type	Refers to the type of project that has been awarded, e.g. Build Operate Transfer (BOT), Build Operate Own (BOO) etc., acquisition, privatisation, portfolio financing, PFI/PPP.
Provider	The banks that provide funds to (invest in) the project.
Repayment	The terms of repayment.
Sector Group	The broad sector as commodity for the project, i.e. energy/power, infrastructure, equipment etc.
Sector Remarks	Gives a more detailed description of the project sector.
Signed	Syndication signing; the sell-down process has been finalised and all providing banks have been signed in.
Signing Date	The date the deal was signed by the borrower and all participating banks. This determines the year in which the deal is classified.
Sponsor	The party carrying out the project. Usually also providing financial support via equity injection. Mostly referring to the investors/developers of greenfield projects
Supply / Offtake Remarks	Shows details of any supply/offtake purchase contract that may be attached to the project.
Taxable	Whether or not the bond issue is taxable.

Technical Adviser	In glossary
Tranche Amount	Value of a particular tranche in US$m.
Tranche Amount	The value of a particular tranche in US $m.
Tranche Arranger/ Bookrunner	The top tier banks of the loan/bond facility.
Tranche Average Life	The mid point along the maturity spectrum, weighted by the outstanding financing.
Tranche Base	For floating rate debt this is a code for the base rate (e.g. Libor).
Tranche Bond Market	The designated market(s) into which an issue is launched, e.g Euro, global, foreign or domestic.
Tranche Books/Syndication agent	Bank/s responsible for the distribution of the loan, issuing invitations. disseminating information to banks and informing the borrower and banks on progress.
Tranche Currency	The currency of the tranche, where not US$.
Tranche Documentation Agent/Bank	Bank handling the documentation of the financing.
Tranche Extension Fee	Fee to extend loan beyond maturity period.
Tranche Final Coupon	The rate of interest payable on a fixed rate bond.
Tranche Final Maturity	The tenor of the deal indicated in years and months.
Tranche Fixed Rate	An interest rate fixed throughout a set period of the loan financing.
Tranche Funding Date	The date that funds are made available to the borrower for drawdown prior to general syndication.
Tranche Guarantees	Remarks on guarantees covering the tranche.
Tranche Instrument type	The type of financial instrument used in a tranche of a deal.
Tranche Launch Date	The date on which a loan tranche was launched.
Tranche Margin	For floating rate debt this is the pricing expressed as a spread in basis points over a base rate (e.g. Libor).
Tranche Market Type	The designated market(s)into which a facility is launched, e.g. EURO, ASIA.
Tranche Maturity Date	Date on which the tranche matures.
Tranche Remarks	Free text relating specifically to that particular tranche.
Tranche Repayment / Refinancing Remarks	Free text editorial comment on repayment and/or refinancing arrangements.
Tranche Signing Date	The date on which the facility was signed by the borrower and all participating banks.
Tranche Summary	A composite field for use in the user defined report, showing the basic details of each tranche in a project.
Tranche Syndication Type	Indicates the nature of the group financing the deal, e.g club, syndicated, multilateral.
Tranche underwriting fees	Fees paid to banks underwriting the financing.

Anhang 4.2: Beispiel eines Factsheets der ProjectWare Datenbank

(Aus lizenzrechtlichen Gründen wurden die beteiligten Unternehmen und Banken geschwärzt)

dealogic

Signed 24 June 2016
related project 28741,

Reference: 29321

[redacted]Wind Farm Financing
STG61.7m.
($[redacted]42m./Eu[redacted]522m.)
Borrower
[redacted]

Country : United Kingdom (Aa1/AA/)
Location [redacted]
Borrower Location : United Kingdom
Sector : Wind Farm (39.9MW wind farm)
Borrower type : Private Corporate
Borrower business : Power
Debt/Equity ratio : 80.88/19.12

Financing:
1) STG [redacted]m Term Loan (19-years)
2) STG 2.800m Revolving Credit (19-years)
3) STG 1.400m L/C Facility (19-years)
4) STG 1.300m Bridge Facility (9-months)
5) STG [redacted]m Equity

Sponsor
EPC Contractor
Financial adviser to the Consortium
Legal adviser to the Lender
[redacted]

Remarks
The GBP61.7m (US$91.4m) project entails the development of the 39.9MW[redacted]wind farm on the [redacted] Scotland, United Kingdom.

Borrower is[redacted] Sponsor is[redacted] Legal adviser to the lenders is[redacted]
Financial adviser to the consortium is[redacted] EPC contractor is[redacted]

Financing comprises GBP[redacted]m 19-year term loan, GBP2.8m 19-year revolving credit facility, GBP1.4m 19-year letter of credit, GBP1.3m 9-month bridge loan and GBP[redacted]m equity. MLA and facility agent is [redacted]Financial close took place on 24 June 2016.

Events
24 Jun 2016 Financial close

Financing in detail

1) STG 49.9m 19-year Term Loan
Equivalent : $[redacted]936m./Eu[redacted]122m.
Signing Date : 24 June 2016
Repayment : Semi-Annual.
Margin : LIBOR 205bp.
Pricing remarks : Margin: GBP LIBOR + from[redacted]bps to[redacted]bps
Fee remarks : Fees were undisclosed.
Mandated arranger [redacted]
Arranger
Participant/Providers
[redacted]
Facility Agent

2) STG 2.8m 19-year Revolving Credit
Equivalent : $4.148m./Eur3.654m.

 Page 1193 11 Apr '17 15:06

Fortsetzung des Factsheets

Signing Date : 24 June 2016
Repayment : Bullet.
Margin : LIBOR[redacted]p.
Pricing remarks : Margin: GBP LIBOR + from[redacted]ps to[redacted]ps
Fee remarks : Fees were undisclosed.
Mandated arranger [redacted]
Arranger
Participant/Providers
[redacted]
Facility Agent [redacted]

3) STG 1.4m 19-year L/C Facility
Equivalent : $2.074m./Eur1.827m.
Signing Date : 24 June 2016
Repayment : Semi-Annual.
Margin : LIBOR[redacted]p.
Pricing remarks : Margin: GBP LIBOR + from[redacted]ps to[redacted]ps
Fee remarks : Fees were undisclosed.
Mandated arranger [redacted]
Arranger
Participant/Provider
Facility Agent

4) STG 1.3m 9-month Bridge Facility
Equivalent : $1.926m./Eur1.696m.
Signing Date : 24 June 2016
Repayment : Semi-Annual.
Margin : LIBOR[redacted]p.
Fee remarks : Fees were undisclosed.
Mandated arranger [redacted]
Arranger
Participant/Provider
Facility Agent

5) STG 6.3m Equity
Equivalent : [redacted]Eu[redacted]m.
Equity participants
[redacted]

Anhang 5: Detaillierte Informationen zu Variablenberechnungen

Anhang 5.1: Liste der internationalen Finanzinstitutionen (IFI)

Liste der internationalen Finanzinstitutionen
African Development Bank
Asian Development Bank
Black Sea Trade and Development Bank
Central American Bank for Economic Integration
Corporacion Andina de Fomento – Development Bank of Latin America
Eurasian Development Bank
European Bank for Reconstruction and Development
European Investment Bank
Inter-American Development Bank
International Bank for Reconstruction and Development
International Development Association
International Finance Corporation
Islamic Development Bank
Multilateral Investment Guarantee Agency
North American Development Bank
Nordic Investment Bank
World Bank Group

Quelle: Gatti (2013, S. 191ff), Morrison (2012, S. 82ff), Tinsley (2014, S. 43f), Yescombe (2014, S. 462f)

Anhang 5.2: Berechnung der Cashflow-Volatilität auf Branchenebene

Zur Berechnung dieser Variablen wurde Anfang März 2018 ein Datensatz der Unternehmensdatenbank Orbis[668] angefordert, der alle Unternehmen enthält, die einen Cashflow innerhalb der Jahre 2008 bis 2017 veröffentlicht haben. Dies traf auf rund siebeneinhalb Millionen Unternehmen zu.

Im nächsten Schritt wurde die Volatilität dieser Cashflows berechnet. Da für viele Unternehmen die Cashflows nicht über die gesamte Zeit von zehn Jahren zur Verfügung standen, wurde die Volatilität für einen Durchrechnungszeitraum von vier Jahren berechnet wobei, der Startpunkt des Durchrechnungszeitraumes

668 Für Informationen siehe WU Wien (2019)

das Jahr des letzten veröffentlichten Cashflows war. Für Unternehmen, für die keine Cashflows im durchgehenden Zeitraum von vier Jahren veröffentlicht wurden, wurde die Volatilität nicht berechnet. Die Volatilität wiederum wird über den Variationskoeffizienten gemessen, der wie folgt definiert ist:

$$Variationskoeffizient(CF) = \frac{Standardabweichung(CF)}{Erwartungswert(CF)}$$

Wobei der Erwartungswert hierbei gleich dem Mittelwert ist und die Standardabweichung für zwei Beobachtungen CF_1 und CF_2 mit dem Mittelwert CF_M definiert ist als:

$$\sqrt{\frac{(CF_1 - CF_M)^2 + (CF_2 - CF_M)^2}{2}}$$

Zur besseren Illustration wird dies an einem Beispiel gezeigt. Das Unternehmen *Strabag SE* hat folgende Cashflows veröffentlicht:

Unterneh-mensname	**SIC Code**	**ISO Code**	**CF 2011**	**CF 2012**	**CF 2013**	**CF 2014**	**CF 2015**	**CF 2016**	**CF 2017**
STRABAG SE	1611	AUT	784.803	609.298	754.223	687.124	687.343	746.222	797.696

Der Variationskoeffizienten für die Jahre 2014 bis 2017 ist 0,063 und errechnet sich wie folgt:

$$\frac{\dfrac{\sqrt{\left((687.124 - 729.596)^2 + (687.124 - 729.596)^2 + (746.222 - 729.596)^2 + (797.696 - 729.596)^2\right)}}{4}}{\dfrac{(687.124 + 687.343 + 746.222 + 797.696)}{4}}$$

wobei der Mittelwert

$$\frac{(687.124 + 687.343 + 746.222 + 797.696)}{4} = 729.596$$

ist. Ein relativ niedriger Variationskoeffizient wie in diesem Fall drückt aus, dass die Cashflows nicht sehr stark vom Mittelwert abweichen und daher tendenziell stabil sind. Folglich lässt sich der Variationskoeffizient auch zum Approximieren der Volatilität der Cashflows nutzen.

Um nun die Branchenvolatilität (*cf_vol*) zu erhalten, wurde der Median aller Variationskoeffizienten der Unternehmen, die sich im selben Land und derselben Branche befinden, gebildet. Im obigen Beispiel würde daher der Median aller Variationskoeffizienten mit dem SIC Code *1611* (Autobahn- und Straßenbau) und ISO Code *AUT* errechnet. Im Anschluss daran wurde die Variable über alle Länder, Branchen und Jahre standardisiert und mittelwertzentriert.

In dieser Berechnung lässt sich eine potentielle Schwäche dieser Variable erkennen. Da die Datenlage sehr begrenzt ist, wurden alle Unternehmen miteinberechnet, die mindestens vier aufeinanderfolgende Cashflows veröffentlicht haben, unabhängig von den tatsächlichen Jahren. Dies bedeutet beispielsweise, dass bei zwei Unternehmen in Österreich mit dem SIC Code *1611* von Unternehmen 1 die Cashflows der Jahre 2014 bis 2017 und von Unternehmen 2 die Cashflows der Jahre 2010 bis 2014 in einer Variablen verdichtet werden. Folglich werden Jahreseffekte in der Berechnung nicht berücksichtigt.

Da die Volatilität der Branche jedoch auch jahresunabhängig in die spätere Regression einfließt – d.h. einem Straßenprojekt in Österreich wird z.B. für die Jahre 2017 und 2014 derselbe Wert zugewiesen – ist auch eine jahresunabhängige Berechnung gerechtfertigt.

Anhang 5.3: Berechnung der Branchennachfrage

Zur Berechnung dieser Variable wird auf die Herangehensweise von Vaaler / James / Aguilera (2008) zurückgegriffen, wobei in diesem Beitrag folgende Branchen berücksichtigt werden: Bergbau, Öl und Gas, Wasser und Abwasser, Elektrizitätserzeugung und -übertragung sowie Telekommunikation.[669] Zusätzlich dazu wurde eine Berechnung der Branchennachfrage für die Sektoren Straßen-, Schienen-, Flug-, und Schiffsverkehr entwickelt. Damit ist für fast 90 Prozent der Finanzierungstranchen in der Stichprobe ein Wert für die Branchennachfrage vorhanden. Im Folgenden wird die Berechnung dieser Variable für die einzelnen Sektoren erläutert:

669 Vaaler / James / Aguilera (2008), S. 10

Bergbau =
Anteil der Metallexporte eines Landes in Bezug zu den Gesamtwarenexporten in USD multipliziert mit dem durchschnittlichen jährlichen Metallpreisindex.[670]

Öl und Gas =
Anteil der Treibstoffexporte eines Landes in Bezug zu den Gesamtexporten in USD multipliziert mit dem Jahresdurchschnittspreis von Rohöl in den USA.[671]

Wasser und Abwasser =
Anteil der Bevölkerung eines Landes ohne Zugang zu entwickelter Wasserversorgung dividiert durch das logarithmierte Bruttoinlandsprodukt.[672]

Elektrizitätserzeugung und -übertragung =
Wachstum des Stromverbrauchs pro Person eines Landes dividiert durch das logarithmierte Bruttoinlandsprodukt.[673]

Telekommunikation =
Wachstum der Mobilfunkteilnehmer eines Landes dividiert durch das logarithmierte Bruttoinlandsprodukt.[674]

Flugverkehr =
Wachstum der registrierten Abflüge innerhalb eines Landes dividiert durch das logarithmierte Bruttoinlandsprodukt.[675]

Schienenverkehr =
Wachstum der per Bahn transportierten Passagiere dividiert durch das logarithmierte Bruttoinlandsprodukt.[676]

Schiffsverkehr =
Wachstum des Containertransportes per Schiff eines Landes dividiert durch das logarithmierte Bruttoinlandsprodukt.[677]

---

670 IndexMundi (2019); World Bank (2019)
671 InflationData (2019); World Bank (2019)
672 World Bank (2019)
673 World Bank (2019)
674 World Bank (2019)
675 World Bank (2019)
676 World Bank (2019)
677 World Bank (2019)

Straßenverkehr =

Wachstum der zugelassenen Fahrzeuge eines Landes dividiert durch das logarithmierte Bruttoinlandsprodukt.[678]

Für die Variable *industry_demand* wurden die Werte für die einzelnen Branchen innerhalb der Branche und über alle Länder und Jahre standardisiert und mittelwertzentriert.

678 International Organization of Motor Vehicle Manufacturers (2019); World Bank (2019)

Anhang 6: Korrelationstabelle und VIF Tabelle

	debtratio	spread	maturity	prs_eco	prs_pol	ifi	creditor_ rights	currency_ risk	cf_vol	industry_ demand	sector_ regulation
debtratio	1	-0.13	0.224	0.104	0.166	-0.055	0.039	-0.115	0.043	-0.054	-0.017
		0.0000	0.0000	0.0000	0.0000	0.0000	0.0000	0.0000	0.0390	0.0031	0.4549
spread	-0.13	1	0.051	-0.175	-0.29	0.014	-0.033	-0.007	0.008	0.104	0.093
	0.0000		0.0429	0.0000	0.0000	0.0000	0.0007	0.7030	0.6130	0.1549	0.0000
maturity	0.224	0.051	1	0.044	-0.027	0.051	0.191	-0.03	0.039	0.032	0.075
	0.0000	0.0429	NA	0.0000	0.0003	0.6308	0.0000	0.0001	0.1240	0.0629	0.0001
prs_eco	0.104	-0.175	0.044	1	0.601	-0.134	0.235	-0.23	-0.064	-0.057	-0.145
	0.0000	0.0000	0.0000		0.0000	0.0000	0.0000	0.0000	0.0010	0.1298	0.0000
prs_pol	0.166	-0.29	-0.027	0.601	1	-0.09	0.084	-0.357	-0.007	-0.226	-0.339
	0.0000	0.0000	0.0003	0.0000		0.0000	0.0000	0.0000	0.8451	0.0000	0.0000
ifi	-0.055	0.014	0.051	-0.134	-0.09	1	-0.052	0.265	0.064	0.005	0.137
	0.0000	0.0000	0.6308	0.0000	0.0000		0.0000	0.0000	0.0060	0.2859	0.0000
creditor_rights	0.039	-0.033	0.191	0.235	0.084	-0.052	1	-0.071	-0.028	0.026	-0.062
	0.0000	0.0007	0.0000	0.0000	0.0000	0.0000		0.0000	0.1708	0.7900	0.0000
currency_risk	-0.115	-0.007	-0.03	-0.23	-0.357	0.265	-0.071	1	-0.013	0.083	0.373
	0.0000	0.7030	0.0001	0.0000	0.0000	0.0000	0.0000		0.3952	0.0000	0.0000
cf_vol	0.043	0.008	0.039	-0.064	-0.007	0.064	-0.028	-0.013	1	-0.009	0.044
	0.0390	0.6130	0.1240	0.0010	0.8451	0.0060	0.1708	0.3952		0.5713	0.0214
industry_demand	-0.054	0.104	0.032	-0.057	-0.226	0.005	0.026	0.083	-0.009	1	0.226
	0.0031	0.1549	0.0629	0.1298	0.0000	0.2859	0.7900	0.0000	0.5713		0.0000
sector_ regulation	-0.017	0.093	0.075	-0.145	-0.339	0.137	-0.062	0.373	0.044	0.226	1
	0.4549	0.0000	0.0001	0.0000	0.0000	0.0000	0.0000	0.0000	0.0214	0.0000	
fixed_rate	0.033	0.571	0.143	0.04	-0.118	-0.017	0.141	-0.053	-0.006	0.062	0.092
	0.0021	0.0000	0.0000	0.0753	0.0011	0.3600	0.0000	0.0000	0.7424	0.1054	0.0001
epc_agreement	0.13	0.001	0.095	0.04	-0.022	-0.004	0.025	-0.03	-0.034	-0.075	-0.097
	0.0000	0.0836	0.0000	0.0000	0.0000	0.0436	0.4356	0.0000	0.1205	0.0192	0.0003
operation_ maintenance	-0.009	-0.008	-0.018	0.047	0.073	-0.017	0.038	0.064	-0.008	-0.053	0.058
	0.1408	0.0944	0.8429	0.1458	0.0623	0.0134	0.0276	0.0000	0.6411	0.0061	0.0000
offtake_agreement	0.143	-0.057	0.174	0.016	0.001	0.009	0.012	-0.044	0.035	0.012	0.013
	0.0000	0.0000	0.0000	0.7511	0.3942	0.0413	0.2405	0.8502	0.0711	0.4001	0.0138
supply_agreement	0.012	-0.04	0.009	0.078	0.052	0.101	0.02	0.043	-0.011	-0.005	0.066
	0.1950	0.0001	0.5242	0.3151	0.0010	0.0000	0.0017	0.0000	0.5738	0.0000	0.0000
sponsor_exp	0.109	-0.043	0.047	0.037	0.131	-0.02	-0.083	-0.103	0.015	-0.044	-0.098
	0.0000	0.0002	0.0000	0.0000	0.0000	0.3628	0.0520	0.1975	0.4308	0.0090	0.0000
concession_ agreement	0.109	-0.022	0.264	0.001	-0.078	0.044	0.143	0.047	0.058	0.083	0.072
	0.0000	0.0001	0.0000	0.0049	0.4296	0.0001	0.0000	0.7698	0.0063	0.1872	0.0000
ppp	0.161	0.029	0.307	0.022	-0.033	0.002	0.176	-0.101	0.069	0.11	0.006
	0.0000	0.3304	0.0000	0.0000	0.0000	0.0000	0.0000	0.0000	0.0012	0.5080	0.1859
guarantee	0.009	-0.012	0.025	-0.046	-0.068	0.155	0.025	0.158	0.062	0.064	0.135
	0.0005	0.0017	0.6393	0.0000	0.0000	0.0000	0.0791	0.0000	0.0119	0.0000	0.0000
refinancing	0.058	0.012	-0.011	0.007	-0.034	-0.012	0.025	-0.019	-0.01	-0.03	-0.042
	0.3858	0.1960	0.0036	0.0608	0.8169	0.5340	0.4624	0.1388	0.5718	0.5020	0.0782
tax_rate	-0.113	0.037	-0.211	0.001	0.021	-0.041	-0.301	-0.283	-0.043	0.044	-0.165
	0.0000	0.1767	0.0000	0.0063	0.0000	0.0750	0.0000	0.0000	0.0673	0.0006	0.0000
project_size	-0.081	-0.044	0.004	0.085	0.085	0.01	0.027	0.076	0.036	-0.04	-0.043
	0.0000	0.0000	0.9669	0.0000	0.0657	0.7073	0.1672	0.0000	0.1899	0.0000	0.0003

	fixed	epc	operation	offtake	supply	sponsor_ exp	concessiont	ppp	guarantee	refinanc-ing	tax_rate	project_ size
debtratio	0.033	0.13	-0.009	0.143	0.012	0.109	0.109	0.161	0.009	0.058	-0.113	-0.081
	0.0021	0.0000	0.1408	0.0000	0.1950	0.0000	0.0000	0.0000	0.0005	0.3858	0.0000	0.0000
spread	0.571	0.001	-0.008	-0.057	-0.04	-0.043	-0.022	0.029	-0.012	0.012	0.037	-0.044
	0.0000	0.0836	0.0944	0.0000	0.0001	0.0002	0.0001	0.3304	0.0017	0.1960	0.1767	0.0000
maturity	0.143	0.095	-0.018	0.174	0.009	0.047	0.264	0.307	0.025	-0.011	-0.211	0.004
	0.0000	0.0000	0.8429	0.0000	0.5242	0.0000	0.0000	0.0000	0.6393	0.0036	0.0000	0.9669
prs_eco	0.04	0.04	0.047	0.016	0.078	0.037	0.001	0.022	-0.046	0.007	0.001	0.085
	0.0753	0.0000	0.1458	0.7511	0.3151	0.0000	0.0049	0.0000	0.0000	0.0608	0.0063	0.0000
prs_pol	-0.118	-0.022	0.073	0.001	0.052	0.131	-0.078	-0.033	-0.068	-0.034	0.021	0.085
	0.0011	0.0000	0.0623	0.3942	0.0010	0.0000	0.4296	0.0000	0.0000	0.8169	0.0000	0.0657
ifi	-0.017	-0.004	-0.017	0.009	0.101	-0.02	0.044	0.002	0.155	-0.012	-0.041	0.01
	0.3600	0.0436	0.0134	0.0413	0.0000	0.3628	0.0001	0.0000	0.0000	0.5340	0.0750	0.7073
creditor_rights	0.141	0.025	0.038	0.012	0.02	-0.083	0.143	0.176	0.025	0.025	-0.301	0.027
	0.0000	0.4356	0.0276	0.2405	0.0017	0.0520	0.0000	0.0000	0.0791	0.4624	0.0000	0.1672
currency_risk	-0.053	-0.03	0.064	-0.044	0.043	-0.103	0.047	-0.101	0.158	-0.019	-0.283	0.076
	0.0000	0.0000	0.0000	0.8502	0.0000	0.1975	0.7698	0.0000	0.0000	0.1388	0.0000	0.0000
cf_vol	-0.006	-0.034	-0.008	0.035	-0.011	0.015	0.058	0.069	0.062	-0.01	-0.043	0.036
	0.7424	0.1205	0.6411	0.0711	0.5738	0.4308	0.0063	0.0012	0.0119	0.5718	0.0673	0.1899
industry_demand	0.062	-0.075	-0.053	0.012	-0.005	-0.044	0.083	0.11	0.064	-0.03	0.044	-0.04
	0.1054	0.0192	0.0061	0.4001	0.0000	0.0090	0.1872	0.5080	0.0000	0.5020	0.0006	0.0000
sector_ regulation	0.092	-0.097	0.058	0.013	0.066	-0.098	0.072	0.006	0.135	-0.042	-0.165	-0.043
	0.0001	0.0003	0.0000	0.0138	0.0000	0.0000	0.0000	0.1859	0.0000	0.0782	0.0000	0.0003
fixed_rate	1	0.044	-0.011	0.015	-0.021	-0.017	0.089	0.153	0.025	0.031	-0.068	-0.037
		0.2791	0.4953	0.7444	0.0351	0.2646	0.0025	0.0000	0.5077	0.0133	0.0033	0.0004
epc_agreement	0.044	1	0.124	0.245	0.13	-0.019	0.019	0.035	-0.03	-0.115	-0.051	0.046
	0.2791		0.0000	0.0000	0.0000	0.0000	0.0000	0.0001	0.0588	0.0000	0.0000	0.0000
operation_ maintenance	-0.011	0.124	1	0.071	0.156	-0.015	0.007	-0.019	0.037	-0.076	-0.026	0.021
	0.4953	0.0000		0.0000	0.0000	0.3355	0.0096	0.0196	0.0000	0.0000	0.4320	0.4365
offtake_agreement	0.015	0.245	0.071	1	0.127	0.115	0.42	0.349	0.011	-0.101	-0.018	0.049
	0.7444	0.0000	0.0000		0.0000	0.0000	0.0000	0.0000	0.0033	0.0000	0.0262	0.1659
supply_agreement	-0.021	0.13	0.156	0.127	1	0.09	-0.073	-0.129	0.025	-0.021	0.039	0.039
	0.0351	0.0000	0.0000	0.0000		0.0000	0.8028	0.0000	0.0000	0.0012	0.0000	0.0003
sponsor_exp	-0.017	-0.019	-0.015	0.115	0.09	1	0.145	0.144	-0.01	0.048	-0.033	0.081
	0.2646	0.0000	0.3355	0.0000	0.0000		0.0000	0.0000	0.5971	0.0017	0.0005	0.0000
concession_ agreement	0.089	0.019	0.007	0.42	-0.073	0.145	1	0.777	0.028	-0.018	-0.22	0.123
	0.0025	0.0000	0.0096	0.0000	0.8028	0.0000		0.0000	0.3123	0.0001	0.0000	0.0004
ppp	0.153	0.035	-0.019	0.349	-0.129	0.144	0.777	1	-0.008	0.021	-0.191	0.069
	0.0000	0.0001	0.0196	0.0000	0.0000	0.0000	0.0000		0.0000	0.1293	0.0000	0.0000
guarantee	0.025	-0.03	0.037	0.011	0.025	-0.01	0.028	-0.008	1	-0.031	-0.053	0.033
	0.5077	0.0588	0.0000	0.0033	0.0000	0.5971	0.3123	0.0000		0.0071	0.0324	0.0407
refinancing	0.031	-0.115	-0.076	-0.101	-0.021	0.048	-0.018	0.021	-0.031	1	0.031	-0.017
	0.0133	0.0000	0.0000	0.0000	0.0012	0.0017	0.0001	0.1293	0.0071		0.0010	0.4139
tax_rate	-0.068	-0.051	-0.026	-0.018	0.039	-0.033	-0.22	-0.191	-0.053	0.031	1	0.034
	0.0033	0.0000	0.4320	0.0262	0.0000	0.0005	0.0000	0.0000	0.0324	0.0010		0.0074
project_size	-0.037	0.046	0.021	0.049	0.039	0.081	0.123	0.069	0.033	-0.017	0.034	1
	0.0004	0.0000	0.4365	0.1659	0.0003	0.0000	0.0004	0.0000	0.0407	0.4139	0.0074	

	Debtratio Model: Country + Sector + Project		**Spread Model: Country + Sector + Project**		**Maturity Model: Country + Sector + Project**	
	GVIF	Df	GVIF	Df	GVIF	Df
prs_eco	2.794	1	2.795	1	2.795	1
prs_pol	2.933	1	2.923	1	2.969	1
ifi	1.165	1	1.168	1	1.163	1
currency_risk	1.706	1	1.71	1	1.704	1
creditor_rights	1.411	1	1.397	1	1.39	1
cf_vol	1.041	1	1.043	1	1.043	1
oecd_sec_reg	1.553	1	1.556	1	1.551	1
industry_demand	1.238	1	1.238	1	1.238	1
fixed_rate	1.69	1	1.106	1	1.696	1
epc_agreement	1.275	1	1.287	1	1.285	1
operation_maintenance	1.153	1	1.152	1	1.154	1
offtake_agreement	1.463	1	1.465	1	1.462	1
supply_agreement	1.189	1	1.189	1	1.189	1
sponsor_exp	1.161	1	1.167	1	1.167	1
factor(year)	6.546	22	5.978	22	6.619	22
project_size	1.115	1	1.126	1	1.126	1
refinancing	1.079	1	1.09	1	1.09	1
guarantee	1.088	1	1.089	1	1.09	1
concession_agreement	1.521	1	1.518	1	1.488	1
tax_rate	1.496	1	1.499	1	1.485	1
spread	1.898	1				
debtratio			1.199	1	1.179	1
maturity	1.191	1	1.227	1	1.922	1

Anhang 7: Zusätzliche Berechnungen und Robustheitstests

Anhang 7.1: Tobit-Modelle zur Fremdkapitalquote

Es handelt sich hierbei um die *marginal effects at the means*. Die Standardfehler wurden auf Länder-Jahr Ebene geclustert.

Dependent variable: debtratio		
	Model 1	Model 2
	Country + Sector + Project	Country – prs_pol + Sector + Project
prs_eco	-0.0014	0.00217
	0.0019	0.00175
prs_pol	**0.00234****	
	0.0008	
ifi	**-0.0407***	-0.037
	0.0185	0.0189
currency_risk	-0.0175	**-0.0304****
	0.0117	0.0113
creditor_rights	-0.0037	-0.00596
	0.0054	0.00541
cf_vol	**0.00314*****	**0.00380*****
	0.0006	0.00059
sector_regulation	0.0059	0.00231
	0.0038	0.00349
industry_demand	-0.0026	-0.00474
	0.0045	0.00441
fixed_rate	**0.0527****	**0.0518****
	0.0172	0.0175
epc_agreement	**0.0252****	**0.0240****
	0.0084	0.00849
operation_maintenance	-0.0117	-0.00906
	0.0165	0.016
offtake_agreement	0.0154	0.0161
	0.0092	0.0091
supply_agreement	-0.0016	-0.00267
	0.0158	0.0157
sponsor_exp	**0.00105***	**0.00126***
	0.0005	0.000493
tranche_size	0.0000	-0.000000204
	0.0000	0.000000739
project_size	-0.0000112***	-0.0000108**

Dependent variable: debtratio		
	Model 1	Model 2
	Country + Sector + Project	Country – prs_pol + Sector + Project
	0.0000	0.00000342
refinancing	0.0449***	0.0429**
	0.0135	0.0136
guarantee	0.0231	0.0207
	0.0162	0.0165
concession_agreement	0.0088	0.00455
	0.0094	0.00923
tax_rate	-0.0013	-0.00176*
	0.0009	0.000892
spread	-0.0000949***	-0.000108***
	0.0000	0.0000261
maturity	0.000254***	0.000255***
	0.0000	0.0000362
Observations	2555.0000	2555
Log-likelihood	1954.0000	1937.8

* $p < 0.05$, ** $p < 0.01$, *** $p < 0.001$

Anhang 7.2: OLS-Modell zur Kreditmarge ohne Interaktionseffekt

Dependent variable: log(spread)	
	Country + Sector + Projekt
prs_eco	0.009
	0.009
prs_pol	**-0.008****
	0.004
ifi	**0.177***
	0.092
currency_risk	0.063
	0.063
creditor_rights	**-0.079*****
	0.023
cf_vol	0.006
	0.004
sector_regulation	**-0.030***

Dependent variable: log(spread)	
	0.017
industry_demand	-0.011
	0.027
fixed_rate	**1.219*****
	0.107
epc_agreement	-0.03
	0.035
operation_maintenance	0.105
	0.079
offtake_agreement	-0.04
	0.041
supply_agreement	0.059
	0.062
sponsor_exp	-0.001
	0.002
project_size	0
	0.00001
refinancing	-0.093
	0.077
guarantee	-0.172*
	0.099
concession_agreement	-0.133***
	0.042
tax_rate	0.008**
	0.004
debtratio	**-0.695*****
	0.175
maturity	**0.001****
	0.0002
Constant	6.773***
	0.397
Factor (year)	Yes
Observations	2,555
R^2	0.385
Adjusted R^2	0.375
Residual Std. Error	0.568 (df = 2511)
F Statistic	36.577*** (df = 43; 2511)

Note: *p<0.1; **p<0.05; ***p<0.01

Anhang 7.3: OLS-Modelle Industrie- gegenüber Entwicklungsländer

Industrialized vs. developing countries – full models						
	debtratio		log(spread)		maturity	
	Industr.	Develop.	Industr.	Develop.	Industr.	Develop.
prs_eco	0.001	-0.004	0.011	-0.011	0.369	0.029
	0.002	0.003	0.01	0.021	1.386	0.022
prs_pol	**-0.002****	**0.004***	**-0.016*****	0.006	0.116	0.013
	0.001	0.002	0.005	0.011	0.776	0.011
ifi	-0.025	-0.021	0.06	0.194	**57.561*****	**0.256****
	0.026	0.026	0.124	0.138	11.978	0.104
currency_risk	-0.023	**0.047*****	0.013	0.083	-9.088	**-0.135****
	0.015	0.015	0.073	0.118	8.562	0.068
creditor_rights	-0.007	0.012	**-0.066*****	**-0.169***	**9.485*****	**0.315*****
	0.006	0.022	0.024	0.094	3.616	0.091
cf_vol	**0.003*****	0.232	0.005	1.151	0.544	0.566
	0.001	0.209	0.004	1.261	1.287	1.205
sector_regulation	-0.00001	**0.020*****	**-0.043****	**0.054***	1.76	**0.108*****
	0.005	0.005	0.021	0.03	2.496	0.033
industry_demand	0.004	-0.01	0.003	0.018	-3.025	-0.061
	0.005	0.007	0.036	0.047	3.693	0.043
fixed_rate	**0.059*****	**0.045****	**1.141*****	**1.312*****	**27.824****	0.088
	0.021	0.021	0.126	0.19	12.327	0.173
epc_agreement	**0.023****	0.006	-0.036	-0.024	**9.084***	0.034
	0.01	0.013	0.037	0.091	5.041	0.06
operation_ maintenance	-0.024	0.026	0.065	0.045	-0.268	-0.162
	0.017	0.033	0.085	0.203	10.856	0.137
offtake_agreement	0.013	**0.048*****	-0.034	-0.006	**15.444*****	0.078
	0.011	0.013	0.046	0.072	5.483	0.071
supply_agreement	0.014	-0.018	**0.146****	-0.02	-9.407	**0.206*****
	0.018	0.026	0.06	0.181	8.157	0.08
sponsor_exp	**0.001*****	-0.0003	-0.002	0.002	0.264	**-0.021*****
	0.001	0.002	0.002	0.004	0.349	0.006
tranche_size	0	-0.00001*	0	-0.00002	0.003***	-0.00001
	0	0	0	0.00002	0.001	0.00001
project_size	-0.00001***	0	0.00001	-0.0001	-0.002	0.00002
	0	0.00001	0.00001	0.00004	0.003	0.00003
refinancing	0.039**	0.03	-0.059	-0.165	0.271	-0.204*
	0.016	0.023	0.09	0.137	8.632	0.116
guarantee	0.015	0.013	-0.017	-0.325**	2.599	0.052

Industrialized vs. developing countries – full models						
	debtratio		log(spread)		maturity	
	Industr.	Develop.	Industr.	Develop.	Industr.	Develop.
	0.018	0.02	0.119	0.153	14.801	0.089
concession_ agreement	0.004	0.01	-0.179***	-0.013	39.037***	0.189**
	0.013	0.015	0.046	0.111	6.934	0.08
tax_rate	-0.002**	0.002	0.005	0.007	-1.346***	-0.003
	0.001	0.002	0.004	0.012	0.503	0.008
debtratio			**-1.343*** **	-0.648	**139.950*** **	0.387
			0.323	0.79	23.61	0.332
spread	**-0.0001*** **	-0.00005			**0.045** **	0.0001
	0.00004	0.00003			0.022	0.0002
maturity	**0.0002*** **	0.0001	-0.002	-0.002		
	0.00004	0.0001	0.001	0.004		
spread*maturity			**0.003* **	0.003		
			0.002	0.006		
Constant	1.052***	0.395	8.047***	5.379***	-91.579	1.726
	0.066	0.244	0.471	1.552	71.104	1.063
Year Dummy	Yes	Yes	Yes	Yes	Yes	Yes
Observations	1,970	585	1,970	585	1,970	585
R^2	0.183	0.279	0.4	0.412	0.207	0.278
Adjusted R^2	0.165	0.222	0.386	0.365	0.188	0.221
Residual Std. Error	0.111 (df = 1925)	0.100 (df = 541)	0.525 (df = 1924)	0.644 (df = 540)	83.071 (df = 1925)	0.566 (df = 541)
F Statistic	9.828*** (df = 44; 1925)	4.865*** (df = 43; 541)	28.463*** (df = 45; 1924)	8.613*** (df = 44; 540)	11.386*** (df = 44; 1925)	4.849*** (df = 43; 541)

Note: *p<0.1; **p<0.05; ***p<0.01

Anhang 7.4: OLS-Modelle mit Gesamtdaten ohne Winsorizing

Full models with full data			
	debtratio	log(spread)	maturity
prs_eco	-0.001	0.01	0.44
	0.002	0.008	1.078
prs_pol	**0.002*****	**-0.011*****	-0.022
	0.001	0.004	0.377
ifi	**-0.038****	**0.167***	**42.159*****
	0.018	0.101	9.077
currency_risk	-0.006	0.014	**-19.099*****
	0.013	0.066	5.525
creditor_rights	0.003	**-0.069*****	**10.405*****
	0.006	0.024	3.158
cf_vol	**0.004*****	0.002	**2.699*****
	0.001	0.005	0.389
sector_regulation	0.006	**-0.035***	**3.983****
	0.004	0.018	1.945
industry_demand	-0.004	-0.02	**4.538***
	0.005	0.025	2.372
fixed_rate	**0.043*****	**1.391*****	**21.304****
	0.015	0.108	8.608
epc_agreement	**0.026*****	-0.034	**7.823***
	0.009	0.039	4.304
operation_maintenance	-0.024	0.118	-1.265
	0.022	0.083	8.261
offtake_agreement	**0.021****	-0.021	**11.829*****
	0.01	0.043	4.495
supply_agreement	-0.0003	0.028	1.594
	0.016	0.08	6.53
sponsor_exp	**0.001*****	-0.002	0.157
	0.001	0.002	0.311
project_size	-0.00002***	0	0.002
	0	0.00001	0.002
refinancing	0.050***	-0.089	-1.456
	0.014	0.077	7.944
guarantee	0.044**	-0.131	-2.552
	0.018	0.105	10.649
concession_agreement	0.008	-0.122***	35.053***

Full models with full data			
	debtratio	log(spread)	maturity
	0.011	0.042	6.041
tax_rate	-0.0004	0.008*	-1.953***
	0.001	0.004	0.422
spread	**-0.00005*** **		0.005
	0.00002		0.008
debtratio		**-0.794*** **	**105.436*** **
		0.236	16.71
maturity	**0.0003*** **	-0.001	
	0.00004	0.001	
debtratio*maturity		0.002	
		0.001	
Constant	0.614***	7.031***	-1.645
	0.098	0.399	37.678
Observations	2,705	2,705	2,705
R^2	0.166	0.395	0.192
Adjusted R^2	0.153	0.385	0.179
Residual Std. Error	0.129 (df = 2661)	0.636 (df = 2660)	81.137 (df = 2661)
F Statistic	12.346*** (df = 43; 2661)	39.462*** (df = 44; 2660)	14.676*** (df = 43; 2661)

Note: *p<0.1; **p<0.05; ***p<0.01

Anhang 7.5: OLS-Modelle kleiner gegenüber großer Projekte

Small and large projects – full models						
	debtratio		log(spread)		maturity	
	Small	Large	Small	Large	Small	Large
prs_eco	-0.004	0.001	-0.003	0.014	-0.589	1.645
	0.003	0.002	0.011	0.011	1.37	1.391
prs_pol	**0.002****	**0.003****	**-0.009****	-0.008	0.411	**-1.278****
	0.001	0.001	0.005	0.005	0.501	0.547
ifi	**-0.079*****	-0.015	0.161	0.164	10.078	**42.369*****
	0.025	0.026	0.155	0.106	10.037	12.49
currency_risk	-0.021	-0.011	-0.003	0.102	**-14.322***	**-20.256****
	0.016	0.016	0.083	0.076	8.527	8.224
creditor_rights	0.007	-0.008	-0.046	**-0.098*****	**10.781*****	**10.964*****
	0.007	0.008	0.028	0.028	4.167	4.186
cf_vol	0.143	**0.002*****	**2.657*****	**0.007***	-85.815	0.15
	0.226	0.001	0.949	0.004	123.328	1.396
industry_demand	-0.006	-0.0005	-0.057*	0.009	-0.607	-0.941
	0.006	0.007	0.032	0.036	2.835	3.317
sector_regulation	0.006	**0.009***	0.024	**-0.069*****	**4.420***	1.65
	0.005	0.005	0.02	0.021	2.632	2.669
fixed_rate	**0.058*****	0.038	**1.115*****	**1.351*****	**26.725****	14.164
	0.022	0.024	0.129	0.162	12.043	13.964
epc_agreement	**0.030*****	0.013	-0.052	0.006	4.983	7.246
	0.01	0.012	0.049	0.051	5.845	5.834
operation_ maintenance	**-0.042***	-0.002	-0.155	**0.230****	-11.195	-2.616
	0.023	0.021	0.118	0.091	12.813	9.967
offtake_ agreement	0.019	**0.021***	-0.014	-0.03	8.493	**15.489****
	0.012	0.012	0.052	0.058	5.256	6.522
supply_agreement	-0.002	0.003	**0.183***	0.033	-7	1.102
	0.027	0.019	0.099	0.084	12.575	7.491
sponsor_exp	0.001	**0.001***	-0.005	-0.002	-0.434	0.299
	0.001	0.001	0.003	0.002	0.475	0.399
tranche_size	0	0	0	0	**0.002****	0.003
	0	0	0.00001	0	0.001	0.002
project_size	-0.00004	-0.00001**	0.0004*	-0.00003*	0.028	0.00001
	0.00005	0	0.0002	0.00002	0.025	0.003
refinancing	0.052**	0.048**	0.034	-0.155	-1.319	-4.205
	0.022	0.019	0.092	0.103	10.488	10.165
guarantee	0.028	0.027	-0.312**	-0.052	-10.605	8.431

Small and large projects – full models						
	debtratio		log(spread)		maturity	
	Small	Large	Small	Large	Small	Large
	0.026	0.02	0.146	0.134	15.5	13.528
concession_ agreement	-0.004	0.017	-0.225***	-0.095*	17.640**	39.520***
	0.014	0.013	0.07	0.055	8.539	6.97
tax_rate	-0.001	-0.001	0.004	0.012**	-0.852	-2.291***
	0.001	0.001	0.005	0.005	0.617	0.537
spread	-0.0001***	-0.00004			0.015	0.022
	0.00003	0.00003			0.017	0.019
debtratio			**-2.327*****	-0.457	**80.306*****	**143.677*****
			0.363	0.377	26.642	24.106
maturity	**0.0002*****	**0.0003*****	**-0.007*****	-0.001		
	0.0001	0.00005	0.002	0.002		
debtratio: maturity			**0.010*****	0.001		
			0.002	0.002		
Constant	**0.806*****	**0.506*****	**7.532*****	**6.510*****	78.683	17.722
	0.128	0.103	0.553	0.601	52.374	61.665
Observations	1,230	1,325	1,230	1,325	1,230	1,325
R^2	0.223	0.206	0.474	0.385	0.103	0.296
Adjusted R^2	0.195	0.179	0.454	0.364	0.071	0.271
Residual Std. Error	0.110 (df = 1186)	0.113 (df = 1280)	0.546 (df = 1185)	0.556 (df = 1279)	76.566 (df = 1186)	77.238 (df = 1280)
F Statistic	7.926*** (df = 43; 1186)	7.547*** (df = 44; 1280)	24.252*** (df = 44; 1185)	17.818*** (df = 45; 1279)	3.174*** (df = 43; 1186)	12.209*** (df = 44; 1280)

Note: *p<0.1; **p<0.05; ***p<0.01

Anhang 8: Qualitative Erhebung

Anhang 8.1: Anschreiben zu den Interviews

Sehr geehrter Herr [redacted]

wir führen derzeit am **Institut für Betriebswirtschaftslehre des Außenhandels** der Wirtschaftsuniversität Wien unter der Leitung von Herrn Christoph Riedler, MSc, ein Forschungsprojekt
zu **Risiken und Finanzierungsstruktur von Internationalen Projektfinanzierungen** durch. Im Detail wird dabei untersucht,
wie sich länder-, branchen- sowie projektspezifische Risiken auf die Kapitalstruktur, die Kreditmarge und die Laufzeit des aufgenommenen Fremdkapitals auswirken.

Aus einer großangelegten quantitativen Studie mit über 4.600 Finanzierungstranchen internationaler Projektfinanzierungen liegen jetzt dazu **erste Forschungsergebnisse** vor.
In diesem Stadium unseres Forschungsprojekts möchten wir diese Ergebnisse nun mit Expertinnen und Experten der Banken- wie auch Sponsorenseite diskutieren.
Bei diesem Cross-Check geht es darum herauszufinden, wie Fachleute diese Ergebnisse beurteilen und welche Interpretationsansätze daraus resultieren.

Da Sie sich bereits einmal in ein anderes Forschungsprojekt meiner Kollegen eingebracht haben, würden wir Sie bitten, nochmals als Experte für unsere Interviews zu fungieren.
Es ist uns bewusst, dass Ihre Zeit kostbar ist; darum würden wir Ihnen unsere Ergebnisse kompakt auf 3-4 PowerPoint-Folien präsentieren und Sie dazu interviewen,
wobei wir die Dauer der **Interviews mit 15 bis 30 Minuten** ansetzen. Wir möchten die Interviews gerne bei Ihnen im Unternehmen durchführen oder – wenn Sie das bevorzugen – auch gerne telefonisch abwickeln.
Darüber hinaus anonymisieren wir die Interviews, wenn Sie dies wünschen. Sofern für Sie von Interesse, werden wir Ihnen nach Abschluss des Forschungsprojekts ein **Executive Summary** mit den finalen Ergebnissen zukommen lassen.

Wir hoffen, dass Sie dazu bereit sind, Ihre wertvollen Erfahrungen in dieses Forschungsprojekt einzubringen, und ersuchen Sie, Herrn Riedler zwecks **Terminabsprache**
unter der Adresse christoph.riedler@wu.ac.at zu kontaktieren. Wir bedanken uns schon vorab sehr herzlich für Ihre Unterstützung!

Mit freundlichen Grüßen,
Univ. Prof. Dr. Reinhard Moser
Univ. Ass. Christoph Riedler, MSc

Christoph Riedler, MSc
Universitätsassistent prae doc
Institut für Betriebswirtschaftslehre des Außenhandels

Wirtschaftsuniversität Wien
Vienna University of Economics and Business
Welthandelsplatz 1/D1, A-1020 Vienna, Austria

Tel: + 43-(0)1-31336-4378
Fax: + 43-(0)1-31336-904378
Email: christoph.riedler@wu.ac.at
www.wu.ac.at/auha

Anhang 8.2: Interviewgrundlage

Forschungsprojekt (1)

Problemstellung

- **Projektfinanzierung** gewinnt an **Bedeutung**
  - Infrastrukturdefizit, Entwicklungsländer, erneuerbare Energie
- **Verlässliche Planung** muss gewährleistet werden
  - Wissen um Risikofaktoren, deren Effekte und Wechselwirkungen
- **Aber**: Noch immer **wenig Forschung** zum Thema

Forschungsfrage

- **Wie** wirken **Länder-, Branchen- und Projektrisiken** auf die **Finanzierungsstruktur** bei **Internationalen Projektfinanzierungen?** 1
  - Finanzierungsstruktur: Fremdkapitalquote, Kreditmarge des FKs und Laufzeit des FKs
- **Welche Wechselwirkungen** bestehen dabei zwischen **Fremdkapitalquote, Kreditmarge** und **Laufzeit?** 2

Aufbau des Forschungsprojekts

- **Theoretische Fundierung**
  - Risikorahmenwerk, Kapitalstrukturtheorien und Kreditausfallmodelle
- **Quantitative Untersuchung**
  - Regressionsanalyse mit über 4.600 Finanzierungstranchen, weltweit, 1994 - 2017
- **Qualitative Untersuchung**
  - Diskussion der Ergebnisse mit ExpertInnen der Sponsoren- und Bankenseite

Forschungsprojekt (2)

1. **Wirkung** von Risiko auf die Finanzierungsstruktur, d.h. Fremdkapitalquote, Kreditmarge und Laufzeit
2. **Wechselwirkung** von Fremdkapitalquote, Kreditmarge und Laufzeit

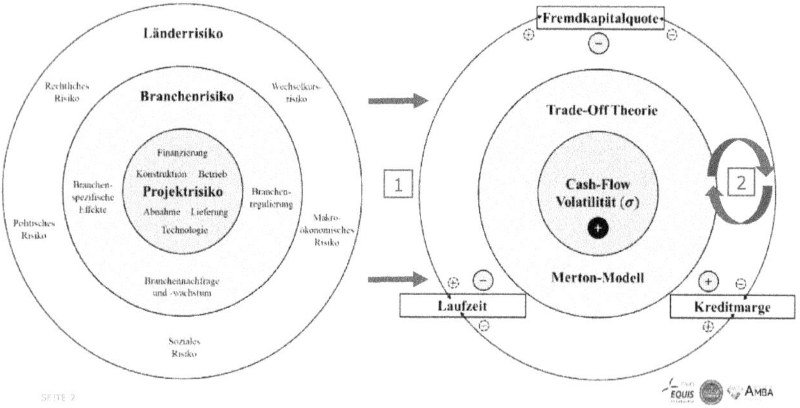

SEITE 2

Ergebnisse Länderrisiko und Branchenrisiko

		FK-Quote	Marge	Laufzeit
1	**Länderrisiko**			
	H1: Makroökon. Risiko *Risiko steigt*	- *FK-Quote sinkt*	+ *Marge steigt*	0
	H2: Politisches Risiko *Risiko steigt*	- *FK-Quote sinkt*	+ *Marge steigt*	0
	H3: Beteiligung IFI* *Projekt hat Beteiligung*	- *FK-Quote sinkt*	+ *Marge steigt*	+ *Laufzeit steigt*
	H4: Gläubigerschutz *Gläubigerschutz steigt*	0	- *Marge sinkt*	+ *Laufzeit steigt*
	H5: Wechselkursrisiko *WK-Risiko ist vorhanden*	0	0	- *Laufzeit sinkt*
1	**Branchenrisiko**			
	H6: CF-Volatilität *Volatilität steigt*	+ *FK-Quote steigt*	+ *Marge steigt*	0
	Branchenregulierung *Regulierung steigt*	0	- *Marge sinkt*	+ *Laufzeit steigt*
	H7: Branchennachfrage *Nachfrage steigt*	0	0	0

*IFI = Internationale Finanzinstitution (z.B. Weltbank, EIB)

Ergebnisse Projektrisiko und Wechselwirkungen

		FK-Quote	Marge	Laufzeit
1	**Projektrisiko**			
	H8: Fixierter Zinssatz *Zinssatz ist fix*	+ *FK-Quote steigt*	+ *Marge steigt*	+ *Laufzeit steigt*
	H9: Errichtungsverträge *EPC-Vertrag ist vorhanden*	+ *FK-Quote steigt*	0	+ *Laufzeit steigt*
	H10: Betriebsverträge *O&M-Vertrag ist vorhanden*	0	+ *Marge steigt*	0
	H11: Abnahmeverträge *Offtake-Vertrag ist vorhanden*	+ *FK-Quote steigt*	0	+ *Laufzeit steigt*
	H12: Lieferverträge *Supply-Vertrag ist vorhanden*	0	0	0
	H13: Erfahrung Sponsoren *Erfahrung steigt*	+ *FK-Quote steigt*	- *Marge sinkt*	0
2	**Wechselwirkungen**			
	H14: FK-Quote *FK-Quote steigt*		- *Marge sinkt*	+ *Laufzeit steigt*
	H15: LZ:FK		+ *Bei Projekten mit hoher FK-Quote steigt die Marge mit der Laufzeit, bei Projekten mit niedriger FK-Quote fällt die Marge leicht.*	

Anhang 8.3: Hinweis zu den Interviewtranskripten

Sämtlich Interviews wurden aufgezeichnet und verschriftlicht. Diese Transkripte werden dieser Arbeit aus Datenschutzgründen nicht beigelegt. Es wird um Verständnis gebeten. Die Transkripte sind am Institut für Betriebswirtschaftslehre des Außenhandels einsehbar. Kontaktieren Sie diesbezüglich bitte:

Christoph Riedler, MSc
Wirtschaftsuniversität Wien
Institut für BWL des Außenhandels
Department für Welthandel
Welthandelsplatz 1, Gebäude D1
A-1020 Wien
Telefon: +43-1-31336-4378
E-Mail: christoph.riedler@wu.ac.at

oder

o. Univ. Prof. Dr. Reinhard Moser
Wirtschaftsuniversität Wien
Institut für BWL des Außenhandels
Department für Welthandel
Welthandelsplatz 1, Gebäude D1
A-1020 Wien
Telefon: +43-1-31336-4372
E-Mail: reinhard.moser@wu.ac.at

Abbildungs- und Tabellenverzeichnis

Forschungsergebnisse der WU Wirtschaftsuniversität Wien

Herausgeber: WU Wirtschaftsuniversität Wien –
vertreten durch Univ. Prof. Dr. Barbara Sporn

INFORMATION UND KONTAKT:

WU Wirtschaftsuniversität Wien
Department of Finance, Accounting and Statistics
Institute for Finance, Banking and Insurance
Welthandelsplatz 1, D 4, 4. OG, 1020 Wien
Tel.: 0043-1-313 36/4556
Fax: 0043-1-313 36/904556
valentine.wendling@wu.ac.at
www.wu.ac.at/finance

Band 1 Stefan Felder: Frequenzallokation in der Telekommunikation. Ökonomische Analyse der Vergabe von Frequenzen unter besonderer Berücksichtigung der UMTS-Auktionen. 2004.

Band 2 Thomas Haller: Marketing im liberalisierten Strommarkt. Kommunikation und Produktplanung im Privatkundenmarkt. 2005.

Band 3 Alexander Stremitzer: Agency Theory: Methodology, Analysis. A Structured Approach to Writing Contracts. 2005.

Band 4 Günther Sedlacek: Analyse der Studiendauer und des Studienabbruch-Risikos. Unter Verwendung der statistischen Methoden der Ereignisanalyse. 2004.

Band 5 Monika Knassmüller: Unternehmensleitbilder im Vergleich. Sinn- und Bedeutungsrahmen deutschsprachiger Unternehmensleitbilder – Versuch einer empirischen (Re-)Konstruktion. 2005.

Band 6 Matthias Fink: Erfolgsfaktor Selbstverpflichtung bei vertrauensbasierten Kooperationen. Mit einem empirischen Befund. 2005.

Band 7 Michael Gerhard Kraft: Ökonomie zwischen Wissenschaft und Ethik. Eine dogmenhistorische Untersuchung von Léon M.E. Walras bis Milton Friedman. 2005.

Band 8 Ingrid Zechmeister: Mental Health Care Financing in the Process of Change. Challenges and Approaches for Austria. 2005.

Band 9 Sarah Meisenberger: Strukturierte Organisationen und Wissen. 2005.

Band 10 Anne-Katrin Neyer: Multinational teams in the European Commission and the European Parliament. 2005.

Band 11 Birgit Trukeschitz: Im Dienst Sozialer Dienste. Ökonomische Analyse der Beschäftigung in sozialen Dienstleistungseinrichtungen des Nonprofit Sektors. 2006

Band 12 Marcus Kölling: Interkulturelles Wissensmanagement. Deutschland Ost und West. 2006.

Band 13 Ulrich Berger: The Economics of Two-way Interconnection. 2006.

Band 14 Susanne Guth: Interoperability of DRM Systems. Exchanging and Processing XML-based Rights Expressions. 2006.

Band 15 Bernhard Klement: Ökonomische Kriterien und Anreizmechanismen für eine effiziente Förderung von industrieller Forschung und Innovation. Mit einer empirischen Quantifizierung der Hebeleffekte von F&E-Förderinstrumenten in Österreich. 2006.

Band 16 Markus Imgrund: Wege aus der Insolvenz. Eine Analyse der Fortführung und Sanierung insolventer Klein- und Mittelbetriebe unter besonderer Berücksichtigung des Konfigurationsansatzes. 2007.

Band 17 Nicolas Knotzer: Product Recommendations in E-Commerce Retailing Applications. 2008.

Band 18 Astrid Dickinger: Perceived Quality of Mobile Services. A Segment-Specific Analysis. 2007.

Band 19 Nadine Wiedermann-Ondrej: Hybride Finanzierungsinstrumente in der nationalen und internationalen Besteuerung der USA. 2008.

Band 20 Helmut Sorger: Entscheidungsorientiertes Risikomanagement in der Industrieunternehmung. 2008.

Band 21 Martin Rietsch: Messung und Analyse des ökonomischen Wechselkursrisikos aus Unternehmenssicht: Ein stochastischer Simulationsansatz. 2008.

Band 22 Hans Christian Mantler: Makroökonomische Effizienz des Finanzsektors. Herleitung eines theoretischen Modells und Schätzung der Wachstumsimplikationen für die Marktwirtschaften und Transformationsökonomien Europas. 2008.

Band 23 Youri Tacoun: La théorie de la valeur de Christian von Ehrenfels. 2008.

Band 24 Monika Koller: Longitudinale Betrachtung der Kognitiven Dissonanz. Eine Tagebuchstudie zur Reiseentscheidung. 2008.

Band 25 Marcus Scheiblecker: The Austrian Business Cycle in the European Context. 2008.

Band 26 Aida Numic: Multinational Teams in European and American Companies. 2008.

Band 27 Ulrike Bauernfeind: User Satisfaction with Personalised Internet Applications. 2008.

Band 28 Reinhold Schodl: Systematische Analyse und Bewertung komplexer Supply Chain Prozesse bei dynamischer Festlegung des Auftragsentkopplungspunkts. 2008.

Band 29 Bianca Gusenbauer: Öffentlich-private Finanzierung von Infrastruktur in Entwicklungsländern und deren Beitrag zur Armutsreduktion. Fallstudien in Vietnam und auf den Philippinen. 2009.

Band 30 Elisabeth Salomon: Hybrides Management in sino-österreichischen Joint Ventures in China aus österreichischer Perspektive. 2009.

Band 31 Katharina Mader: Gender Budgeting: Ein emanzipatorisches, finanzpolitisches und demokratiepolitisches Instrument. 2009.

Band 32 Michael Weber: Die Generierung von Empfehlungen für zwischenbetriebliche Transaktionen als gesamtwirtschaftliche Infrastrukturleistung. 2010.

Band 33 Lisa Gimpl-Heersink: Joint Pricing and Inventory Control under Reference Price Effects. 2009.

Band 34 Erscheint nicht.

Band 35 Dagmar Kiefer: Multicultural Work in Five United Nations Organisations. An Austrian Perspective. 2009.

Band 36 Gottfried Gruber: Multichannel Management. A Normative Model Towards Optimality. 2009.

Band 37 Rainer Quante: Management of Stochastic Demand in Make-to-Stock Manufacturing. 2009.

Band 38 Franz F. Eiffe: Auf den Spuren von Amartya Sen. Zur theoriegeschichtlichen Genese des Capability-Ansatzes und seinem Beitrag zur Armutsanalyse in der EU. 2010.

Band 39 Astrid Haider: Die Lohnhöhe und Lohnstreuung im Nonprofit-Sektor. Eine quantitative Analyse anhand österreichischer Arbeitnehmer-Arbeitgeber-Daten. 2010.

Band 40 Maureen Lenhart: Pflegekräftemigration nach Österreich. Eine empirische Analyse. 2010.

Band 41 Oliver Schwank: Linkages in South African Economic Development. Industrialisation without Diversification? 2010.

Band 42 Judith Kast-Aigner: A Corpus-Based Analysis of the Terminology of the European Union's Development Cooperation Policy, with the African, Caribbean and Pacific Group of States. 2010.

Band 43 Emel Arikan: Single Period Inventory Control and Pricing. An Empirical and Analytical Study of a Generalized Model. 2011.

Band 44 Gerhard Wohlgenannt: Learning Ontology Relations by Combining Corpus-Based Techniques and Reasoning on Data from Semantic Web Sources. 2011.

Band 45 Thomas Peschta: Der Einfluss von Kundenzufriedenheit auf die Kundenloyalität und die Wirkung der Wettbewerbsintensität am Beispiel der Gemeinschaftsverpflegungsgastronomie. 2011.

Band 46 Friederike Hehle: Die Anwendung des Convenience-Konzepts auf den Betriebstyp Vending. 2011.

Band 47 Thomas Herzog: Strategisches Management von Koopetition. Eine empirisch begründete Theorie im industriellen Kontext der zivilen Luftfahrt. 2011.

Band 48 Christian Weismayer: Statische und longitudinale Zufriedenheitsmessung. 2011.

Band 49 Johannes Fichtinger: The Single-Period Inventory Model with Spectral Risk Measures. 2011.

Band 50 Isabella R. Hatak: Kompetenz, Vertrauen und Kooperation. Eine experimentelle Studie. 2011.

Band 51 Birgit Gusenbauer: Der Beitrag der Prospect Theory zur Beschreibung und Erklärung von Servicequalitätsurteilen und Kundenzufriedenheit im Kontext von Versicherungsentscheidungen. 2012.

Band 52 Markus A. Höllerer: Between Creed, Rhetoric Façade, and Disregard. Dissemination and Theorization of Corporate Social Responsibility in Austria. 2012.

Band 53 Jakob Müllner: Die Wirkung von Private Equity auf das Wachstum und die Internationalisierung. Eine empirische Impact-Studie des österreichischen Private Equity Marktes. 2012.

Band 54 Heidrun Rosič: The Economic and Environmental Sustainability of Dual Sourcing. 2012.

Band 55 Christian Geier: Wechselkurssicherungsstrategien exportorientierter Unternehmen. Effizienzmessung von regelgebundenen Selektionsentscheidungen. 2012.

Band 56 Ernst Gittenberger: Betriebsformenwahl älterer KonsumentInnen. 2012.

Band 57 Michael Pichlmair: Miete, Lage, Preisdiktat. Strukturelle Effekte der Lageregulierung im mietrechtlich geschützten Wiener Wohnmarkt. 2012.

Band 58 Anna Katherina Guserl: Internationalisierungsprozesse und Finanzstrategien. Ansätze und empirische Analysen. 2013.

Band 59 Christian Idinger: Konsumentenpreiswissen. Eine empirische Studie im österreichischen Lebensmitteleinzelhandel. 2013.

Band 60 Dennis Jancsary: Die rhetorische Konstruktion von Führung und Steuerung. Eine argumentationsanalytische Untersuchung deutschsprachiger Führungsgrundsätze. 2013.

Band 61 Nicolas Hoffmann: Loyalty Schemes in Retailing. A Comparison of Stand-alone and Multipartner Programs. 2013.

Band 62 Jose Gabriel Delgado Jimenez: Grenzüberschreitende Patientenmigration im zahnmedizinischen Bereich. Eine ökonomische Analyse am Beispiel Österreich und Ungarn. 2013.

Band 63 Wolfgang Koller: Prognose makroökonomischer Zeitreihen: Ein Vergleich linearer Modelle mit neuronalen Netzen. 2014.

Band 64 Georg Kodydek: Nachwuchsführungskräfte in multikulturellen Gruppen. Ein interkulturelles Experiment. 2014.

Band 65 Marion Secka: Einfluss von Kommunikationsmaßnahmen mit CSR-Bezug auf die Einstellung zur Marke. Entwicklung und Überprüfung eines konzeptionellen Modells. 2015.

Band 66 Frederik A. Gierlinger: Wittgensteins „Bemerkungen über die Farben". 2015.

Band 67 Paul Rameder: Die Reproduktion sozialer Ungleichheiten in der Freiwilligenarbeit. Theoretische Perspektiven und empirische Analysen zur sozialen Schließung und Hierarchisierung in der Freiwilligenarbeit. 2015.

Band 68 Verena Harrauer: Performance Measurement im Einzelhandel. Multiperspektivische Diskussion zur Implementierung und Verwendung von Erfolgskennzahlen auf der operativen Einzelhandelsebene. 2016.

Band 69 Christoph Riedler: Risiko und Finanzierungsstruktur bei Internationalen Projektfinanzierungen. 2021.

www.peterlang.com

www.ingramcontent.com/pod-product-compliance
Ingram Content Group UK Ltd.
Pitfield, Milton Keynes, MK11 3LW, UK
UKHW021925290926
8980IPUK00016B/1458

9 783631 843932